经济应用文写作
(第 3 版)

武媛媛　李建平　王　莹　主　编
宋丽琴　赵俊卿　涂佳楠　副主编

清华大学出版社
北　京

内 容 简 介

本书共 20 章，第一章"总论"简要阐述了写作学以及经济应用文写作的基本知识，后面的 19 章涉及经济活动专用的经济业务文书和与经济活动密切相关的通用公务文书、事务文书、法律文书、宣传文体、研究文体六类应用文的写作，种类齐全，基本能满足常用经济应用文写作的需要。

本书编写体例科学合理，案例选择新颖，评点详尽，写作训练情境仿真性高，可操作性强。

本书是一本专门阐述经济应用文写作的专业书籍，可作为经济类高校经济应用文写作课程的教学用书，也可作为文秘工作者或经济工作者写作经济应用文的工具书或参考书。

本书封面贴有清华大学出版社防伪标签，无标签者不得销售。
版权所有，侵权必究。举报：010-62782989，beiqinquan@tup.tsinghua.edu.cn。

图书在版编目(CIP)数据

经济应用文写作/武媛媛，李建平，王莹主编. —3 版. —北京：清华大学出版社，2020.1(2024.9 重印)
ISBN 978-7-302-53967-4

Ⅰ．①经… Ⅱ．①武… ②李… ③王… Ⅲ．①经济—应用文—写作 Ⅳ．①F

中国版本图书馆 CIP 数据核字(2019)第 223419 号

责任编辑：汤涌涛
封面设计：刘孝琼
责任校对：周剑云
责任印制：杨 艳

出版发行：清华大学出版社
     网　　址：https://www.tup.com.cn, https://www.wqxuetang.com
     地　　址：北京清华大学学研大厦 A 座　　邮　编：100084
     社 总 机：010-83470000　　邮　购：010-62786544
     投稿与读者服务：010-62776969, c-service@tup.tsinghua.edu.cn
     质量反馈：010-62772015, zhiliang@tup.tsinghua.edu.cn
     课件下载：https://www.tup.com.cn, 010-62791865

印 装 者：北京嘉实印刷有限公司
经　　销：全国新华书店
开　　本：185mm×260mm　　印　张：24.5　　字　数：591 千字
版　　次：2010 年 5 月第 1 版　2020 年 1 月第 3 版　印　次：2024 年 9 月第 6 次印刷
定　　价：69.00 元

产品编号：083332-02

Preface 前言

在知识经济迅猛发展的当今社会,写作无处不在,语言表达能力成为一个人的基本技能,在社会生活中发挥着越来越重要的作用。尤其应用文,它既是重要的交际工具、保存和传递信息的工具、宣传教育的工具、处理事务解决问题的工具,又是开展各项业务、进行科学研究和交流学术成果的工具。因此,能沟通,会表达,善写作,尤其是应用文体的写作能力已成为每一个社会成员立足于社会应具备的重要技能和基本素养;学好应用文写作,提高应用文写作能力,无论从生活还是从工作的角度看,对每一个社会成员都有着极其重要的意义。作为一名经济工作者,要想做好本职工作,求得个人事业的发展,就必须努力提高经济应用文的写作素养,具备相应的经济应用文写作能力。本书立足于为各高校特别是经济类院校学生和广大经济工作者学习经济应用文写作提供服务和帮助。自 2010 年 5 月出版后,本书受到了读者和相关工作者的青睐,并于 2014 年 5 月再版。2018 年,我们在广泛吸取近年来经济应用文写作研究成果的基础上,集近年从事应用文写作教学改革的丰富经验对本书进行了修订。更新替换了绝大部分例文和示例,精简了习题部分。

本书旨在帮助读者全面了解常用经济应用文体的基本知识,熟练掌握其写作方法和技巧,从而切实提高经济应用文写作的基本素养和技能。因此,在编写理念上,十分重视写作基础理论与实践能力的有机结合,注重写作思路的剖析和写作技法的训练。

本书的主要特点有下列三点。

其一,相关文种齐全,体例科学合理。本书共 20 章,除第一章"总论"外,其余 19 章共涉及经济活动专用的经济业务文书和与经济活动密切相关的通用公务文书、事务文书、法律文书、宣传文体、研究文体六类应用文,种类齐全,基本能满足常用经济应用文写作的需要。

本书编写体例科学合理,有助于快速提高读者的经济应用文写作能力。19 章文体写作,每章都包括写作基础理论阐述、写作方法指导、案例分析评点和写作训练四方面内容。另外,每章前都有学习目标提示,便于读者把握内容要点,明确学习目标,做到心中有数。这样的编写体例,充分体现了理论知识与实践能力相结合的编写理念,有利于读者实际写作能力的提高。

其二,精选细评案例,注重技法点拨。本书结合每一种文体的理论阐述精选了不同种类的案例并进行了分析评点。案例的选择尽可能做到"最新""典型",所选案例大部分都是近年来在经济活动和相关工作中经常使用的应用文,并且在选择时突出了案例的规范性、典型性和示范性。案例的评点重在剖析文章的结构模式和写作技法,力图通过案例剖析,为读者提供一种直观的指导和仿写的范例。

其三,强调写作实训,便于提高能力。全书设计的基本指导思想就是通过科学有效的方法切实提高读者的经济应用文写作能力,在内容安排上非常注重写作能力的仿真性训练。因此,每种文体中的"写作训练"环节打破了传统的"练习与思考"模式,不再设知识性练习,全部为实际操作性训练,从而有助于读者经济应用文写作能力的切实提高。

本书由武媛媛、李建平和王莹任主编，负责全书编写体例的拟定、章节的安排、统稿与审校，宋丽琴、赵俊卿和涂佳楠任副主编。具体分工如下：武媛媛老师负责第一、二章的编写修订；李建平老师负责第三、四、五、六、七、二十章的编写修订；王莹负责第八、九、十章的编写修订；宋丽琴负责第十一、十三、十五章的编写修订；赵俊卿负责第十二、十四、十六章的编写修订；涂佳楠负责第十七、十八、十九章的编写修订。

在本书的编写过程中，参阅了大量相关资料，转录了一些例文，尤其是从互联网上选录了较多例文，在此向原作者表示诚挚的谢意！另外，根据内容需要对一些例文进行了改动或删节，在此谨向原作者致歉。

书中如有疏漏、错谬或值得商榷之处，恳请广大读者批评指正。

编　者

教师资源服务

Contents 目录

第一章 总论 1
第一节 写作学概述 1
一、写作学的构成 1
二、写作行为的基本特征 2
三、写作行为的一般规律 3
第二节 经济应用文写作概述 4
一、经济应用文的含义 4
二、经济应用文的特点 4
三、经济应用文的种类 7
四、经济应用文的作用 7
五、经济应用文写作能力的提高 8

第二章 党政机关公文 10
第一节 党政机关公文概述 10
一、党政机关公文的定义 10
二、党政机关公文的特点 11
三、党政机关公文的作用 11
四、党政机关公文的种类 12
五、党政机关公文的格式 30
六、党政机关公文的起草要求 38
七、党政机关公文的行文规则 38
第二节 党政机关常用公文写作 39
一、通知 39
二、通报 51
三、报告 58
四、请示 65
五、批复 69
六、函 71
七、意见 77
写作训练 87

第三章 计划 91
第一节 计划概述 91
一、计划的含义及特点 91
二、计划的作用 93
三、计划的种类 93
第二节 计划写作 94
一、计划的编制程序 94
二、计划的写法 95
三、计划的写作要求 97
写作训练 104

第四章 总结 107
第一节 总结概述 107
一、总结的含义、作用、特点 107
二、总结的种类 108
第二节 总结写作 109
一、总结动笔前的准备 109
二、总结的基本内容 110
三、总结的结构形式 111
四、总结的写作要求 114
写作训练 124

第五章 述职报告 131
第一节 述职报告概述 131
一、述职报告的含义和特点 131
二、述职报告的种类 132
第二节 述职报告写作 132
一、述职报告的结构形式 132
二、述职报告的写作要求 133
写作训练 138

第六章 简报 142
第一节 简报概述 142
一、简报的含义和作用 142
二、简报的种类 142
第二节 简报写作 143
一、简报的格式 143
二、简报的写作要求 147
写作训练 153

第七章 调查报告 156
第一节 调查报告概述 156
一、调查报告的概念 156
二、调查报告的特点 156

  三、调查报告的作用 157
  四、调查报告的种类 157
 第二节　调查报告写作 158
  一、调查报告材料的获取 158
  二、调查报告的结构形式 159
 写作训练 168

第八章　合同书 171
 第一节　合同概述 171
  一、合同的概念 171
  二、合同的种类 173
 第二节　合同书写作 175
  一、合同书的基本内容 175
  二、合同书的结构形式 177
 写作训练 181

第九章　诉讼文书 185
 第一节　起诉状 185
  一、起诉状的概念 185
  二、起诉状的写作 186
 写作训练一 190
 第二节　答辩状 192
  一、答辩状的概念 192
  二、答辩状的写作 192
 写作训练二 196
 第三节　判决书 198
  一、判决书的概念 198
  二、判决书的写作 199
 写作训练三 204

第十章　招投标文件 208
 第一节　招标文件 208
  一、招标文件的概念 208
  二、招标文件的构成 208
  三、招标文件的基本内容 209
  四、招标文件的格式 209
  五、招标文件的写作要求 211
 写作训练一 214
 第二节　投标文件 217
  一、投标文件的概念 217

  二、投标文件的写作 217
 写作训练二 219

第十一章　市场调查报告 221
 第一节　市场调查报告概述 221
  一、市场调查报告的含义 221
  二、市场调查报告的特点 221
  三、市场调查报告的种类 222
  四、市场调查报告的作用 223
 第二节　市场调查报告写作 223
  一、市场调查报告的结构形式 223
  二、市场调查报告的写作要求 226
 写作训练 232

第十二章　经济预测报告 237
 第一节　经济预测报告概述 237
  一、经济预测报告的概念 237
  二、经济预测报告的特点 237
  三、经济预测报告的种类 238
  四、经济预测报告的作用 240
 第二节　经济预测报告写作 241
  一、经济预测报告的结构形式 241
  二、经济预测报告的写作要求 243
 写作训练 249

第十三章　经济活动分析报告 252
 第一节　经济活动分析报告概述 252
  一、经济活动分析报告的概念 252
  二、经济活动分析报告的特点 252
  三、经济活动分析报告的种类 253
  四、经济活动分析报告的作用 254
 第二节　经济活动分析报告写作 255
  一、经济活动分析报告资料的搜集、整理和分析 255
  二、经济活动分析报告的结构形式 256
  三、经济活动分析报告的写作要求 259
 写作训练 261

第十四章 可行性研究报告 265

第一节 可行性研究报告概述 265
一、可行性研究报告的概念 265
二、可行性研究报告的特点 265
三、可行性研究报告的种类 266
四、可行性研究报告的作用 267

第二节 可行性研究报告写作 268
一、可行性研究报告的结构形式 268
二、可行性研究报告的写作要求 272

写作训练 278

第十五章 资产评估报告 282

第一节 资产评估报告概述 282
一、资产评估报告的概念 282
二、资产评估报告的特点 282
三、资产评估报告的种类 283
四、资产评估报告的作用 283

第二节 资产评估报告写作 284
一、资产评估报告的结构形式 284
二、资产评估报告的写作要求 287

写作训练 297

第十六章 审计报告 302

第一节 审计报告概述 302
一、审计报告的概念 302
二、审计报告的特点 302
三、审计报告的种类 303
四、审计报告的作用 304

第二节 审计报告写作 305
一、审计报告的结构形式 305
二、审计报告的写作要求 307

写作训练 313

第十七章 广告文案 316

第一节 广告概述 316
一、广告的概念 316
二、广告的基本特征 316
三、广告的分类 317

第二节 广告文案写作 319
一、广告文案的基本特征 319
二、广告文案的结构形式 320
三、广告文案的写作要求 326

写作训练 327

第十八章 消息 330

第一节 新闻与消息概述 330
一、新闻概述 330
二、消息概述 333

第二节 消息写作 336
一、消息的结构形式 336
二、消息的写作要求 343

写作训练 347

第十九章 新闻评论 349

第一节 新闻评论概述 349
一、新闻评论的概念 349
二、新闻评论的特点 349
三、新闻评论的分类 350
四、新闻评论的作用 352

第二节 新闻评论写作 352
一、新闻评论的选题 352
二、新闻评论的结构形式 357
三、新闻评论的写作要求 359

写作训练 361

第二十章 学术论文 364

第一节 学术论文概述 364
一、学术论文的概念 364
二、学术论文的特点 364
三、学术论文的种类 365

第二节 学术论文写作 367
一、学术论文课题的选择 367
二、学术论文材料的搜集 370
三、学术论文课题的研究 371
四、学术论文的执笔行文 372

写作训练 380

参考文献 382

第一章 总 论

学习目标

- 了解写作学的构成及写作行为的基本特征与一般规律。
- 理解经济应用文写作的含义、特点、种类和作用。
- 掌握提高经济应用文写作能力的途径。

第一节 写作学概述

一、写作学的构成

写作学，或称写作论，是一门专门研究文章写作的学科。与其他学科一样，写作学的理论体系也由两大层面构成，即基础理论和应用理论。写作学的基础理论通常称为本体论，其应用理论则称为文体论。本体论阐述文章写作的基本特点和一般规律，讲的是有关写作的基本理论和基础知识，故又称基础写作；文体论则是在文章分类的基础上具体阐述各种体裁的文章的性质、特点和写作方法，故又称文体写作。

(一)关于基础写作

基础写作的研究，大体上可分为两大体系。一是用静态的观点来研究写作，这是一种传统的研究方法。它着眼于写作活动的成果，即文章本身，将文章分为八大要素，即主题、材料、结构、语言、文体、文面、文风、文气，分别研究这八个要素的性质、特点、写作规律等。因为这种研究着眼于文章构成要素的分析，所以可称为"文章学"。二是用动态的观点来研究写作，这是一种现代的研究方法。它着眼于写作行为本身，将写作活动分为三个阶段，即采集、构思和行文，分别研究这三个阶段中作者应具备的各种能力和应做的工作。较之文章学的静态研究，这种动态的研究更能体现"写作"这一事物的本质特征。因为从本质上看，写作是写作行为主体(即"人")用书面符号(主要是书面语言)表情达意、传递信息的精神活动，或者说是一种书面语言的表达活动，它是人的一种行为过程。只有把写作看作是人的一种行为，才称得上是真正的"写作学"。

(二)关于文体写作

文体写作的研究，是建立在文体分类的基础上的。要想分门别类地研究不同体裁的文章的写法，首先要对文章进行科学合理的分类。文体分类看似简单，但由于文章种类繁多，加之分类标准不一，实则不易。目前写作界比较通行的文体分类方法有：理论文体、文学文体、新闻文体和应用文体的四分法；文学类、实用类和杂交类的三分法；等等。相对来说，被普遍认同的是二分法，即依据写作目的的不同，将文体粗略地分为文学文体和实用文体两大类。当然，在这两大类之间，仍有兼类现象存在。对于文学文体，虽然不断有新的文学样式产生，但总体上不外乎传统的四大类，即小说、诗歌、散文和各种脚本。对于实用文体，则可依据其应用的范围来划分，如公务文书、事务文书、法律文书、科技文书等。经济应用文就是实用文体的一个重要分支。

二、写作行为的基本特征

写作行为的基本特征有以下几点。

(一)目的性

写作作为一种语言表达行为，是人类的一种特殊的实践活动。与其他实践活动一样，任何写作行为都有明确的目的：或为处理、解决工作、生活中的一些问题，如应用文；或为宣传一定的观点和主张，如议论文；或为传播一定的科学知识，如说明文；或为再现生活、抒发情感以感染他人，如记叙文；等等。总之，写文章都是"有所为而作"的，能否实现写作目的，是衡量一次写作活动成功与否的重要标准。

写作的目的性要求我们在写文章时必须首先明确写作目的，想清楚为什么要写这篇文章，并将这一目的贯穿于写作活动的始终。

(二)综合性

文章作为人的复杂的精神活动的产物，是作者思想感情、生活阅历、文化修养、语言造诣、审美能力等的综合体现。因此，写作能力是人类的一种特殊能力，它对作者综合素质的要求很高，是作者德、才、学、识诸多素质的综合体现。

所谓德，就是作者的道德情操、品德修养，它与文章格调的高下有着极为密切的关系。古人论文，有"文如其人"之说，如唐代文学家韩愈就有"根之茂者其实遂，膏之沃者其光晔"的形象比喻，提出了"立言先立行，作文先做人"的著名论断(见《答李翊书》)。一个人的道德情操、思想品德可以从他的文章中反映出来，要想写出格调高雅的文章，首先要具有高尚的道德情操和思想品德。因此，要想写好文章，首先应当加强思想修养，培养高尚的道德情操。

所谓才，就是才能、能力。写作活动是人的一种复杂的精神活动，它要求作者具备多种能力，如观察体验、调查阅读等采集能力，分析综合、概括提炼、想象联想等构思能力，谋篇布局、遣词造句等表达能力。这些能力不具备或有所欠缺，都会直接影响文章的质量，影响写作的效果。

所谓学，就是学问、知识。写文章需要广博的知识，对写作学、语言学、逻辑学、传播学、哲学、教育学、文学、史学、美学等，都要有一定的了解，专业写作还必须具备丰富的专业知识。不学无术、知识贫乏是写不出好文章的。

所谓识，就是见识，即认识能力。写作活动，首先是认识活动，认识深刻，见解独

到,才能写出主题深刻、内容新颖的文章。

总之,写作行为具有很强的综合性,只有德才兼备、学识渊博、见识高超,才能写出好文章。

(三)实践性

写作是一种实践活动,要想了解它、学会它,必须亲自去实践。写作理论只能对写作活动起一定的指导作用,要想把写作理论知识转化为写作能力,就必须反复练习、不断实践,光是"纸上谈兵"是不可能写出好文章的,正如叶圣陶所说:"写作一要得道,二要历练;历练到了习惯,才算有了这能力。"可见,要想提高写作能力,写出好文章,必须勇于动笔,勤于实践。

三、写作行为的一般规律

写作活动是多种矛盾的对立统一体,包含着个人与社会、主观与客观、认识与表达、内容与形式等多对矛盾之间的对立统一关系。从事写作必须处理好这些关系。

(一)处理好个人与社会的关系,将个人与社会统一起来

写作行为首先是一种个人行为,任何文章的写作都是由作者个人完成的,即使是集体创作也不例外。在写作活动中,作者总是试图将自己对生活的感悟、对问题的看法、对事物的情感等在文章中反映出来。因而,作者的立场观点和个人素质对文章质量起着至关重要的作用。但是,写作同时又是一种社会行为,因为文章写出来总是要给人看的,会对他人、对社会产生一定的影响。因此,写文章必须考虑其社会效果,要适应社会的需要。然而,作者的主观意图与社会的需要之间往往存在着对立与矛盾。这就要求作者必须解决好这个矛盾,既要充分表达个人的主观意图,又要使个人的主观意图服从于社会的客观需要,将二者很好地统一起来。

(二)处理好主观与客观的关系,将主观与客观统一起来

我们知道,文章是一种书面语言,而"语言是思想的直接现实",也就是说,文章是作者思想的一种记录。那么,作者的思想是从哪里来的呢?唯物主义认识论告诉我们,人的思想只能从实践中来,只能从客观外界来。可见,从根本上讲,文章是客观事物反映在作者头脑中的产物。因而,写作,首先要完成"由物而意"的转化,也就是说要完成由客观实际到主观认识的转化。在这个转化过程中,一方面,存在决定意识,认识受到实际的制约,没有对客观事物的体察,认识是不会凭空产生的;另一方面,写作对客观事物的反映又不是机械地原封不动地照搬,而是一种"能动"的反映,这种反映总是受到作者认识水平、立场观点、思想感情等多种因素的制约,带有很强的主观性。同一问题,不同的人有不同的看法;同一事物,不同的作者会有不同的反应;即使是同一作者对相同的事物,由于生活环境、思想情绪的变化,也会做出不同的反应。因此,写作时必须处理好主观与

客观的关系。作者应当努力将自己的主观认识与客观实际统一起来，这样才能写出观点正确的文章。

(三)处理好认识与表达的关系，将认识与表达统一起来

写作不但要完成"由物而意"的转化，还要完成"由意而文"的转化。也就是说，写文章实际上就是作者在头脑中对客观事物做出反应并形成一定的思想认识，然后再把这个思想认识用书面语言表达出来。在这个过程中，不但要完成"由物而意"的转化，形成对客观事物的正确认识，还必须完成"由意而文"的转化，写出能够准确表达自己思想认识的文章。这就需要处理好认识与表达的关系。正确的认识是正确表达的前提，没有正确的认识，就不可能有正确的表达。但是，有了正确的认识，却不一定就有正确的表达，表达与认识之间是有一定差距的。其间，表达能力起着决定性作用：表达能力好，就能缩短甚至消除这个差距，使表达与认识趋于一致；表达能力差，就会出现词不达意的现象。因此，作者必须培养和提高自己的表达能力，使表达与认识统一起来。

(四)处理好内容与形式的关系，将内容与形式统一起来

内容和形式是构成文章的两大要素，这两大要素之间的关系既存在着特定性，又存在着多样性。就特定性而言，内容决定形式，形式为内容服务，有什么样的内容，就该用相应的形式来表现；就多样性而言，内容和形式之间又不是一一对应的，同一内容可用不同的形式来表达，同一形式也可表达不同的内容，形式对于内容来说具有相对独立性。因此，在内容与形式之间，一方面内容决定形式，另一方面形式对内容又有着很大的作用。恰当的形式有助于内容的表达，不恰当的形式则影响内容的表达。可见，写文章必须处理好内容与形式的关系，选择恰当的形式表现特定的内容，做到形式与内容的和谐统一。

第二节　经济应用文写作概述

一、经济应用文的含义

经济应用文是应用文的一个重要分支。所谓应用文，是指人们在日常工作和生活中用以处理事务、沟通信息、解决实际问题的具有实用价值和固定格式的文体样式。应用文种类繁多，不同的领域、不同的环境、不同的场合要使用不同的应用文。用于经济领域、经济活动的应用文，便是经济应用文。因此，我们可将经济应用文定义为：在经济领域或经济活动中形成的，用以管理经济活动、处理经济事务、解决经济问题、反映经济情况的应用文。

二、经济应用文的特点

写作活动异彩纷呈，文章体裁丰富多样，不同的文体样式具有不同的特点。作为应用

文重要组成部分的经济应用文，既具有应用文的共性特点，又具有不同于其他应用文的个性特点。

(一)应用文的共性特点

应用文尽管种类繁多，但都具有以下特点。

1. 实用性

写作是一种有目的的人类活动，不同的写作目的会产生不同体裁的文章。文学创作的目的在于通过塑造艺术形象，用作品中的情、景、人、物去感染读者、打动读者，从而起到潜移默化的教化作用。我们把这种作用称为"审美"，它主要作用于人们的精神生活。应用文则不同，它直接作用于我们的现实生活，其写作目的是要解决我们工作和生活中的实际问题，具有很强的实用性。因此，应用文都是具有实用价值的文章。

2. 真实性

写文章都要讲求内容上的真实性，不过这个"真实"的含义却不尽相同。文学作品的真实是所谓的艺术真实，讲究"源于生活，高于生活"，要求通过艺术虚构塑造理想的艺术形象。应用文的真实则是实实在在的客观真实、生活真实，不允许有丝毫的虚构，否则就不能很好地解决生活和工作中的实际问题。因此，应用文的内容，都是来源于工作和生活的实际情况。

3. 逻辑性

写作活动首先是一种思维活动，不同的写作活动，其思维特点各有不同。文学作品要再现生活、塑造艺术形象，以情动人、以形象感人，因此以形象思维为主。应用文要解决工作和生活中的实际问题，需要冷静地思考、深入地分析、准确地判断，因此主要靠逻辑思维。

4. 简朴性

写作是语言运用的艺术，不同的文体样式，需要不同风格的语言来表达。文学作品要塑造艺术形象，需要生动形象、含蓄隽永的语言；应用文要解决实际问题，就需要简洁明了、朴实无华的语言。当然，简洁不等于简陋，朴实不等于枯燥，应用文照样要讲究语言艺术，照样要求语言生动活泼。

5. 程序性

结构样式上有固定的程式，是应用文的一大特点。它不像文学作品那样形式灵活多变，讲求新颖别致不落俗套，而是常常有一个相对固定的模式。这些模式，有的是国家有关职能部门统一规定的，如党政机关公文、诉讼文书、学术文体等；有的则是约定俗成的，如事务文书、宣传文书等。准确把握不同体裁的应用文的特有模式，是学习应用文写作的一大任务。

6. 时限性

应用文的写作是为了解决工作和生活中的实际问题。当工作和生活中有问题需要写文章来解决时，就必须在规定的时间内完成，否则就会影响问题的解决，给工作和生活带来不便。可见，应用文的写作有着很强的时限性，这一点与文学作品有很大的不同。

7. 广泛性

在现实生活中，应用文的写作可以说是无处不在的，它存在于我们工作和生活的方方面面。只要你工作和生活，就离不开应用文写作。它不像文学创作那样，只是少数人的专利；一个人一辈子可以不写小说或诗歌，但要想工作得出色、生活得方便，就不能不写应用文。

(二)经济应用文的个性特点

经济应用文除具有上述应用文的共性特点外，还具有如下个性特点。

1. 专业性

经济应用文的写作对象是经济活动或与经济活动密切相关的事务，这是经济应用文区别于其他应用文的根本特点。离开了"经济活动"这个行为客体，就不能称其为经济应用文。所以，经济应用文的写作要紧紧围绕经济活动进行，直接服务于经济活动，不仅要反映经济领域中生产、流通、消费等各个环节的动态，而且还要重视总结经济活动中的各种经验教训，以遵循市场经济规律，提高经济效益。

2. 针对性

经济应用文涉及国家经济政策，企业的经营管理、生产计划和销售服务等，因此撰写经济应用文要讲究针对性，即针对经济活动或管理的特定对象而撰写。要明确写作目的，选择相应的文种。实践证明，应用文的针对性越强，内容越明确、具体，就越能收到良好的实际效果，发挥的作用也就越大。

3. 政策性

经济应用文是反映和处理经济活动中出现的各种实际问题的工具，而经济工作本身有着很强的政策性，因此，经济应用文的写作必须以党和国家现阶段的经济方针和政策为指导，其内容必须符合党和国家现行的各项经济方针政策和法律法规的基本精神。只有这样，才能充分发挥经济应用文服务于经济活动的重要作用。如果经济应用文的内容与党和国家的经济方针政策和法律法规相违背，那么它不仅无法发挥应有的积极作用，还会扰乱社会经济秩序，给经济工作带来损失。

4. 数据化

大量运用数据是经济应用文写作的突出特点。经济活动的开展常常与数字密不可分，在生产、流通、消费等各个经济环节中，无论是产品的数量、成本、利润，还是财务预算、决算等，都是在数据分析中发现问题，从而解决问题的。因此，一篇经济应用文能否精确描述经济现象、正确反映经济活动，常常与对数据的准确把握和正确运用密切相关。

三、经济应用文的种类

对于经济应用文种类的划分，目前写作界尚无定论。但对于经济应用文，可有广义和狭义两种理解。狭义的理解，是指"只用于"经济活动的应用文；广义的理解，则还包括"可用于"经济活动的应用文。据此，我们将广义的经济应用文分为以下两大类。

(一)专用经济文书

专用经济文书是专门用于经济活动的应用文。这类经济应用文是专门用来开展经济业务或传递经济信息的，它只用于经济活动，具有很强的专业性。各种经济报告、招投标文件、商业广告等均属此类。

(二)通用经济文书

通用经济文书是"可用于"经济活动的应用文。所谓"可用于"，是指这类应用文既可用于经济活动，也可用于其他活动，而非经济活动所独有，如各种公务文书、事务文书、诉讼文书、宣传文书和研究文书等。

四、经济应用文的作用

写作的重要性历来为人们所重视，早在春秋时期，孔子就对《诗经》的重要作用进行过精辟阐述，提出"诗"可以"兴、观、群、怨"的主张，这也是对文学作品重要社会作用的高度概括。实际上，不光是文学作品，应用文在社会生活中更是有着极其重要的作用，它既是重要的交际工具、保存和传递信息的工具、宣传教育的工具、处理事务解决问题的工具，又是进行科学研究和学术交流的工具。因此，应用文写作，无论从生活还是从工作的角度看，对我们都有着极其重要的作用。经济应用文作为应用文的重要组成部分，对经济活动的顺利开展同样具有重要的作用。

(一)规范指导作用

经济活动的顺利开展，要以党和国家的经济政策法规为依据，经济应用文正是传达和贯彻党和国家经济方针政策和法律法规的重要工具。因此，经济应用文具有指导和规范经济活动健康开展的作用，如有关贯彻经济方针政策的党政机关公文、经济方面的法令法规和规章制度等，都是开展经济活动的重要依据。

(二)沟通联系作用

任何一个经济组织在其生存和发展过程中，总是会与其他相关组织发生各种各样的联

系。经济应用文是实现这种沟通和联系的重要工具,如制发党政机关公文便是上级向下级询问情况,下级向上级汇报工作、请示问题,平级机关之间相互商洽工作、询问和答复问题等的重要手段。

(三)宣传传播作用

宣传工作对于一个经济组织的生存和发展来说具有非常重要的意义。在竞争异常激烈的当今社会,一个经济组织要想求得生存和发展,就必须做好两件事,一是内求团结,二是外树形象,这两件事都离不开经济应用文。内求团结,需要加强内部宣传,统一员工思想,增强内聚力,这就需要通过制发公文、编发简报等手段来实现;外树形象,就要加强对外宣传,通过各种大众传媒,发布新闻,宣传自己,提高组织的社会知名度。

同时,在被称为信息时代的当今社会,各种经济信息的搜集与传播对经济活动的顺利开展同样有着相当重要的作用,而经济应用文便是一种重要的经济信息传播工具。无论是经济信息的采集和编辑,还是储存和传递,都离不开经济应用文的写作。

(四)调查研究作用

调查研究是做好经济工作的重要保证。通过调查研究,撰写各种经济报告和研究文章,如市场调查报告、经济预测报告、可行性研究报告、经济论文等,可为经济方针政策的制定和经济决策提供可靠的参考和依据,从而保证经济方针政策的可行性和决策的正确性。

(五)开展业务作用

经济应用文是开展经济业务的重要工具,许多经济业务的开展都需要撰写相应的经济应用文,如信贷业务中的贷前调查报告、保险理赔业务中的理赔查勘报告、资产评估业务中的资产评估报告、审计业务中的审计报告、稽核业务中的稽核报告、招投标业务中的招投标文书等。

五、经济应用文写作能力的提高

怎样提高写作能力?如何写好文章?方法和技巧可以说有很多,也可以说没有。孟子说:"大匠诲人以规矩,不能使人巧。"鲁迅说:"文章应该如何做,我说不出来,因为自己的作文是由于多看和练习,此外并无心得和方法的。"欧阳修提出:学习作文有三多,看多,做多,商量多。这些都是提高写作能力的经验之谈。总体来说,要想提高经济应用文的写作能力,可以从如下三个方面着手。

(一)勤于思考,提高认识能力

写作活动是认识与表达的有机统一,因此,要提高经济应用文的写作能力,首先要提高认识能力。只有获得对经济活动的正确认识,才能写出主题正确的经济应用文;只有对

经济活动有独到的见解,才能写出观点新颖的经济应用文。要提高认识能力,就要勤于思考,遇事多问几个为什么,做经济生活和经济工作的有心人。

(二)广泛积累,打好基础

写作能力的提高是一个长期积累的过程,要写好经济应用文,必须有丰厚的知识和素材作基础。积累知识和素材有两个主要途径,这就是古人所说的"读万卷书,行万里路"。"读万卷书"就是指从书本中获取知识和写作材料。读书可以丰富知识,开阔视野,增加大脑的储存,储存丰富了,写作时才能信手拈来,所谓"读书破万卷,下笔如有神"就是这个道理。另外,读书尤其是读范文,还可以加深对文体的感性认识,借鉴其写作技巧,积累写作材料。"行万里路"就是指在生活和工作中积累知识与写作素材,多关注经济发展形势、经济活动、经济现象以及有关国家政策方针。生活和工作是写作的源头活水。

经济应用文的素材,包括经济政策法规、经济理论知识、经济活动的具体情况和各种经济数据等。因此,要提高经济应用文的写作能力,就要熟悉相关的经济政策法规,了解有关的经济理论,精通相应的经济业务,从而储备充足的写作材料。

(三)注重实践,反复练习

写作能力是人的一种特殊技能,技能的获得和提高必须依靠自我培养和训练。因此,要想提高经济应用文的写作能力,就必须勤于动手,多写多练,正像陆游告诫儿子那样:"纸上得来终觉浅,绝知此事要躬行。"敢于实践,勤于练习,是提高经济应用文写作能力的最为重要的途径。

第二章　党政机关公文

学习目标

- 了解党政机关公文的定义、特点和作用。
- 熟悉党政机关公文的种类、格式、起草要求和行文规则。
- 掌握通知、通报、报告、请示、批复、函、意见的写作要领。

第一节　党政机关公文概述

一、党政机关公文的定义

党政机关公文是公文的一种。公文有广义和狭义之分。广义的公文泛指一切公务文书，即在公务活动中使用的应用文体。它又可分为专用公文和通用公文两大类。专用公文是办理某些专门公务时使用的应用文，如司法文书、外交文书等。通用公文则是各行业通用的应用文，又可分为法定公文和事务文书两类。法定公文是党和国家有关职能部门用法规文件的形式明确规定的一类公文，目前共有 15 种。事务文书，常用的如计划、总结等。狭义的公文，专指法定公文，通常称为党政机关公文，简称公文，俗称文件。

关于党政机关公文，中共中央办公厅、国务院办公厅于 2012 年 4 月颁布的《党政机关公文处理工作条例》(以下简称《公文处理条例》)中有对其定义的明确表述：

"党政机关公文是党政机关实施领导、履行职能、处理公务的具有特定效力和规范体式的文书，是传达贯彻党和国家方针政策，公布法规和规章，指导、布置和商洽工作，请示和答复问题，报告、通报和交流情况等的重要工具。"

这个定义从行为主体、使用环境、主要特点和作用等方面对党政机关公文作了明确界定。需要指出，这里的行为主体虽然说的是党政机关，但在《中共中央办公厅 国务院办公厅关于印发〈党政机关公文处理工作条例〉的通知》(中办发〔2012〕14 号)中，主送机关是"各省、自治区、直辖市党委和人民政府，中央和国家机关各部委，解放军各总部，各大单位，各人民团体"，文中还要求"请遵照执行"。这就是说，党政机关公文的行为主体不仅仅是党政机关，而且包括军队和社会团体。因此可以说，除少数特殊部门，如外事部门等另有规定外，其他一切社会组织，包括党政军机关、企事业单位、社会团体等都应按照上述条例的规定去处理公文。

二、党政机关公文的特点

(一)政策性

政策性是公文内容上的一个突出特点。《公文处理条例》中明确规定，起草公文应当"符合国家法律法规和党的路线方针政策"。事实上，作为一种重要的管理工具，公文是党和国家有关方针政策、法律法令的具体化，因此在内容上必须与国家现行的方针政策相一致，不能违背法律、法规及其他有关规定。

(二)特定性

公文的制发者和收阅者都是特定的社会组织。公文的写作，必须体现特定社会组织的意志，而不能表达起草人的个人意愿，不能掺杂任何个人的东西。这与一般的写作行为是大不相同的。作为起草人，必须牢记这一点，摆正自己在公文写作中的地位。

(三)权威性

公文是代表一定的社会组织发言的，在其职权范围内具有法定的效力。这种效力主要表现在公文对收文者的制约上。公文要求收文者对公文联系的公务做出相应的反应，而不能不闻不问。上级用公文向下级布置工作任务，下级要按要求开展工作，完成任务；下级用公文向上级请示问题，上级也要做出明确答复，而不能置之不理。这些都是公文权威性的体现。

(四)程式性

所谓程式性，就是具有特定的文章格式。应用文大都具有特定的格式，公文尤为突出，因而在《公文处理条例》中特别强调了其具有"规范体式"的文体特征。

(五)保密性

公文大都采用内部渠道发送，其内容具有保密性，不能随意公开。即便是公开发布的公文，在其发布之前内容也是严格保密的。

三、党政机关公文的作用

(一)发布政令

公文是一种重要的发布政令的工具。不管是党政机关制定的法律法令、方针政策，还是企事业单位和其他社会组织制定的各项规章制度，都要以公文为载体进行发布，以便层层贯彻落实，这样各项方针政策和规章制度才能发挥它们的作用。

(二)管理政务

公文是一种重要的政务管理工具。上级对下级重要的指挥和指导大都要通过制发公文来实现,如布置工作任务、指导工作开展等。

(三)联系公务

各级各类党政机关、企事业单位和其他社会组织之间重要的公务往来,大都要靠制发公文来实现,如上级向下级询问有关情况,下级向上级汇报工作、请示问题,不相隶属机关之间相互商洽工作、询问和答复问题等,都离不开公文。

(四)留存备查

公文大都具有凭据作用,是开展公务活动的依据。因此,重要的公文都要作为档案资料保存起来,以备查考。

(五)保存文献

作为档案资料保存起来的公文,记载了一个社会组织的发展历史,因此是珍贵的文献资料。

四、党政机关公文的种类

公文是一种非常古老的实用文体。随着社会的发展,其公务性质也在不断地发生变化,公文的种类也会因此而有所不同。旧的不适用的文种会被淘汰,新的文种又会产生,因此,对公文种类的把握首先要有发展的动态的观点。同时,就某一时期而言,公文的种类又是确定不变的。这就是文体通变性与确定性的辩证统一。关于公文的种类,通常可从两个角度进行划分:一是按作用划分,二是按行文关系划分。

(一)按作用划分

《公文处理条例》中是按照公文的作用对公文进行分类的。中华人民共和国成立后,党和政府先后颁发过七次有关公文处理的办法或条例,每次都对公文的种类进行了不同程度的调整。第一次是 1951 年政务院颁发的《公文处理暂行办法》,规定当时的公文有七类 12 种;第二次是 1981 年国务院办公厅颁发的《国家行政机关公文处理暂行办法》,共有公文九类 15 种;第三次是 1987 年国务院办公厅颁发的《国家行政机关公文处理办法》,共有公文十类 15 种;第四次是 1993 年国务院办公厅颁发的《国家行政机关公文处理办法》(修订),共有公文十二类 13 种;第五次是 1996 年中共中央办公厅印发的《中国共产党机关公文处理条例》,共有公文 14 种;第六次是 2000 年由国务院颁发的《国家行政机关公文处理办法》(再修订),共有公文 13 种;第七次是 2012 年 4 月 16 日由中共中央办公厅和国务院办公厅联合印发的《党政机关公文处理工作条例》,规定现行公文有 15

第二章 党政机关公文

种。这个条例将党政机关公文的处理合二为一,是目前最新的公文处理规范,其中规定的15种公文如下。

1. 决议

决议适用于会议讨论通过的重大决策事项。

决议是一种高规格公文,具有权威性和指导性。

根据作用的不同,决议可以分为公布性决议、批准性决议和阐述性决议三种。例如:

【公布性决议】

中国人民政治协商会议××市第××届委员会第×次会议决议

(2013年1月10日政协××市第××届委员会第×次会议通过)

中国人民政治协商会议××市第××届委员会第×次会议于2013年1月5日至10日举行。会议高举中国特色社会主义伟大旗帜,深入学习贯彻中共××大精神,紧紧围绕市委××届×次全体(扩大)会议提出的更高水平、更大力度推进经济、政治、文化、社会和生态文明建设,开创××科学发展新局面的总体要求和各项任务,充分发扬民主,积极建言献策,共商发展大计。会议圆满完成了各项议程,是一次高举旗帜、增进共识的大会,是一次团结民主、共商大计的大会,是一次承前启后、继往开来的大会。

会议认真学习和讨论了省委常委、市委书记×××在开幕会上的重要讲话。认为讲话提出"携手走在生态文明新时代前列,为人民创造美好生产生活环境"的要求,充分顺应了全市人民的新期待,充分反映了政协委员的心声;讲话充分肯定并高度评价了××届市政协工作取得的成绩,体现了中共××市委对政协工作的高度重视和支持;讲话对新一届市政协工作提出了要求和希望,委员们深感责任重大,使命光荣,表示要深入学习领会,在履行职能工作中认真贯彻落实。

会议赞同市长×××所作的政府工作报告以及其他有关报告。认为过去的五年,我市以科学发展观为引领,开拓进取,求实奋进,综合实力大幅跃升,民生福祉全面改善,城市功能品质不断优化,公共服务水平显著增强,城乡发展更趋协调,率先建成了惠及全市人民的小康社会,为××市率先基本实现现代化,建设现代化国际性人文绿都奠定了坚实基础。会议认为,政府工作报告对过去工作的总结实事求是,确定的今后发展目标鼓舞人心,任务定位准确,措施切实可行。会议对做好今年市政府工作提出了许多建设性的意见和建议。

会议高度评价×××主席代表××届市政协常务委员会所作的工作报告和××副主席所作的提案工作情况的报告,认为报告客观全面地反映了××届市政协五年来的工作,经验体会给人启迪,提出的建议科学合理,对今后市政协工作具有积极的指导作用。会议一致认为,××届市政协在中共××市委的领导下,围绕中心议大事,服务大局献良策,创新履职铸品质,为推动××市科学发展、率先基本实现现代化做出了重要贡献。

会议选举产生了政协××市第××届委员会主席、副主席、秘书长和常务委员。会议指出,中共××大的胜利召开,标志着中国特色社会主义事业迈上了新征程。面对新形势、新任务，新一届市政协要高举中国特色社会主义伟大旗帜，按照市委的部署和要求，进一步解放思想，勇担使命，奋发有为，积极进取，充分发挥人民政协作为协商民主重要渠道作用，不断巩固团结合作的共同思想政治基础；要围绕××市经济社会发展大局，切实履行政协职能；要围绕××市创成率先大业，凝聚方方面面的智慧和力量；要切实加强政协自身建设，提高政协工作的科学化水平。

会议号召，全市各级政协组织、各参加单位和全体政协委员，要紧密团结在以×××同志为总书记的中共中央周围，深入贯彻落实中共××大精神，在中共××市委的正确领导下，谋大业、建真言，为民生、促和谐，求创新、图奋进，为建设美丽新城市、创造幸福新生活而努力奋斗！

政协××市第××届委员会
2013年1月10日

(资料来源：新浪网，https://news.sina.com.cn/o/2013-01-11/074926010777.shtml/)

【批准性决议】

中国共产党第××次全国代表大会
关于××届中央纪律检查委员会工作报告的决议

(2017年10月24日中国共产党第××次全国代表大会通过)

中国共产党第××次全国代表大会审查、批准××届中央纪律检查委员会工作报告。大会充分肯定了××届中央纪律检查委员会的工作。

大会认为，党的××大以来，在以×××同志为核心的党中央坚强领导下，中央纪律检查委员会和各级纪律检查委员会牢固树立政治意识、大局意识、核心意识、看齐意识，坚定中国特色社会主义道路自信、理论自信、制度自信、文化自信，自觉同党中央保持高度一致，尊崇党章，忠实履职，推动全面从严治党不断向纵深发展，反腐败斗争形成压倒性态势并巩固发展，坚定维护了党中央权威和集中统一领导，厚植党执政的政治基础，建设一支忠诚干净担当的纪检监察队伍，向党和人民交上了优异答卷。

大会要求，高举中国特色社会主义伟大旗帜，以××××主义、×××思想、×××理论、××××重要思想、××发展观、×××新时代中国特色社会主义思想为指导，全面落实党的××大作出的战略部署，统筹推进"五位一体"总体布局和协调推进"四个全面"战略布局，增强"四个意识"，坚定"四个自信"，不忘初心、牢记使命，紧紧围绕党的领导、党的建设、全面从严治党、党风廉政建设和反腐败斗争，推动党内政治生态实现根本好转，履行党章赋予的监督执纪问责职责，为决胜全面建成小康社会、夺取新时代中国特色社会主义伟大胜利提供坚强保证，为实现中华民族伟大复兴的中国梦不懈奋斗。

中国共产党第××次全国代表大会
2017年10月24日

(资料来源：中国政府网，http://www.gov.cn/zhuanti/2017-10/24/content_5234143.htm)

【阐述性决议】

中国共产党第××次全国代表大会
关于《中国共产党章程(修正案)》的决议

(2017年10月24日中国共产党第××次全国代表大会通过)

中国共产党第××次全国代表大会审议并一致通过××届中央委员会提出的《中国共产党章程(修正案)》，决定这一修正案自通过之日起生效。

大会认为，党的××大以来，以×××同志为主要代表的中国共产党人，顺应时代发展，从理论和实践结合上系统回答了新时代坚持和发展什么样的中国特色社会主义、怎样坚持和发展中国特色社会主义这个重大时代课题，创立了×××新时代中国特色社会主义思想。×××新时代中国特色社会主义思想是对××××主义、×××思想、×××理论、××××××重要思想、××发展观的继承和发展，是×××主义中国化最新成果，是党和人民实践经验和集体智慧的结晶，是中国特色社会主义理论体系的重要组成部分，是全党全国人民为实现中华民族伟大复兴而奋斗的行动指南，必须长期坚持并不断发展。在×××新时代中国特色社会主义思想指导下，中国共产党领导全国各族人民，统揽伟大斗争、伟大工程、伟大事业、伟大梦想，推动中国特色社会主义进入了新时代。大会一致同意，在党章中把×××新时代中国特色社会主义思想同××××主义、×××思想、×××理论、××××××重要思想、××发展观一道确立为党的行动指南。大会要求全党以×××新时代中国特色社会主义思想统一思想和行动，增强学习贯彻的自觉性和坚定性，把×××新时代中国特色社会主义思想贯彻到社会主义现代化建设全过程、体现到党的建设各方面。

大会认为，中国特色社会主义文化是中国特色社会主义的重要组成部分，是激励全党全国各族人民奋勇前进的强大精神力量。大会同意把中国特色社会主义文化同中国特色社会主义道路、中国特色社会主义理论体系、中国特色社会主义制度一道写入党章，这有利于全党深化对中国特色社会主义的认识、全面把握中国特色社会主义内涵。大会强调，全党同志要倍加珍惜、长期坚持和不断发展党历经艰辛开创的这条道路、这个理论体系、这个制度、这个文化，高举中国特色社会主义伟大旗帜，坚定道路自信、理论自信、制度自信、文化自信，贯彻党的基本理论、基本路线、基本方略。

大会认为，实现中华民族伟大复兴是近代以来中华民族最伟大的梦想，是我们党向人民、向历史作出的庄严承诺。大会同意在党章中明确实现"两个一百年"奋斗目标、实现中华民族伟大复兴的中国梦的宏伟目标。

大会认为，党的××大作出的我国社会主要矛盾已经转化为人民日益增长的美好生活需求和不平衡不充分的发展之间的矛盾的重大政治论断，反映了我国社会发展的客观实际，是制定党和国家大政方针、长远战略的重要依据。党章据此作出相应修改，为我们把握我国发展新的历史方位和阶段性特征、更好推进党和国家事业提供了重要指引。

大会认为，坚持以人民为中心的发展思想，坚持创新、协调、绿色、开放、共享的发展理念，协调推进全面建成小康社会、全面深化改革、全面依法治国、全面从严治党，全面建成社会主义现代化强国，反映了我们党坚持和发展中国特色社会主义的根本目的、发展理念、战略布局、战略目标。把促进国民经济更高质量、更有效率、更加公平、更可持续发展，完善和发展中国特色社会主义制度，推进国家治理体系和治理能力现代化，更加注重改革的系统性、整体性、协同性等内容写入党章，有利于推动全党把思想和行动统一到党中央科学判断和战略部署上来，树立和践行新发展理念，不断开创改革发展新局面。

大会认为，党的××大以来，以×××同志为核心的党中央在经济建设、政治建设、文化建设、社会建设、生态文明建设方面提出一系列新理念新思想新战略。大会同意把发挥市场在资源配置中的决定性作用，更好发挥政府作用，推进供给侧结构性改革，建设中国特色社会主义法治体系，推进协商民主广泛、多层、制度化发展，培育和践行社会主义核心价值观，推动中华优秀传统文化创造性转化、创新性发展，继承革命文化，发展社会主义先进文化，提高国家文化软实力，牢牢掌握意识形态工作领导权，不断增强人民群众获得感，加强和创新社会治理，坚持总体国家安全观，增强绿水青山就是金山银山的意识等内容写入党章。作出这些充实，对全党更加自觉、更加坚定地贯彻党的基本理论、基本路线、基本方略，统筹推进"五位一体"总体布局具有十分重要的作用。

大会认为，党的××大以来，×××同志就加强国防和军队建设、民族团结、"一国两制"和祖国统一、统一战线、外交工作提出一系列重要思想观点，为坚持走中国特色强军之路、维护和发展平等团结互助和谐的社会主义民族关系、推进祖国统一、推动构建人类命运共同体进一步指明了方向。大会同意，把中国共产党坚持对人民解放军和其他人民武装力量的绝对领导，贯彻×××强军思想，坚持政治建军、改革强军、科技兴军、依法治军，建设一支听党指挥、能打胜仗、作风优良的人民军队，切实保证人民解放军有效履行新时代军队使命任务；铸牢中华民族共同体意识；坚持正确义利观，推动构建人类命运共同体，遵循共商共建共享原则，推进"一带一路"建设等内容写入党章。充实这些内容，有利于加强党对人民军队的绝对领导、提高国防和军队现代化水平，有利于加强民族团结，有利于提高我国开放型经济水平。

大会认为，党的××大以来，我们党扎实推进全面从严治党，在加强党的建设方面进行了全方位探索，取得了许多成功经验和重大成果，必须及时体现到党章中，使之转化为全党共同意志和共同遵循。大会同意，把党的××大确立的坚持党要管党、全面从严治党，加强党的长期执政能力建设、先进性和纯洁性建设，以党的政治建设为统领，全面推进党的政治建设、思想建设、组织建设、作风建设、纪律建设，把制度建设贯穿其中，深入推进反腐败斗争等要求写入党章，把不断增强自我净化、自我完善、自我革新、自我提高能力，用×××新时代中国特色社会主义思想统一思想、统一行动，牢固树立政治意识、大局意识、核心意识、看齐意识，坚定维护以×××同志为核心的党中央权威和集中统一领导，加强和规范党内政治生活，增强党内政治生活的政治性、时代性、原则性、战斗性，发展积极健康的党内政治文化，营造风清气正的良好政治生态等内容写入党章，把坚持从严管党治党作为党的建设必须坚决实现的基本要求之一写入党章。充实这些内容，使党的建设目标更加清晰、布局更加完善，有利于全党以更加科学的思路、更加有效的举措推进党的建设，不断提高党的建设质量，永葆党的生机活力。

第二章 党政机关公文

大会认为，中国共产党的领导是中国特色社会主义最本质的特征，是中国特色社会主义制度的最大优势。党政军民学，东西南北中，党是领导一切的。大会同意把这一重大政治原则写入党章，这有利于增强全党党的意识，实现全党思想上统一、政治上团结、行动上一致，提高党的创造力、凝聚力、战斗力，确保党总揽全局、协调各方，为做好党和国家各项工作提供根本政治保证。

大会认为，总结吸收党的××大以来党的工作和党的建设的成功经验，并同总纲部分修改相衔接，对党章部分条文作适当修改十分必要。认真学习×××新时代中国特色社会主义思想，自觉遵守党的政治纪律和政治规矩，勇于揭露和纠正违反党的原则的言行，带头实践社会主义核心价值观，弘扬中华民族传统美德，是广大党员应尽的义务；把政治标准放在首位，是发展党员必须坚持的重要原则；实现巡视全覆盖，开展中央单位巡视、市县巡察，是巡视工作实践经验的总结，必须加以坚持和发展；明确中央军事委员会实行主席负责制，明确中央军事委员会负责军队中党的工作和政治工作，反映了军队改革后的中央军委履行管党治党责任的现实需要；调整党的总支部委员会、支部委员会每届任期期限，推进"两学一做"学习教育常态化制度化，明确国有企业党组织的地位和作用，增写社会组织中党的基层组织的功能定位和职责任务，明确各级党和国家机关中党的基层组织的职责，明确党支部的地位和作用，充实干部选拔条件和要求，调整和充实党的纪律、党的纪律检查机关部分的相关内容，等等，是党的××大以来党的工作和党的建设成果的集中反映。把这些内容写入党章，有利于全党把握党的指导思想与时俱进，用×××新时代中国特色社会主义思想武装头脑、指导实践、推动工作，有利于强化基层党组织政治功能，推动全面从严治党向纵深发展。

大会要求，党的各级组织和全体党员在以×××同志为核心的党中央坚强领导下，高举中国特色社会主义伟大旗帜，以×××××主义、×××思想、×××理论、××××××重要思想、××发展观、×××新时代中国特色社会主义思想为指导，更加自觉地学习党章、遵守党章、贯彻党章、维护党章，坚持和加强党的全面领导，坚持党要管党、全面从严治党，为决胜全面建成小康社会、夺取新时代中国特色社会主义伟大胜利、实现中华民族伟大复兴的中国梦、实现人民对美好生活的向往继续奋斗！

中国共产党第××次全国代表大会
2017年10月24日

（资料来源：中国共产党新闻网，http://cpc.people.com.cn/19th/n1/2017/1024/c414305-29606637.html?_zbs_baidu_dk）

2. 决定

决定适用于对重要事项做出决策和部署、奖惩有关单位和人员、变更或者撤销下级机关不适当的决定事项。

决定具有"事由重大"的特点。

根据作用的不同，决定可分为事项性决定、奖惩性决定和撤销性决定。例如：

【事项性决定】

全国人民代表大会常务委员会
关于召开第××届全国人民代表大会第×次会议的决定

(2018年12月29日第××届全国人民代表大会常务委员会第×次会议通过)

第××届全国人民代表大会常务委员会第×次会议决定：中华人民共和国第××届全国人民代表大会第×次会议于2019年3月5日在北京召开。建议会议的议程是：审议政府工作报告；审查2018年国民经济和社会发展计划执行情况与2019年国民经济和社会发展计划草案的报告；审查2018年中央和地方预算执行情况与2019年中央和地方预算草案的报告；审议全国人民代表大会常务委员会工作报告；审议最高人民法院工作报告；审议最高人民检察院工作报告等。

全国人民代表大会常务委员会
2018年12月29日

(资料来源：中国政府网，http://www.gov.cn/xinwen/2018-12/30/content_5353508.htm)

【奖惩性决定】

国务院关于××××年度国家科学技术奖励的决定

各省、自治区、直辖市人民政府，国务院各部委、各直属机构：

为全面贯彻党的××大精神，深入贯彻落实×××新时代中国特色社会主义思想，坚定实施科教兴国战略、人才强国战略和创新驱动发展战略，国务院决定，对为我国科学技术进步、经济社会发展、国防现代化建设做出突出贡献的科学技术人员和组织给予奖励。

根据《国家科学技术奖励条例》的规定，经国家科学技术奖励评审委员会评审、国家科学技术奖励委员会审定和科技部审核，国务院批准并报请国家主席×××签署，授予×××院士、×××院士国家最高科学技术奖；国务院批准，授予"××××××"等2项成果国家自然科学奖一等奖，授予"××××××"等33项成果国家自然科学奖二等奖，授予"××××××"等4项成果国家技术发明奖一等奖，授予"××××××"等62项成果国家技术发明奖二等奖，授予"××××××"等3项成果国家科学技术进步奖特等奖，授予"××××××"等21项成果国家科学技术进步奖一等奖，授予"××××××"等146项成果国家科学技术进步奖二等奖，授予×××教授等7名外国专家中华人民共和国国际科学技术合作奖。

全国科学技术工作者要向×××院士、×××院士及全体获奖者学习，不忘初心、牢记使命，继续发扬求真务实、勇于创新的科学精神和服务国家、造福人民的优良传统，主动担当起建设世界科技强国的历史重任，深入实施创新驱动发展战略，坚定不移走中国特色自主创新道路，加快建设创新型国家，为决胜全面建成小康社会、夺取新时代中国特色社会主义伟大胜利、实现"两个一百年"奋斗目标和中华民族伟大复兴的中国梦作出新的

更大贡献。

中华人民共和国国务院
2018 年 1 月 1 日

(资料来源：《光明日报》，2018 年 1 月 9 日 第 2 版)

3. 命令(令)

命令适用于公布行政法规和规章、宣布施行重大强制性措施、批准授予和晋升衔级、嘉奖有关单位和人员。

命令是一种仅限于行政机关使用的高规格公文，具有如下特点。

(1) 事由重大。从命令的作用可以看出，命令所涉及的都是重大公务，普通事由不可使用命令。

(2) 极强的权威性和强制性。命令是极具权威性和强制性的公文，一经发布，受令者必须不折不扣地执行，不得违反。

(3) 严格的使用权限。命令有严格的使用权限，不是任何机关都可以使用的。根据《中华人民共和国宪法》的规定，有权发布命令的主体有三类：全国人民代表大会常务委员会及其委员长、国家主席、国务院及其总理；国务院各部委及其首长；县以上各级地方人民政府及各级人民代表大会。其他各种企事业单位、党团组织和社会团体等，均无权发布命令。

根据作用的不同，命令可分为发布令、行政令、授衔令、嘉奖令四种。发布令是发布行政法规和规章的命令；行政令是宣布施行重大强制性措施的命令，如戒严令等；授衔令是批准授予和晋升衔级的命令；嘉奖令是用以重大表彰的命令。例如：

【发布令】

中华人民共和国国务院令

第××号

《行政区划管理条例》已经 2017 年 11 月 22 日国务院第××次常务会议通过，现予公布，自 2019 年 1 月 1 日起施行。

总理 ×××
2018 年 10 月 10 日

(资料来源：中国政府网，http://www.gov.cn/zhengce/content/2018-11/01/content_5336379.htm)

【行政令】

××县人民政府森林防火戒严令

第××号

为了有效防控森林火灾发生，确保人民生命财产和生态资源安全，维护全县林区平安稳定，根据《森林防火条例》的有关规定，特发布如下戒严令。

一、从2013年1月1日至5月31日期间，全县所有林区、林地一律实行戒严。

二、在戒严期内，各镇、林场要无条件禁止一切生产性和非生产性野外用火，对于生活用火、使用机动车辆和机械设备可能引起森林火灾的也要从严管理。

三、在戒严期内，各地要坚决做到"十不准"，即不准烧荒、烧火粪、烧地边、烧粟苞杂草；不准在林区焚香烧纸点灯；不准燃放烟花鞭炮；不准进山烧炭；不准打火把照明；不准在林区生火取暖、野炊；不准在林区内吸烟；不准未成年人和精神病人玩火；不准放火驱兽；不准携带易燃易爆物品进入林区。

四、各镇和有关部门要加大巡林检查力度，严格管控一切野外用火，在重点区域和入山要道口应确定专人严防死守，确保辖区不发生森林火灾。

五、确因工程建设需要进入林区施工的单位，要对施工人员进行防火安全知识教育，落实监管责任，杜绝人为因素引发的火灾事故。对引起森林火灾的，要依法追究单位领导和当事人的责任。

六、各镇和有关部门要全面落实责任。对未按照《森林防火条例》有关规定履行防火责任、非法随意用火或人为引起森林火灾的个人或单位，依据《森林防火条例》及有关法律、法规处理，构成犯罪的，将依法追究刑事责任。

县长　×××
2012年12月12日

（资料来源：××县人民政府网，http://www.zazf.gov.cn/gk30/60490.htm）

【授衔令】

××省公安厅关于授予和晋升××等同志人民警察警司警衔的命令

×公衔令字〔2018〕55号

××市公安局：

根据《中华人民共和国人民警察警衔条例》《人民警察警衔工作管理办法》《首次评定授予人民警察警衔的标准》和警衔微调政策的有关规定，批准：

以下12名同志授予二级警司警衔：

××　××市公安局组织宣传科科员

……

以下15名同志授予三级警司警衔：

……

以下23名同志按期晋升一级警司警衔：

……

××　××县公安局城关派出所科员

……

以上同志新警衔时间，自符合评授和晋升该警衔条件之日起算。

此令

××省公安厅厅长　××

××××年×月×日

(资料来源：××县人民政府网，http://www.yuexi.gov.cn/html/xxgk/zhaokaoxinxi/201808/103920_506.html)

【嘉奖令】

××县人民政府关于通令嘉奖县公安局的命令

各乡镇人民政府，县政府直属各单位：

2012年，县公安局在县委、县政府和上级公安机关的正确领导下，紧紧围绕县委、县政府中心工作，充分发挥不怕吃苦、连续作战的优良作风，坚持严打严防严管不动摇，扎实开展"平安12"攻防、除恶治乱、打黑除霸、打击侵财犯罪、破案大会战、禁毒"砺剑"等一系列专项行动，取得了"平安12"攻防成绩全市第一，经侦破案大会战集群战役全市第一，打击侵财犯罪行动成效全省优秀，"砺剑"禁毒大会战全市第二，治安乱点整治全部达标，实现命案及所有"五类"恶性案件全破的良好成绩，队伍管理近年来首次实现零违纪，队伍正规化考核全市同类第二，成为全市3个先进单位之一，并成功创建了全市唯一全国县级公安机关执法示范单位。全县社会治安总体呈现刑事发案下降，打击破案率和人民群众安全感、满意度持续上升的良好态势，为建设平安法治××县，净化和改善建设环境，促进××县经济社会发展做出了突出的贡献。

为表彰先进，鼓舞士气，县人民政府决定对县公安局予以通令嘉奖，并奖励200万元。希望公安机关及其广大民警要戒骄戒躁，再接再厉，为维护全县社会持续稳定再立新功。各乡镇、各部门要以先进为榜样，团结拼搏，创优争先，为××县"双海双区"战略深入实施和经济社会又好又快发展做出新的更大的贡献！

××县人民政府

2013年1月21日

(资料来源：××县人民政府网，http://www.cncn.gov.cn/art/2013/1/28/art_1268425_3949333.html)

4. 公报

公报适用于公布重要决定或者重大事项。

公报是一种报道性公文，具有权威性、指导性和新闻性。

根据作用的不同，公报可分为决定性公报和事项性公报两种。例如：

【决定性公报】

中国共产党第××届中央委员会第×次全体会议公报

(2017年10月25日中国共产党第××届中央委员会第×次全体会议通过)

中国共产党第××届中央委员会第×次全体会议，于2017年10月25日在北京举行。

出席全会的有中央委员×人，候补中央委员×人。中央纪律检查委员会委员列席会议。

×××同志主持会议并在当选中共中央委员会总书记后作了重要讲话。

全会选举了中央政治局委员、中央政治局常务委员会委员、中央委员会总书记；根据中央政治局常务委员会的提名，通过了中央书记处成员，决定了中央军事委员会组成人员；批准了××届中央纪律检查委员会第×次全体会议选举产生的书记、副书记和常务委员会委员人选。名单如下：(具体内容略)

中国共产党第××届中央委员会
2017年10月25日

(资料来源：新华网，http://www.xinhuanet.com/politics/19cpcnc/2017-10/25/c_1121853954.htm，有删改)

【事项性公报】

中国共产党第××届中央纪律检查委员会
第×次全体会议公报

(2019年1月13日中国共产党第××届中央纪律检查委员会第×次全体会议通过)

中国共产党第××届中央纪律检查委员会第×次全体会议，于2019年1月11日至13日在北京举行。出席这次全会的有中央纪委委员132人，列席221人。

中共中央总书记、国家主席、中央军委主席×××出席全会并发表重要讲话。×××、×××、××、×××、××等党和国家领导人出席会议。

全会由中央纪律检查委员会常务委员会主持。全会以×××新时代中国特色社会主义思想为指导，全面贯彻落实党的××大精神，回顾2018年纪检监察工作，总结改革开放40年来纪检监察工作经验，部署2019年任务，审议通过了×××同志代表中央纪委常委会所作的《忠实履行党章和宪法赋予的职责，努力实现新时代纪检监察工作高质量发展》工作报告。

全会认真学习、深刻领会×××总书记重要讲话。一致认为，讲话站在新时代党和国家事业发展全局的高度，充分肯定党的××大以来全面从严治党取得新的重大成果，深刻总结改革开放40年来党进行自我革命、永葆先进性和纯洁性的宝贵经验，对领导干部特别是高级干部贯彻新形势下党内政治生活若干准则提出明确要求，强调坚定不移推进全面从严治党，巩固发展反腐败斗争压倒性胜利，为决胜全面建成小康社会提供坚强保障。讲话高瞻远瞩，思想深邃，直面问题，掷地有声，充分彰显了我们党自我净化、自我完善、自我革新、自我提高的高度自觉，具有鲜明深刻的政治性、思想性、理论性，对于推动全面从严治党向纵深发展具有重大指导意义。×××总书记对纪检监察机关和纪检监察干部寄予殷切期盼，提出明确要求。学习贯彻×××总书记重要讲话精神是全党的重要政治任务，要同学习贯彻×××新时代中国特色社会主义思想和党的××大精神紧密结合起来，统一思想认识，忠诚履职尽责，确保党中央各项决策部署落实到位。

全会指出，2018年，以×××同志为核心的党中央统揽伟大斗争、伟大工程、伟大事业、伟大梦想，统筹推进"五位一体"总体布局，协调推进"四个全面"战略布局，党和

国家各项事业取得新的重大成就。在党中央坚强领导下，各级纪检监察机关牢固树立"四个意识"，深入学习贯彻×××新时代中国特色社会主义思想，联系实际学、持续跟进学、融会贯通学，贯彻落实党的××大全面从严治党战略部署，推动纪检监察工作取得新成效。把党的政治建设摆在首位，坚决维护×××总书记党中央的核心、全党的核心地位，坚决维护党中央权威和集中统一领导，检查党的路线方针政策和党中央重大决策部署贯彻落实情况，确保党中央政令畅通。一体推进党的纪律检查体制改革、国家监察体制改革和纪检监察机构改革，全面完成各级监委组建和人员转隶，实行纪委监委监督检查和审查调查部门分设，创新派驻监督体制机制，加强法规制度建设，推动纪法贯通、法法衔接。深化政治巡视，坚持发现问题与整改落实并重，常规巡视与专项巡视结合，探索建立巡视巡察上下联动监督网。持之以恒落实中央八项规定精神，抓住重要时间节点正风肃纪，集中整治形式主义、官僚主义，巩固拓展作风建设成果。提高纪律建设的政治性、时代性、针对性，带头学习贯彻新修订的党纪处分条例，深化运用监督执纪"四种形态"，强化日常监督，精准追责问责。保持惩治腐败高压态势，"打虎""拍蝇""猎狐"多管齐下，推动改革、完善制度、强化教育，不断深化标本兼治。专项治理扶贫领域腐败和作风问题，严查民生领域违纪违法行为，严惩黑恶势力"保护伞"。加强纪检监察机关党的政治建设，增强履职本领，强化自我监督，以过硬作风和本领扎实推动各项工作。在肯定成绩的同时，全会分析了纪检监察工作面临的形势和存在的问题，要求高度重视、认真解决。

全会要求，各级纪检监察机关要一以贯之用×××新时代中国特色社会主义思想武装头脑、指导实践、推动工作，一以贯之坚定践行"两个维护"，一以贯之贯彻落实全面从严治党的方针和要求，把握"稳"的内涵、强化"进"的措施，持续深化转职能、转方式、转作风，使各项工作思路举措更加科学、更加严密、更加有效。

第一，持之以恒学习贯彻×××新时代中国特色社会主义思想，深入开展"不忘初心、牢记使命"主题教育。坚持边实践边学习，坚持学懂弄通做实，在学深悟透、务实戒虚、整改提高上持续发力，把教育成果转化为坚定理想信念、砥砺党性心性、忠诚履职尽责的思想自觉和实际行动。

第二，以党的政治建设为统领，坚决破除形式主义、官僚主义。(具体内容略)

第三，创新纪检监察体制机制，切实把制度优势转化为治理效能。(具体内容略)

第四，做实做细监督职责，着力在日常监督、长期监督上探索创新、实现突破。(具体内容略)

第五，持续深化政治巡视，完善巡视巡察战略格局。(具体内容略)

第六，有力削减存量、有效遏制增量，巩固发展反腐败斗争压倒性胜利。(具体内容略)

全会号召，要紧密团结在以×××同志为核心的党中央周围，奋发进取、砥砺前行，扎扎实实推进全面从严治党、党风廉政建设和反腐败斗争，为深入贯彻落实党的××大精神和党中央重大决策部署、决胜全面建成小康社会、实现中华民族伟大复兴的中国梦不懈奋斗！

中央纪律检查委员会
2019 年 1 月 13 日

(资料来源：《人民日报》，2019 年 1 月 14 日第 1 版，有删改)

5. 公告

公告适用于向国内外宣布重要事项或者法定事项。

公告是一种周知性文告，或称公示性公文，具有如下三方面的特点。

(1) 事由的重大性。公告只用于宣布重大事项。

(2) 发送对象的广泛性。公告宣布的是周知事项，所以要面向社会公众广泛宣布。

(3) 宣布渠道的公开性。公告要通过公开渠道向社会宣布，如通过各种大众传媒进行广泛传播。

根据作用的不同，公告可分为重要事项公告和法定事项公告两种。例如：

【重要事项公告】

××市第××届人民代表大会第×次会议公告

〔2019〕第 1 号

××市第××届人民代表大会第×次会议于 2019 年 1 月 25 日选举×××为××市监察委员会主任。

现予公告。

××市××届人大×次会议主席团
2019 年 1 月 27 日

(资料来源：××市人民政府网，http://www.bd.gov.cn/content-173-155997.html)

【法定事项公告】

中国人民银行公告

银〔2013〕第 2 号

中国人民银行定于 2013 年 1 月 30 日发行北斗卫星导航系统开通运行金银纪念币一套。该套纪念币共 2 枚，其中金币 1 枚，银币 1 枚，均为中华人民共和国法定货币。

一、纪念币图案

(一)正面图案：该套金银纪念币正面图案均为中华人民共和国国徽，并刊国名、年号。

(二)背面图案：1/3 盎司圆形金质纪念币背面图案为眼睛造型，衬以地球、卫星、北斗七星及二进制码等装饰组合设计，并刊"北斗卫星导航系统开通运行"中文字样及面额。

1 盎司圆形银质纪念币背面图案为指北针造型，衬以卫星、北斗七星及二进制码等装饰组合设计，并刊"北斗卫星导航系统开通运行"中文字样及面额。

二、纪念币规格和发行量

(一)1/3 盎司圆形金质纪念币为精制币，含纯金 1/3 盎司，直径 23 毫米，面额 150 元，成色 99.9%，最大发行量 30000 枚。

(二)1盎司圆形银质纪念币为精制币,含纯银1盎司,直径40毫米,面额10元,成色99.9%,最大发行量60000枚。

三、纪念币铸造与经销

该套金银纪念币由上海造币有限公司铸造,中国金币总公司总经销。

附件:北斗卫星导航系统开通运行金银纪念币图案

中国人民银行

2013年1月28日

(资料来源:中国政府网,http://www.gov.cn/zwgk/2013-01/29/content_2322180.htm)

6. 通告

通告适用于在一定范围内公布应当遵守或者周知的事项。

与公告类似,通告也是一种周知性文告,具有发布范围广和发布渠道公开的特点。

根据作用的不同,通告可分为遵守事项通告和周知事项通告两种。例如:

【遵守事项通告】

××省公安厅关于加强电动自行车消防安全管理的通告

为深刻汲取省内外电动自行车火灾事故教训,有效预防和遏制火灾事故,保障人民群众生命财产安全,根据《中华人民共和国消防法》等法律法规,现将加强电动自行车消防安全管理有关事项通告如下:

一、严禁在住宅建筑疏散通道、安全出口、楼梯间(门洞口)、楼层楼道、电梯前室及地下室停放电动自行车、为电动自行车充电。

二、严禁在网吧、足浴、KTV等公共娱乐场所和宾馆、饭店、商场、市场等人员密集场所,以及集体宿舍等建筑内停放电动自行车、为电动自行车充电。

三、物业管理单位(或承担相应职能的单位)应当在禁停、禁充区域张贴醒目标识;应按规定集中设置电动自行车停放、充电区域,并落实专人看守。

四、电动自行车集中停放、充电区域应当设置在建筑外部的独立区域,与相邻建筑保持一定安全距离,并配备必要的消防设施器材,周围不得有可燃物。

五、受场地环境限制,电动自行车集中停放、充电区域必须附设在建筑内的,要与建筑其他区域采取防火分隔措施并独立设置,并设置火灾自动报警系统、自动喷水灭火系统和防排烟设施。

六、电动自行车充电区域应设置专用充电装置并配置专用配电箱。充电装置应具备定时断电、过载保护、短路保护、漏电保护等功能。充电时应按照使用说明书的规定进行,不得长时间充电。

七、村(居)民委员会和物业管理单位(或承担相应职能的单位)应当经常组织开展检查巡查和消防宣传,及时劝阻、制止电动自行车违规停放、充电行为。

八、公民发现电动自行车违规停放、违规充电等违法行为，应当及时制止或拨打"96119"火灾隐患举报投诉热线向公安机关举报。

九、因电动自行车违规停放、违规充电导致发生亡人或较大财产损失的火灾事故，依法追究相关人员刑事责任。

特此通告。

××省公安厅
2017年10月17日

(资料来源：http://hebei.ifeng.com/a/20171017/6072258_0.shtml)

【周知事项通告】

××市药品抽检信息通告

2018年第11号

根据《中华人民共和国药品管理法》和《药品质量抽查检验管理规定》，现将近期我区药品抽检信息通告如下：

本次通告涉及55个品种共109批次药品，其中化学药12个品种36批次，中成药12个品种19个批次，中药饮片31个品种54批次，检验结果均符合规定。

特此通告。

附件：2018年××市药品抽检信息表

××市食品药品监督管理局
2018年10月10日

(资料来源：国家食品药品监督管理总局官网，http://samr.cfda.gov.cn/WS01/CL1873/237029.html)

7. 意见

意见适用于对重要问题提出见解和处理办法(例文见本章第二节)。

8. 通知

通知适用于发布、传达要求下级机关执行和有关单位周知或者执行的事项，批转、转发公文(例文见本章第二节)。

9. 通报

通报适用于表彰先进、批评错误、传达重要精神和告知重要情况(例文见本章第二节)。

10. 报告

报告适用于向上级机关汇报工作、反映情况，回复上级机关的询问(例文见本章第二节)。

11. 请示

请示适用于向上级机关请求指示、批准(例文见本章第二节)。

12. 批复

批复适用于答复下级机关请示事项(例文见本章第二节)。

13. 议案

议案适用于各级人民政府按照法律程序向同级人民代表大会或者人民代表大会常务委员会提请审议事项。例如：

**××市人民政府关于提请审议
2018年市级财政预算调整方案(草案)的议案**

×府函〔2018〕54号

市人大常委会：

《2018年市级财政预算调整方案(草案)》已经市人民政府第×次常务会议通过，现提请审议，并委托市财政局局长××向市×届人大常委会第×次会议报告。

市　长　×××

2018年5月23日

(资料来源：××市人大网)

14. 函

函适用于不相隶属机关之间商洽工作、询问和答复问题、请求批准和答复审批事项(例文见本章第二节)。

15. 纪要

纪要适用于记载会议主要情况和议定事项。例如：

××市人民政府常务会议纪要

常务会议纪要〔2017〕8号

2017年12月18日上午，市委副书记、市长××在市政府501会议室主持召开市政府第×次常务会议。市委常委、常务副市长×××，副市长×××、×××、×××、××× ，市政府党组成员、市政府办公室主任×××，市政府党组成员、冶金工业园党工委书记、××镇党委书记××出席会议。各有关部门、各镇(区)负责人列席会议。会议审议了《××市土壤污染防治工作方案》《××市"两减六治三提升"专项资金管理办法》，听取了2018年重大隐患政府挂牌相关情况的汇报、2017年度市政府规范性文件清理情况的汇报、2018年度基本建设项目计划及资金安排情况的汇报、2018年民生实事项目规划情况的汇报。

会议议定以下意见：

一、关于2018年重大隐患政府挂牌相关情况

(一)会议原则通过市安委办关于2018年重大隐患政府挂牌相关情况的汇报，会后根据会议讨论的意见修改完善，拟由××市挂牌的报××市安委会，市级挂牌的以市政府名义印发，镇(区)级挂牌的由各镇(区)发文，并报市安委办备案。

(二)要高度统一思想，狠抓责任落实。各部门、各镇(区)要进一步强化"隐患不整改也是事故"的理念，明确隐患整改的主体责任和督办责任，把隐患整改工作落到实处。

(三)要加强协调配合，形成工作合力。各部门、各镇(区)要以高度负责的态度和只争朝夕的精神抓好隐患整改工作，排定时间进度表，强化协作，充分履职，做到能快则快，能提前则提前。

(四)要增强忧患意识，持续深化隐患治理工作。在抓好挂牌隐患整改的同时，各部门尤其是各镇(区)要集中精力、深入基层，不断排查、发现、整改隐患，使这项工作持续深入地开展，践行好对人民群众生命财产安全高度负责的承诺。

二、关于2017年度市政府规范性文件清理

(一)会议原则通过市政府法制办制定的《××市人民政府关于废止和宣布失效部分规范性文件的决定》《××市人民政府关于公布继续施行和拟修改规范性文件目录的通告》，会后根据会议讨论的意见修改完善，以市政府名义印发。

(二)要高度重视，提高认识。随着依法治国的深入推进，市民、企业的法治意识不断增强，对涉及切身利益的规范性文件的关注度越来越高。规范性文件的清理和动态的调整、完善、修改，不仅是各部门的一项常规性工作，更是法治政府建设的重要内容，要有专人负责。

(三)要全面清理，动态管理。各部门要牢固树立法治意识，做到全面清理和动态管理，避免因工作疏漏造成工作被动。

三、关于2018年度基本建设项目计划及资金安排

(一)会议原则通过市政府办公室关于2018年度基本建设项目计划及资金安排情况的汇报，会后根据会议讨论的意见修改完善，提交市委审议。

(二)要把握工作原则。一是量力而行、尽力而为、积极进取的原则。二是立足全市大局和总体规划，分轻重缓急的原则。三是条件成熟、保障有力的原则。

(三)要精心组织，加快推进。各部门、各镇(区)要以主人翁的态度对待每年的基本建设项目，要严肃认真，动真碰硬，把加快推进结转项目的建设作为2018年的主要工作，通过2～3年的努力，把结转项目每年所占比例降到50%以下，避免出现"胡子工程""半拉子工程"。

(四)要抓好工程质量，确保廉洁高效。要切实增强责任意识和品质意识，一丝不苟抓好项目建设各个环节的工作，按规矩办事，确保每一项工程都经得起检验和评判。

四、关于2018年民生实事项目规划

(一)会议原则通过市发改委关于2018年民生实事项目规划情况的汇报，会后根据会议

讨论的意见修改完善，提交市委审议。

(二)要建好平台，精心打造项目库。市发改委要持之以恒做好民生实事项目库的动态管理，探索研究链接12345平台、拓宽信访等项目来源渠道，不断完善工作机制。

(三)要及早筹划，加快推进项目实施。各部门、各镇(区)要以当年实施、当年见效为工作要求，紧前不紧后推进各项民生实事项目建设。

(四)要大胆探索和创新。要在创新实施民生实事项目库的基础上，进一步做好民生微实事的探索创新。要群策群力，收集反馈各方面的意见建议，不断完善工作机制。民生微实事要注重项目精准、程序简洁、实施高效，确保通过项目实施使市民的获得感更为明显。

五、关于××市土壤污染防治工作方案

(一)会议原则通过市环保局制定的《××市土壤污染防治工作方案》，会后根据会议讨论的意见修改完善，以市政府名义印发。

(二)要高度重视。土壤污染防治是一项非常紧迫的任务，要放到十分重要的位置上认真予以对待。各部门、各镇(区)要充分引起重视，认真研究。法制部门要对土壤污染防治的责任追究等法律问题进行深入研究。

(三)要重在预防。文件出台后，要切实将土壤污染纳入环保监管范围，严肃监管，从严预防，严格执行"谁污染谁负责、谁污染谁治理"等规定。

(四)要狠抓落实。在提出工作目标的同时，要更加注重落实具体的实施措施。要进行排查摸底，做到心中有数。市环保局要牵好头，各相关部门要大力支持配合，各镇(区)要积极联动参与，通过共同努力，把我市土壤污染防治工作做好。

六、关于××市"两减六治三提升"专项资金管理办法

(一)会议原则通过市财政局制定的《××市"两减六治三提升"专项资金管理办法》，会后根据会议讨论的意见修改完善，以市政府办公室的名义印发。

(二)要提高认识。"263"专项行动是一项长期工作，是贯彻五大发展理念，特别是绿色发展理念的重大战略部署。各部门、各镇(区)要持之以恒做好这项工作，按照规定，规范操作。

(三)要注重效率，讲求绩效。在规范操作的同时，要简洁程序，提升效率。要建立完善绩效评估机制，适时开展"回头看"，不断提升资金使用效率。

(四)要实行项目化管理，进一步提升政策的精准性和有效性。要把"263"专项行动的每一项工作工程化、项目化，从开始到结束实行闭环管理，相关数据等要建档立制，夯实基础性工作，确保经得起检验。市"263"办公室要牵头做好此项工作。

××市人民政府办公室

2017年12月26日

(资料来源：××市人民政府网，http://www.zjg.gov.cn/govxxgk/014180233/2017-12-26/8e2dbd5c-5f9d-46ed-8dcd-0014fd55e628.html，有删改)

(二)按行文关系划分

行文关系是指公文的制发机关与收阅机关之间的关系。按照行文关系的不同，可将 15 种公文分为如下三大类。

1. 下行文

下行文是上级机关向下级机关发送的公文，包括决议、决定、命令、公报、公告、通告、通知、通报、批复、纪要、意见 11 种。其中通知、通报、纪要也可作平行文。

2. 上行文

上行文是下级机关向上级机关呈送的公文，包括报告、请示、意见三种。

3. 平行文

平行文是不相隶属机关之间发送的公文，主要包括议案、函、意见三种。

应当注意，15 种公文中，有些文种的行文方向并不是唯一的，有兼类的现象。其中意见的行文方向最为复杂，它既可作下行文，也可作上行文和平行文。

五、党政机关公文的格式

党政机关公文是一种格式要求非常严格的应用文体，对于其格式规范，党和国家有关部门专门颁发了两个文件：一个是上文提到的中共中央办公厅与国务院办公厅 2012 年 4 月发布，7 月 1 日起施行的《党政机关公文处理工作条例》(以下简称《公文处理条例》)；另一个是由中共中央办公厅与国务院办公厅提出，中国标准化研究院归口，2012 年 7 月施行的《党政机关公文格式》(以下简称《公文格式》)。这两个文件，分别从内容和版式两个方面对公文的格式作了明确规定，公文的写作与办理，应当严格按照这两个文件的规定执行。

《公文处理条例》中规定了公文格式的 18 项内容。这些内容可分成两大类：一类是通用项目，或称规定项目，是所有公文都应具备的内容；另一类是专用项目，或称选择项目，是在特定条件下使用的项目。

按照《公文格式》的规定，公文格式有四种，即"文件格式""信函格式""命令格式"和"纪要格式"。其中"文件格式"为常规格式，其余三种为特定格式。"信函格式"用于处理日常公务的平行文或下行文，比"文件格式"的权威性和制约性要弱。"命令格式"和"纪要格式"分别是命令和纪要的专用格式。这里重点介绍"文件格式"。

公文用纸采用 GB/T 148 中规定的 A4 型纸，其成品幅面尺寸为 210 mm×297 mm；版心尺寸为 156 mm×225 mm，天头(上白边)为 37 mm±1 mm，订口(左白边)为 28 mm±1 mm；左侧装订。

版心内的公文格式各要素分为版头、主体、版记三部分。页码位于版心外。

(一)文件格式

1. 版头部分

版头俗称文头,是公文首页红色分隔线(含)以上的部分。这一区域包括两项通用项目和四项专用项目。

(1) 份号。

份号是公文印制份数的顺序号,为专用项目,用于涉密公文。份号应设虚位,一般用6位3号阿拉伯数字,顶格标于版心左上角第一行。

(2) 密级和保密期限。

密级和保密期限为专用项目,用于涉密公文。涉密公文的秘密等级分为"绝密""机密"和"秘密"三级。

密级和保密期限一般用3号黑体字,顶格标于版心左上角第二行;保密期限中的数字用阿拉伯数字。两者之间用"★"隔开。

(3) 紧急程度。

紧急程度是对公文送达和办理时限的要求,为专用项目。紧急公文分为"加急件"和"特急件"两种。

紧急程度一般用3号黑体字,顶格标于版心左上角密级之下。

(4) 发文机关标识。

发文机关标识也称版头,为通用项目,由发文机关名称和后缀两项内容构成。

发文机关名称用法定全称或规范化简称。联合行文时,主办机关排列在前,其他机关纵向排列在后;也可只标主办机关名称。

后缀是发文机关名称后面的附加内容,文件格式的公文通常缀"文件"二字。联合行文时,"文件"二字位于各机关名称后居中位置。

发文机关标识用红色小标宋体字居中标注。

(5) 发文字号。

发文字号为通用项目,用于公文的归档和检索。不同格式的公文,发文字号的格式也有所不同。文件格式公文的发文字号由发文机关代字、发文年份和发文顺序号三项内容顺次构成。"年份"用阿拉伯数字标出全称,并放入六角括号"〔〕"中;顺序号也用阿拉伯数字,不标虚位,前面不加"第"字。联合行文时,只标明主办机关的发文字号。如"国发〔2013〕3号""陕政复〔2013〕30号"等。

发文字号用3号仿宋体字居中标注于发文机关标识下空二行位置。非上行文居中排布,上行文居左空一字排布。

(6) 签发人。

签发人为专用项目,只用于上行文。"签发人"三字用3号仿宋体,后标全角冒号,冒号后用3号楷体字标签发人姓名。

签发人一项平行排列于发文字号右侧。发文字号居左空一字,签发人姓名居右空一字。

联合行文时，签发人姓名按照发文机关的顺序从左到右、自上而下依次均匀排列，一般每行排两个姓名，回行时与上一行第一个签发人姓名对齐。

发文字号之下 4 毫米处居中印一条与版心等宽的红色分隔线。命令格式公文不设此分隔线。

2. 主体部分

主体部分是公文首页红色分隔线(不含)以下至公文末页首条分隔线(不含)之间的区域。这一区域共有四项通用项目和五项专用项目。

(1) 标题。

标题为通用项目，一般用 2 号小标宋体字，编排于红色分隔线下空二行位置，分一行或多行居中排布；回行时，要做到词意完整，排列对称，长短适宜，间距恰当；多行标题排列时应当呈梯形或菱形。

公文的标题一般由发文机关名称、事由和文种三项内容构成，其中，发文机关名称一项有时可以省去，如《国务院关于表彰全国劳动模范和先进工作者的决定》《关于购买行政执法车辆的请示》等。另外，周知性文告的标题也可省去事由，如《中国人民银行公告》等。

(2) 主送机关。

主送机关是公文的主要受理机关，为专用项目。

主送机关用 3 号仿宋体字于标题下空一行位置，居左顶格书写，回行时仍顶格；最后一个主送机关名称后用全角冒号。机关名称应使用全称或规范化简称。

根据主送机关的不同，公文可分为专发性公文、普发性公文和周知性文告三种。专发性公文要写明收文机关的全称或规范化简称，普发性公文要写明收文机关的统称，周知性文告不写主送机关。

(3) 正文。

正文为通用项目，一般用 3 号仿宋体字，编排于主送机关名称下一行；每个自然段左空二字，回行顶格。一般每页排22行，每行排28个字。

正文是公文的核心部分，用以表达公务活动的具体内容，其一般结构形式可分为开头、主体和结尾三大部分。

正文的开头部分，或简要交代行文的依据、原因、目的、意义、背景形势等，或概述主要事实，或概括介绍基本情况等。

正文的主体部分，根据内容表达的需要可采用不同的写法。内容简单时，分写几段即可；内容复杂需逐项把握时，为求直观醒目，往往需要分条开列。主体如用分条式，文中结构层次序数可依次用"一、""(一)""1.""(1)"标注；一般第一层用黑体字，第二层用楷体字，第三层和第四层用仿宋体字。

正文的结尾，可分为普通式和结语式两种。普通式即像普通文章一样用一小段或一句话来收尾；结语式是指用公文专用的结尾语来收尾。当然，有时主体写完无须另作结尾，也可省略。

用惯用结尾语来收尾,是公文结尾的典范形式。因此,恰当地选用结尾语便成为公文写作的重要内容。公文结尾语的选用应考虑三个因素:一是根据文种选用结语,文种不同,结语便不同;二是根据内容选用结语,即便是同一文种,内容不同,结语也会不同;三是根据行文关系选用结语,上行文、下行文、平行文各有各的结尾语,不可混用。

(4) 附件说明。

附件说明为专用项目,用于带附件的公文。

附件说明用 3 号仿宋体字编排于正文下空一行左空二字位置。先标"附件"二字,后标全角冒号和附件名称。如有多个附件,可使用阿拉伯数字标注附件顺序号。附件名称后不加标点符号。附件名称较长需回行时,应当与上一行附件名称的首字对齐。

(5) 发文机关署名。

发文机关署名为通用项目,署发文机关全称或规范化简称。

署名的编排分为加盖印章和不加盖印章两种情况。加盖印章者:单独行文时,发文机关署名居中置于成文日期之上;联合行文时,各发文机关署名按照发文机关顺序排列于相应位置。不加盖印章者:单独行文时,发文机关署名置于正文(或附件说明)下空一行右空二字位置;联合行文时,先排主办机关署名,其余机关署名依次向下编排。

(6) 成文日期。

成文日期就是公文正式形成并发生效力的日期,为通用项目。

成文日期确定的原则是:单独行文,署会议通过或发文机关负责人签发的日期;联合行文,署最后签发机关负责人签发的日期。

成文日期用阿拉伯数字书写,将年、月、日标全,年份标全称,月、日不编虚位。

成文日期的编排分为加盖印章和不加盖印章两种情况。加盖印章者,成文日期一般右空四字编排。不加盖印章者,在发文机关署名下一行,首字比发文机关署名首字右移二字编排成文日期;如成文日期长于发文机关署名,则成文日期右空二字编排,并相应地增加发文机关署名右空字数。

(7) 印章。

印章为专用项目,公文有发文机关署名者,一般应加盖发文机关印章,并与署名机关相符。印章一律用红色。有特定发文机关标识的普发性公文和电报可以不加盖印章。

印章的位置:单独行文时,印章应居中下压发文机关署名和成文日期,使发文机关署名和成文日期居印章中心偏下位置,印章顶端应当上距正文(或附件说明)一行之内。联合行文时,将印章一一对应居中加盖于发文机关署名之上,印章之间应排列整齐、互不相交或相切;每排印章两端不得超出版心;首排印章顶端上距正文(或附件说明)一行之内。

(8) 附注。

附注为专用项目,用于标注公文印发传达范围等需要说明的事项。此项居左空二字加圆括号编排于成文日期下一行。

(9) 附件。

附件是随正件发送的对公文正文的说明、补充材料或者参考资料,为专用项目。

附件应当另面编排,置于版记之前,与正文一起装订。"附件"二字及顺序号用 3 号

黑体字顶格编排于版心左上角第一行。附件标题居中编排于版心第三行。

如附件不能与正文一起装订,应当在附件左上角第一行顶格编排公文的发文字号并在其后标注"附件"二字及附件顺序号。

公文有附件时,一般需要有附件说明。

3. 版记部分

版记俗称文尾,为公文末页首条分隔线(含)以下至末条分隔线(含)之间的区域。

版记中的分隔线与版心等宽,首条分隔线和末条分隔线用粗线(推荐高度为 0.35 毫米),中间的分隔线用细线(推荐高度为 0.25 毫米)。首条分隔线位于版记中第一个要素之上,末条分隔线与公文最后一面的版心下边缘重合。

版记部分共有两项通用项目和一项专用项目。

(1) 抄送机关。

抄送机关是除主送机关外需要执行或者知晓公文内容的其他机关,为专用项目。应标注抄送机关的全称、规范化简称或者统称。

抄送机关一般用 4 号仿宋体字,左右各空一字编排。"抄送"二字后加全角冒号和抄送机关名称,回行时与冒号后的首字对齐,机关名称之间用逗号,最后一个抄送机关名称后标句号。

(2) 印发机关和印发日期。

印发机关和印发日期为通用项目。印发机关是公文的送印机关,通常为发文机关的办公部门。印发日期是公文的送印日期,用阿拉伯数字标全年、月、日,后加"印发"二字。

印发机关和印发日期均用 4 号仿宋体字。两项位于同一行,印发机关居左空一字,印发日期居右空一字。

4. 页码

页码位于版心之外,一般用 4 号半角宋体阿拉伯数字,编排在公文版心下边缘之下,数字左右各放一条一字线;一字线上距版心下边缘 7 毫米。单页码居右空一字,双页码居左空一字。

公文的版记页前有空白页的,空白页和版记页均不编排页码。公文的附件与正文一起装订时,页码应当连续编排。

(二)信函格式

信函格式多用于机关单位内部职能部门(办公部门除外)对外行文,与文件格式有较大区别。

(1) "发文机关标识"一项只标志发文机关名称而不标志"文件"二字。一般使用红色小标宋体字。联合行文时,使用主办机关标识。

(2) 发文机关标识之下 4 毫米处印一条上粗下细的红色双线;距页面下边缘 20 毫米处印一条上细下粗的红色双线,长度均为 170 毫米。

(3) 发文字号置于第一条双线下版心右上角顶格处。如有份号、密级和紧急程度，应置于第一条双线下版心左上角顶格处。

(4) 首页不显示页码。版记无印发机关和日期。如有抄送机关，置于公文最后一页版心内最下方。

(三)命令(令)格式

命令(令)格式是命令(令)的专用格式，规定如下。

(1) 发文机关标识由发文机关全称后加(令)组成，居中排布，上边缘至版心上边缘为20毫米，推荐使用红色小标宋体字。

(2) 发文机关标识下空二行居中用黑体字标令号，前加"第"字，即"第×号"。

(3) 令号下空两行标正文，不设红色分隔线。

(4) 在正文(或附件说明)下空二行右空四字加盖签发人签名章；签名章左空二字标签发人职务。联合行文时，应当先编排主办机关签发人职务和签名章，其余机关签发人职务和签名章依次向下编排，与主办机关签发人职务和签名章上下对齐；每行只编排一个机关的签发人职务和签名章。

(5) 签名章下空一行右空四字标成文日期。

(四)纪要格式

纪要格式是纪要的专用格式，可根据实际需要制定，通常应注意如下几点。

(1) 纪要标志由"××××纪要"组成，居中排布，上边缘至版心上边缘为35毫米，推荐使用红色小标宋体字。

(2) 纪要应标注出席人名单，一般用3号黑体字，在正文或附件说明下空一行左空二字编排"出席"二字，后标冒号，冒号后用3号仿宋体字标注出席人单位、姓名，回行时与冒号后的首字对齐。

(3) 如有请假人和列席人，也应标注其名单，格式与"出席人名单"项相同。

不同格式公文的版式示意图如下。

【文件格式公文版式示意图】

文件格式公文版式如图2.1～图2.6所示。

【信函格式、命令格式公文版式示意图】

信函格式、命令格式公文版式如图2.7和图2.8所示。

图 2.1　非上行文首页版式　　　　　图 2.2　上行文首页版式

图 2.3　有印章末页版式　　　　　图 2.4　无印章末页版式

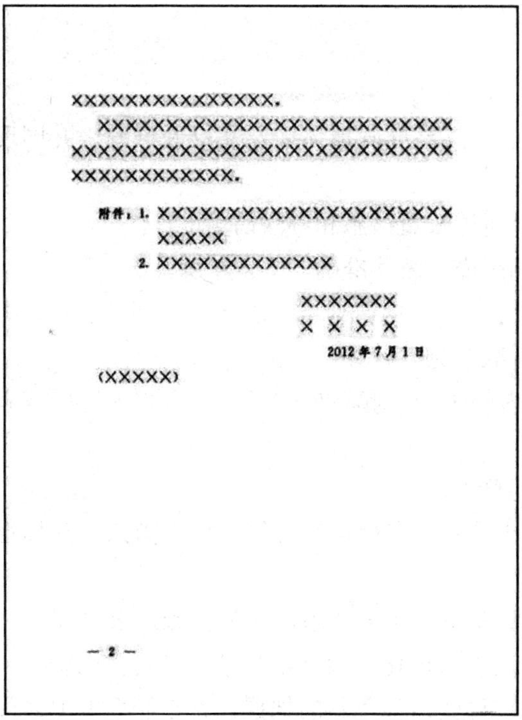

第二章 党政机关公文

图 2.5 附件说明页版式

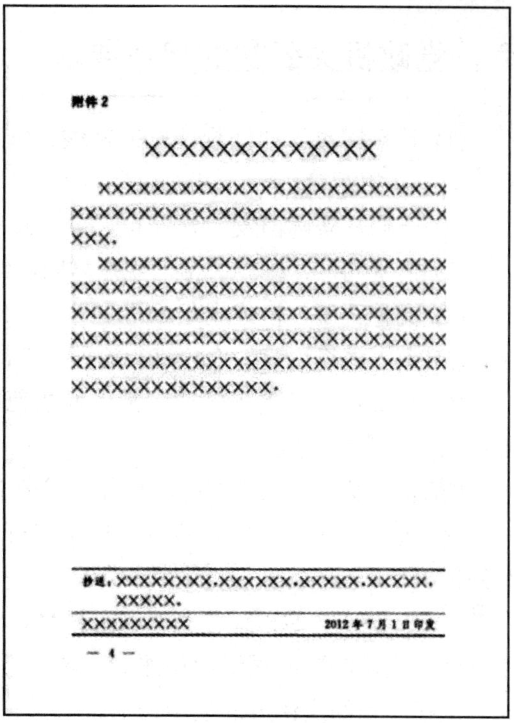

图 2.6 带附件末页版式

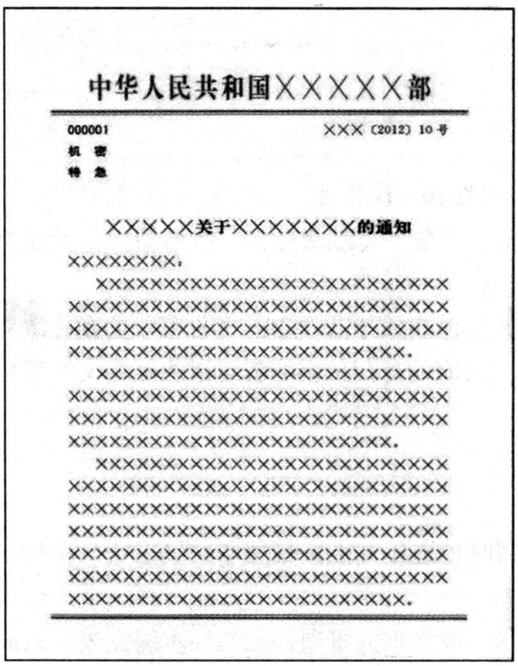

图 2.7 信函格式首页版式

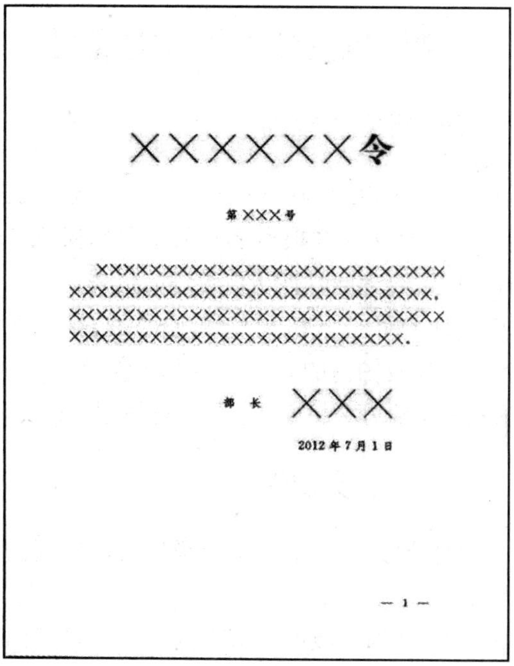

图 2.8 命令格式版式

六、党政机关公文的起草要求

(1) 符合国家法律法规和党的路线方针政策，完整准确地体现发文机关意图，并同现行有关公文相衔接。

(2) 一切从实际出发，分析问题实事求是，所提政策措施和办法切实可行。

(3) 内容简洁，主题突出，观点鲜明，结构严谨，表述准确，文字精练。

(4) 文种正确，格式规范。

(5) 深入调查研究，充分进行论证，广泛听取意见。

(6) 公文涉及其他地区或者部门职权范围内的事项，起草单位必须征求相关地区或者部门意见，力求达成一致。

(7) 机关负责人应当主持、指导重要公文起草工作。

(8) 公文使用的汉字、数字、外文字符、计量单位和标点符号等，按照国家有关标准和规定执行。

(9) 把握公文的语体色彩。公文语体，主要表现为庄重严肃、简朴典雅。公文写作，不宜使用诙谐幽默的词语和华丽的辞藻，不宜过于口语化，而且常常带有"文言色彩"，尤其是在一些约定俗成的惯用语上。如果不注重这些语体色彩的把握，就不能很好地体现公文的文体特点。当然，同时也要反对把公文写得半文不白、文白混杂。

七、党政机关公文的行文规则

(一) 行文总规则

(1) 行文应当确有必要，讲求实效，注重针对性和可操作性。

(2) 行文关系根据隶属关系和职权范围确定。一般不得越级行文，特殊情况需要越级行文的，应当同时抄送被越过的机关。

(3) 同级党政机关、党政机关与其他同级机关必要时可以联合行文。属于党委、政府各自职权范围内的工作，不得联合行文。党委、政府的部门依据职权可以相互行文。部门内设机构除办公厅(室)外不得对外正式行文。

(二) 上行文规则

(1) 原则上主送一个上级机关，根据需要同时抄送相关上级机关和同级机关，不抄送下级机关。

(2) 党委、政府的部门向上级主管部门请示、报告重大事项，应当经本级党委、政府同意或者授权；属于部门职权范围内的事项应当直接报送上级主管部门。

(3) 对下级机关的请示事项，如需以本机关名义向上级机关请示，应当提出倾向性意见后上报，不得原文转报上级机关。

(4) 请示应当一文一事。不得在报告等非请示性公文中夹带请示事项。

(5) 除上级机关负责人直接交办事项外，不得以本机关名义向上级机关负责人报送公文，不得以本机关负责人名义向上级机关报送公文。

(6) 受双重领导的机关向一个上级机关行文，必要时应抄送另一个上级机关。

(三)下行文规则

(1) 主送受理机关，根据需要抄送相关机关。重要行文应当同时抄送发文机关的直接上级机关。

(2) 党委、政府的办公厅(室)根据本级党委、政府授权，可以向下级党委、政府行文，其他部门和单位不得向下级党委、政府发布指令性公文或者在公文中向下级党委、政府提出指令性要求。需经政府审批的具体事项，经政府同意后可由政府职能部门行文，文中须注明已经政府同意。

(3) 党委、政府的部门在各自职权范围内可以向下级党委、政府的相关部门行文。

(4) 涉及多个部门职权范围内的事务，部门之间未协商一致的，不得向下行文；擅自行文的，上级机关应当责令其纠正或者撤销。

(5) 上级机关向受双重领导的下级机关行文，必要时应抄送该下级机关的另一个上级机关。

第二节　党政机关常用公文写作

一、通知

通知是一种作用非常广泛的公文，主要作下行文，也可作平行文。根据作用的不同，通知可分为如下三类六种。

第一类，印发类通知。这类通知用于批转、转发和发布文件，包括批转性通知、转发性通知和发布性通知三种。

第二类，应办事项类通知。这类通知用于传达要求下级机关或有关单位应当办理或共同执行的事项，主要有工作通知和会议通知两种。

第三类，应知事项类通知。这类通知用于传达需要下级机关或有关单位周知的事项，称为知照性通知。

不同种类的通知，其写法差别较大。

(一)印发类通知

印发类通知是专门用来印发文件的。根据所发文件性质的不同，印发类通知可分为批转性通知、转发性通知和发布性通知三种。批转性通知用于印发下级机关的公文；转发性通知用于印发上级或不相隶属机关的公文；发布性通知用于印发本机关的文件。这类通知的写法大致相同。

1. 标题

印发类通知标题的写作应注意如下几点。

(1) 写明被发文件的制发机关名称和文件名称或事由。

(2) 正确使用"批转""转发""发布"(或"印发")等词语，不可混淆。

(3) 当被发文件也是通知时，要注意避免"的通知"连用的重复累赘写法。如"中国人民银行××分行关于转发总行《关于印发〈中国人民银行分行管辖区内会计财务工作的规定〉的通知》的通知"，可写为"中国人民银行××分行关于转发总行印发《中国人民银行分行管辖区内会计财务工作的规定》有关文件的通知"。

2. 正文

印发类通知的正文应写明所发文件的制发机关名称和文件名称，并提出相应要求；如果是批转性通知，还要表明对所发文件的态度等。正文的具体结构形式可分为如下两种。

(1) 单纯地印发文件，没有具体的发文要求。这种情况下，正文非常简短，只用一两句话写明所发文件的制发机关名称和文件名称等内容即可。

(2) 在印发文件的同时，应提出具体的贯彻要求。这种情况下，正文要分出开头和主体两部分，开头写明所发文件的制发机关名称和文件名称，主体分条开列具体的贯彻要求。

3. 结尾

印发类通知的结尾多用省略式，自然收尾。

4. 附件

印发类通知都有附件，但大都不需要对附件作说明。

案例分析一

国务院文件

国发〔2017〕27号

国务院批转国家发展改革委关于2017年
深化经济体制改革重点工作意见的通知

各省、自治区、直辖市人民政府,国务院各部委、各直属机构:

国务院同意国家发展改革委《关于2017年深化经济体制改革重点工作的意见》,现转发给你们,请认真贯彻执行。

国务院(章)
2017年4月13日

(此件公开发布)

国务院办公厅　　　　　　　　2017年4月13日印发

(资料来源:中国政府网,http://www.gov.cn/zhengce/content/2017-04/18/content_5186856.htm)

这是一篇批转性通知。

版头:有发文机关标识和发文字号两项内容。

标题:由发文机关名称、事由和文种名称构成。事由写明"批转"字样、所发文件的制发机关名称和所发文件的事由。

正文:开头表明对所发文件的态度。写明所发文件的制发机关名称和文件名称。

落款:包括发文机关署名、成文日期和印章。

附注:注明发布方式。

附件:(略)

版记:包括印发机关名称和印发日期。

案例分析二

××省教育厅文件

×教学〔2012〕11号

××省教育厅关于转发教育部做好2013年全国普通高等学校毕业生就业工作文件的通知

各省辖市、省直管试点县（市）毕业生就业主管部门，各普通高等学校、研究生培养单位：

  为贯彻落实2013年全国普通高校毕业生就业工作网络视频会议和全省毕业生就业工作启动仪式精神，切实做好2013年我省普通高等学校毕业生就业工作，现将《教育部关于做好2013年全国普通高等学校毕业生就业工作的通知》（×教学〔2012〕11号）转发给你们，并结合我省实际提出如下意见，请一并贯彻落实。

  一、统一思想，强化领导

  2013年我省高校毕业生人数继续增长，国内国际经济形势仍将十分复杂，高校毕业生就业总量压力和结构性矛盾依然突出，就业形势更加严峻，工作任务更为繁重。各地毕业生就业工作主管部门和各普通高校要提高认识，统一思想，继续把毕业生就业工作摆在突出重要位置，进一步建立健全高校毕业生就业工作领导体制和运行机制，继续健全和完善高校毕业生就业服务体系，全力做好毕业生离校前就业指导和服务工作，最大限度地帮助毕业生顺利实现就业。

  二、明确目标，厘清思路

  2013年我省高校毕业生就业工作的基本思路是：深入学习贯彻党的××大精神和教育部的要求，以服务××经济区建设为主线，进一步完善毕业生就业指导服务体系，努力拓宽毕业生就业渠道，增强毕业生的就业创业能力，鼓励毕业生面向基层就业、自主创业、参军入伍，推动实现更高质量的就业，确保实现毕业生离校时初次就业率基本稳定，就业人数持续增加，到基层就业、自主创业的人数明显增多，毕业生就业更加

  这是一篇转发上级文件的通知。

  版头：包括发文机关标识和发文字号两项内容。

  标题：包括发文机关名称、"转发"字样、所发文件的制发机关名称、所发文件的事由和文种名称。

  主送：写明收文机关的统称。

  正文：开头写明转发文件的目的、所发文件名称和文号，并用过渡句引起下文。

  主体分条开列贯彻落实所发文件精神的具体要求。

第二章 党政机关公文

充分的工作目标。各地毕业生就业工作主管部门、各普通高校要围绕工作目标科学制定工作方案,夯实工作基础,落实工作措施,千方百计确保完成2013年毕业生就业工作目标任务。

三、完善机制,加强督查

各地毕业生就业工作主管部门要进一步完善工作机制,将大中专毕业生就业工作纳入当地就业工作总体规划,加强工作督查和日常考核。各普通高校要进一步完善招生、培养、就业联动机制,坚持以社会需要和就业为导向深化教育教学改革,优化人才培养结构和模式,努力提高毕业生就业率和就业质量。我厅将适时开展多种形式的高校毕业生就业工作督查,把工作目标的落实情况作为检查重点,并将督查情况向全省通报。

××省教育厅(章)

2012年11月29日

××省教育厅办公室	2012年11月29日印发

(资料来源:××省教育厅网,
http://www.haedu.gov.cn/2012/12/08/1354933493265.html,有改动)

落款:包括发文机关署名、成文日期和印章。

附件:(略)

版记:包括印发机关名称和印发日期。

案例分析三

国务院办公厅文件

国办发〔2018〕128号

国务院办公厅关于印发"无废城市"建设试点工作方案的通知

各省、自治区、直辖市人民政府,国务院各部委、各直属机构:

《"无废城市"建设试点工作方案》已经国务院同意,现印发给你们,请认真贯彻执行。

这是一篇发布性通知。

版头:包括发文机关标识和发文字号两项内容。

标题:写明"印发"字样和所发文件名称,并标明文种名称。

主送:写明收文机关的统称。

正文:写明所发文件名称,并提出相应要求。

	国务院办公厅（章）
	2018年12月29日
（此件公开发布）	

国务院办公厅	2018年12月29日印发

（资料来源：中国政府网，http://www.gov.cn/zhengce/content/2019-01/21/content_5359620.htm）

落款：包括发文机关署名、成文日期和印章。

附件：（略）

版记：包括印发机关名称和印发日期。

(二)工作通知

工作通知是用于布置任务或指导工作的通知，篇幅一般较长，多首尾分明。其结构如下。

1. 标题

标题中的事由直接概括工作名称或核心内容。

2. 开头

开头一般有三个要点，首先写明发文缘由，如布置工作任务的目的、意义、原因、依据等，然后写明工作名称，最后用过渡句引起下文。

3. 主体

主体写明要布置的具体工作或对工作的指导意见，如具体的工作任务，开展工作的措施、方法、步骤，对工作的相关要求等。一般要分条列项，以求眉目清楚。

4. 结尾

结尾可用专用结语，如"特此通知，请遵照执行"等；也可省略不用。

案例分析四

国务院办公厅文件

国办发〔2019〕3号

国务院办公厅关于开展
城镇小区配套幼儿园治理工作的通知

各省、自治区、直辖市人民政府，国务院各部委、各直属机构：

城镇小区配套建设幼儿园是城镇公共服务设施建设的重要内容，是扩大普惠性学前教育资源的重要途径，是保障和改善民生的

这是一篇布置工作的通知。

版头：包括发文机关标识和发文字号两项内容。

标题：由发文机关名称、工作名称和文种名称构成。

主送：写明收文机关的统称。

第二章 党政机关公文

重要举措。2018年11月,党中央、国务院印发《关于学前教育深化改革规范发展的若干意见》,提出规范小区配套幼儿园建设使用,并对小区配套幼儿园规划、建设、移交、办园等情况进行治理作出部署。为落实相关要求,经国务院同意,现就开展治理工作有关事项通知如下:

一、总体要求

以×××新时代中国特色社会主义思想为指导,全面贯彻党的××大和××届×中、×中全会精神,落实全国教育大会部署,坚持以人民为中心的发展思想,认真履行政府责任,依法落实城镇公共服务设施建设规定,着力构建以普惠性资源为主体的学前教育公共服务体系,聚焦小区配套幼儿园规划、建设、移交、办园等环节存在的突出问题开展治理,进一步提高学前教育公益普惠水平,切实办好学前教育,满足人民群众对幼有所育的期盼。

二、工作任务

1. 城镇小区严格依标配建幼儿园。严格遵循《中华人民共和国城乡规划法》和《城市居住区规划设计标准》(GB 50180),老城区(棚户区)改造、新城开发和居住区建设、易地扶贫搬迁应将配套建设幼儿园纳入公共管理和公共服务设施建设规划,并按照相关标准和规范予以建设。城镇小区没有规划配套幼儿园或规划不足,或者有完整规划但建设不到位的,要依据国家和地方配建标准,应限期完成移交,对已挪作他用的要采取有效措施予以收回。有关部门要按规定对移交的幼儿园办理土地、园舍移交及资产登记手续。通过补建、改建或就近新建、置换、购置等方式予以解决。对存在配套幼儿园缓建、缩建、停建、不建和建而不交等问题的,在整改到位之前,不得办理竣工验收。

2. 确保小区配套幼儿园如期移交。已建成的小区配套幼儿园应按照规定及时移交当地教育行政部门,未移交当地教育行政部门的应限期完成移交,对已挪作他用的要采取有效措施予以收回。有关部门要按规定对移交的幼儿园办理土地、园舍移交及资产登记手续。

3. 规范小区配套幼儿园使用。小区配套幼儿园移交当地教育行政部门后,应当由教育行政部门办成公办园或委托办成普惠性民办园,不得办成营利性幼儿园。办成公办园的,当地政府及有关部门要做好机构编制、教师配备等方面的工作;委托办成普惠性民办园的,要做好对相关机构资质、管理能力、卫生安全及保教质量等方面的审核,明确补助标准,加强对普惠实效及质量方

正文:由开头和主体两部分构成。

开头有三个要点:首先介绍工作的重要性,然后说明布置此项工作的依据和目的,并用过渡句引起下文。

主体用分条列项的方式从四个方面对工作进行具体布置并提出相应要求。内容详尽,条理清晰,工作要点直观醒目。

面的动态监管。

三、工作措施

1. 摸底排查。各地以县（市、区）为单位，对城镇小区配套幼儿园情况进行全面摸底排查，针对规划、配建、移交、使用不到位等情况，分别列出清单、建立台账。该项工作于2019年4月底前完成。

2. 全面整改。针对摸底排查出的问题，从实际出发，认真制定有针对性的整改措施，按照"一事一议""一园一案"的要求逐一进行整改。对于已经建成、需要办理移交手续的，原则上于2019年6月底前完成；对于需要回收、置换、购置的，原则上于2019年9月底前完成；对于需要补建、改建、新建的，原则上于2019年12月底前完成相关建设规划，2020年12月底前完成项目竣工验收。

3. 监督评估。对各地自查、摸排、整改等环节加强督导、监督和评估，并针对关键环节适时进行抽查，对落实不力、整改不到位的地区进行通报。

四、组织实施

1. 建立治理工作协调机制。成立城镇小区配套幼儿园治理工作小组，组长由协助分管教育工作的国务院副秘书长担任，成员由教育部、住房城乡建设部、发展改革委、民政部、自然资源部等部门负责同志组成。治理工作联合办公室设在教育部、住房城乡建设部。各地要参照建立相应工作机制，加强治理工作协调。

2. 落实治理责任分工。按照小区配套幼儿园规划、建设、移交、办园等各个环节的工作要求，明晰各项工作的主责部门及配合部门，建立联审联管机制，切实把摸底排查、全面整改等各项任务落到实处。教育行政部门要参与小区配套幼儿园规划、建设、验收、移交等各个环节的工作。发展改革部门要参与小区配套幼儿园建设项目规划布局，对需要补建、改建、新建的项目按程序及时办理审批、核准或备案手续。自然资源部门要根据国家和地方配建标准，统筹规划城镇小区配套幼儿园，将小区配套幼儿园必要建设用地及时纳入国土空间规划，按相关规定划拨建设用地。住房城乡建设部门要加强对城镇小区配套幼儿园的建筑设计、施工建设、验收、移交的监管落实。机构编制部门按程序做好小区配套幼儿园移交涉及的机构

第二章 党政机关公文

编制工作,根据办园性质,分别由机构编制部门和民政部门依法办理事业单位法人登记或民办非企业单位法人登记。在治理工作中,需要其他相关部门支持配合的,地方各级人民政府要加强统筹协调。

　　3. 加强治理工作保障。地方各级人民政府要认真制定治理工作方案,明确治理步骤,细化工作分工,压实部门责任,完善治理举措,确保治理工作如期完成。要加强社会监督,及时向社会公布治理工作方案、整改措施及治理结果。畅通群众反映意见渠道,设立并公布监督举报电话和信箱。健全部门工作联动、形势研判和应急反应机制,妥善处理突发事件,坚决维护社会稳定。对在治理工作中发现的造成学前教育资源严重流失等失职渎职行为和违法违纪案件,要依法依规追究责任。要及时总结治理情况,制定完善小区配套幼儿园建设管理办法,形成规范管理的长效机制。

　　各省(自治区、直辖市)治理工作方案、反映意见渠道以及摸底排查、整改等情况,要及时报送治理工作联合办公室。

国务院办公厅(章)
2019年1月9日

落款:包括发文机关署名、成文日期和印章。

附注:注明发送方式。

版记:包括印发机关名称和印发日期。

| 国务院办公厅 | 2019年1月9日印发 |

(资料来源:中国政府网,http://www.gov.cn/zhengce/content/2019-01/22/content_5360002.htm)

(三)会议通知

会议通知是专门用于告知参加会议有关事项的通知,其写法与工作通知类似。

1. 标题

标题中的事由写明会议名称。

2. 开头

开头有三个要点:一是交代召开会议的目的、意义、原因、依据等;二是写明会议名称;三是用过渡句引起下文。

3. 主体

主体写明参加会议的有关事项,包括会议的议题,会议的时间、地点、出席人,以及其他注意事项。

4. 结尾

结尾多用省略式，也可用结语"特此通知"等。

案例分析五

××市教育学会文件

×教学会〔2018〕7号

××市教育学会关于召开2018学术年会的通知

各市、县、自治县教育(教科)局、教育学会，××经济开发区社各县(区)教育学会、各专业学术分会、市直各团体会员：

为充分发挥教育学会对推进我市教育事业健康发展的作用，总结2018年学会工作情况及群众性教育科学研究工作的成果，进一步推动STEAM教育在我市的积极实践，我学会拟召开"2018年××市教育学会学术年会暨××市STEAM教育联盟成立大会"。现将有关事项通知如下：

一、会议主题

融合·创新·分享——STEAM教育的××行动

二、会议时间

2018年12月20—21日，12:30之前报到。

三、会议地点

××县第一小学(××县××镇××路×号)

四、参加对象

××市教育学会第八届理事会理事；××市教育学会理事单位负责人；××市STEAM教育联盟学校单位负责人；各县区教科研中心主任、副主任；××市STEAM教育骨干教师(各县区人数控制在15人左右)等。

五、主要议程

1. ××市教育学会年度工作报告
2. ××市教育学会常务理事会议
3. ××市STEAM教育联盟成立大会
4. STEAM教育专家主旨报告
5. 学校STEAM教育实践分享
6. 教师STEAM教育能力提升培训

这是一篇会议通知。

版头：包括发文机关标识和发文字号两项内容。

标题：写明发文机关名称、召开的会议名称和文种名称。

主送：写明收文机关的统称。

正文：由开头和主体两部分构成，结尾省略。

开头说明召开会议的目的和会议名称，并用过渡句引起下文。

主体依次开列会议主题、会议时间、会议地点、参会人员、主要议程和其他事项五方面内容。条理清晰，直观醒目。

六、有关说明

1. 县区与会人员由各县区学会秘书处负责通知,市直会员代表及邀请嘉宾由市教育学会秘书处负责通知。

2. 21 日教师 STEAM 教育能力提升培训,参加人员主要为:各县、区 STEAM 教育联系人及骨干教师,欢迎与会人员参加。

3. 请各与会人员提前安排好工作,务必准时参会,原则上不能请假。确因特殊情况需请假的,须提前通知市教育学会秘书处。

联系人:×××　×××　　联系电话:×××××

附件:××市教育学会学术年会会议回执

××市教育学会(章)

2018 年 11 月 27 日

──────────────────────────────

××省教育学会办公室　　　　2018 年 11 月 27 日印发

(资料来源:××市教育局网,http://huedu.huzhou.gov.cn/xxgk/tzgg/20181128/i1261800.html,略有改动)

附件说明:写明了附件名称。

落款:包括发文机关署名和成文日期。

附件:(略)

版记:包括印发机关名称和印发日期。

(四)知照性通知

知照性通知是告知收文机关应当知晓或应当遵守的事项的通知。这种通知所联系的事项一般无须收文机关办理,如机构的设立与撤销、印章的启用、单位更名以及需要遵守的规定等。其结构如下。

1. 标题

标题中的事由写明告知事项。

2. 开头

开头有三个要点:一是交代告知事项的目的、意义、原因、依据等;二是写明告知事项;三是用过渡句引起下文。

3. 主体

主体写明告知的具体事项。

4. 结尾

结尾多用省略式,也可用结语"特此通知"等。

案例分析六

国务院办公厅文件

国办发〔2018〕45 号

国务院办公厅关于成立京津冀及周边地区 大气污染防治领导小组的通知

各省、自治区、直辖市人民政府，国务院各部委、各直属机构：

　　为推动完善京津冀及周边地区大气污染联防联控协作机制，经党中央、国务院同意，将京津冀及周边地区大气污染防治协作小组调整为京津冀及周边地区大气污染防治领导小组(以下简称领导小组)。现将有关事项通知如下：

　　一、主要职责

　　贯彻落实党中央、国务院关于京津冀及周边地区（以下称区域）大气污染防治的方针政策和决策部署；组织推进区域大气污染联防联控工作，统筹研究解决区域大气环境突出问题；研究确定区域大气环境质量改善目标和重点任务，指导、督促、监督有关部门和地方落实，组织实施考评奖惩；组织制定有利于区域大气环境质量改善的重大政策措施，研究审议区域大气污染防治相关规划等文件；研究确定区域重污染天气应急联动相关政策措施，组织实施重污染天气联合应对工作；完成党中央、国务院交办的其他事项。

　　二、组成人员(略)

　　领导小组成员因工作变动需要调整的，由所在单位向领导小组办公室提出，按程序报领导小组组长批准。

　　三、工作机构

　　领导小组办公室设在生态环境部，承担领导小组日常工作。办公室主任由生态环境部副部长×××兼任，成员为领导小组成员单位有关司局级负责同志。

　　四、工作规则

　　领导小组实行工作会议制度和信息报送制度。工作会议由组长召集，也可由组长委托副组长召集，根据工作需要定期或

这是一篇成立组织机构的知照性通知。

版头：包括发文机关标识和发文字号两项内容。

标题：写明发文机关名称、成立的组织名称和文种名称。

正文：由开头、主体两部分构成。

开头说明成立组织机构的目的和组织名称，并用过渡句引起下文。

主体分条列项了所成立组织的职责、组成人员、工作机构设置和工作规则。

> 不定期召开；参加人员为领导小组成员，必要时可邀请其不定期召开；参加人员为领导小组成员，必要时可邀请其他有关部门和地方人员参加。相关部门和省级政府每年向领导小组报告区域大气污染防治年度任务完成情况和下一年度工作计划。
>
> 国务院办公厅（章）
2018 年 7 月 3 日
>
> （此件公开发布）
> ────────────────────────────
> 国务院办公厅　　　　　　　　　　　2018 年 7 月 3 日印发
>
> （资料来源：中国政府网，http://www.gov.cn/zhengce/content/
2018-07/11/content_5305678.htm，有删改）

落款：包括发文机关署名和成文日期。

附注：写明发布方式。

版记：包括印发机关名称和印发日期。

二、通报

根据作用的不同，通报可分为用于表扬先进的表扬性通报、用于批评错误的批评性通报，以及用于传达重要精神和告知重要情况的知照性通报三种。

(一)表扬性通报

表扬性通报是用以表彰先进单位或模范个人的通报，目的在于推广经验、树立典型，推动全面工作的开展。其写法如下。

1. 标题

标题中的事由一般写明表扬的对象和先进事迹。

2. 开头

开头多概述表扬对象的基本事迹，也可说明行文的目的、原因等。

3. 主体

主体通常包括如下三方面的内容。

(1) 叙述事实。即叙述表扬对象的先进事迹。这是表扬性通报的基础，要求简明扼要，重点突出；同时还要实事求是，切忌虚夸假造。

(2) 阐述意义。即分析先进事迹或模范行动的实质，阐明其蕴含的教育意义，或总结值得推广学习的先进经验。这是表扬性通报内容的升华，要求分析透彻，评价恰当，充分揭示先进经验或模范事迹的教育意义。

(3) 通报决定。即宣布表扬决定。这是对被表扬对象模范事迹的肯定和对被表扬者的激励，是制发表扬性通报的目的之一。要求写明对被表扬对象给予什么样的表彰，包括精神的或物质的奖励，如授予称号、晋级加薪、通报表扬等。这部分内容也可放到结尾。

4. 结尾

结尾提出要求或希望。可提出向先进者学习的相关要求。这是针对收文机关或有关人员提出的要求，是制发通报的又一目的。要求紧扣先进事迹，明确提出应怎样向先进者学习。另外，也可对受表扬对象提出再接再厉的希望。

案例分析一

××省人民政府文件

×府〔2017〕84号

××省人民政府关于表彰参加
第××届全运会有功单位和人员的通报

各市、县、自治县人民政府，省政府直属各单位：

在第××届全运会上，我省体育代表团不负重托，不畏强手，奋力拼搏，共夺取了1枚金牌、3枚银牌、3枚铜牌、4个第四名、3个第五名、1个第六名、4个第七名、3个第八名的优异成绩，出色完成了"保牌争金"的目标任务，为××人民和国际旅游岛赢得了殊荣，为××体育事业增添了光彩。这是全省体育工作者立足现有条件，狠抓特色体育的成果，是××人民奋发向上精神风貌的充分体现，对落实全民健身国家战略，提高人民健康水平、促进群众体育运动、提供社会正能量具有积极的推动作用。

为激励广大运动员、教练员更加刻苦训练，提高运动成绩，省政府决定对获得第××届全运会优异成绩的集体和个人以及后勤保障有功人员进行记功及通报表彰。

希望受表彰的单位和个人戒骄戒躁，再接再厉，继续发扬顽强拼搏的精神，努力为我省赢得更多的荣誉，再创××体育新辉煌。全省体育工作者要向受表彰的单位和个人学习，发扬勇于拼搏、敢为人先的精神，把体育事业融入实现"两个一百年"奋斗目标大格局中去谋划，深化体育改革，更新体育理念，推动群众

这是一篇表扬性通报。

版头：包括发文机关标识和发文字号两项内容。

标题：事由写明表扬的对象。

正文：由开头、主体和结尾三部分构成。

开头首先简述表扬对象及其先进事迹，并阐述了先进性的意义。

主体说明表扬决定。

第二章 党政机关公文

体育、竞技体育、体育产业协调发展，让群众感受运动的快乐、共享体育发展成果，在加快建设经济繁荣、社会文明、生态宜居、人民幸福的美好新××征程中作出新贡献。

附件：第××届全运会有功单位及个人表彰名单

××省人民政府(章)
2017 年 10 月 17 日

（此件主动公开）

| ××省人民政府办公厅 | 2017 年 10 月 17 日印发 |

（资料来源：××省人民政府网，http://www.hainan.gov.cn/hn/zwgk/zfwj/szfwj/201710/t20171023_2451651.html）

结尾对表彰对象提出要求，号召有关人员向先进单位和个人学习。

版记：包括印发机关名称和印发日期。

(二)批评性通报

批评性通报是用以批评犯有错误的单位或个人的通报，目的在于分析原因、吸取教训、教育大家，以防类似问题再次发生。其写法与表扬性通报类似。

1. 标题

标题中的事由一般写明被批评的对象及其错误事实。

2. 开头

开头多概述被批评对象的基本错误事实。要求简明概括。

3. 主体

主体通常可包括如下内容。

(1) 叙述事实。即叙述被批评对象所犯的错误事实。要求简明扼要，重点突出。

(2) 分析错误。即对所犯错误进行分析议论。指出错误的性质和危害，分析问题出现的原因，总结应吸取的教训。这一部分要求分析深刻，定性准确，揭露问题的本质。

(3) 通报决定。即提出对被批评对象的处理意见。这是针对被批评者的处分，以示对其惩戒。这部分内容有时也可放在结尾。

4. 结尾

结尾一般提出通报要求，即针对通报事实，向收文机关及有关人员提出应引以为戒的具体要求。

案例分析二

国家广电总局文件

广发〔2013〕8号

国家广电总局关于给予××人民广播电台都市广播暂停播放商业广告处理的通报

各省、自治区、直辖市广播影视局，新疆生产建设兵团广播电视局，中央三台，电影频道节目中心，中国教育电视台：

在总局三令五申，严禁播出各类涉性节目和违法不良广告的情况下，××人民广播电台都市广播仍播放内容低俗的医疗资讯服务广告，性质十分恶劣，社会影响极坏。现通报如下。

经查，××人民广播电台都市广播1月8日深夜零点至凌晨两点，播出的医疗资讯服务广告"×××××男性健康讲座"，以"××××首席医学专家×教授"名义，宣传"××××"和"××××××"两个产品，声称只要服用四个疗程，就能彻底治疗××××××××××疾病等男性疾病，还以患者名义拨打热线电话称使用该产品后，×功能迅速提高，内容低俗。××人民广播电台置社会责任于不顾，为片面追求经济利益，播出内容低俗的涉性广告，造成了不良社会影响，严重损害了广播电视媒体的社会形象，必须予以严肃处理。

为严肃纪律，根据《广播电视广告播出管理办法》（广电总局令第61号）及《广播电视播出机构违规处理办法》（试行）等有关规定，总局决定：

一、责令××人民广播电台都市广播自1月28日零时至2月27日零时，暂停所有商业广告(含医疗资讯服务类广告)播出30日，并进行全面清理整顿。

二、责成××省广播影视局对××人民广播电台都市广播的整改情况进行核查验收，验收结束后，向总局提出书面报告，经总局同意后方可恢复商业广告播放。

三、责成××省广播影视局对全省广播电视播出机构进行全面清查，发现问题及时严肃处理，杜绝此类问题再次发生。

四、请××省广播影视局将"××××××"和"××××

这是一篇批评性通报。

版头：包括发文机关标识和发文字号两项内容。

标题：事由写明被批评对象的名称和处理决定。

主送：写明收文机关的统称。

正文：由开头、主体和结尾三部分构成。

开头概述错误事实及其性质、危害。

主体分两层。

第一层叙述错误事实并分析其性质和危害。

第二层分别对相关责任人做出处理决定。

第二章 党政机关公文

××"两个产品广告的违规情况通报当地工商、药监部门,请其依法对上述产品的生产企业、广告主等相关违规主体进行严肃处理。

请各省级广播影视行政部门将此通报及时转发辖区内播出机构,组织开展自查自纠行动,立即停播存在同类违规问题的医疗资讯服务广告,坚决杜绝类似问题再次发生,并举一反三,主动清理其他各类违法违规广告,切实维护广播电视广告的良好播放秩序。

国家广播电影电视总局(章)
2013 年 1 月 25 日

国家广播电影电视总局办公厅　　　　2013 年 1 月 25 日印发

(资料来源:中国政府网,http://www.gov.cn/zwgk/2013-01/29/content_2322132.htm)

结尾提出通报要求,要求收文机关吸取教训,引以为戒,杜绝类似问题再次发生。

落款:包括发文机关署名、成文日期和印章。

版记:包括印发机关名称和印发日期。

(三)知照性通报

知照性通报是用以传达重要精神或告知重要情况的通报。其目的在于使收文机关及有关人员把握精神,了解情况,认清形势,明确要求,采取对策,以便把工作做得更好。其写法如下。

1. 标题

标题中的事由概括所通报的精神或情况。

2. 开头

开头或概述基本情况,或交代行文的目的、意义或原因;也可直接写情况,不另加开头。

3. 主体

主体具体传达所通报的精神或情况。要求简明扼要,重点突出。有时也可作简要分析或提出要求。

4. 结尾

结尾一般针对上述情况,提出应对措施或今后工作的要求。

案例分析三

国务院安委会办公室文件

安委办明电〔2016〕10号

国务院安委会办公室关于近日发生两起
重大生产安全事故的情况通报

各省、自治区、直辖市及新疆生产建设兵团安全生产委员会，国务院安委会有关成员单位：

2016年8月11日，××省××市和××省××市各发生一起重大事故，给人民群众生命财产造成了重大损失。现将有关情况通报如下：

8月11日8时23分，一辆号牌为×××号的变型拖拉机(核载1.08吨，实载7.74吨)，沿××省××市××路由西向东行驶，行至××路与××路交叉路口时失控冲入路口，先后与由北向南方向正常行驶的×××号公交车、×××号大客车等车辆发生碰撞，共造成11人死亡、21人受伤。

8月11日15时20分，××省××市××公司50MW热电联产项目在生产调试过程中，高压蒸汽管道突然破裂，致使540℃的蒸汽大量外泄，击碎中控室玻璃窗，造成中控室内21人死亡、5人烫伤。

事故发生后，×××总理立即作出重要批示，要求全力抢救伤员，尽最大努力减少伤亡，妥为做好善后处置；尽快查明事故原因，严肃追责，吸取教训，严防类似事故发生。强调安全生产切不可麻痹大意，要进一步严格落实安全生产责任，完善安全防范措施，切实把保障人民群众生命安全的承诺落到实处。为认真贯彻落实中央领导同志重要批示精神，认真吸取事故教训，进一步加强道路交通、电力等重点行业领域安全生产工作，有效防范和遏制重特大事故，特提出以下要求：

一、严格落实安全生产责任，严密落实暑期和汛期安全防范措施

各地区、各有关部门和单位要深入学习贯彻×××总书记、×××总理等党中央、国务院领导同志近期关于加强安全生产及汛期安全防范工作的重要指示批示精神，进一步强化红线意识、

这是一篇知照性通报。

版头：包括发文机关标识和发文字号两项内容。

标题：事由概括所通报的情况。

主送：写明收文机关的统称。

正文：由开头和主体两部分构成。

开头概述基本情况，并用过渡句引起下文。

主体分两层。

第一层分述两次安全事故发生的具体情况，简明扼要，重点突出。

第二章 党政机关公文

责任意识和风险意识，全面落实"党政同责、一岗双责"安全生产责任制，层层压实责任、层层传导压力，坚决消除监管盲区、堵塞管理漏洞。要清醒认识当前安全生产形势的严峻性，对暑期高温、汛期灾害性天气带来的挑战和历年8月事故多发的特点保持高度警惕，对受自然灾害和市场需求不旺影响的停工复产高危行业的企业存在的安全隐患保持高度警惕，有针对性地加强监督检查，督促相关生产经营单位狠抓各项安全防范措施落实，强化安全风险管控和隐患排查治理，及时化解安全风险，切实消除安全隐患，坚决遏制重特大事故的发生。

二、强化重点行业领域的安全监管，增强防范工作的有效性

各地区、各有关部门和单位要认真吸取事故教训，举一反三，突出重点领域、重点部位、重点环节，加强监管、管控风险、排除隐患，严防发生群死群伤事故。要按照"道路运输平安年"活动的各项部署，加强车辆的源头安全管理和技术状况检查，重点排查本地区改装车辆的安全性，严肃查处货运车辆、三轮汽车、低速货车、拖拉机等非法改装行为，依法严罚超载超限、超员超速、疲劳驾驶、酒后驾驶等违法违规活动。要强化电力工程生产调试前安全准备工作，全面检查机组所有系统的完整性和合理性，做好试运行设备的安全防范措施，保证设备可靠运行。要加强化工企业生产运行特别是涉及高压、高热、有毒等重点工艺设备的安全管理和监控预警，严防发生爆炸、泄漏等事故。要加大矿山雨季防汛、防排水、防雷电"三防"检查和尾矿库安全巡查力度，严防淹井透水、溃坝漫坝事故发生。要强化建筑施工安全检查，重点排查临山临水营地、工棚、仓库、临建设施以及高空作业设备设施的风险隐患。城市建设运行和消防、油气输送管道、冶金、旅游等其他行业领域也要结合实际，加强安全监管，排查治理安全隐患。

三、依法依规严肃查处事故，用事故教训推动工作

一旦发生生产安全事故，要全力处置事故，全力抢救受伤人员。同时，要坚持"四不放过"的原则，迅速组织开展事故调查，认真查找事故原因，确定事故责任，依法依规严肃追究事故单位和相关责任人的责任，查处结果及时向社会公开。要严格执行事故查处挂牌督办制度，对性质恶劣、影响严重的典型事故，要切实加大督办力度，确保查处及时、追责到位，并加大对事故整改措施落实情况的监督检查。要深刻吸取教训，针对事故暴露出的突出问题，研究制定和落实针对性整改措施。切实做到举一反三，"一矿出事故、万矿受教育；一地有隐患、全国受警示"，用事故教训警示教育大家，推动安全生产工作。

> 第二层针对上述问题提出四条具体要求。

四、加强安全宣传教育和培训，提升安全防范能力

要充分发挥安全生产预警机制的作用，及时发布预警信息，利用各种媒体加强安全宣传，广泛进行风险防范、避险逃生知识技能的提示、警示，引导企业和社会公众做好防范应对工作。要针对暑期及汛期高温、闷热、潮湿的特点，多方式、多渠道开展安全生产宣传教育，普及生产作业、用火、用电、用气、用油安全知识和初起险情应急处置等常识技能，努力提高全社会安全意识和事故防范能力。各类企业要广泛开展全员安全培训、安全教育，特别要教育警示动火作业、客车驾驶、高温高压设备操作管理等重点岗位人员强化安全意识，自觉遵守安全法律法规章的要求，切实增强排查消除隐患和事故险情应急处置的能力。

国务院安全生产委员会办公室（章）
2016 年 8 月 12 日

落款：包括发文机关署名、成文日期和印章。

版记：包括印发机关名称和印发日期。

国务院安全生产委员会办公室　　　　2016 年 8 月 12 日印发

（资料来源：××政府网，http://www.hebi.gov.cn/zghb/934842/436544/1294025/1510394/index.html）

三、报告

报告是一种作用广泛的上行文，用来向上级机关汇报工作、反映情况和答复上级的询问。报告的主要作用是如实汇报，因此，陈述性是报告的主要特征，其重点是向上级机关讲清相关情况，一般不过多地阐发议论。从行文规则来看，报告是单向行文，不需要上级答复。《公文处理条例》中明确规定，"不得在报告等非请示性公文中夹带请示事项"，也就是说，报告只用于汇报，不用于请示，上级机关不对下级的报告作答复。除上述作用外，报告也可用来向上级报送有关文字材料。

根据作用的不同，报告可分为工作报告、情况报告和答复报告三种。

(一)工作报告

工作报告是向上级机关汇报工作开展和完成情况的报告。从汇报的时间来看，报告可分为定期汇报常规工作的例行性报告和不定期汇报临时工作的临时性报告；从内容上来看，报告可分为汇报一定时期各项工作的综合性报告和汇报某项专门工作的专题性报告。

在写法上，工作报告类似于工作总结。一方面要全面反映工作开展的情况，另一方面又要做到重点突出，既要写明工作中取得的成绩和存在的问题，又要写明经验和教训，有

时还要交代今后的工作打算和努力方向。

工作报告的写法如下。

1. 标题

标题中的事由概括工作开展的时间、工作名称或统称。专题性报告概括工作名称，综合性报告概括工作统称。

2. 开头

开头概述工作开展的总体情况或行文的目的、根据、原因等。

3. 主体

主体说明工作开展和完成的具体情况，一般可包括工作开展情况和取得的成绩、经验和做法、存在的问题及原因等，必要时还可说明今后的工作打算。主体的内容一般较多，结构上多分列小标题，以求眉目清楚。

4. 结尾

结尾可用结语，也可省略。结语有"特此报告"等。

案例分析一

××县审计局文件

×审发〔2012〕59号　　　　　签发人：×××

××县审计局关于2012年度
审计工作目标责任考核自查情况的报告

××市审计局：

根据市局《关于印发各县（区）审计机关2012年目标责任考核要点的通知》（×审发〔2012〕77号）要求，我局及时安排专人对2012年各项工作目标完成情况进行了自查。自查结果，我局2012年目标责任自查考核为116分。现将具体情况报告如下。

一、自查工作开展情况

为了做好2012年的目标责任考核工作，我局高度重视，成立了以局长为组长，副局长为副组长，各科科长为成员的目标责任考核领导小组，领导小组办公室设在综合法制科，具体负责目标责任考核工作。在具体工作中，面对时间紧、工作量大的

这是一篇专题性工作报告。

版头：包括发文机关标识、发文字号和签发人三项内容。这是上行文版头的标准格式。

标题：事由概括工作时间和工作内容。

主送：写明收文机关名称。

正文：由开头、主体和结尾构成。

开头简要交代了工作开展的依据和结果。

主体用分列小标题的方式分为两大层次，条理清楚，结构分明。

第一层略写自查工作开展的总体情况，简明扼要。

实际，我们放弃双休日，查找文件资料，核实每项工作。局内还多次召开会议，自查分析，查漏补缺，确保了目标责任制考核自查工作的顺利完成。

二、目标任务完成情况

(一)项目审计成效显著。

截至11月底，共完成审计项目197个，其中完成计划内项目49个，灾后恢复重建项目122个，其他审计项目26个。

1. 全面完成了年度审计计划目标任务。2012年，我局共安排审计项目计划50个，实际完成49个，1个未完成(属县定计划，经济责任审计项目由于被审计责任领导因病长期住院未实施审计)，其中实施财政预算执行审计4户，财政决算审计4户，行政事业单位财务收支审计3户，社会保障资金审计2户，农业与资源环保资金审计3户，固定资产投资审计4户，灾后重建项目竣工决算及跟踪审计20户，领导干部任期经济责任审计9户。全面完成了省厅、市局统一组织的行业、专项审计以及县政府安排的其他审计项目。

2. 灾后恢复重建项目审计更加深入。2012年，我局加大灾后重建项目竣工决算审计力度，累计派出253名审计人员(含聘用人员)对我县灾后恢复重建竣工决算项目进行审计，完成项目122项，审计资金22 720.43万元，其中工程竣工结算造价19 212.03万元，核减工程造价1494.23万元，核减率7.8%，最终审定工程投资21 226.20万元。提出审计建议213条，规范建设项目管理37个，查处违法违纪资金171.9万元，节约资金1494.23万元。目前在审项目47项。

(二)审计业务管理更加规范。

我局始终重视审计质量，制定了《审计项目审理复核工作办法》，对所有审计项目全部提交审计会议进行研究决定，同时制定了较为科学的审计质量考核评比办法。2012年4月，邀请市局法制科×××同志来我局进行了审计质量案卷评查，对评选的三类优秀审计案卷进行了表彰，对发现的问题及时纠正整改，取得了明显成效。在审计报告公告方面，我们始终坚持与被审单位定向沟通和公告，在不涉及工作秘密的前提下，适当在内网上进行公告，结果公告率达到了22%。在公文管理方面，进一步规范收发文制度，公文质量进一步提高。在档案文书处理方面，我们强化了保密措施，及时进行了入卷归档。2012年我局坚持积极推进"无纸化"办公，对非涉密文件进行网络传输，极大地提高了我局的信息化水平，较好地完成了各

> 第二层详写目标任务完成情况。这是报告的重点，从八个方面写取得的工作成绩。

类电子政务事项。在审计统计方面,我们严格按照省、市审计部门的要求,建立健全了审计台账,审计报表报送及时准确。

(三)干部培训教育不断强化。

一是认真开展了深化干部作风教育整顿和创先争优活动,使干部作风纪律有了明显转变;二是认真开展了干部业务培训,2012年,我们先后举办了《审计法》《国家审计准则》《领导干部经济责任审计的重点难点及报告撰写》《金审工程基础知识》等业务培训,取得了明显成效。除此之外,我们还积极选送干部参加省厅、市局统一组织的培训,2012年先后有3人参加了省厅举办的业务知识培训班,有10人参加了市局举办的AO现场审计培训班。

(四)金审工程和计算机辅助审计稳步推进。

我县于去年11月建成"金审工程",2012年9月制定了《××县2012—2014年审计信息化建设实施方案》,成立了审计信息化建设领导小组,明确了任务,夯实了责任。我们利用AO现场审计实施系统对供销联社、计生局、统计局等11个项目单位开展了计算机审计,从建立项目、采集转换、分析数据、编制底稿、形成报告和归集成果档案等各个环节规范操作,撰写的3篇AO审计实例按要求上报了市局。

(五)内审、社审工作进一步加强。

我们制订了内审协会工作计划,完善了各项内审社审制度,开展了非公有制企业经营情况审计调查,并积极参加市审计学会组织的学习考察。2012年6月召开了内部审计协会一届二次理事工作会议,明确了协会领导分工,成立了内审协会党支部,发展了51个团体会员,协会理事会员29人,收取会费3.5万元,征订内审刊物35份。

(六)审计结果利用取得新成绩。

2012年,我局共提交审计专题综合报告9篇,被县委和县政府部门采用3篇,制定了《××县机关事业单位公务接待管理办法》《××县副食品价格调节基金使用管理办法》《××县大中型水库移民后期扶持资金使用和项目实施违规行为追究制度》。同时我们按照年初制定的宣传工作方案,积极撰写理论文章、信息报道30篇,先后在《中国审计网》、《陕西审计厅》网站、《审计简报》、《汉中日报》、《审计动态》、纪检监察网站、县人大网站、政府信息网等媒体刊发信息32篇。

(七)县委、县政府领导更加重视审计工作。

县委、县政府历来重视审计工作,每年都要在政府常务会

上专题研究审计工作，在2012年县政府第二次常务会上，专题研究了审计项目计划，并同意聘请有资质的中介机构或专业技术人员对灾后恢复重建项目进行评审，同时以县政府办公室名义印发《××县灾后恢复重建项目审计工作方案》，成立了"××县灾后恢复重建项目审计工作领导小组"。2012年向县政府报送的《关于2011年财政预算执行和其他财政收支情况的审计结果报告》和《关于2012年库区移民搬迁专项资金审计调查报告》先后被县政府领导批示。2012年，我局被县委、县政府评为新型农村合作医疗工作先进部门、教育工作先进部门。

(八) 反腐倡廉建设工作责任实、效果好。

2012年，我局在县委、县政府和上级审计机关的正确领导和大力支持下，认真贯彻落实反腐倡廉有关规定，紧密结合审计工作实际，加强领导，落实责任，明确目标，印发了《××县审计局2012年反腐倡廉工作责任分工》的通知，制定了《推行廉政风险防控管理工作的实施意见》，全面推进了以干部教育、制度建设、文明审计为主要内容的廉政建设，促进了干部作风的转变和灾后重建各项审计工作任务的完成。

一年来，我们在任务重、人员少的情况下，克服重重困难，做了大量工作，也取得了一些成绩。但对照考核要点，我们还存在一些不足：一是信息化工作熟练运用不够，AO利用率不高；二是绩效审计资金使用效益分析上没有衡量标准，缺乏一整套相应的评价机制。上述问题和不足，我们将在明年的工作中下大力气加以改进，力争把我局审计工作推向更高水平。

××县审计局(章)
2012年12月17日

××县审计局办公室　　　　　　　2012年12月17日印发

(资料来源：××信息公开网，http://xxgk.lueyang.gov.cn/info/egovinfo/1001/nry/01604468-1-04_H/2012-1217003.htm)

> 结尾简写存在的主要问题和今后的努力方向。
>
> **落款**：包括发文机关署名、成文日期和印章。
>
> **版记**：包括印发机关名称和印发日期。

(二) 情况报告

情况报告是向上级机关汇报工作中出现的重大问题或突发性情况的报告。这种报告重点在于讲明情况，即将突发性事件或问题的前因后果、来龙去脉写清楚即可，必要时也可作适当分析，或说明对问题的处理措施等。

第二章 党政机关公文

情况报告的格式如下。

1. 标题

标题中的事由直接概括所报告的情况。

2. 开头

开头一般简要概述基本情况。

3. 主体

主体一般叙述情况，分析原因，说明处理措施。内容复杂时要分列小标题，以求眉目清楚。

4. 结尾

结尾用结语式或省略。结语有"特将情况报告如上"等。

案例分析二

关于××市"4·30"安全事故有关情况的报告

2017年4月30日，我市发生一起非施工人员伤亡事件，造成2人死亡，直接经济损失175万元，现将有关情况报告如下：

一、基本情况

2017年4月30日17时20分，在××市老旧小区改造工程九标段（××小区项目）发生一起两名非施工人员由吊篮高处坠落的伤亡事件。接到事故报告后，我局及施工、监理单位主要负责人立即赶赴事故现场，进行事故现场保护和勘查，并于当日晚，立即组织相关单位和死者家属进行协商，于5月1日上午签订赔偿协议，由施工单位分别赔偿死者家属80万元和95万元，赔偿款到位，家属承诺不再对相关单位和责任人员进行追究，承认两名死亡人员是因为不听工地施工人员劝阻，强行进入吊篮，强制违章操作导致事故的发生，应承担全部责任(有两名家属分别签订两份谅解书为证)。

二、调查及处理情况

2017年5月2日，市安委会组织有关部门成立"4·30"事故调查组(我局未被列入调查组成员)，由市检察院和纪委会同调查组对我局的"渎职行为"进行调查，后又委托××检察院单独进行调查，7月19日，××检察院对工作人员××同志立案

这是一篇情况报告。略去了版头和版记，只保留主体部分。

标题：事由概括所汇报的情况。

主送：写明收文机关名称。

正文：由开头、主体和结尾构成。

开头概述基本情况，简要说明事故发生的时间和后果，并用过渡句引起下文。

主体分三层：第一层写事故发生的时间、地点、原因，以及有关单位负责人及工作人员赶赴现场进行处置的具体情况。

调查，并于当日办理取保候审，立案调查的理由是：该项目于3月20日开工，3月28日，××同志带队检查，发现并发出《停工整改通知书》，但在停工通知中没有要求整改期限，也未跟踪整改情况，4月14日，××同志带队组织的全市综合执法检查中，又发出《停工通知》，要求企业于4月21日整改完毕，企业在21日前未整改，也没有跟踪整改。7月7日，市政府发布调查报告，定性为安全生产事故，我局两名工作人员被给予诫勉谈话，对××同志单独立案调查，正在进行中，由市监察局对我局进行问责。

第二层写有关单位的调查处理情况，内容翔实。

三、意见和建议

2017年是我市旧城改造项目和××城市建设项目历年来项目最多，范围最广的一年，仅市区安全监督受监工程项目达300多项，还有四县一区的项目需要我局指导督查。因此，我局高度重视，对全年的安全生产工作已全面进行安排部署，工作有方案、有计划，春季复工检查有安排，克服执法人员少(5人)、设备严重不足的困难，全面进行复工检查。

此次事故中，两名死亡人员是因为不听工地施工人员劝阻，强行进入吊篮，强制违章操作导致事故的发生。因为死亡人员非工地作业人员，受热水器维修公司委派，给居民维修热水器，并未在该工程进行生产作业。根据住房城乡建设部印发的《房屋建筑和市政基础设施工程施工安全监督规定》(建质〔2014〕153号)第十三条之规定，我们认为该起事故不属于建设领域安全生产事故，应属于意外事故。

综上所述，我局已对该工程进行了安全监管，对发现的隐患责令停工整改，并进行了通报处罚，履行了安全生产监督职责，因此，我局和施工安全监督人员不应再承担任何责任。

第三层写有关单位对事故情况的处理意见和建议。说明了事实依据和政策依据。

××市住房和城乡建设局(章)
2017年8月3日

落款：包括发文机关署名、成文日期和印章。

(资料来源：××市人民政府网，http://www.nxgy.gov.cn/zwgk/zfxxgkml/aqsc/201712/t20171222_646335.html，有删改)

(三)答复报告

答复报告是用以答复上级机关对于某些问题的询问的报告。这种报告内容比较单一，针对性强，直接回答上级的问题即可。

从发文的起因来看，公文可分为主动行文的主发性公文和被动行文的回复性公文两大类。回复性公文是专门用来答复对方来文的公文，答复报告就是这类公文之一。回复性公文有着大体一致的结构形式。

1. 标题

标题中的事由概括答复的问题。

2. 开头

开头引述来文，即摘引上级来文的有关内容，作为全文的引起。这是回复性公文开头的特有内容，作用是构成回文与来文的对应关系，使上级机关明确本文所答复的是什么问题。摘引的内容通常是来文的标题和发文字号，有时也可摘引来文的日期和文种名称或发文字号，如"省政府《关于×××的函》(×政函〔××××〕×号)收悉"。引述来文后用过渡句引起下文。

3. 主体

主体答复上级的询问。根据需要，可分条列项，也可用分段式。

4. 结尾

结尾可用常用结语收尾，也可省略。常用结语有"特此报告""专此报告"等。

四、请示

(一)请示的适用范围

请示是上行文，用于向上级机关请求指示或批准。工作中需要向上级请示的情况主要有以下几种。

(1) 对国家或部门政策法规界限把握不准，需要上级予以明确时。
(2) 工作中遇到新情况、新问题而无章可循时。
(3) 相关部门意见分歧，难以统一时。
(4) 虽有统一规定，但因本单位情况特殊难以执行统一规定，需要变通处理时。
(5) 本单位的重要公务，按规定需报请上级批准后方可办理时。
(6) 所办公务缺乏物力、财力，需要上级支持、帮助时。
(7) 需要处理超越本单位职权范围的其他公务时。

(二)请示的写法

根据请示事项性质的不同，请示可分为请求指示的请示和请求批准的请示两大类。上述前三种情况属于请求指示的请示，后四种情况属于请求批准的请示。这两类请示在写法上略有不同。总体来说，请示正文的内容比较固定，一般包括"请示缘由""请示事项"和"期复性结语"三个方面，称为请示内容的三要素。具体写法如下。

1. 标题

标题中的事由直接概括请示事项。

2. 正文

正文由"请示缘由""请示事项"和"期复性结语"三项内容构成。

(1) 请示缘由。或称"述由",即陈述提出请示的缘由。请求指示的请示,要说明问题出现的具体情况;请求批准的请示,则要阐明提出请示的理由。理由的阐述,可从请示事项提出的政策依据、客观需要、目的意义以及自身条件等方面着手。述由是提出请示事项的依据和基础,要求写得明确具体、充分有说服力,能有力地支持请示事项。

(2) 请示事项。即写明要求上级机关给予批准或指示的事项。请求指示的请示,要明确提出需上级指示的问题;请求批准的请示,不仅要写明请求批准事项,而且往往还要提出初步方案。请示事项是请示的核心所在,要求写得明确具体;如提出初步方案,要切实可行。

(3) 期复性结语。即在结尾处用请示的惯用结尾语明确提出希望上级对请示内容给予批复的要求。常用结语有"妥否,请指示""以上问题,请批示""是否可行,请审批""是否妥当,请批复"等。结语的使用要与请示事项相一致,不可脱节。如"请审批"这样的结语只能用于请求批准的请示,而不能用于请求指示的请示。

结构上,请示缘由和请示事项两项内容的安排,可有两种顺序:一种是先写请示缘由,然后水到渠成地引出请示事项;另一种是开头首先提出请示事项,然后再详细陈述请示缘由。

案例分析一

这是一篇请求指示的请示。略去了版头和版记,只保留主体部分。

××省人民政府法制办公室
关于《中华人民共和国行政复议法》
第九条有关问题的请示

国务院法制办公室:

××市土地规划管理局以被申请人××市人民政府名义于2001年7月12日向××市某企业颁发临时国有土地使用证。××铁路分局对此于2001年9月4日提出异议,认为该土地确权中涉及铁路用地,要求重新确定土地使用权属。××市土地规划管理局没有向其明确告知诉权和正确的救济途径,致使××铁路分局于2001年9月12日误向××省国土资源厅申请行政复议。××省国土资源厅因该案涉及民事诉讼,没有做出是否受理的明确答复。之后,××铁路分局于2003年10月10日再次向××省国土资源厅申请行政复议。省国土资源厅经审查后

标题:事由概括请示事项。

主送:写明收文机关名称。

第二章 党政机关公文

认为不应由其受理，遂转送省人民政府。另外，审理该案所涉及民事诉讼的××市中级人民法院也于2003年12月17日裁定中止诉讼，认为应先由行政机关确定使用土地权属。我们经审查后受理立案。

省人民政府在法定期限内作出了撤销××市人民政府原颁证的具体行政行为的行政复议决定。送达后，被申请人××市人民政府以该案超过法定行政复议受理期限、申请人只能向人民法院提起行政诉讼为由，向省人民政府提出异议。

我办认为，申请人在法定期限内申请行政复议，但是由于××市土地规划管理局没有向申请人告知诉权和救济途径，××省国土资源厅又没有及时将该案移送，致使申请人申请行政复议期限被耽误，其责任不在申请人方面，属于《中华人民共和国行政复议法》第九条规定的"其他正当理由"范围。

妥否，请批复。

××省人民政府法制办公室(章)
2004年5月21日

（资料来源：中华会计网校网，http://www.chinaacc.com/new/63/74/117/2006/7/yi57617197719276002544-0.htm，有改动）

正文：分三层内容。第一层说明所请示问题出现的具体情况，第二层提出所请示的问题并说明处理意见，第三层用期复性结语收尾。

落款：包括发文机关署名、成文日期和印章。

案例分析二

××市××区住房保障和房屋管理局　文件

×房管〔2017〕79号　　　　签发人：×××

关于解决我局档案库房涨库问题的请示

××区人民政府：

近年来，随着我区房地产业的持续快速发展，产生了大量的房产档案，特别是旧改、房屋征收、住房保障、房产交易登记档案的增幅较大。这些档案既是房管专业档案，又是重要的，且大多属于永久保管档案。档案库房容量与档案存放的矛盾日趋严重。

这是一篇请求批准的请示。

版头：包括发文机关标识、发文字号和签发人三项内容。

标题：事由概括请示事项。

主送：写明收文机关名称。

一、现有档案库房及库容存放状况

我局现有档案库房2处。1处位于房产交易中心大楼五楼，建筑面积500平方米，可存放档案66万卷。另1处位于××路××号底层，建筑面积1000平方米，该处房屋由我局于2005年出资购置，改建为档案库房，用于解决当时档案库房容量问题，可存放72万卷档案。两处库房共计可存放各类档案138万卷。

截至2017年9月，两处库房实有档案总量为1325240卷，已占总库容的95%。库容已所剩不多，即将面临"涨库"。

二、档案年增长情况

根据2015、2016年档案增长统计情况，库存档案主要包括房产交易档案、旧改征收档案、共有产权保障住房和廉租房档案等。每年各类档案的增长量在5.5万～6万卷/年，约占总库容的4%。据此测算，库房容量最多可维持1年。

三、有关建议

针对房产档案年增量较大，且基本为永久保存档案的情况，结合档案库房有关规定，为解决我局库房涨库问题，现提出两个解决办法，报区政府审议：

1.××路×号进行改造，作为房产档案库房使用。××路×号房屋作为××街道房管办事处办公用房，房办搬迁后目前为空置状态。该房屋总建筑面积2483平方米，如能改建为档案库房大致能解决我局今后20年的档案存放需求。改造库房需要在装修、加固、消防系统、档案密集架设备、库房温湿度控制系统等方面投入经费，需请区财政、发改委等部门予以支持。

2.将区档案馆库房调拨我局使用。区档案馆明年年中将搬至新馆，如能将其原有的档案库房(区政府1号楼C区底层)调拨我局使用，可以利用库房现成的设施设备。该库房容量大致能解决我局今后6～7年的档案存放需求。

妥否，请批示。

××市××区住房保障和房屋管理局
2017年10月17日(章)

××市××区住房保障和房屋管理局办公室　　2017年10月17日印发

(资料来源：××市××区人民政府网，http://www.shpt.gov.cn/shpt/gkfgj-bmwenjian/20171115/280275.html，有改动)

正文：分为开头、主体和结尾三部分。

开头简要概括请示的理由。

主体分三层：第一层和第二层详细又条分缕析地说明具体请示的理由。第三层提出请示问题，并给出具体解决方案。

本文属于先述理由然后提出请示事项的结构方式。

结尾用期复性结语。

落款：包括发文机关署名、成文日期和印章。

版记：包括印发机关名称和印发日期两项内容。

五、批复

批复是一种作用非常单一的下行文，专门用来答复下级机关的请示事项。根据所批复问题性质的不同，批复可分为指示性批复和审批性批复两种。批复的写作应把握以下两点。

(一)内容要求

批复在内容上要体现三性：一是政策性，即要以党和国家有关的政策法规为依据来答复下级的请示事项，不能想当然或以领导者个人的意志为依据；二是针对性，即答复事项必须针对请示事项，不能借机指导其他相关工作；三是明确性，即答复意见要态度明朗、内容明确，不可含糊其辞。

(二)结构形式

批复的结构比较固定，一般包括如下四个层次。

1．引述来文

引述来文即摘引下级请示的有关内容，告诉下级关于某事的请示已收到。其作用是构成批复与请示的对应关系，使下级准确地知道此批复是针对哪个请示而作的答复。

引述来文的内容主要是下级请示的标题和发文字号，有时也可摘引来文的时间和文种，如"你局《关于×××的请示》(×发〔2017〕×号)收悉"等。

2．批复依据

批复依据即批复意见提出的根据。依据可有多种，或据政策法规，或据实际情况等。如无必要，也可无此内容。结构上，批复依据大都作为一个过渡句，以引起下文。

3．批复意见

批复意见为批复的核心部分。根据批复种类的不同，其具体内容也应有所不同。指示性批复，要对下级请示的问题作出明确的答复；审批性批复，则要表明态度(是否批准下级的请求)并提出相应要求或说明理由。

4．结尾

结尾多采用结语式，如"特此批复""此复，希遵照执行"等，也可省略不用。

案例分析一

最高人民法院关于对人民法院终结执行行为
提出执行异议期限问题的批复

××省高级人民法院：

你院《关于××市某公司与××市某公司房地产开发经营合同纠纷案的请示》（×高法〔2015〕295号）收悉。经研究，批复如下：

当事人、利害关系人依照《民事诉讼法》第二百二十五条规定对终结执行行为提出异议的，应当自收到终结执行法律文书之日起六十日内提出；

未收到法律文书的，应当自知道或者应当知道人民法院终结执行之日起六十日内提出。

批复发布前终结执行的，自批复发布之日起六十日内提出。

超出该期限提出执行异议的，人民法院不予受理。

此复。

最高人民法院（章）
2016年2月15日

（资料来源：《最高人民法院公报》，2016年第4期）

这是一篇指示性批复。略去了版头和版记，只保留主体部分。

标题：事由概括批复事项。

正文：开头首先引述来文，摘引下级请示的标题和发文字号，并用过渡句引起下文。

主体针对所请示的问题逐条明确答复。

结尾用结语式，简洁利落。

落款：包括发文机关署名、成文日期和印章。

案例分析二

<big>**××省人民政府文件**</big>

×政复〔2013〕30号

××省人民政府关于××市
修编城市总体规划的批复

××市人民政府：

你市《关于××市城市总体规划修编的请示》收悉。经研究，现将有关问题批复如下。

一、原则同意你市对现行城市总体规划进行修编，规划期限为：近期，2013—2015年；远期，2016—2030年。

这是一篇审批性批复。

版头：包括发文机关标识和发文字号两项内容。

标题：事由概括批复事项。

主送：写明收文机关名称。

正文：开头首先引述来文，然后用过渡句引起下文。

第二章　党政机关公文

　　二、请你市严格遵守《中华人民共和国城乡规划法》和《城市规划编制办法》规定，按照"政府组织，专家领衔，部门合作，公众参与，科学决策"的原则，制订详细修编方案，认真开展城市总体规划的修编组织工作。

　　三、城市总体规划修编工作要以科学发展观为指导，以《关中—天水经济区发展规划》和《关中城市群建设规划》等上位规划为依据，加强城乡统筹和区域统筹研究，综合考虑城市的产业发展、空间布局、重大基础设施等建设，切实与经济社会发展、土地利用等相关规划充分衔接，防止盲目扩大城市规模。

　　省住房城乡建设厅要根据《××省城市总体规划审查工作规则》（×政办发〔2010〕76号）规定，加强对编制工作的指导，并会同有关部门切实做好××市城市总体规划修编工作的指导，并会同有关部门切实做好××市城市总体规划修编工作的协调和初步成果的审查等相关事宜。

　　此复。

××省人民政府(章)
2013年2月21日

――――――――――――――――――――――――

××省人民政府办公厅　　　　　　2013年2月21日印发

(资料来源：××省人民政府网，http://www.shaanxi.gov.cn/gk/zfwj/50519.htm)

旁注：
- 主体采用分条列项的方式表明批复态度并提出具体要求。
- 结尾用结语式，简洁利落。
- **落款**：包括发文机关署名、成文日期和印章。
- **版记**：包括印发机关名称和印发日期。

六、函

　　函是一种典型的平行文，主要用于不相隶属机关之间的公务往来。根据发文起因的不同，函可分为两大类：一是"发函"，用以主动向对方联系公务；二是"复函"，用以回复对方的来函。在发函中，根据作用的不同又可分为"商洽函""询问函"和"请准函"等，复函也相应地分为"商洽性复函""答复性复函"和"审批性复函"等。函是一种作用非常广泛的公文，除了上述两类六种外，还有用于通知事项的"知照函"、用于催办公务的"催办函"等。

　　不同种类的函，其写法也有较大区别，分述如下。

(一)商洽函

　　商洽函常用于不相隶属机关之间商洽工作。其格式如下。

1. 标题

标题中的事由概括所商洽的公务。

2. 正文

正文包括开头、主体、结尾三部分。开头一般说明发函原因；主体说明商洽事项；结尾用期复性结语收尾，如"特此函达，请见复""专此函达，请予研究函复"等。

案例分析一

<table>
<tr><td>

××县××乡人民政府文件

×函〔2018〕13号

关于商请划转××食品站资产的函

县商务局：

  贵局县某公司所属县食品公司××食品站位于××乡××社区，占地面积约1400平方米，长期闲置，站内房屋和猪圈等已成为危房，土地等部分资产被群众逐步侵蚀，而且食品站内到处堆满垃圾。为确保国有资产安全和××中心村美丽乡村建设项目能够顺利验收，特函请贵局报告县国资委批准将××食品站房屋和土地转至××乡，以便进行危房拆除、环境整治及绿化。如涉及该资产划转后的有关问题，由双方协调解决。

  特致此函，并商请共同办理资产划转等有关手续。

××乡人民政府(章)
2018年7月12日

××乡人民政府办公室　　　　2018年7月12日印发

(资料来源：××市政务公开网，http://zwgk.hefei.gov.cn/public/18431/81116181.html，有改动)

</td><td>

这是一篇商洽函。

版头：包括发文机关标识和发文字号两项内容。

标题：事由概括商洽事项。

主送：写明收文机关名称。

正文：开头说明事由原委。

主体首先交代商洽依据，然后提出商洽事项。

结尾用期复性结语，提出复函要求。

落款：包括发文机关署名、成文日期和印章。

版记：包括印发机关名称和印发日期。

</td></tr>
</table>

(二)商洽性复函

商洽性复函常用于答复不相隶属机关的商洽事项。其格式如下。

第二章 党政机关公文

1. 标题

标题中的事由概括答复事项。

2. 正文

正文包括开头、主体、结尾三部分。开头引述来函,通常摘引来函的标题和发文字号,然后用过渡句引起下文;主体答复商洽事项,通常写明己方的意见和要求,表明态度;结尾可用结语"专此函复""特此函复,即希查照"等,也可省略。

(三)询问函

询问函常用于不相隶属机关之间询问问题。询问函的写法类似请求指示的请示,但行文关系不同:请示是上行文,只用于下级机关向上级机关请求指示或批准;询问函主要是平行文,用于向不相隶属机关询问问题。另外,上级机关也可用函向下级机关询问问题,所以函也可作下行文。

询问函的格式如下。

1. 标题

标题中的事由概括询问的问题。

2. 正文

正文包括开头、主体和结尾三部分。开头说明问题出现的背景情况以及询问的原因或目的;主体提出询问的问题;结尾用期复性结语,如"特此函达,请见复""请予函复为盼"等。

案例分析二

**关于征询××社区××化工厂地址
是否在规划红线范围内的函**

市规划局:

  现有××市某公司拟在××市××街道××社区原××化工厂闲置厂房地块,建设年产 50 万吨城市固体废弃物再生利用项目,拟租面积约为 8000 平方米。

  根据城市总体规划要求,特函询贵局该处是否在环湖 1 公里、风景名胜区范围内。

  特函,盼复。

××市××街道办事处(章)
2019 年 1 月 14 日

(资料来源:××市政府信息公开网,http://zwgk.hefei.gov.cn/zwgk/
public/spage.xp?doAction=view&indexno=003269494/201802-00027)

这是一篇询问函,省略了版头和版记。

标题:事由概括询问事项。

主送:写明收文机关名称。

正文:开头首先简要说明有关情况,然后说明询问目的,最后提出询问的问题。

结尾用期复性结语,提出答复要求。

落款:包括发文机关署名、成文日期和印章。

(四)答复性复函

答复性复函用于答复不相隶属机关的询问事项。其写法类似指示性批复,但行文关系不同:批复是下行文,只用于上级机关答复下级机关的请示事项;答复性复函是平行文,用于答复不相隶属机关的询问事项。

答复性复函的格式如下。

1. 标题

标题中的事由概括答复事项。

2. 正文

正文包括开头、主体和结尾三部分。开头引述来函,通常摘引来函的标题和发文字号,然后用过渡句引起下文;主体答复对方询问的问题;结尾可用结语"专此函复""特此函复,即希查照"等,也可省略。

案例分析三

> **关于县政协十届二次会议**
> **第 52 号提案办理情况的答复函**
>
> ××镇:
>
> 　　现将县政协十届二次会议第 52 号提案的办理情况函复如下:
>
> 　　一、关于合理设置社区规模,逐步推进"村改居"转型,创新深化服务内容的建议
>
> 　　(一)科学编制方案。××镇 12 个城市社区户籍人口 99738 人,人口分布不均衡,其中××社区户籍人口 15421 人,而××社区仅 2760 人。为了适应××副中心主城区发展,更好地服务于社区居民,××镇要依据《中华人民共和国城市村民委员会组织法》第三条之规定,结合镇情,拟定科学优化方案,经县民政局报请县政府常务会议审定后实施。
>
> 　　(二)试点智慧社区。为推动城乡公共服务均等化,让外来人口同等享受公共服务,2018 年 7 月,××镇围绕"政府服务协同化、社区管理智能化、居民生活便捷化"的工作目标,在 12 个城市市区试点智慧社区建设,切实有效提升社区居民幸福感和满意度。预计智慧社区服务平台 10 月底前投入试运行。
>
> 　　二、关于加强社区党建工作,强化对社区干部的教育、培训,提升社区干部政策理论水平的建议
>
> 　　目前,全县村和社区"两委"换届刚刚结束。下一步,县委组织部、县民政局将对新一届村和社区"两委"班子成员进行业务培训,预计将在 10 月份开班。拟主要培训"十九大精

这是一篇答复性复函。略去了版头和版记。

标题: 事由概括答复事项。

主送: 写明收文机关名称。

正文: 开头写明答复的事由,然后用过渡句引起下文。

主体明确地回答了对方的询问。

第二章 党政机关公文

神、2018年中央一号文件、乡村振兴战略、社区治理创新、美丽乡村建设、精准扶贫政策、社保救助、村民委员会组织法"等内容。

三、关于加快推进社区居民活动场所规划、建设，加快资源整合，深化共建共享的建议

根据《××市政府购买社区"老少活动家园"活动服务实施方案》(×民〔2016〕138号)精神，2017年在××镇、××镇、××镇中13个社区开展了政府购买服府，目前，此项工作正在开展。此外，通过以奖代补的形式，在全县范围内继续开展"和谐社区"和"平安社区"创建活动。

四、关于加强干部教育，充分发挥建设领导组作用的建议

县民政局将以村和社区"两委"换届后的专题培训为契机，进一步加强村(居)民委员会成员的教育，努力建设一支务实、高效、廉洁、为民的村(居)民委员会队伍。

××县民政局(章)

2018年9月14日

(资料来源：××市政府信息公开网，http://zwgk.hefei.gov.cn/public/16091/75739731.html)

结尾省略。

落款：包括发文机关署名、成文日期和印章。

(五)请准函

请准函用于向不相隶属机关请求批准。其写法类似请示，但行文关系不同：请示是上行文，只用于下级机关向上级机关请求指示或批准；请准函是平行文，只用于向不相隶属机关请求批准。

请准函的格式如下。

1．标题

标题多用常用式，也可用完全式，事由概括请求批准的事项。

2．正文

正文包括开头、主体和结尾三部分。开头陈述请准理由；主体提出请准事项；结尾用期复性结语，如"特此函达，请审批""可否，请核批"等。

案例分析四

××市交通运输局文件

×交综规〔2013〕57号

××市交通运输局
关于请求××市交通安全试验中心
项目建设立项的函

××市发改委：

××市交通安全试验中心项目是××市汽车客运有限公司和交通运输部科研所联合承接的"十一五"国家科技支撑的《重特大道路交通事故综合预防与处置集成技术开发与示范应用计划》项目。目前，该项目已进展到生产应用阶段。

该项目估算投资1.35亿元；资金来源为本单位自筹资金；建设地点为××区××镇××路以北，××路以东；建设规模占地100亩，建筑面积约8万平方米；建设内容主要有三个研究所(汽车产品质量检测研究所、道路交通事故司法鉴定研究所、综合技术研究所)、三个机动车性能检测实验室(机动车安全性能、汽车综合性能、机动车环保)、一块综合试验场和一座综合办公培训大楼及国家级节能减排审核基地等设施项目。建设期限为2013年10月至2015年6月。

该项目的建设对我市交通运输安全试验、科技创新、节能减排等都具有较大的推动作用。为使项目尽快实施，特函请批准立项。

妥否，请函复。

××市交通运输局（章）
2013年2月25日

××市交通运输局办公室　　　　2013年2月25日印发

（资料来源：××市政府网，http://zwgk.hefei.gov.cn/，有改动）

这是一篇请准函。

版头：包括发文机关标识和发文字号两项内容。

标题：事由概括请准事项。

主送：写明收文机关名称。

正文：三段分为三层意思。

开头一段说明请准项目的性质和现状。

第二段介绍请准项目建设的具体情况。

第三段说明请准项目建设的重要作用，并明确提出请准要求。

结尾用期复性结语，提出回函要求。

落款：包括发文机关署名、成文日期和印章。

版记：包括印发机关名称和印发日期。

(六)审批性复函

审批性复函用于审批不相隶属机关的请准事项。其格式如下。

第二章 党政机关公文

1. 标题

标题中的事由概括审批事项。

2. 正文

正文包括开头、主体和结尾三部分。开头引述来函；主体答复对方的请准事项；结尾可用专用结语"特此函复""特此函复，请查照办理"等，也可省略不用。

案例分析五

××省物价局文件

×价费函〔2018〕68号

××省物价局关于明确注册会计师考试收费标准的复函

省财政厅：

你厅《关于申请继续执行××省注册会计师考试收费标准的函》(×财注会评〔2018〕2号)收悉。现将有关事项明确如下：

一、我省注册会计师考试收费标准按每科次75元(含上缴国家考务费)执行，专业阶段6科，综合阶段2科。

二、该项收费属行政事业性收费，收费使用省财政厅统一监制的××省财政票据，通过"××省非税收入征收与财政票据管理系统"全额缴入相应级次国库，实行"收支两条线"管理。并按规定做好收费公示工作，自觉接受社会监督。

三、上述规定自2018年8月1日起实施，有效期至2021年7月31日。期满后重新公布。

××省物价局(章)
2018年7月20日

××省物价局办公室　　　　　　2018年7月20日印发

(资料来源：××省人民政府网，http://www.shandong.cn/sdxxgk/publi/message/detail.do?identifier=ml_0317-06-2018-000002)

这是一篇审批性复函。

版头：包括发文机关标识和发文字号两项内容。

标题：事由概括审批事项。

主送：写明收文机关名称。

正文：开头首先引述来函的标题和发文字号，然后用过渡句引起下文。

主体分条列项，明确回答对方的请求，表明态度并提出相关要求。

结尾省略。

附件说明：写明附件名称。

落款：包括发文机关署名、成文日期和印章。

版记：包括印发机关名称和印发日期。

七、意见

意见是一种作用广泛、行文方向多样的文种。其作用是对重要问题提出见解和处理办法。从行文方向看，它既可作为上行文，也可作为下行文和平行文。

(一) 上行意见

作为上行文，意见是一种"呈转性"和"呈报性"的公文。呈转性意见用于有关主管部门对重要问题提出处理办法，并报请上级机关批转执行。呈报性意见用于就工作中的重要问题向上级机关提出见解和处理办法，供上级机关决策时参考。上行意见在使用上应按请示性公文的程序和要求办理。上级机关对于下级机关的意见，应当像对待请示一样，及时作出处理或给予答复。意见一旦获得上级机关同意并批转，该意见便代表着上级机关的意图，在更大范围内产生效力。

在写法上，这种意见一般篇幅较长，因此多首尾分明。

1. 标题

标题中的事由概括意见的核心内容。

2. 正文

正文由开头、主体和结尾三大部分构成。

开头一般简要交代提出本意见的目的、意义、原因或依据等。

主体一般分条列项提出具体意见。在语体色彩上，这种意见虽是上行文，但所提意见一经上级批转，有关部门就要贯彻执行，因此具有规定性，所以其语体色彩不同于请示的未定性，而应是确定的。

结尾通常采用结语式。呈报性意见可用"以上意见供参考"；如果是呈转性的，则向上级机关明确提出对本意见给予批转的要求，如"以上意见如无不妥，请批转各有关部门贯彻执行"等。

(二) 下行意见

作为下行文，意见带有规定性或指导性。规定性意见，应当对有关规定提出明确的贯彻执行要求，下级机关应遵照执行。指导性意见，没有明确要求，下级机关可参照执行。下行意见在写法上与上行意见类似，只是结尾不能用呈转性或呈报性结语，而应用执行性结语，如"以上意见，希遵照执行"等，也可省略不用。

(三) 平行意见

作为平行文，意见多带有建议性。从使用情况来看，平行意见可分为两种情况。一种是普通的不相隶属机关之间所发送的意见。这种意见仅供对方参考，语体色彩上不宜有规定性。另一种是上级机关的办公部门(厅、室)向下级机关发送的意见。这种意见通常都要经上级机关同意后方可制发，所以可以看作是上级机关的办公部门代替上级机关制发的公文，因此，从行文关系看虽然是平行文，但实际上却有下行文的特点。所以，这种意见无论是作用还是语体色彩都与下行意见类似。

第二章 党政机关公文

案例分析一

××省财政厅
××省民政厅文件
××省人力资源社会保障厅

×财发〔2012〕×号　　　　签发人：×××　×××
　　　　　　　　　　　　　　　　　　　×××

关于提高 20 世纪 60 年代精简退职
职工生活待遇标准的意见

××省人民政府：

为有效缓解物价上涨给 20 世纪 60 年代精简退职职工生活造成的困难，保障这些老职工的基本生活，省政府决定提高 20 世纪 60 年代精简退职职工生活待遇标准。现就提高 20 世纪 60 年代精简退职职工生活待遇标准提出如下意见。

一、对象范围

(一)1957 年年底以前参加工作，1961 年 1 月 1 日至 1965 年 6 月 9 日期间精简退职并发给一次性退职补助金的人员。

(二)1949 年 9 月 30 日前参加革命工作，1957 年至 1960 年期间，经组织动员退职，无固定收入原系全民所有制单位的老职工。

二、补助标准

(一)1945 年 9 月 2 日以前参加革命工作的，原享受本人标准工资 100%生活费的，由每人每月 270 元提高到 405 元。

(二)1945 年 9 月 3 日至 1949 年 9 月 30 日期间参加革命工作的，原享受本人工资 70%生活费的，由每人每月 252 元提高到 378 元。

(三)1949 年 10 月 1 日至 1957 年年底以前参加革命工作的，原享受本人工资 40%救济的，由每人每月 234 元提高到 351 元。

(四)1949 年 10 月 1 日至 1957 年年底以前参加革命工作的，原享受生活困难补助费的，由每人每月 216 元提高到 324 元。

新标准从 2013 年 1 月 1 日起执行。

三、其他问题

(一)此次精简职工提高生活待遇标准资金发放渠道、运行机制、资金来源均按《××省人民政府办公厅转发省民政厅等部

这是一篇联合行文的呈转性上行意见。

版头：包括发文机关标识、发文字号和签发人三项内容。

标题：事由概括核心内容。

主送：写明收文机关名称。

正文：开头简要说明提出意见的目的和依据，并用过渡句引起下文。

主体分三个方面具体说明所提意见，条理清晰，层次分明。

门关于调整60年代精简退职职工生活待遇标准意见的通知》(×政办发〔2008〕85号)执行。

(二)对企业因转制、破产等原因造成救济补助费不能发放的,必须由同级国资委出函确认后,由民政部门接收管理。但在相关手续审批确认前,精简职工的救济补助费仍由原单位发放。从手续确认后的下月开始,由民政部门发放,中间不得出现断档。民政部门对移交精简职工的相关手续要在20个工作日内办结。

(三)中直驻×单位可参照本意见执行。

以上意见如无不妥,请批转各有关单位贯彻执行。

财政厅(章) 民政厅(章) 人力资源社会保障厅(章)
2012年12月5日

> 结尾用期复性结语,提出批转要求。
>
> **落款**:包括发文机关署名、成文日期和印章。
>
> **版记**:包括印发机关名称和印发日期。

××省财政厅办公室	2012年12月5日印发

(资料来源:××市人民政府网,http://www.dl.cn/gov/detail/file.vm?diid=100D05000090111201809010705&go=affair,有改动)

案例分析二

××省人民政府文件

×政发〔2018〕57号

××省人民政府办公厅
关于扩大进口促进对外贸易平衡发展的实施意见

各市人民政府,省政府各厅委、各直属机构:

为贯彻落实《国务院办公厅转发商务部等部门关于扩大进口促进对外贸易平衡发展意见的通知》(国办发〔2018〕53号)精神,进一步发挥进口在统筹国内国际两个市场两种资源,转变经济增长方式,推动经济结构调整,满足人民消费升级需求等方面的积极作用,经省政府同意,现就扩大进口促进对外贸易平衡发展提出如下实施意见。

> 这是一篇指导性下行意见。
>
> **版头**:包括发文机关标识和发文字号两项内容。
>
> **标题**:事由概括核心内容。
>
> **主送**:写明收文机关名称。

第二章 党政机关公文

一、总体要求

(一)指导思想

以习近平新时代中国特色社会主义思想为指导,持之以恒落实新发展理念和"四个着力""三个推进",坚持以供给侧结构性改革为主线,以"一带一路"建设为统领,以提高发展质量和效益为中心,深化外贸体制机制改革,转变外贸发展方式,扩大进口规模,优化进口产品结构和市场布局,提升进口综合效益,保持外贸总量稳定增长,推动全面开放引领辽宁全面振兴。

(二)基本原则

一是坚持创新驱动。(具体内容略)

二是坚持进出口并重。(具体内容略)

三是坚持协调发展。(具体内容略)

四是坚持政策引导。(具体内容略)

五是坚持市场多元化。(具体内容略)

二、主要任务

(一)优化进口产品结构,提升进口的综合效应。

1. 扩大关系民生的产品进口。加强进口供给侧结构性改革,鼓励企业增加有效供给。积极扩大日用消费品、医药和康复、养老护理等设备进口。支持大连增加汽车平行进口试点企业数量,扩大平行车进口规模。鼓励有条件的市在市场或商业街区内设立民生进口商品分销中心和专业街区。

2. 推进先进技术和设备进口。积极引导装备制造企业围绕我省战略性新兴产业发展、传统产业升级以及出口基地建设,扩大先进的发动机及整车技术、支线客机技术、大型造纸机械、大型胶印机、生物制药设备等所需的核心技术和关键零部件进口。优化鼓励进口的成套设备检验模式,提高企业市场竞争力。鼓励引进一批有利于促进技术进步和产业升级、抢占技术发展制高点的重大工业项目。支持我省高等院校、科研院所和企业积极引进国外先进技术,探索在有条件的地区和高新区建立进口技术转移基地,消化吸收再创新。

3. 支持服务贸易进口。(具体内容略)

4. 促进资源类产品进口。(具体内容略)

5. 增加农产品进口。(具体内容略)

> 正文:开头首先简要说明背景形势,然后说明行文目的,最后用过渡句引起下文。
>
> 主体分三大层次说明意见的具体内容,条理分明,眉目清楚。

(二)拓展市场布局,深挖进口潜力。

1. 加强与"一带一路"国家的战略对接。深度参与"一带一路"国家贸易合作,拓展"一带一路"沿线国家的先进装备、能源、农产品和消费品等优质产品进口。鼓励各地区搭建针对"一带一路"沿线国家进口高档消费品、食品、水产品、肉类等交易平台。鼓励省内企业与"一带一路"沿线国家加强产业协作,促进相关企业走出去、引进来,扩大贸易规模。全面加强与"一带一路"沿线国家海关、检验检疫、商贸物流、电子商务等领域合作,提高贸易便利化水平。

2. 深耕日本、韩国传统市场。充分利用我省紧邻日本、韩国的区位优势,进一步深化贸易合作。建立健全双边合作机制,拓宽渠道,搭建高质量的合作平台。积极组织企业参加在日本、韩国举办的重点国际性展会,全力筹划、推进在日本举办的自办展会,办好在我省举办的日本、韩国商品进口洽谈会。鼓励各地区与日本、韩国的大商社、大供应商建立合作关系,引进世界知名品牌代理企业和进口独家代理企业在省内中心城市设立分公司和代理机构。

3. 拓展新兴市场。(具体内容略)

(三)推进进口促进体系建设,打造进口新优势。

1. 搭建进口贸易会展平台。充分依托中国国际进口博览会全力抓好招商采购工作。利用广交会、东盟博览会、华东交易会和亚欧博览会等国际博览会平台开展进口活动。支持境外出口商在我省举办商品展览会和其他类型的产品推介商贸活动。探索与国外知名展览机构合作在境外举办进出口展会。定期组织我省企业赴境外开展有针对性的商品采购活动。

2. 培育发展进口经营主体。增强进口龙头企业的行业竞争力和地区辐射力,培育一批具有国际竞争力和行业影响力的外贸企业集团。支持外商投资企业扩大进口,推动国有、民营等内资企业提升进口能力和份额,鼓励中小企业进口。建立进口企业联席制度,支持企业做强做大,提高企业的竞争力。

3. 加快进口与国内流通相衔接。(具体内容略)

4. 推进国家进口贸易促进创新示范区建设。(具体内容略)

5. 实施双向投资驱动。(具体内容略)

6. 创新进口贸易方式。(具体内容略)

7. 促进内外贸市场融合发展。(具体内容略)

三、保障措施

(一)加大财税政策支持力度。建立完善的财政支持政策,省财政每年从中央外经贸发展专项资金和辽宁省全面开放专项资金中拿出一部分资金用于鼓励进口。鼓励各地区安排资金对扩大进口予以支持。进一步规范进口非关税措施,健全完善技术性贸易措施体系。贯彻落实好国家对企业收费优惠政策和降低部分商品进口税率措施,严格执行收费项目公示制度,清理进口环节不合理收费,进一步规范收费行为。做好免税店和扩大免税进口相关政策落实工作。

(二)强化进口金融服务。支持政策性银行安排信贷资金扶持进口先进技术设备和大宗紧缺商品,并提供合理利率。支持商业银行开展进口信贷业务,发展进口项下的贸易融资,加大对企业进口鼓励类技术和产品的资金支持力度。积极提供适合企业进口需求的保险产品和服务,对进口产品的国内销售提供保险服务,促进进口货物国内销售。进一步便利进口付汇名录登记管理,继续简化银行为企业办理付汇业务流程,推动进口付汇便利化。

(三)发挥保税贸易作用。充分发挥沈阳综合保税区、大连保税区、大连保税港区、大连出口加工区和营口、铁岭、盘锦保税物流中心功能,鼓励企业在海关特殊监管区域、保税物流中心和保税仓库建立健全采购分拨、物流配送、展示交易、研发制造中心,开展流通性简单加工和增值服务,通过保税监管场所扩大物资进口和储备。加强沈阳桃仙国际机场、大连周水子国际机场、大连大窑湾、营口鲅鱼圈、锦州港等的粮食、水果、肉类、水产品等进口检验检疫指定口岸能力建设,优化口岸进口服务,通过专业化配套,实行快速验放作业方式,为相关商品进口提供便利条件,增强口岸辐射与服务能力。

(四)提高贸易便利化水平。(具体内容略)

(五)加强营商环境建设。(具体内容略)

×× 省人民政府办公厅(章)

2018 年 12 月 30 日

×× 省财政厅办公室　　　　　　2019 年 1 月 2 日印发

(资料来源:×× 省人民政府网,http://www.ln.gov.cn/zfxx/lnsrmzfgb/2019/qk/d4q/szfwj_125856/201903/t20190320_3454233.html,有改动)

结尾省略。

落款:包括发文机关署名,成文日期和印章。

版记:包括印发机关名称和印发日期。

案例分析三

国务院办公厅文件

国办发〔2017〕84号

国务院办公厅关于积极推进供应链创新与应用的指导意见

各省、自治区、直辖市人民政府，国务院各部委、各直属机构：

供应链是以客户需求为导向，以提高质量和效率为目标，以整合资源为手段，实现产品设计、采购、生产、销售、服务等全过程高效协同的组织形态。随着信息技术的发展，供应链已发展到与互联网、物联网深度融合的智慧供应链新阶段。为加快供应链创新与应用，促进产业组织方式、商业模式和政府治理方式创新，推进供给侧结构性改革，经国务院同意，现提出以下意见。

一、重要意义

(一)落实新发展理念的重要举措。

供应链具有创新、协同、共赢、开放、绿色等特征，推进供应链创新发展，有利于加速产业融合、深化社会分工、提高集成创新能力，有利于建立供应链上下游企业合作共赢的协同发展机制，有利于建立覆盖设计、生产、流通、消费、回收等各环节的绿色产业体系。

(二)供给侧结构性改革的重要抓手。

供应链通过资源整合和流程优化，促进产业跨界和协同发展，有利于加强从生产到消费等各环节的有效对接，降低企业经营和交易成本，促进供需精准匹配和产业转型升级，全面提高产品和服务质量。供应链金融的规范发展，有利于拓宽中小微企业的融资渠道，确保资金流向实体经济。

(三)引领全球化提升竞争力的重要载体。

推进供应链全球布局，加强与伙伴国家和地区之间的合作共赢，有利于我国企业更深更广融入全球供给体系，推进"一带一路"建设落地，打造全球利益共同体和命运共同体。建立基于供应链的全球贸易新规则，有利于提高我国在全球经济治理中的话语权，保障我国资源能源安全和产业安全。

二、总体要求

(一)指导思想。

全面贯彻党的××大和××届×中、×中、×中、×中全会精神，深入贯彻习近平总书记系列重要讲话精神和治国理政

这是一篇平行意见。

版头：包括发文机关标识和发文字号两项内容。

标题：事由概括中心内容。

主送：写明收文机关名称。

正文：开头首先简要说明工作的重要性，然后说明行文目的，并用过渡句引起下文。

主体分四大层次说明意见的具体内容，条理分明，眉目清楚。

新理念新思想新战略，认真落实党中央、国务院决策部署，统筹推进"五位一体"总体布局和协调推进"四个全面"战略布局，坚持以人民为中心的发展思想，坚持稳中求进工作总基调，牢固树立和贯彻落实创新、协调、绿色、开放、共享的发展理念，以提高发展质量和效益为中心，以供应链与互联网、物联网深度融合为路径，以信息化、标准化、信用体系建设和人才培养为支撑，创新发展供应链新理念、新技术、新模式，高效整合各类资源和要素，提升产业集成和协同水平，打造大数据支撑、网络化共享、智能化协作的智慧供应链体系，推进供给侧结构性改革，提升我国经济全球竞争力。

(二)发展目标。

到2020年，形成一批适合我国国情的供应链发展新技术和新模式，基本形成覆盖我国重点产业的智慧供应链体系。供应链在促进降本增效、供需匹配和产业升级中的作用显著增强，成为供给侧结构性改革的重要支撑。培育100家左右的全球供应链领先企业，重点产业的供应链竞争力进入世界前列，中国成为全球供应链创新与应用的重要中心。

三、重点任务

(一)推进农村第一、二、三产业融合发展。

1. 创新农业产业组织体系。(具体内容略)
2. 提高农业生产科学化水平。(具体内容略)
3. 提高质量安全追溯能力。(具体内容略)

(二)促进制造协同化、服务化、智能化。

1. 推进供应链协同制造。(具体内容略)
2. 发展服务型制造。(具体内容略)

(三)提高流通现代化水平。

1. 推动流通创新转型。(具体内容略)
2. 推进流通与生产深度融合。(具体内容略)
3. 提升供应链服务水平。(具体内容略)

(四)积极稳妥发展供应链金融。

1. 推动供应链金融服务实体经济。(具体内容略)
2. 有效防范供应链金融风险。(具体内容略)

(五)积极倡导绿色供应链。

1. 大力倡导绿色制造。(具体内容略)
2. 积极推行绿色流通。(具体内容略)
3. 建立逆向物流体系。(具体内容略)

(六)努力构建全球供应链。

1. 积极融入全球供应链网络。(具体内容略)

从行文关系看，本文虽是一篇平行意见，但开头明确指出是"经国务院同意"，就是说这是经国务院授权，按照国务院的意见行文，所以，具有下行文的约束力。

2. 提高全球供应链安全水平。(具体内容略)

3. 参与全球供应链规则制定。(具体内容略)

四、保障措施

(一)营造良好的供应链创新与应用政策环境。

鼓励构建以企业为主导、产学研用合作的供应链创新网络，建设跨界交叉领域的创新服务平台，提供技术研发、品牌培育、市场开拓、标准化服务、检验检测认证等服务。鼓励社会资本设立供应链创新产业投资基金，统筹结合现有资金、基金渠道，为企业开展供应链创新与应用提供融资支持。

(二)积极开展供应链创新与应用试点示范。

开展供应链创新与应用示范城市试点，鼓励试点城市制定供应链发展的支持政策，完善本地重点产业供应链体系。培育一批供应链创新与应用示范企业，建设一批跨行业、跨领域的供应链协同、交易和服务示范平台。

(三)加强供应链信用和监管服务体系建设。

完善全国信用信息共享平台、国家企业信用信息公示系统和"信用中国"网站，健全政府部门信用信息共享机制，促进商务、海关、质检、工商、银行等部门和机构之间公共数据资源的互联互通。研究利用区块链、人工智能等新兴技术，建立基于供应链的信用评价机制。推进各类供应链平台有机对接，加强对信用评级、信用记录、风险预警、违法失信行为等信息的披露和共享。创新供应链监管机制，整合供应链各环节涉及的市场准入、海关、质检等政策，加强供应链风险管控，促进供应链健康稳定发展。

(四)推进供应链标准体系建设。

加快制定供应链产品信息、数据采集、指标口径、交换接口、数据交易等关键共性标准，加强行业间数据信息标准的兼容，促进供应链数据高效传输和交互。推动企业提高供应链管理流程标准化水平，推进供应链服务标准化，提高供应链系统集成和资源整合能力。积极参与全球供应链标准制定，推进供应链标准国际化进程。

(五)加快培养多层次供应链人才。

支持高等院校和职业学校设置供应链相关专业和课程，培养供应链专业人才。鼓励相关企业和专业机构加强供应链人才培训。创新供应链人才激励机制，加强国际化的人才流动与管理，吸引和聚集世界优秀供应链人才。

(六)加强供应链行业组织建设。

推动供应链行业组织建设供应链公共服务平台,加强行业研究、数据统计、标准制修订和国际交流,提供供应链咨询、人才培训等服务。加强行业自律,促进行业健康有序发展。加强与国外供应链行业组织的交流合作,推动供应链专业资质相互认证,促进我国供应链发展与国际接轨。

国务院办公厅(章)
2017年10月5日

| 国务院办公厅 | 2017年10月5日印发 |

(资料来源:中国政府网,http://www.gov.cn/zhengce/content/2017-10/13/content_5231524.htm,有删改)

结尾省略。

落款:包括发文机关署名、成文日期和印章。

版记:包括印发机关名称和印发日期。

写 作 训 练

一、阅读下面的公文,回答文后的问题。

××市人民政府办公厅文件

×政办〔2018〕51号

××市人民政府关于表彰
2015—2017年度市级重大项目建设工作
先进单位和个人的通报

各区人民政府,市人民政府各部门:

2015—2017年,在市委、市人民政府的领导下,全市上下坚持以提高经济发展质量和效益为中心,全力推进供给侧结构性改革,积极扩大有效投资,全市重大项目建设工作成效显著。3年来,各区、各部门和单位共组织实施市级重大项目711项,计划投资5330亿元,实际完成投资5921.2亿元,超投资计划11.1个百分点,占全市固定资产投资的26.1%;新开工市级重大项目198项,竣工投产或者部分完工的市级重大建设项目112项;扎实推进市级重大前期项目156项;策划储备亿元以上市级重大项目410项,形成了"投产一批、建设一批、准备一批、策划一批"梯度推进的良好态势,有力地促进了全市经济社会高质量发展。

　　为鼓励先进，进一步推动我市重大项目建设工作，经研究，决定对××区人民政府等7个市重大项目建设立功单位、××区人民政府等15个市重大项目建设先进单位、市人民政府重点工程督查协调办公室等8个市重大项目工作优质服务单位、×××等77名市重大项目建设工作先进个人予以通报表彰(具体名单附后)。

　　希望受到表彰的单位和个人与时俱进，再接再厉，开拓创新，再创佳绩；各区、各部门和单位要向受到表彰的先进单位和个人学习，奋勇争先，积极进取，真抓实干，拼搏赶超，为加快建设国家中心城市和现代化、国际化、生态化大××市作出新的更大贡献！

　　附件：××市2015—2017年度市级重大项目建设工作先进单位和个人名单

××市人民政府办公厅(章)
2018年10月24日

××市人民政府办公厅　　　　　　　　　　　　　2018年10月24日印发

(资料来源：北大法宝网，http://www.pkulaw.cn/fulltext_form.aspx?Gid=1489fc90b0aad572c9bbca31de5b6d4ebdfb&keyword=&Search_Mode=accurate&Search_IsTitle=0，有改动)

1. 从行文方向看，本文属于_____文。
2. 本文的版头由_____和_____两项内容构成。
3. 本文的标题由_____、_____和_____三项内容构成。
4. 从主送机关看，本文属于_____性公文。
5. 本文的正文部分主要(　　　　)。
   A. 叙述表彰对象的先进事迹　　B. 阐述先进事迹蕴含的教育意义
   C. 说明对表彰对象的通报决定　　D. 提出通报要求和希望
6. 本文的版记部分包括(　　　　)。
   A. 成文日期　　　　　　　　　B. 附件
   C. 印发机关名称　　　　　　　D. 印发日期

二、请根据下列信息图示公文格式。

1. 信息1：
   (1) 发文机关：××省教育厅。
   (2) 收文机关：各市教育局，省属各高校。
   (3) 发文日期：2018年5月20日。
   (4) 发文事由：做好高校毕业生就业工作。
2. 信息2：
   (1) 发文机关：××大学团委。
   (2) 收文机关：××省团委。
   (3) 发文日期：2018年9月2日。

(4) 发文事由：汇报大学生暑期社会实践活动情况。

3. 信息3：

(1) 发文机关：××大学。
(2) 收文机关：××学院。
(3) 发文日期：2018年5月4日。
(4) 发文事由：举办足球联谊赛

三、下面的公文在格式、内容和语言上都存在一些问题，请根据公文写作的规范要求进行修改。

××县关于处理山体滑坡事故的意见

×县字(2017)第5号

××市人民政府：

　　由于我县近期连续遭受暴雨袭击，6月20日上午，位于××山西侧的山体出现大面积滑坡，除毁林近百亩外，还使位于山下的××村×组的11户农房被毁，7头牲畜死亡。幸好山体滑坡发生在白天，故无人员伤亡。为处理好这一事故，特提出如下意见。

　　一、××山体仍有滑坡的可能，加之××村地处山区，远未脱贫，建议干脆将该村的全部250户村民迁往市外安置，请国家按三峡移民迁建政策，给这250户村民予以一次性补贴。

　　二、请上级速派有关专家来现场排除滑坡险情，若排险成功，我县可酌情给有关专家作点小小的表示。

　　三、请上级顺便给我县拨20万元排险救灾款。

××县人民政府办公室
2017年6月27日

四、请根据下列案例情境拟制公文，要求版头和版记齐全。

案例1

　　2018年1月26日，按照《国务院扶贫开发领导小组关于开展扶贫领域作风问题专项治理工作的通知》，教育部要将2018年作为脱贫攻坚建设年，在全国教育系统开展扶贫领域作风问题专项治理工作。为此，教育部制定了《教育系统扶贫领域作风问题专项治理工作方案》，并下发给了向各省(区、市)教育厅(教委)，新疆生产建设教育局，部属各高等学校，部内各司局，各直属单位。××省教育厅欲将此通知下发给本省各市、县(区)教育局。请就此事由拟制一份公文。

案例2

　　××金融学院响应国家号召，积极开展大学生创业教育，取得了可喜成绩。该校的主要做法是：从思想上高度重视创业教育，明确创业教育的根本目的是向学生解释创业的一

般规律，培养学生的企业家精神；开设创业选修课程；加强实践教学环节；加大对创业教育的投入；培养高素质创业教育师资队伍等。现欲向省教育厅行文汇报学校创业教育开展情况。请就此事由拟制一份公文。

案例 3

××集团公司新近上岗的秘书人员缺乏专门的涉外秘书知识，业务素质亟待提高。××学院将于 2018 年 6 月开办涉外秘书培训班，系统讲授涉外秘书业务、公关礼仪、实用文书写作等课程。这个培训项目为××集团公司新上岗的涉外秘书人员提供了一个难得的在职进修机会。为尽快提高涉外秘书人员的从业素质，××集团公司拟选派 8 名在岗秘书人员随该班进修学习。请就此事由拟制一份公文。

案例 4

(1) ××食品公司为加强安全生产，防止火灾事故发生，欲向××总公司申请拨款 5 万元在仓库库区范围内修建四处地下消火栓。请就此事由拟制一份公文。

(2) ××总公司接到××公司来文后，经研究同意××公司在仓库库区范围内修建四处地下消火栓，并拨款 3 万元作为修建消火栓专项包干用款。要求专款专用，不得挪作他用；不足部分由××公司自筹解决。同时要求××公司与消防部门联系办理有关手续。请就此事由拟制一份公文。

第三章 计 划

学习目标

- 了解计划的含义、特点和作用。
- 熟悉计划的不同名称及种类。
- 重点掌握计划的写法和写作要求。

第一节 计 划 概 述

一、计划的含义及特点

(一)计划的含义

计划是党政机关、企事业单位、社会团体或个人根据党和国家的方针、政策以及上级的指示精神，结合本单位或个人的具体情况，对未来一定时期的实践活动，预先拟定其目标、要求、步骤、方法、措施等内容的一种应用文体。简言之，计划是对未来一定时期的实践活动所做的设想、打算与安排。在实际活动中，为了使活动任务圆满完成，党政机关、企事业单位、社会团体或个人都应制订自己的计划。因此，计划是一种应用十分广泛的实用文体。

计划有很多种类，它们不仅有时间长短之分，而且有范围大小之别，常见的规划、工作要点、安排、方案等都属于计划，它们在内容与要求上的区别如下。

1. 规划与设想

规划又称纲要，是指跨越时间较长，涉及面较广，展示远景的粗线条的正式计划。规划是计划中最宏大的一种：从时间上看，一般在三五年以上；从范围上看，大都是全局性工作或涉及面较广的重要活动项目；从内容和写法上看，往往是粗线条的，比较概括，如《××省经济和社会发展十年规划》《××省工业结构调整规划》等。规划是为了对全局或长远活动做出统筹部署，以便明确方向，激发干劲，鼓舞斗志；相对于其他计划类文种而言，规划具有方向性、战略性、指导性等特点，因而其内容往往更具有严肃性、科学性和可行性。这就要求写作时必须首先进行深入的调查和周密的测算，在掌握大量可靠资料的基础上，根据党和国家及本单位的具体发展方针确定远景或总体目标，然后充分吸收有关意见，以科学的态度，经过多种方案的反复比较、研究和选择，确定各项指标和措施。

设想是对长远规划所做的预计，是一种初步的不够成熟的计划。设想在严肃性、科学性和可行性方面的要求相对较差一些，因为它是为正式的规划做准备的，所以只要基本成形就可以,如《××职业学院学风建设的一些设想》。设想与规划一样,在内容与写法上都是粗线条的,比较概括,不可能也没有必要写得太细、太具体。

2. 工作要点与方案

工作要点也属于粗线条式的计划,但它较偏重于原则性、政策性的指导,主要用于上级给下级布置工作,提出任务目标,交代政策等,如《××市人民政府 2018 年精神文明建设工作要点》。工作要点在写法上要简明、概括,重点突出,通常采用分条列项的方式。

方案又叫实施方案,是对某一项活动的实施,从目标、任务、要求、方法、措施、步骤、进度等方面做出的周密安排的计划,如《××市城镇住房制度改革实施方案》。方案的内容要更具体,更便于实际执行。

3. 安排与打算

安排与打算是指跨越时间较短,范围较窄,内容单一、具体的计划,但二者仍有细微的差别:安排是指预定在短期内要做的一些具体事情的计划,如《××学校期末考试安排》;打算则是准备在近期内要做,但对其中的指标或措施等考虑还不很周全,而只能作原则性要求的计划。

(二)计划的特点

计划具有以下特点。

1. 预见性

预见性是计划最明显的特点之一。计划不是对已经形成的事实和状况的描述,而是在行动之前对行动的任务、目标、方法、措施等做出的预见性确认。但这种预想不是盲目的空想,而是以上级部门的规定和指示精神为指导,以本单位或个人的实际情况为基础,以过去的成绩和问题为依据,是在对今后的发展趋势进行科学预测之后做出的。可以说,预见是否准确,决定了计划写作的成败。

2. 指导性

制订计划的目的,主要是为了指导实践,改进工作,提高效益。因此,计划的内容一定要明确指出下一阶段"做什么"和"怎么做",即下一阶段所要完成的任务,采取的措施、方法、步骤等,充分显示计划对实际工作的指导意义。

3. 可行性

计划的可行性是和其预见性、指导性紧密联系在一起的,预见准确、指导性强的计划,在实践中才真正可行。如果目标定得过高、措施不力,这个计划就是空中楼阁;反过来说,如果目标定得过低,措施、方法都没有创见性,计划虽然很容易实现,但却不能取得有价值的成就,那也算不上有可行性。

4. 约束性

制订计划是建立正常行动秩序、提高行动效率的有效途径，计划一经制订，就要对完成任务的实际活动起到指导和约束的作用。活动的开展、时间的安排等，都应当按计划执行。即使是个人计划也应具有自我约束力。

二、计划的作用

孙子说："用兵之道，以计为首。"其实，无论是单位还是个人，无论办什么事情，事先都应有个打算和安排。正如《中庸》中所说："凡事预则立，不预则废。"计划对于人们做好某件事情或完成一定时期的工作和学习任务，都具有十分重要的现实意义。

(一)更好地贯彻落实党和国家的方针、政策及上级的指示精神和部署

计划依据党和国家的方针、政策及上级的指示精神和部署，提出本部门、本单位工作的安排，具体反映方针政策、目标、任务、要求等内容，既能避免对党和国家方针、政策理解的随意性，又能通过实施计划优化贯彻落实党和国家方针政策的效果。

(二)统一行动步调，提高活动效率，避免盲目性，增强主动性

有了切实可行的计划，就有了明确的奋斗目标与行动依据，就可以更好地统一思想，指导和协调行动，减少盲目性，增强行动的自觉性和创造精神，使行动扎扎实实、有条不紊地进行下去，尤其是能有效地利用时间，最大限度地提高行动效率，以达到预期目的。

(三)有利于加强监督指导和考核工作

计划是上级检查工作进度、考核行动质量的依据，上级部门依据计划能取得领导的主动权，随时掌握行动进程，检查任务完成情况，使计划成为推动实践活动前进的动力，同时计划也为总结工作提供了分析研究的依据和线索。

总之，不论是机关单位还是个人，既要正确决策，又要善于安排。计划就是这种决策与安排的书面反映。一句话，计划对行动具有指导、推动和保障的重要作用。

三、计划的种类

计划从不同的角度可以划分出不同的种类。按内容分，有工作计划、学习计划、生产计划等；按范围分，有国家计划、部门计划、单位计划、小组计划、个人计划等；按时间分，有长期计划、短期计划、年度计划、季度计划、月份计划等；按表现形式分，有条文式计划、表格式计划和文表结合式计划；按性质分，有综合性计划(或称全面计划)、专题性计划(或称单项计划)。

综合性计划也叫全面计划，是对一定时期的各项工作任务作全面的安排，它要求统观

全局，对各项工作任务统筹考虑，使执行者心中有数。比如一个工厂的综合性计划就需要从思想政治工作、生产任务、后勤工作等方面来制订。一般来说，综合性计划要全面而概括，明确工作重点，分清轻重缓急。

专题性计划也叫单项计划，是指对某项专门工作的安排，是就某一项具体工作行动而制订的，它的内容要比综合性计划详细具体，如《中国工商银行××分行职工教育培训计划》。

第二节 计 划 写 作

计划的种类繁多，写法也不尽相同，这里重点介绍工作计划的写法。

一、计划的编制程序

工作计划的编制是很细致的工作，其程序与要求如下。

(一)上下结合，方式合适

计划制订的方式，可以是自上而下，即上级先发一个指导性意见或计划指标，由下级具体去制订计划；也可以是自下而上，即先由下级作出初步计划，上级再根据下级的计划综合成一个全盘性的计划；还可将自下而上与自上而下两种方式结合起来。三种方式视情况而定，要恰当选用。

(二)吃透"两头"，心中有数

"两头"指上级的方针政策和下面的实际情况。动笔之前，首先应深入学习研究党和国家有关的方针政策，以及上级的指示精神，只有这样，才能使计划的指导思想明确，方向对头。其次，应深入调查研究，掌握本单位、本部门的实际情况，包括对前期工作情况的分析总结，对当前出现的新形势、新问题的把握，以及对有利因素、不利因素、偶然因素等的了解。唯有如此，才能做到心中有数，预测准确。

(三)运筹帷幄，谋划周到

在吃透"两头"的基础上，要根据上级的指示精神和本单位的实际情况，确定工作的目标、任务、要求，再根据工作目标、任务、要求确定工作的具体方法、措施，进而确定具体实施和贯彻执行的步骤、进度、时间等，环环相扣，井井有条。既要考虑客观需要，又要考虑主观可能；既要考虑先进性，又要考虑可行性。

(四)拟好草案，不断完善

做好上述工作后，就应拟写草案，然后将草案交群众讨论。这样做有两方面的作用：一方面是集思广益，集中群众智慧，使计划制订得更科学、更完善；另一方面是计划要群众来执行，只有正确反映群众的要求，才能调动广大群众的积极性，促使其为完成计划而努力工作。

编制重大计划，要进行科学的预测，有时还要请专家论证，尽量减少计划的盲目性和失误。计划还应在实践中进一步修订、补充和完善，因为实践是检验真理的唯一标准，计划制订得如何，只有到实践中才能得到验证，只有在实践中不断修订、补充和完善，才能使计划制订得更科学、更完善。

二、计划的写法

计划的写法多种多样，主要有如下几种。

(一)条文式计划

条文式计划又称公文式计划，它的基本内容一般包括制订计划的依据和指导思想，计划的目标、任务、要求，实现计划目标的主要措施、方法、步骤、时间等。条文式计划的结构大体如下。

1. 标题

条文式计划的标题通常由制订计划的单位名称、计划的期限、工作性质(或称工作项目)和文体名称四项内容组成，如《中国××银行××分行2019年信贷工作计划》。

计划的标题应简明扼要，有时视具体情况，可省略标题中的某些内容，如《2019年教学工作计划》，省略了单位名称；《保险公司职业素质教育培训计划》，省略了时间；《计算机培训计划》，省略了单位名称和时间。

如果计划还不成熟或未经批准，尚需讨论、修改、补充，可在标题后面用圆括号加注"草案""初稿""征求意见稿"等字样。

2. 前言

前言是计划正文的开头部分，是计划的总纲，要求写明计划是在什么样的主客观条件下提出的，它应回答出"为什么做"和"能不能做"的问题，大体包括以下三点内容。

(1) 交代制订计划的政策依据、指导思想。即写明计划所遵循的党和国家的方针、政策以及上级的指示精神、部署。如《××大学文秘专业实习计划》的开头指出，"为了贯彻理论联系实际的原则"，这就是制订计划的依据。

(2) 介绍本部门、本单位的实际情况。一般概述前期工作的情况，分析目前工作的现状、特点和有利因素，说明提出本计划的必要性和可能性。

(3) 提出这一阶段完成计划的总目标、总任务。这是计划原则性的体现，既要鼓舞人心，又要坚定有力。

3. 主体

主体是计划正文的核心部分，要回答"做什么、怎么做、什么时候做"的问题，即具体的任务、目标、措施、步骤。可采用序号或小标题的形式安排结构。具体来说，主体主要包括以下几个方面的内容。

(1) 任务与指标。任务与指标是计划规定的奋斗目标，它要回答"做什么"的问题。计划就是为了实现某一目标、完成特定任务而制订的。目标是计划产生的原因，也是计划的奋斗方向。因此，计划应根据需要与可能提出在一定时间内应完成的任务。这一部分要写得具体明确，主次分明，重点突出。

(2) 措施与办法。措施与办法主要指实现既定目标需要采取什么手段，动员哪些力量，创造什么条件，解决哪些问题等，它要回答"怎么做"的问题。光有计划目标，没有实现计划的实事求是、切实可行的具体措施，计划便会成为一纸空文。要确保目标的实现和任务的完成，就必须提出相应的措施和办法，这是实现计划的保证。因此，制订计划时，要根据主客观条件统筹安排，在科学分析的基础上，将"怎么做"写得明确、具体、切实可行。常言道"十分计划，十二分措施"，正说明了方法、措施的重要性。

(3) 步骤与时限。步骤与时限是指执行计划的工作程序和时间安排，它回答了"何时做"的问题。每项工作，在完成过程中都有阶段性，而每个阶段又有许多环节，它们之间常常是互相交错的。因此，制订计划必须胸有全局，哪些先做，哪些后做，应该合理安排；而在实际实施当中，又有轻重缓急之分，哪些是重点，哪些较一般，也应明确。在时间安排上，既要有总的时限，又要有每个阶段的时间要求，以及人力、物力、财力的相应安排。

前言与主体之间，常常用"为此，特制订本计划如下"或"为此，要抓好以下几个方面的工作"等过渡句引起下文。当然，这三项内容，由于制订计划的目的、对象不同，或写作形式不同，取舍当不尽一致，不必面面俱到。

4. 结尾

结尾是计划正文的收尾部分。结尾有两种形式：一是不写独立结尾，主体内容写完即自然收尾；二是有独立结尾，或写注意事项、检查修订办法，或写完成计划的决心，或重申计划的重要意义，或提出希望、发出号召以鼓舞士气等。

5. 落款

在正文的右下方，写明制订计划的单位名称或个人姓名，在署名下一行写上日期。如果标题中已经写明作者和日期，此部分内容也可省略。

此外，如果计划有表格或其他附件，或需抄送某些单位，应在落款之后分别写明。

(二)表格式计划

制作表格式计划时，先要把各项内容划分成几个栏目，再把制订好的各项计划内容填写进栏目中，形成表格。这种方式适用于时间短、范围小、方式变化不大、内容较单一的具体安排，如销售计划、值班计划等。

(三)文表结合式计划

文表结合式计划即表格式计划和条文式计划相结合的计划。一般是将各项内容填进表格后,再用简短的文字作解释说明。

三、计划的写作要求

计划的写作要求主要有以下几点。

(一)贯彻党和国家的方针、政策

制订计划的目的,是为了更好地贯彻执行党和国家的方针、政策,努力完成或超额完成上级交给的任务。因此在制订计划时,应该认真学习、反复领会国家有关方针、政策的精神,正确处理好整体和局部、长远和目前的关系,如个人计划要服从单位计划,近期计划要服从长远计划,只有正确地处理好这些关系,才能制订出切实可行的计划。

(二)从实际出发,加强调查研究

计划是为完成某项工作而事先所作的设想、打算与安排。它根植于实践,还要指导实践。要正确指导实践,唯一的办法就是加强调查研究,讲求实事求是,一切从实际出发,切忌说大话、空话、假话。要认真研究上级下达的任务、要求和有关规定,了解计划期内的政治、经济形势,还要注意资料的搜集和整理,只有在这些科学依据的前提下制订出来的计划才可能是科学的。

(三)深入发动群众,集中群众智慧

单位的计划不应该由少数人来制订,因为个人对情况的掌握毕竟是有限的。在拟订计划时,应当发动群众,以便集思广益,避免错漏。群众始终是站在第一线的,对情况最了解,最有发言权。他们参与了计划的制订,就能加深对计划的意义、任务、要求、指标、措施的了解,就会自觉地以主人翁的态度坚决地执行,努力地完成。如果不发动群众,光靠几个干部坐在办公室里闭门造车,往往会使计划成为脱离实际的一纸空文。

(四)突出重点,主次分明

一段时间内要做的事情很多,先做什么,后做什么,再做什么,必须分清轻重缓急,突出重点,不能眉毛胡子一把抓;要有重有轻,点面结合,有条不紊,这样才有利于工作的开展,获得事半功倍的效果。

(五)目标明确,表述准确

计划在时间、数量、质量的规定上要力求准确,目的、任务、要求、方法、措施、步骤、分工都要具体写明,以便于执行和检查。例如在任务要求中,不能含糊、笼统地写

"力争提高产品数量和质量，降低成本"，而要具体说明产量要达到多少、质量要达到什么标准、成本要降低多少等。

案例分析一

××市粮食局 2017 年粮食工作计划

2017 年我市粮食工作总体思路是：以习近平主席新时代中国特色社会主义思想为指导，认真落实国家粮食安全新战略要求和市委、市政府的决策部署，以推进粮食供给侧结构性改革为引领，以粮食安全责任制落实为抓手，力争在保供稳价、储备管理、设施建设、依法管粮、服务民生等方面取得新突破，推动温州粮食工作再上新台阶，确保全市粮食供需平衡和价格稳定。

一、主要目标

(一)贯彻执行中央储备粮管理条例，完成市人民政府下达市、县级储备粮储备任务。

(二)细化深化订单粮食工作，完善订单粮食奖励实施办法，明确部门职责，提高为农服务水平。鼓励引导多元主体入市收购，形成粮食流通新格局，完成市、县(区)粮食购销量 10 万吨。

(三)参与优质稻产业化经营种植面积 40 万亩。完成订单粮食面积 20 万亩。

(四)确保本市驻军和武警部队军粮供应任务的完成。

(五)完成市政府下达的救灾救济和农村生活的粮食供应任务。

(六)建立粮食应急保障机制，确定粮食市场监测网点，加强粮食应急储存、加工、供应等系列工作。

(七)完成市人民政府下达的粮食调查摸底工作。

(八)做好《粮食收购资格证》核发和年审工作，力争两证年审率达 80%以上。

(九)贯彻执行××自治区 2017 年度粮食流通统计制度，基本掌握全社会粮食流通情况。

(十)大力开展《粮食流通管理条例》和《粮食流通监督检查暂行办法》的宣传教育，宣传面要达到 80%以上。

(十一)加强粮食市场监督检查，逐步规范粮食正常流通秩序。

(十二)加大违法违规处罚力度，严格按法律法规程序执法。

(十三)加强对粮食的收购、运输、储存的监测检验，抓好粮食质量安全工作。

(十四)加强储备粮仓储管理工作，抓好春秋两季普查，确保库存粮油"一符四无"(即账实相符、无霉变、无鼠雀、无虫害、无事故)，合格率达 95%以上。

这是一篇专题性工作计划。

标题：由单位名称、计划期限、工作项目和文体名称四项内容构成。

前言：阐述了计划的指导思想，既坚定有力，又鼓舞人心。

主体：分两层写任务目标和工作措施。

第一层写任务目标。用分条列项的方法开列了十六条任务指标。目标的制订主次分明，重点突出。用数据说明任务量，具体明确。

(十五)指导县(区)国有粮食企业完成改革改制工作任务。

(十六)完成市政府下达的全年招商引资任务。

二、主要工作措施

(一)加强学习,进一步完善我市粮食流通体制改革。

组织全系统干部职工认真学习习近平新时代中国特色社会主义重要思想,学习国务院《关于进一步深化粮食流通体制改革的意见》《粮食流通管理条例》以及自治区人民政府44号文件精神。根据国务院、自治区文件精神,当好市委、市政府的参谋,制定和完善我市粮食流通体制改革的政策措施,加快我市粮食流通体制改革的步伐。

(二)突出重点,确保全市粮食安全。

1. 抓好粮食内购外采

2017年要充分利用粮食直补政策,全市力争收购15万吨粮食,确保全市粮食总量平衡。

2. 搞好粮食销售工作

按照《××市粮食供给应急预案》要求,确保首府粮食供应。重点保障部队粮食供应,以及城镇低收入居民、下岗职工、大中专院校学生和农村灾区、贫困地区、水库移民、"两户两属"的救灾救济口粮供应,维护首府社会稳定。

3. 充实市、县粮食储备

市、县储备粮管理公司要将市政府下达的储备规模落实到位,切实做到储备数量真实,质量有保证,储存安全。同时搞好每年春、秋两季粮油安全普查工作,进一步提升我市的科学保粮水平。

4. 抓好《粮食供给应急预案》具体实施工作

进一步落实和完善全市28个粮食供应网点和21个粮食加工企业的粮食物资准备以及配套设施工作,加快我市粮食物流建设步伐,做到在紧急情况下拿得出,用得上,保证全市粮食的有效供应。

5. 加强对粮食市场监测和预警

进一步健全和完善市粮食局信息中心的各项设备和力量,以其为核心,充分发挥全市22个网点的信息监测网络作用,调查分析市场,掌握市场变动发展趋势,及时汇报情况,当好市委、市政府的参谋,配合有关部门共同维护首府粮食市场的稳定。

(三)破解难点,进一步搞好国有企业改革改制工作。(略)

(四)培植新的经济增长点,大力发展粮食产业化经营。(略)

(五)加强对全社会粮食流通管理,维护正常的流通秩序。(略)

(六)积极参与和服务南博会,全力做好招商引资工作。(略)

(七)抓好安全生产,全力维护粮食系统队伍稳定。(略)

第二层写工作措施。分条列项了十项措施,详细具体,有理有据,条理性很强,便于执行和检查。

第二条措施"突出重点,确保全市粮食安全"是粮食局工作的重心。文章从五个方面分条列项进行说明,表述准确、清晰,可操作性强。

(八)以加强精神文明建设为出发点,促进两个文明建设的协调发展。(略)

(九)积极完成市委、市政府交办的各项任务。(略)

(十)以加强党的建设为落脚点,为企业改革发展提供有力的组织保证。

一是进一步加强理论学习。2017年局党委将有计划、有步骤地抓好科级以上领导干部和各粮食局领导班子成员的理论学习,坚持以人为本,树立科学发展观,给全市粮食系统的发展定好位。二是加强领导班子和干部队伍建设。局领导干部以身作则,深入基层,认真解决职工在企业改革改制中遇到的实际问题。三是加强党员的教育管理工作,进一步加强党员队伍建设。四是继续深入开展党风廉政建设和反腐败斗争。进一步落实党风廉政建设责任制,开展民主评议行风、政务公开与行政效能监察工作,抓好源头治理工作,规范行政行为,保证政令畅通,促进依法行政,确保全年粮食工作各项任务的完成。

××市粮食局
2017年1月5日

(资料来源:小小秘书,https://www.xxmishu.com/index.php/news/19526.html,有改动)

主体部分明确地回答了"做什么"和"怎么做"的问题,详细阐述了具体任务目标与方法、措施。目标明确、具体,方法、措施制定得科学、合理,很有条理,使人非常明白应该"怎么做"。

本文结构完整,语言平实、简洁、准确。

落款: 包括署名和成文日期。

案例分析二

××市规划局2018年度工作计划

2018年,市规划局将以省、市城市工作会议精神为指导,按照市委市政府以及省建设厅的要求,紧紧围绕大城市发展战略方针,以深化完善城市总体规划、优化市区经济发展环境为目标,以完善城市功能、加快产业集聚、提升城市品位为重点,创新规划理念,改进规划方法,加强规划管理,坚持依法行政,切实发挥城乡规划在经济社会发展中的引导作用,统筹区域和城乡发展,引导走新型城市化道路,努力把中心城市建设成生态型的现代化大城市。

一、完成总规划修编,进一步完善规划编制体系

(一)抓好城市总体规划修编工作

上一轮城市总体规划的建设用地范围已突破规划确定的范围,城市空间有待发展,各组团之间的对接和融合不够,统一规划力度有待加强,中心城市区域统筹能力不强,缺乏对实施体制的研究。因此,新一轮城市总体规划修编将努力解决以下两个问题:一是解

这是一篇综合性工作计划。

标题: 由单位名称、期限和文体名称三项内容构成。

前言: 交代了计划的制订依据和总的任务目标,语言精练。

主体: 分六个方面交代了要完成的工作任务,应采取的措施、步骤。

第三章 计划

决城市发展空间问题，二是如何形成一个真正意义上的中心城市。计划在2018年完成总体规划的纲要编制，并上报省政府批准。

(二)做好一批控规和分规的编制工作，提高控规全覆盖的有效性

控制性详细规划是城市总体规划的空间落实及项目规划管理的依据。2018年度，要有重点地开展控制性详细规划的编制工作。计划将二环线内及城南区域划分为24个控规管理编制单元。同时，为配合城市建设，要将城西、城南和古城范围中的几个区域作为重点编制单位，在编制过程中，要做到"先研究再编制"，使控规能抓住要点，有针对性。

(三)抓好城市基础和公共设施专项规划的编制工作，提高城市综合承载力

一是抓好古城范围内的综合交通规划，弄清在古城范围内的交通出行、道路网络布局和重要交通转换点，重新配置交通设施，控制指导各地区开发量；二是继续做好区域综合交通规划研究专题，重点解决各组团之间的连接、中心城市道路骨架调整与梳理、重大交通基础设施空间预留及今后城市发展区的骨干道路布局等方面的问题；三是做好水乡特色区域的交通网空间研究，进行柯桥组团与越城组团之间区域的控制性规划研究，解决水系的保护与路网调整、湖区的路网布局及开发容量控制等问题。

(四)深化古城保护规划

加强古城保护，切实加强对文物点、历史街区和古城风貌的规划保护工作，延续城市文脉。积极推进标志性文化设施规划建设，全力为文化博物馆、综合科技馆、档案馆、游泳健身中心和会展中心等一批标志性文化设施建设搞好规划服务，不断提升城市品位。同时，积极探索古城保护新路，特别是搞好保护区范围内老小区的调研，选择重点地块进行改造试点，以取得经验。

二、开展综合协调，积极为城市发展出谋划策

根据市委市政府的统一部署，以建设中心城市为目标，以加快提升中心城市的综合竞争力为核心，积极组织力量，开展中心城市区域范围内的城市建设用地、产业发展用地和生态安全格局等方面的综合统筹规划以及中心城市协调机制的专题研究。发挥综合协调作用，推进中心城市各大组团规划工作，切实为新城的开发建设搞好规划服务。积极谋划组团的规划工作，不断完善组团功能。重点推进大城市各组团之间的融合集聚，加快推进各组团间城市路桥、供排水、居住区等配套基础设施的对接，推进高速等重大基础设施规划建设，促进要素集聚、产业集聚和人口集聚。

主体第一层围绕"完成总规划修编，进一步完善规划编制体系"的总目标，从四个方面说明具体的工作任务。每一条的条目是任务指标，后面是完成任务的具体方法。任务指标明确，措施及方法详细、具体。

第二、三、四、六层结构类似，小标题概括总任务指标，后面说明具体的方法、措施。

三、完善县(市)域总规划，积极探索新型城市化道路

要坚持把城市发展与新农村建设结合起来，走城乡互促共进的城市化道路。积极实施"一个中心、三大组群、三条轴线"的市域城镇体系规划，加快各县中心城镇建设，提升中心城镇建设水平，推动中小城市和城镇协调发展。明年，县市总体规划编制工作由试点转为全面完成，并以此带动规划理念的转变，把规划的调控和监管范围从县城转向城乡整体，把规划管理方式从建设项目转向城乡空间管理和资源保护，从根据发展需要配置资源转变到根据资源环境条件谋划城乡的持续发展，科学划定建设用地和非建设用地，整合各部门规划，优化基础设施布局，改变粗放型空间发展模式，把县城和中心镇培育成承接城市辐射带动和农村要素集约集聚配置的主要平台和载体，做大做强县域经济。

发挥规划的指导协调作用，加快新农村规划建设，推进城乡统筹发展。要以"十大城乡统筹网"建设为载体，扎实推进社会主义新农村规划建设。尤其要积极推进城中村、园中村、城郊村的规划和改造，使其融入现代城市新社区，加快城市郊区现代化步伐。

继续推进"百千工程"，完善村庄规划，推进农村基础设施与公共设施规划编制工作，努力建设一批生产生活设施配套、公共服务健全、环境卫生良好、城市文明有效辐射的中心村。随着越城区规划分局的成立，要重点做好越城区的村庄规划，在调查研究的基础上，主要做好与城市规划的衔接，努力实现城乡统筹的目标。

四、强化基础测绘，着力推进数字化城市建设

进一步强化基础测绘工作，为城市规划提供技术支持和服务的能力。一要完成"市基础测绘'十三五'规划"的2018年度计划；二要配合省测绘局"省卫星定位连续运行服务系统"基础测绘项目的网络系统的建设工作；三要建设市地理空间信息系统的主要核心项目"市基础地理空间信息系统"，力争做好数据库及信息管理系统项目建设；四要完成1∶500地形图测绘及更新测绘和1∶5000地形图更新测绘；五要建成网上规划审批系统并投入使用。

五、深化"阳光规划"，扩大"阳光规划"覆盖范围

一要进一步扩大"阳光规划"覆盖范围，在城乡规划编制方面，做好规划的事前公示和批后公布，村庄建设规划还将在村务公开栏中公示、公布；在建设项目审批方面，做好批前公示、事后公告以及后续的监督管理、听证等工作。办事过程实行全面公开，进一步提高规划行政许可的透明度；在规划监察上，做好案件查处公布和行政复议、听证等。

> 第五层仍用分条列项的方式，结构上类似于第一层。

二要创新载体，通过规划展览、公示牌、规划网站和电视、报纸等媒体，保障市民对城乡规划的参与权、知情权、监督权，建立起政府与公众的互动对话机制。实行社区联络员制度，充分发挥社区规划监督员的作用，构建规划管理者、建设单位、利害关系人、社区联络员四位一体网络，让社区规划监督员（或联络员）参与重大建设项目规划决策、规划听证等。

三要健全工作措施，启动规划管理综合业务系统建设，在做好现有网站管理维护的同时，试行网上审批，完善审批项目跟踪监察等相关制度，严格考核奖惩等。通过以上措施，不断深化"阳光规划"，努力实现"阳光规划"的全方位、全过程覆盖，建立一个公众参与、专家评审、政府决策三位一体的规划管理民主决策机制，不断推进"阳光规划"进程。

六、提高规划执行力，深入开展城乡规划效能监察工作

要从机制上探索提高队伍规范行政、高效行政的水平。一是继续开展城乡规划效能监察工作。加强与市监察部门的配合协作，力争到 2018 年年底，全面树立领导干部依法行使城乡规划管理权力的意识，初步解决城乡建设指导思想不端正、随意更改规划等问题；改善城乡规划工作机制，推进规划编制的科学性，提高规划的权威性，保证规划的严肃性；改进工作作风，加强廉政建设，使城乡规划行业工作人员廉洁自律的自觉性明显增强，部门和行业风气普遍好转，预防和治理腐败取得明显成效。二是做好优化经济发展环境工作。在规划管理过程中，要积极帮助基层、企业解决发展中存在的困难和问题，提供优质、高效的规划指导和服务，并将其纳入长效管理机制。首先是在提高思想认识上下工夫。通过宣传教育，要求规划系统所有工作人员都要从大局出发，树立优化环境意识，增强服务意识，强化主体意识，着力营造一流发展环境。其次是在转变工作方式上下工夫。狠抓规划实施管理，提高规划服务水平，实现规划工作重心"上移"，发挥规划的参谋与咨询作用；实现规划工作重心"下移"，为基层服务，为群众谋利。最后是在提高工作效能上下工夫。根据依法行政和服务效能的要求，对机关处室、分局规划行政许可工作进行专项考核，全面提高规划行政效能，打造一支效率更高、服务更优的规划队伍，为地方社会经济建设做贡献。三是进一步加强党建工作。进一步加强党务工作力度，特别要加强对分局、局属各单位党组织的指导与管理，建立分片联系和例会制度；要进一步加强对党员队伍的学习教育，通过党组理论中心学习会、"三会一课"以及培训、座谈、报告会、观看反腐

结尾： 采用自然收尾的方式。

本文任务具体明确，措施、步骤清楚细致，一目了然。文章采用了序号与小标题结合的方法安排结构，条理清楚，结构严谨；语言平实、简洁、准确。

纪录片等形式，运用正反典型，加强对党员干部的警示教育，引导广大党员、职工树立正确的世界观、人生观和价值观，增强防腐拒变的能力；开展创建"共产党员示范岗"和"十佳"评选活动，如十佳优秀党务干部、十佳优秀共产党员、十佳党建工作创新成果等，力争取得新成效。

××规划局

2018年1月6日

落款： 包括署名和成文日期。

（资料来源：公文易，http://www.govyi.com/wenzhang/2009/200901/287676.shtml，有改动）

写 作 训 练

一、阅读下面的计划，回答文后的问题。

××供电公司2019年工作计划

2019年我公司工作的指导思想是：以×××新时代中国特色社会主义思想为指导，深入贯彻落实的十九大精神，认真落实省、市公司和县委、县政府的工作部署，紧跟上级公司创新发展思路，寻找差距，不断创新，持续实践，加快电网发展和公司发展方式的转变，高水平建设"一强三优"现代化公司，努力开创公司发展的新局面。

一、2019年本公司的主要奋斗目标

(一)安全生产：确保"八个不发生"(具体内容略)

(二)经营管理：全面完成省、市公司下达的经济技术指标(具体内容略)

(三)电网建设：全面完成年度投资项目计划和工程建设任务(具体内容略)

(四)劳动效率：实现工业企业劳动生产率2 695 000元/人·年(具体内容略)

(五)企业管理：保持国家电网公司一流县供电企业称号

(六)精神文明建设：继续保持江苏省、南通市文明行业称号

二、为全面实现2019年度奋斗目标，我们要重点做好以下六方面工作

(一)坚持"安全第一"方针，进一步夯实安全基础(具体内容略)

(二)坚持基建与技改并举，加快电网发展方式转变

2019年，公司电网建设任务依然繁重，要坚定不移地加快电网发展，坚持基建与技改并举，不断优化电网结构和输送能力，扭转局部地区配网设备陈旧老化、供电能力不强的局面。

1.进一步推进电网规划与前期工作(具体内容略)

2.高水平完成全年基建与技改工程(具体内容略)

(三)坚持集约化发展、精益化管理、标准化建设,提高经营管理水平

要进一步加强经营管理,防范和化解各类经营风险,全面完成年度资产经营考核任务,实现公司可持续发展。

1.强化预算和成本控制(具体内容略)

2.加大专业化管理力度(具体内容略)

3.巩固营销管理成果(具体内容略)

4.强化风险监督和防范(具体内容略)

(四)突出优质服务主题,积极履行社会责任

主动将公司发展融入地方经济社会发展大局,履行好作为国有企业应承担的社会责任与政治责任,积极营造良好的外部发展氛围。

1.以优质服务为平台,优化公司外部环境(具体内容略)

2.以主题活动为抓手,提升优质服务水平(具体内容略)

(五)坚持科技兴企和人才强企,着力提升"两个素质"

企业素质和队伍素质是公司综合实力和可持续发展能力的集中体现,省公司高度重视创新型企业建设,从长远来看,要通过提高队伍素质,增强科技创新能力,进而实现企业综合素质的提升。

1.加大科技创新工作力度,推进创新型企业建设(具体内容略)

2.以提高学习力为重点,建设高素质人才队伍(具体内容略)

(六)加强党的建设和精神文明建设,促进公司和谐健康发展

切实提升党的建设和精神文明建设的实效性,确保"三个文明"协调发展。

1.营造五种风气,加强精神文明建设(具体内容略)

2.以十七大精神为指导,加强党的建设(具体内容略)

3.深入开展企业文化建设,构建和谐企业(具体内容略)

××供电公司

2019年1月2日

(资料来源:爱师网,https://www.is97.com/doc-5390-1.html,有改动)

1.从内容涉及面看,本文属于_____性计划。

2.本文的标题由_____、_____和_____三项内容构成。

3.本文的前言概括交代了_____、_____等内容。

4.本文的主体部分主要写了( )。

  A. 任务目标　　　　　　　B. 方法措施

  C. 注意事项　　　　　　　D. 以上三个方面都有

二、下面是一篇专题性工作计划,在格式、内容和语言上都存在一些问题,请根据计划写作的规范进行修改。

2018年质量监督工作计划

2018年计划如下。

一、大力加强质量宣教，全面动员工程参建各单位深入学习省交通厅《×省交通工程质量创优活动指导意见》，使全体工程建设者的质量意识进一步加强，质量观念得到改变，质量理念得到提升，精品意识深入人心，开创质量工作新局面。

二、加大对重点工程的监督检查，提高质量的监督

根据全市重点工程特点，今年我站将继续加大对重点工程的监督检查力度，确保质量监督覆盖率达到100%。立足更高质量平台，制订详细的质量监督计划，继续实行定人、定点、定线的"三定"管理，要求工程建设单位每月定期报告工程进度和质量动态，加大质量检查次数。

三、充分发挥县(区)质监网络作用，强化地方工程监督

目前，我市县(区)质监网络已基本形成，我站于2018年3月4日召开了质监网络会议，会议理顺了市质监站和县(区)质监网络之间的关系，明确了县(区)质监网络的工作职责和发展思路，从而加大了对地方一般工程、通达工程的质量管理力度，不留死角，促进地方工程、通达工程质量逐步提高，保证我市交通建设工程始终处于市、县(区)质监体系的控制之下。

四、进一步提高行业管理，加强对交通建设市场秩序的监管

根据新就位后的企业资质，监督检查从业单位和从业人员的执业资格，严格执行市场准入和四项制度；继续加强对施工、监理工地试验室合格证的管理审核力度，加强对现场施工、监理试验检测工作规范化管理。

五、积极探索，规范我市工程管理

首先要按照将要出台的《×交通建设工程造价管理暂行规定》要求，多宣传，多汇报，争取领导支持，规范我市交通工程造价管理工作，早日完成质监站造价管理职能的角色定位，主动介入工程建设过程中的造价管理工作。其次，要加强工程造价从业人员培训和资格证书管理，要在全市交通系统建立一支适合我市交通建设需要的定额造价队伍。最后，要及时收集我市交通工程材料价格，配合省厅定额站材料价格信息的发布等各项工作。

2018年3月12日

(资料来源：江苏省交通运输厅，
http://jtyst.jiangsu.gov.cn/art/2007/9/1/art_41473_1946271.html，有改动)

三、市场营销专业的小周就要毕业了，她打算自己开一家化妆品商店，请为她写一份创业计划书。

第四章 总　　结

学习目标

- 理解总结的含义、作用和特点。
- 了解总结的类别。
- 重点掌握总结的写法。

第一节　总 结 概 述

一、总结的含义、作用、特点

(一)总结的含义

总结是党政机关、企事业单位、社会团体或个人对已经做过的一定时期内的实践活动进行全面系统的回顾和评价，肯定成绩与经验，发现问题，吸取教训，找出规律，以便指导今后实践活动顺利开展的实用文体。

总结与计划有密切的联系，计划是在行动之前对将要开展的活动的规划，总结是在行动结束以后对计划完成情况的鉴定。总结是前一阶段计划执行、完成情况的检验，又是制订下一阶段计划的依据。总结与计划相互制约，相互依赖，同时又相互促进，共同提高。计划——实践——总结——再计划——再实践——再总结，周而复始，循环往复。这种循环过程，就是不断前进、不断提高的过程。总结就是转化，就是提高。

(二)总结的作用

总结具有以下作用。

1. 认识作用

总结可以帮助我们认识客观事物及其规律。我们从事的每项活动，都是在进行社会实践，在实践中对客观事物产生的感性认识往往是零散的、肤浅的、片面的，不是事物的全体，不能够反映事物的本质，更没有揭示它的内在联系与发展规律。只有经常对实践活动进行总结，把得到的感性认识加以集中概括，并进一步分析研究，使之条理化、系统化，上升为理性认识，才能逐步认识和掌握客观规律，在实践中做到不断有所发现、有所发明、有所创造、有所前进。总结是人们寻找规律、掌握规律的一种重要手段，也是把感性认识上升到理性认识，提高人们思想认识水平的重要途径。

2. 指导作用

通过总结，人们能够懂得实践活动怎样才能成功，怎样才能避免失败，从而认识和掌握办事规律。另外，总结还有汇报工作的作用。因此，对于领导者来说，可以通过总结集中群众智慧，获得正确思想和领导经验，从而更好地指导工作。

3. 交流作用

总结是机关内部检查工作、交流信息、鼓舞士气的有效工具。通过总结对照，就能发现谁做得好，谁做得不好；哪些是成绩经验，哪些是失误教训。互相交流，取长补短，工作就会有所改进，越干越好。一些经验性总结，经上级转发或在报纸杂志上刊登，经验得以推广，教训供人汲取，进而可推动整个社会的进步。

(三)总结的特点

总结具有以下特点。

1. 客观性

总结是对实际活动再认识的过程，是人们对前一段实践活动的回顾。它的内容应当完全忠实于实践活动，总结的材料只能来自实践，要符合实际情况，不能添枝加叶，更不能无中生有。总结的观点应该是从实践活动中抽象出来的认识和规律。总之，总结内容、观点的概括与提炼，都要以实践活动为依据，不允许有任何主观臆断。因此，客观性是总结最基本的特点。

2. 理论性

总结不是对实践活动的简单"复制"，不是对活动过程和情况的表面反映。总结是一种理性的分析，是理性的升华。它要对实践中诸如成功和失败、成绩和问题等情况进行研究，把感性认识上升为理性认识，找出规律性的东西，以便在以后的实践中能正确认识和把握客观规律。可见，总结的理论性，不是在总结中进行长篇大论，而是要从实践中找出规律性的经验和教训。

3. 本体性

总结是对本地区、本部门、本单位或个人实践活动的反映和概括，因此都要用第一人称，用自身活动中的材料，而不像议论性的文章那样，古今中外的材料都可以引以为据。

4. 群众性

群众是历史的创造者，是实践的主体。一个部门、一个单位的总结，要集中群众智慧来写，要反映群众的实践活动，反映群众在实践中积累的经验。

二、总结的种类

总结的类别很多，和计划一样，从不同的角度可以划分出不同的种类。

第四章 总结

总结按内容分，有工作总结、学习总结、生产总结、思想总结等；按范围分，有单位总结、科室总结、小组总结、个人总结等；按时间分，有年度总结、季度总结、月份总结等；按功能分，有汇报性总结、报告性总结、交流性总结等；按性质分，有综合性总结和专题性总结。

(一)综合性总结

综合性总结是对单位、部门或个人在一定时期内的各项实践活动进行的全面、系统的总结。其内容往往包括情况概述、成绩和经验、缺点和教训、存在的问题和今后的打算等。这种总结涉及面较宽，涉及的问题较多，涉及的时间较长，能够展现工作的全貌，具有系统、完整的特点。但在写作时也不能面面俱到，而要有所选择，突出主要工作和重要经验。年度总结就属于此类。

(二)专题性总结

专题性总结是专门对某一项活动进行的总结。这类总结往往偏重于总结某一方面的成绩和经验，其他方面可少写或不写。与综合性总结相比，专题性总结在内容上比较具体、细致、集中、单一，针对性较强。

第二节 总结写作

总结种类繁多，其写法也不尽相同，这里主要介绍工作总结的写法。

一、总结动笔前的准备

总结动笔之前的准备工作包括以下几个方面。

(一)搜集材料

巧妇难为无米之炊，善为文者善积累。全面了解和分析情况，搜集和掌握丰富的材料是写好总结的先决条件，是形成正确观点的基础。收集材料应从如下三方面入手。

其一，注重平时积累。平日要随时把工作中的情况，包括做法、效果、点滴经验体会、典型人物事例、有关细节与数据、存在的问题等记录下来，还应掌握计划、简报、汇报、会议记录等有关资料，作为总结的重要依据。

其二，多听取群众对工作的评价。工作是由群众做的，经验本身就是群众智慧的结晶。因此，只有深入了解群众对工作的意见、看法、评价，才能为撰写工作总结获得真实具体的情况、丰富生动的材料和深刻的见解。群众的意见与评价，往往是文字资料中所缺少的，是更加新鲜活泼、更加贴近实际工作的材料。除了听取单位群众的评价外，还要了解本部门以外其他部门对工作的评价。从横向的比较中分析，总结时眼界会更加开阔。

其三，听取单位领导和主管部门对工作的意见。因为他们对整个工作的情况比较熟悉，提出的意见对总结工作往往有指导作用，便于撰写者尽快地把握住总结的中心和重点。

(二)分析研究

收集了丰富、生动的材料之后，应对这些材料进行认真的分析研究。撰写总结的根本要求是，找出规律性的东西来指导今后的工作实践。如果只停留在表面上，堆砌材料、罗列情况、就事论事，就只能写成一篇流水账，不能给人以启发，更不能指导今后的工作。所以，对材料进行分析研究是十分重要的。所谓分析研究，就是对搜集的材料进行"去粗取精、去伪存真、由此及彼、由表及里"的思考，包括对材料的鉴别、选择、归纳、整理，从纷繁的现象中理出头绪，分清真实与虚假、本质与现象、主流与支流、共性与个性、重点与一般、内在联系与发展趋势等，从而使感性认识上升到理性认识，总结出具有典型意义的、带有规律性的经验，写出有思想深度的总结。

(三)拟制提纲

占有了多方面材料，又经过认真细致的分析研究，认清了主流与支流、成绩与失误、经验与教训，就可以把总结的大致框架定下来。然后再仔细考虑成绩有哪些，经验有哪些，并且用准确精练的语言概括出来，这就是提炼观点的过程。还应考虑总观点与分观点的关系，分观点之间的内在联系与排列次序，以及材料如何分布、各部分内容的详略如何安排、观点与材料如何统一等。然后把它们概括出来，这就是提纲了。拟写提纲的过程就是将材料与观点统一起来的条理化、系统化的过程。有了提纲，写作时就有了方向和依据，写好总结就有了基础。

二、总结的基本内容

总结虽然有不同的种类，但其构成要素大体相同，一般应包括以下三个方面的内容。

(一)基本情况

写总结一般都要先概述开展工作的基本情况，包括工作名称、期限、背景、大体经过、主观条件、基本做法(方法、措施、步骤)等，使读者对总结的全貌有概括性的了解，并为以后的行文做好铺垫。这一部分内容是总结的依据和前提。

(二)经验教训与体会

经验教训与体会是对所做工作的分析评价：工作做得怎样，得还是失，优还是劣？具体来说，如果工作是成功的，那么收到了什么效果，取得了哪些成绩，是怎样取得的，由此可以看出哪些做法是切合实际、符合规律、行之有效的，有什么经验值得借鉴；如果工作是失败的，失败的原因是什么，是主观上思想不对头，方法措施不得力，还是客观条件所限，或估计不足等。对这些成功与失误进行综合分析，对得失、优劣作出科学的评价，使实践上升为理论，认识才能产生飞跃，从而引出可借鉴的经验教训，揭示出工作中带有规律性的东西，这样才能对今后的工作产生指导性的作用。

这部分是总结的灵魂和中心，善不善于总结，能不能上升到理性认识的高度，找出带有规律性的东西来，是衡量工作总结质量高低的重要标志，因此必须花大力气写好。

(三)今后打算与努力方向

在总结经验教训的基础上，对今后的工作提出设想、建议、希望等，以明确方向，鼓舞斗志，增强信心，争取把以后的工作做得更好。汇报性总结与报告性总结一般都有这部分内容；经验性总结则可视情况而定，比较灵活。

三、总结的结构形式

总结的结构一般包括标题、正文、落款三部分。

(一)标题

总结的标题分为单标题和双标题两大类。

1. 单标题

单标题又可分为类公文式标题和普通式标题两类。

(1) 类公文式标题。类公文式标题一般由单位名称、期限、工作项目和文体名称四项内容组成，如《××公司 2018 年下半年营销工作总结》。与计划一样，标题中的某项内容有时可以省略，如《××市国税局 2018 年度工作总结》，这是一篇综合性总结，因此标题中没有工作项目，而是工作的统称。

(2) 普通式标题。从内容上看，普通式标题有两种：一种是概括中心内容的，如《开展经济信息工作的一些体会》；另一种是揭示总结主题思想的，如《合理确定农贷投向，支持农业全面发展》。

2. 双标题

双标题由正标题与副标题组成。正标题用陈述句或疑问句等表述思想认识、观点、主张，侧重于中心思想的揭示。副标题对正标题起说明、补充、限制的作用，它直接告诉人们总结的范围。两层题目虚实相映，如《处处想着顾客，一切为了顾客——中国工商银行××市中心支行储蓄优质服务经验总结》《大力推进税制改革，努力做好国税征收工作——××市地税局2018年工作总结》等。

工作总结的标题，无论采用什么形式，都要简明、准确地反映总结的范围或基本经验，要求能概括内容，明白易懂，题文相符，分寸适度，切忌含混不清或文不对题。标题在简明准确的基础上，要努力做到新颖、醒目，但切忌过于雕琢，故弄玄虚。

(二)正文

总结的正文一般由前言、主体和结尾构成。有的总结省略前言和结尾，只有主体部分。

1. 前言

前言即正文的开头部分，概述基本情况，交代在什么情况下做了什么工作，取得了哪些成绩，工作开展的大体经过等，给人一个总的印象，如：

2018年，按照省政府《关于……》的要求，我们坚持以经济建设为中心，紧紧围绕"……"这一目标，在×××的领导下，深入实际，认真细致地开展了……工作，取得了较好的成绩。现总结如下。

前言要求紧扣中心，简洁精练，富有吸引力。前言的主要形式有如下几种。

(1) 概括式。开头概括地介绍基本情况，简要交代工作的背景、时间、地点、条件等。注意不要求全求详，与中心无关的不写。

(2) 提问式。开头提出问题，点明总结的重点，以引起人们的注意，具有一定的启发性。这种开头多用于专题性经验总结。

(3) 结论式。开头先明确提出总的结论，重点介绍经验或概括工作成绩，使人了解经验教训的核心所在，然后再引出下文。这样的开头，对全文的展开能起到提纲挈领的作用。

(4) 对比式。开头采用比较的方法，将前后有关情况进行对比，从而区别优劣，突出成绩，引出下文。这种开头方法多用于专题性经验总结。

(5) 提示式。开头对工作内容做提示性、概括性的介绍，不介绍经验，只提示工作的内容和范围，如："近两年来，我们按上级对干部培训的要求，在搞好干部培训工作方面做了以下工作。"

2. 主体

主体是总结正文的核心部分，一般包括以下四项内容。

(1) 工作情况。主体应首先介绍工作开展的情况，即使前言部分已有概括，这里也应具体展开。工作情况包括做了哪些工作，采取了哪些措施、方法和步骤(即工作是怎样做的)，取得了什么成绩或效果等，可以总体介绍，也可以分项说明。

(2) 取得的成绩。这是指在工作实践中取得的物质成果和精神成果。物质成果一般要用一些准确而重要的数据表现出来。精神成果一般用前后对比的典型事例，来说明人们精神面貌的变化和觉悟，使精神成果看起来很具体，具有感染力和说服力。

(3) 经验体会。这是对工作的理性认识，是具有指导意义的规律性的东西，是总结写作的重点所在，因此要写得有理有据，令人信服。要求找出成绩与做法之间的内在联系，分析归纳取得成绩的内在原因，把感性认识上升到理性认识。

(4) 存在问题。总结既要看到成绩，也不能忽视存在的问题，这才是实事求是的态度，才有利于改进工作，取得更大的成绩。因此，多数总结的主体中都要谈工作中存在的问题。

(5) 今后的努力方向。针对存在的问题，提出今后解决问题、改进工作的打算。这部分内容大都比较简略。

根据具体情况和写作目的的不同，上述内容的详略可以灵活掌握，也可以有所取舍。主体连同前言可以形成以下两种形式。

一是两项式：第一项是概况，作为前言，略写；第二项是经过(或称做法、措施)，详写。

二是三项式：第一项是概况，略写；第二项是做法，详写；第三项是今后的改进意见，略写。

主体的结构形式主要有以下几种。

(1) 分条式结构。这种结构形式是把主体内容按情况、经验、存在的问题和努力方向分成若干条，每条之下还可以分成若干小条。

(2) 小标题式结构。这种结构形式是按材料性质分成若干部分，每部分拟定一个小标题，然后一部分一部分地写出。它的好处在于条理清楚、纲目分明，既便于写，也便于读。如武汉钢铁公司的总结《坚持企业社会主义方向，走质量效益型发展道路》，全文分为三个部分，有三个小标题："武钢创建质量效益型企业的发展历程""武钢创建质量效益型企业的具体做法""武钢创建质量效益型企业的成效和体会"。

(3) 贯通式结构。这种结构形式既不分条款，也不列小标题，而是从头到尾围绕主题分成若干自然段，一气呵成。它主要靠清晰的思路来串联材料，靠分清层次来构架全篇，靠语言的过渡来贯穿始终。这种方式比前两种方式要难一些，但如果能将材料烂熟于心，就可以围绕中心，按时间顺序或事理发展的层次，抓住主要线索，层层分析说明，总结工作的全过程。贯通式结构多用于内容比较单一的专题性总结。

(4) 阶段式结构。这种结构形式是按时间顺序或工作程序纵向安排内容，全文脉络清晰，便于反映工作的发展进程和每一个阶段的特点。一般来说，总结周期较长、阶段性很明显的工作时适合采用这种结构形式。

3. 结尾

工作总结的结尾通常是自然收尾，即正文写完后自然结束，不需再加结尾部分，但也有用独立结尾的。用独立结尾的情况主要有如下两种。

(1) 介绍经验的总结，最好有个谦虚式的结尾。如："我们虽然取得了一些成绩和经验，但工作中还存在不少问题，和先进单位相比，还有不小差距，今后我们要向兄弟单位学习，进一步改进工作，争取作出更大的成绩。"

(2) 报告性总结，面向大会或群众宣读，可以加个号召式结尾。

(三)落款

在正文的右下方，署上单位名称或个人姓名与成文日期。单位的总结若标题中没有写明单位名称，则应在正文右下方署名，署名要写全称。成文日期要写在单位名称的下面，

年、月、日要齐全。

四、总结的写作要求

(一)既要突出重点，又要点面结合

写工作总结，无论是综合性的还是专题性的，都必须突出重点。这就要求总结必须抓住工作中主要的、突出的、最能反映总结对象本质特点的事实进行分析概括，总结出带规律性的经验，这样才能使总结重点突出、个性鲜明。总结的重点要根据目的来确定，目的不同，内容的侧重点就不一样。综合性总结，一般是总结本单位一定时期工作的全面情况，目的在于让全体职工看到成绩和经验，以增强信心，鼓足干劲，同时，了解工作中的不足，明确今后的努力方向。所以综合性总结涉及范围较广，内容要求全面中又有重点，不要项项工作都占一席，面面俱到，主次不清，使人不得要领。经验性总结侧重于介绍经验，对其他方面的问题，或一笔带过，或省略不提，而介绍经验又有全面介绍和重点介绍之分。

点面结合是指总结一定要选取最典型、最生动的材料，同时又要兼顾工作开展的全貌，既能反映一般，又能突出重点，既有广度，又有深度。

(二)抓住本质，揭示规律

总结的目的就是将工作过程中大量的感性材料加以科学地分析、综合、抽象、概括，从中归纳出事物内在的、本质的联系，并使之系统化、条理化，上升到理性的高度，揭示出事物的本质和规律，从而指导人们的实践活动。因此，抓住本质，揭示规律，是总结写作的重要要求。

(三)观点和材料有机统一

写工作总结要做到观点统帅材料，材料说明观点，不能使观点、材料脱节，更不能罗列事实，使总结成为一盘散沙。要使观点和材料有机统一，写作时必须注意叙议结合，叙述事实为议论提供依据，议论是对所叙事实的理性概括。但议论不需引经据典，不宜过多，主要靠事实说话。

(四)分析评价要一分为二，实事求是

写工作总结时，要运用一分为二的观点，进行实事求是的分析，既要看到成绩，又要看到缺点。要分清成绩是主要的还是缺点是主要的，对取得的成绩和存在的问题，要实事求是地加以总结。总结经验忌夸张，总结教训忌空谈。同时，还要反对两种倾向：一是报喜不报忧，夸大成绩，掩盖缺点；二是否定一切，罗列一大堆错误和缺点，使人看了失去信心。总之，要防止以偏概全。

第四章 总结

案例分析一

加快发展，提高资产质量

——××支行上半年信贷工作总结

2018年上半年，我行的信贷工作在行领导和信贷处的统一安排部署下，全面贯彻落实党的××大会议精神，全行上下齐心协力，以加快发展为主题，以扩增存贷规模、提高资产质量为核心，以加强信贷管理为重点，以各项信贷制度的落实为基础，经过"非常奉献"等竞赛活动，各项经营业绩稳步增长，截至6月末，支行各项存款余额21307万元，较年初增加了2145万元；各项贷款余额11344万元，较年初增加了2527万元，存贷比例53%；不良贷款余额1.6万元，较年初下降了0.9万元；办理银行承兑汇票金额8849万元；办理贴现金额5507万元；利息收入584万元，半年实现利润377万元，全面完成了上级下达的目标任务，信贷管理也逐步向规范化、制度化迈进。

一、认真执行上级政策，严格按照规范化管理要求，切实加强信贷基础工作，确保各项指标圆满完成

半年来，我行认真学习、深刻理解总行会议和文件精神，适时分析形势，认真执行上级政策，从严监管企业，规范内部管理，切实防范风险，不仅提高了信贷管理水平，而且为保证圆满完成全年各项经营责任考核指标打下坚实的基础。在贷款投放上，我支行狠抓贷款投放风险管理，采取的具体措施如下：

(一)严格执行总行下达的《信贷风险控制指导意见》，进一步对信贷风险进行控制，对授信行为进行规范。严密了贷前调查、审查及审批手续，认真检查信贷人员贷前调查内容，确保信贷调查材料真实有效。

(二)严格控制信贷风险，严格执行信贷风险防范控制管理制度，全面实行审贷分离；规范了贷审会，实行了贷审例会制，严格按照贷审会议规程召开会议，明确各环节主要责任人的职责。

(三)扎实细致地开展贷后检查工作，定期和不定期地对企业经营状况和抵押物状况进行检查和分析，认真填报贷后管理表。

(四)切实做好贷款五级分类工作，制定了五级分类的具体操作实施细则，对客户进行统一分类，从而提高了信贷管理的质量。

(五)流动资金贷款、贴现贷款、承兑汇票在上报审批过程中严格执行总行要求的调查、审查、审批环节的统一格式，切实从源头上控制信贷风险。

这是一篇专题性工作总结。

标题：采用双标题形式，正题揭示中心思想，为虚题；副题属类公文式，直接概括总结的范围，为实题。两层题目虚实相映，鲜明醒目。

正文：分前言、主体和结尾三部分。

前言开门见山，高度概括，重点介绍了工作成绩。这样的开头，对全文的展开起到提纲挈领的作用。

主体：采用分条式结构。内容分成五部分，前四部分为四方面的经验做法，第五部分为下半年工作思路，层次分明。表达上边叙述做法，边分析、总结经验和体会。点面结合，语言朴实、鲜明。

（六）积极配合总行信贷处做好信贷检查工作，在检查中没有发现一例违规现象，信贷工作得到肯定和好评。

二、通过信贷杠杆作用，抢占市场份额，壮大资金实力，增强发展后劲

（一）上半年，我行信贷资金重点投放于优质企业和大中型项目，继续重点扶持信用好、经营好、效益好的优质企业，如中联巨龙水泥有限公司、亿人城建有限公司、利玛置业有限公司等，把这部分贷款投入作为我行调整信贷结构、分散信贷风险、抢占市场份额、维持持续发展的重要战略措施，信贷结构得到进一步优化。

（二）上半年，我行坚持业务发展多元化，加快票据贴现业务的发展，重点增加对优质客户的信贷投放量，不仅降低了贷款总体风险度，而且带来了丰厚的利息收入。随着相对独立核算的实行，经济效益显著提高，今年1月份至6月份实现利息收入584万元，超过去年全年收息水平，实现利润377万元，有效地壮大了资金实力，增强了发展后劲，呈现出良好的发展势头。

三、加大信贷营销力度，不断开拓业务空间，加快业务发展步伐

（一）上半年，我行在信贷业务发展中取得了一定的成效，特别是在汽车消费贷款方面。3月份，我行与市汽车销售有限公司举办了银企联谊活动，通过活动，加强了银企之间的沟通与了解，建立了深层银企合作关系。

（二）上半年，我行进一步提高对信贷营销的认识，不断推进文明信用工程建设，最大限度地抢占市场份额，建立稳固的客户群体，加大对个体经济、居民个人的营销力度，选择信用好、还贷能力强的个体企业和城镇居民作为我行信贷营销的对象，将信贷营销与绿色文明信用生态工程相结合，通过一系列的社会文明信用创建活动，打造我行独特的信贷营销品牌。

四、建立完善的内部管理机制，业务操作有条不紊，提高办事效率，推进业务发展

我行在不断加强和改善日常信贷工作的同时，还注重加强信贷人员的业务学习，以便在业务操作中得心应手，提高工作质量和工作效率。做好信贷资料归档和各项结转工作，实行一户一档，建立完整系统的客户信息档案，以便及时查阅和调用。信贷台账和报表能够完整、准确地反映数据，及时上报各项报表，做好信贷登记工作，及时提供信息。在搞好管理的同时，我行还不断强化服务意识，改善服务手段，积极开展优质文明服务，树立"窗口"形象。

第四章 总结

五、下半年工作思路

（一）立足当前，抓好各项阶段性工作，在上半年打下的基础上，全面启动下半年工作。

下半年，要做好各项信贷业务的安排和落实，对于上半年已有意向的项目，下半年力争做好、做实。例如，要做好新港国际和华茵房地产的商品房按揭工作，做好大户回访工作，加强贷款企业的资金回笼款统计工作，巩固老客户，发展新客户，全面开展信贷营销工作，努力完成各项信贷业务的任务指标。

（二）做好企业信用等级评定工作，为信贷决策提供科学依据。

认真调查核实企业情况，开展企业信用等级评定工作，在认真学习、深刻领会有关文件和总行《信用等级评定与管理办法》的基础上，严格按照总行规定的统一标准和计算办法，确保客观、公正、准确地评定企业的信用等级，真实地反映企业的经营管理、财务状况和信誉程度，为我行衡量开户企业风险承受能力、实行信贷准入机制建立基本依据。

（三）总结经验，切实加强管理。

进一步加强信贷基础管理工作，按照总行信贷处的检查要求，加强信贷档案完整性、准确性、规范性和保密性的管理，建立健全信贷业务台账、授信台账、抵押品台账和不良贷款监管台账。确立支行经营和管理目标的最佳组合，确保支行资产质量始终保持稳定状态。

上半年各项工作虽然取得了一定的成绩，但距行领导要求还有一定的距离，工作中还存在着很多不足之处：一是业务规范化管理工作有待进一步加强，要将制度规定全面落实到业务工作的各个岗位、各个环节中去；二是业务开拓范围还需不断扩大，涉及的领域要更广、更深，以促进业务快速持续发展。

以上问题将是我行以后工作完善和改进的重点。今后，我们将严格加强管理，不断开拓业务新领域，高标准严要求，在行领导和信贷处的正确指导下不断改进、不断提高，努力完成下半年的各项工作任务。

××银行××支行
2018年6月30日

（资料来源：第一范文网，https://www.diyifanwen.com/fanwen/jinrongleigongzuozongjie/2793398.html#sub2，有改动）

第五部分在总结以往工作经验的基础上，分三个方面谈下半年的工作思路。

结尾：简写存在的问题和今后努力方向。

落款：包括署名和成文日期。

案例分析二

××县国税局 2018 年上半年工作总结

2018 年上半年，我局按照年初国税工作的总体思路，在市局和县委、县政府的正确领导下，认真学习习近平新时代中国特色社会主义思想，全面贯彻落实党的××大会议精神，在组织收入、依法治税、队伍建设以及纳税服务等方面做了大量扎实有效的工作，为全年各项税收任务的圆满完成打下了坚实基础。

一、上半年国税工作的主要成绩

(一)以组织收入为中心，税收收入实现"双过半"

今年以来，我局按照"依法治税，应收尽收，坚决不收过头税"的组织收入原则，始终坚持抓早、抓紧、抓实、抓出成效的工作思路，牢固树立组织收入工作中心意识，在认真落实市局分配任务的同时，还根据县政府确定的财政预算目标，对国税收入预计完成情况进行了测算，对全年收入做到了心中有数。县局按月召开税收收入调度会、分析会，及时调整思路，落实措施，先后组织了三次较大规模的税源调查工作，对部分重点税源企业的产、供、销等情况进行了专项检查，对年纳税 50 万元以上的重点企业进行了调查，对全县单税超过 50 万元的企业税收实现情况进行了逐户调查测算，保证了数据的准确性，摸清了税源底数，提高了税源收入预测能力。今年，县委、县政府领导班子对组织收入工作非常重视，多次过问、多次调度，实行了组织收入与乡镇经济利益挂钩制度，我们以此为契机，加强与乡镇党委政府沟通、协调，取得了他们对税收工作的理解和支持，掌握了组织收入工作的主动权。进一步完善了组织收入考核办法，明确考核内容，坚持征管质量考核与收入质量考核相结合，突出预测准确率的考核，严格兑现奖惩，调动了全员抓收入的积极性。截至 5 月 12 日，我局累计完成税收收入 6383 万元，提前实现收入过半，较上年同期增收 3153 万元，同期增长率为 98%。其中增值税收入 5169 万元、消费税收入 5 万元、企业所得税收入 613 万元、利息税收入 596 万元，分别占全年计划任务的 50%、50%、76%和 65%。预计到 6 月底可实现三税收入 7992 万元，较上年同期增收 3149 万元，税收收入实现时间、任务"双过半"。

(二)以税源管理为主线，征管水平明显提高

一是积极开展税源管理质量讲评。上半年，我们把税源管理讲评作为对税源分析、监控工作落实情况进行定期总结和交流的主要手段，成立了税源监控领导小组，负责税源管理质量讲评工作，以

这是一篇综合性工作总结。

标题：采用类公文式，由单位名称、期限、工作统称和文体名称构成。

前言：开门见山，概括地交代了工作成绩，简明扼要，统领全文。

主体：第一部分交代了上半年工作的主要成绩，从五个方面详细、具体地进行了总结。文章运用大量数据来说明问题，很有说服力。

第四章 总结

市局下发的小规模零申报、低税额申报,一般纳税人零负申报、申报数据不准确以及不使用发票的个体户、亏损纺织行业等问题为重点,在组织纳税人自查的基础上,有重点地开展了纳税评估,并组织了讲评工作,通过查摆问题,剖析问题产生的原因,研究解决问题的对策,加强和改进了税源监控手段,增强了税源监控的针对性和时效性。同时,针对全县调查分析发现的共性问题,制定了相应的整改措施,通过开展质量讲评,初步实现了"数据分析准确、监控管理到位、业务衔接紧密、问题整改及时"的目标,堵塞了税收管理漏洞,提高了税款征收率,确保了收入规模和质量同步提高。

二是强化了所得税汇算清缴工作。工作中,我们抽调专人做好汇缴审核工作,采取内部通告、张贴通知、电话联系、举办培训班等多种形式,将所得税汇缴政策、工作程序告知纳税人,举办了企业所得税新申报表培训班,实行税收管理员、大厅人员两级审核制度,落实审核底稿制。同时,加大了汇缴质量考核力度,实行定期分析通报制度,对汇算清缴的开展情况按旬通报,将汇缴准确率、汇缴申报率等有关指标纳入工作质量考核,提高了所得税汇缴质量。预计6月底,可征收企业所得税633万元,同比增收307万元。

三是完成了一般纳税人年审工作。按照省局《增值税一般纳税人年审实施办法》的有关规定,制定了具体实施方案,成立工作小组,深入企业进行实地调查,摸清底子,在此基础上,开展分类、分行业年审检查,严格对其基础资料进行审核,对具备一般纳税人条件和标准、没有发生增值税偷逃税行为、没有发生因违反发票管理规定而受到处理的企业,认定为合格。在分局内部安排专人进行资料审核,专人实地调查,分局领导具体负责把关,实行审批、监督检查双重制约,从而有效地保证了年审工作质量。同时,对经营地点变动等及时通知企业进行变更,对那些财会力量较弱,会计核算较差的企业,指定专人进行年审检查,对在年审中达不到标准和条件的坚决予以取消。

四是加强信息化应用。根据税收精细化管理的要求,自行编制了小规模纳税人普通发票比对监控程序,实现了小规模纳税人申报信息和普通发票开具信息的自动比对。加强了数据的分析应用,使数据分析在数据质量、征管质量、税源监控、税收预测、决策支持等各个领域能够发挥作用,为征收管理工作和领导决策提供科学依据。强化了综合征管软件版和税收执法管理系统版的应用工作。加强了"一机多票"系统运行后的跟踪管理工作,在去年推行的基础上,今年在废旧物资经营企业中推行"一机多票"开票方式,提高了增值税纳税申报质量。进一步完善了小规模纳税人普通发票电脑

版软件的推行,并扩大到规模较大的小规模纳税人,取消了手工发票。同时,建立健全了软件管理、数据管理、网络管理、设备管理、安全管理等多项制度,进一步规范了信息化工作机制,为深化信息应用提供了前提条件。

五是金税工程运行质量明显提高。上半年,我们将专用发票存根联报税率、专用发票存根联采集率、一般纳税人档案采集率、发票失控率、作废发票率、红字发票率和运输发票、废旧物资发票、海关完税凭证比对相符率纳入绩效考核,实行按月通报制度,从抓各率指标入手,加强管理,及时发现增值税管理中存在的薄弱环节,切实提高了金税工程的运行质量。目前专用发票存根联报税率、专用发票存根联采集率、一般纳税人档案采集率全部达到100%,四小票比对相符率达到85%以上。

六是认真开展发票检查。上半年,我局为了进一步加强普通发票管理,强化税收征管,堵塞税收漏洞,维护正常的税收秩序和经济秩序,防止各类发票案件的发生,我们于2018年4月底对全县的个体诊所和乡村卫生室购进药品索取发票的情况组织开展了专项整治。到目前为止,对全县十六个乡镇共计300余户个体诊所和400余户乡村卫生室的检查已经完成,对问题严重的300多户进行了处罚,收取罚款7.6万元,每户平均200元。通过检查,被检查对象了解了税收政策和发票知识,索票意识明显增强,取得了初步成效。

(三)以依法治税为核心,执法能力不断提升

一是积极落实各项税收优惠政策。对上级出台的税收政策,我们不折不扣落实到位。从服务全县经济发展大局出发,认真落实了各项税收优惠政策,全年为福利企业、资源综合利用企业、废旧物资经营企业,办理先征后返、即征即退、免征增值税的税收优惠。为部分出口企业办理"免、抵、退"税收优惠,做到了"应调尽调,应退尽退",支持了全县经济发展。

二是强化了税务稽查。在抓好选案稽查、发票协查、举报案件查处等工作的同时,按照市局部署,重点开展了税收专项检查工作,制定了《××县国家税务局2018年税收专项检查工作实施方案》,分阶段、按步骤、有条不紊地搞好专项检查工作,共检查各类案件17起,查补税款125.74万元、罚款12.98万元、滞纳金0.7万元,共计139.42万元,冲减留抵60万元。截止到5月25日,通过稽查手段共查补税款、罚款、加收滞纳金139.42万元,案件查实率达到100%,整顿和规范了税收秩序。

三是强化了纳税评估。运用引导纳税人自查、约谈、评估等和

谐手段解决问题，强化税收征管。认真落实税收分析、纳税评估、税源管理、税务稽查"四位一体"的良性互动机制，强化税源管理。建立县局与分局的纳税评估联动机制，坚持案头评估与实地查验相结合、综合评估与分税种评估相结合，提高评估效果。

四是认真搞好税收执法监督检查工作。结合税收管理员制度要求，认真落实税收执法责任制，充分利用金税工程、税收综合征管软件的信息资源和税收执法信息管理系统v2.0提供的信息，不断加大对政策执行和税收执法行为的监督检查力度，特别是强化对税务违章处罚程序和执行、福利企业、废旧物资企业、一般纳税人认定管理等重点行业、环节的监督检查力度，及时发现和纠正问题，规范了税收执法行为。

(四)以税收宣传月为契机，不断加大税收宣传力度

今年4月是全国第31个"税收宣传月"，我局紧紧围绕"税收·发展·民生"的宣传主题，按照省、市局的统一部署，紧扣主题，注重实效，全方位、多形式地开展税收宣传活动，收到了良好的宣传效果。

一是组织了《纳税服务，从我做起》有奖征文活动。3月15日至4月20日，我局在全县范围内组织了一次《纳税服务，从我做起》有奖征文活动。这次活动，得到了机关股室和基层分局的高度重视和大力支持，得到了全系统干部职工和社会纳税人的积极响应，共收到应征稿件85篇，其中外部稿件22篇。来稿形式多样，内容丰富，从不同角度、不同侧面阐述了对纳税服务的感受、经历、看法和观点。经组织专家评审，共评出一等奖两篇，二等奖四篇，三等奖六篇，优秀奖八篇，组织奖一个，所有获奖作品将结集出版并向各级报刊媒体推荐发表。

二是首个税收宣传及爱国主义教育基地正式挂牌。4月11日上午，我局在××镇××小学举行了税收宣传及爱国主义教育基地挂牌仪式，这是全县税务系统命名的首个税收宣传及爱国主义教育基地。县国税局党组书记、局长×××、××小学负责人、××镇党委、政府有关领导、×××家协会负责人、县国税局机关中层以上干部参加了挂牌仪式。在挂牌仪式上，县国税局向××小学捐赠电脑3台、图书500册。2017年，县国税局已向该小学捐款3万元。在举行挂牌仪式之前，县国税局领导一行集体瞻仰了××之子纪念馆、××陵墓，并敬献了花篮。

三是编排的宣传小品在全省税收小品竞赛中荣获二等奖。由我局编排的××戏小品《涂瞎子上税》在×××税收宣传月上荣获小品类节目二等奖及最佳编剧奖。这是我局在第十七个税收宣传月中

一个亮点，我局紧紧围绕"税收·发展·民生"的宣传月主题，在宣传形式上求创新，在宣传效果上求突破，因地制宜，精心组织了具有××特色的小品，达到了理想的宣传效果，加大了税法宣传的深度和广度。

四是召开重点行业纳税人座谈会。4月13日，我局组织召开了重点行业纳税人座谈会。发放征求意见表200份，此次活动是以提高民主评议活动的群众性和广泛性，保证广大纳税人参与权、知情权，推动我局行风建设为主要内容的便民服务宣传活动，目的在于充分展示国税部门的行风建设工作成果，推动我局民主评议活动深入开展。同时也进一步拉近了税企之间的距离，建立了平等、和谐的税企关系，达到了税企双赢的目的。

(五)以文明创建为载体，全力打造和谐国税

一是抓学习教育，建学习型队伍。我局制定了严格的政治学习制度，在学习过程中做到"五个有"，即一是有制度；二是有计划；三是有考勤；四是有心得；五是有奖惩措施。对全体干部进行综合性培训和岗位培训，并分批分次对中层干部和一般干部进行考试，经考试合格后才能上岗，以此来促进干部队伍整体素质的提高。

二是抓廉政教育，正国税行风。年初，我局召开了全县国税系统党风廉政建设会议，从加强干部教育管理入手，制定了一系列工作制度，加强了干部教育监督管理。为进一步营造廉洁从政氛围，我们在全县各级国税机关建立了六个廉政宣传阵地，七个政务公开专栏，组织中层领导干部参加警示教育，做到警钟长鸣，同时还组织演出了××戏短剧《五女拜寿》，征集了××挑花、对联短信等廉政文化作品，在系统上下形成了明荣知辱、崇廉尚洁的良好风尚。上半年，我局干部队伍稳定，未发生一起违法违纪案件。

三是抓文体活动，增强队伍活力。"五一"前，组织了24名同志参加县政府举办的"全民健身"群体活动，分别参加了男女乒乓球、羽毛球，登山等比赛，获最佳道德风尚奖，同时各比赛项目均有好的成绩。

四是抓精神文明建设，增强队伍活力。4月16日，我局组织了28名同志义务献血7000CC。并启动了对口扶贫点的扶贫工作，做到了有计划有目标。对×××的结队帮困受到老百姓的好评。

五是抓基层建设，构建和谐国税。上半年，我们加大了硬件投入，先后投入440余万元，对基层分局办税大厅重新进行改造和整修，添置了计算机、空调、阅览室、文体活动室，对基层分局和县局机关办公、生活房屋进行了维修。

第四章 总结

二、上半年工作中存在的问题

一是税源管理的力度有待于进一步加大。有的单位税源监控措施不到位，对增值税一般纳税人的管理有待于提高。

二是干部素质有待进一步提高。部分干部工作责任心不强，工作只求过得去，不求过得硬，缺乏通过学习提高工作水平的积极性。特别是有的基层分局工作动力不足，部分干部工作、学习的积极性、主动性不强，业务素质特别是财会、法规、计算机等业务技能还难以适应当前税收工作的要求，业务学习的氛围还不够浓厚，复合型、业务知识型人才较少。

三是税源管理中的一些深层次问题尚未得到根本解决，一些制度方法尚不够科学配套，管理手段相对滞后，管理责任不够到位，工作执行力有待提高。

四是岗位责任意识要进一步强化。岗位培训要进一步加强，审核把关工作要更严格，特别是农产品发票的开具，废旧物资企业、福利企业、商业一般纳税人资格、稽查移交等环节，力度需要进一步加大。

五是利用计算机进行分析决策和管理的水平还有待提高；执法的规范性、执法能力还有待加强；对税收管理员的监督制约、考核激励等管理机制和工作综合评价体系还有待进一步完善。

> 第二部分总结工作中存在的问题，以利于今后改进。

三、关于下半年工作打算

一是加大组织收入力度。切实做好税源调查分析、收入调度预测工作，积极开展重点税源数据分析工作，加强重点税源常规分析，明晰税收收入形势、说明税收增减影响。

二是加大税务稽查力度。继续抓好日常、专案检查，积极筛选稽查对象，严厉打击虚开和故意接受增值税专用发票以及运输发票、废旧物资、农副产品发票，发现一起，查处一起。下大力气查处企业"两本账"、做假账、账外经营等偷税问题，严厉打击涉税违法行为。将有影响、有典型的案件进行公开曝光，震慑涉税违法犯罪，维护税法的尊严。

三是加大纳税评估力度。树立纳税评估的重要地位，通过有效、周密的监控，降低异常申报率，提高申报质量，增强管理的有效性。对税负偏低的企业对其进行重点评估，特别是对商业税负低于1%，工业税负较低的企业进行重点审核，先由企业自查，有重点地实施评估。

四是加大绩效考核力度。从提高每一名干部职工的工作责任心入手，采取有效措施，狠抓管理和落实，进一步完善岗责体系和工

> 第三部分谈及今后工作的打算，以明确方向，鼓舞斗志，增强信心，争取把工作做得更好。

作规程，通过制定和落实科学的岗责体系，明确每项工作的具体步骤、顺序、时限"综合处罚率"、标准、衔接等，减少工作漏洞，提高干部的管理水平。抓好重点部位的考核，例如在稽查方面，重点抓好"查补 收 收入贡献率"，力争达到省市局的考核标准2%、25%以上；在组织收入方面，重点抓好预测准确率的考核。

五是加大纳税服务力度。以"纳税服务年"为契机，在继续推行导税服务、微笑服务、预约服务、延时服务、限时服务的基础上，开辟全程服务绿色通道，设立"全程服务岗"，进一步方便纳税人办理涉税事宜。利用多种手段，不断提高服务效率和服务质量，强化了"一站式"服务。充分发挥办税大厅职能，对"诚信纳税最佳单位"实行年审免检、进项发票预约认证和税务人员上门服务等六项服务，强化"贴近式"服务。

六是加大干部教育力度。坚持因地制宜、按需施教，开展岗位培训，重点进行增值税、消费税、企业所得税、财务会计知识培训，提高业务人员的业务素质；深入开展机关效能建设活动，提高干部工作积极性、主动性；开展思想教育作风整顿，解决干部职工思想上、学习上、工作作风上等方面存在的问题，促进干部作风的大转变，推动全县国税工作更好更快地发展。

本文抓住了工作中主要的、最能反映本单位本质特点的事实进行分析概括，总结出了带规律性的经验，重点突出，个性鲜明。观点和材料有机统一，分析评价一分为二，实事求是。

××县国税局
2018年6月30日

结尾：用省略式，自然收尾。

落款：写明成文日期。

(资料来源：范文中心，http://fanwen.geren-jianli.org/129082.html，有改动)

写 作 训 练

一、阅读下面的总结，回答文后的问题。

××市环保局2018年上半年工作总结

2018年上半年，我局在市委、市政府和上级主管部门的领导下，坚持以党的××大会议精神为指导，以开展保持共产党员先进性教育活动为契机，以"打造工业强市，构建文明城市"为奋斗目标，一手抓"不忘初心、牢记使命"为主题党员教育活动，一手抓业务工作，进一步提高环保执法水平，全局各项工作取得了长足发展，部门形象得到了进一步提升，为全年工作任务的全面完成奠定了良好的基础。现将上半年工作总结如下。

第四章 总结

一、2018 年上半年环保工作取得的成绩

(一)全力以赴,深入开展造纸企业综合整治工作

我市造纸企业是今年省政府确定的五个重点综合整治区域之一,也是我市今年环保工作的重中之重。按照省政府批准的《××市造纸企业综合整治方案》,全市工业污染防治进一步深化。目前,累计污染治理投资达 70000 万元,应关闭的 50 万吨以下造纸企业已全部关闭到位,并通过省、市环保部门验收;其余的 98 家万吨以上造纸企业和商品浆企业通过兼并重组已压缩到 48 家;需建的 36 个生化工程,已有 18 个工程完工,进水调试,其余 18 个未建成生化工程的一律实施停产治理。

通过造纸企业综合整治和严查违法排污企业环保专项行动,有效地改善了××河环境质量,××洞断面水质 Cod 浓度上半年稳定控制在××市定标准以内,氨氮浓度(参考指标)控制在 15mg/L 以内;×××饮用水源地水质达标率达到 92%。

(二)高度重视,加大大气污染防治力度

大气污染问题一直是广大人民群众关注的焦点,为了从根本上解决这一问题,我们一是认真做好省定 73 家耐材企业的关停工作,对被列入关停名单的耐材企业,逐厂调查,摸清情况,制定规划,划分责任,督促有关责任乡(镇)按时完成关停工作。二是加强日常监管频次,严防死守,坚决控制烟囱冒黑烟现象。三是开展大气集中执法大检查,对我市耐材企业集中的××镇进行环保专项执法行动,严厉打击各种大气违法排污行为。四是加大对以小炼油、小沥青为主的"十五小""新五小"的查处力度,发现一起,取缔一起。目前,全市列入年底前关闭的 73 家耐材企业和 1 家水泥厂,定于 6 月底前第一批关闭的 37 家耐材企业已全部按标准落实到位;定于 10 月底前第二批关闭的 36 家,目前已有 8 家提前关闭;应关闭的 1 家水泥厂已经关闭到位。下半年关闭任务还剩 28 家。

(三)统筹兼顾,全面推进各项业务工作

在努力做好重点区域、重点行业的综合整治工作的同时,我们也不断加强其他方面的工作。截止到 6 月 30 日,全局共计征收各项规费 800 万元,比去年同期增长 15%;上半年共取得各类监测数据××个,检查污染治理设施××频次;接受上级转办的信访案件 12 起,处理 12 起,查处违法案件××起,结案××起,无集访、越级上访现象的发生,保证了环保工作的顺利开展;"12369"环保热线共接受群众来电××个,其中举报类××个、咨询类××个、建议类××个。限时办理××件(水污染举报××件、大气污染举报××件、噪声污染举报××件),做到了受理、查处、回访率 100%,人工接听率 100%,成为××市 12 个县市(区)中无空档现象的县(市)之一。制订规划,出台方案,推动生态保护工作有序推进,3 家重点企业开始清洁生产审核,其中 1 家企业已通过 ISO14000 认证,全市已有 11 家企业配备煤气发生装置,8 家企业采用隧道窑生产工艺;建设项目审批管理更加规范,"环评"执行率、"三同时"执行率均达 100%;固体废物管理工作稳步进展,城市污水处理厂正在加紧建设;18 枚废弃放射源安全收贮工作,得到××市环保局的通报表扬,同时我局对全市 637 家企业进行排查,排查出放射性同位素 71 枚,X 射线装置 56 套,对已建的 20 家使用放射核素的涉源单位完善了档案,对 32 家使用 X 射线装置的涉源单位逐一建立档案,做到一源一档,使全市所有放射源都纳入正常监督管理中。另外,在

"三夏"期间，我局加大宣传力度，严格督查，全市基本实现"不烧一把火，不冒一股烟"的目标，秸秆禁烧工作取得了很大成效，受到市委、市政府的表扬。

(四)认真开展保持共产党员先进性教育活动，强化队伍建设

按照市委、市先进性教育活动领导小组办公室统一安排部署，我局保持共产党员先进性教育活动，在局党委高度重视、精心组织、合理安排，广大党员自觉参与下，取得了明显的成效。集中学习、分析评议、整改提高三个阶段工作均达到了市委的要求，取得了实实在在的效果，实现了目标要求。一是党员素质有了明显提高；二是全体党员普遍受到了一次较为深刻的马克思主义理论教育，党员的思想认识有了明显的提高；三是通过自我剖析、民主评议和整改提高，全体党员彻底改变了过去那种对党员行为标准模糊化的认识，进一步明确了今后的努力方向；四是改善了干群关系、党群关系，建立健全了党员先进性教育长效机制，党支部的凝聚力、战斗力和创造力进一步得到加强；五是全市环境保护事业各项工作取得长足发展，学习和工作做到"两不误、两促进"。

(五)狠抓业务学习，打造高素质环保队伍

我们始终把业务培训、岗位练兵作为提高职工业务素质的重要工作来抓，坚持每周五学习制度，组织干部职工学习环境保护相关法律法规，不断更新业务知识，提高业务工作能力。另外，我们有步骤地组织干部职工到××市委党校接受有关法律法规知识培训，提高干部职工的学法、懂法、用法的能力，以适应不断发展的环境保护事业的需要。2018年5月，局信访法制科全体同志参加了××市组织的《信访条例》培训学习考试，人均成绩达到90分以上。

(六)强化党风廉政建设，树立良好环保队伍形象

环保局是一个与广大群众的切身利益息息相关的部门。我们始终以加强党风廉政建设为重点，通过深入开展党风廉政教育，大力倡导爱岗敬业的精神，努力塑造环保队伍公正严明的执法者形象，文明执法的服务者形象，廉洁高效的奉献者形象。在工作中，我们始终把群众满意不满意作为工作的落脚点，要求干部职工以×××新时代中国特色社会主义思想为指导，全心全意为人民服务，同时，制定《行政过错责任追究办法》《优化经济发展环境工作意见》《内部管理制度》等一系列制度，强化服务意识，端正服务态度，塑造"文明执法、热情服务"的良好形象。在廉洁自律上，首先局领导自身作表率，坚决做到秉公执法，不以权谋私，严格执行各项规章制度，其次，要求各中队长、科室长在全体人员中树立表率和示范作用，最后，坚持党风廉政教育，防患于未然。通过对反面典型事案例的剖析，观看反腐倡廉录像教育片，抓住党风廉政建设的重点、热点问题，对干部进行廉政教育，做到警钟长鸣。同时，我们通过聘请行风监督员，公布专线举报电话，发放征求意见卡及时听取社会各界的意见和建议，有力地促进了干部职工工作作风转变，树立了良好环保形象，从根本上杜绝违法违纪现象。

(七)搞好基础建设，提升环保部门社会地位

我们在局机关大厅内设置值班台，配备电话、桌椅、纸笔等日常办公用具，在醒目方便的位置设置了意见箱，并将当天值班领导、工作人员名单公布上墙，主动接受群众的监督。同时，加大了美化环境、优良作风、优质服务建设的力度。今年来，我局多方筹资，

对工作环境和办公条件进行了改善,完成机关水路、电路更新和墙面粉刷工程,对监测站办公场所进行全面装修,维修监理站办公楼大门,在局机关院内新修喷泉 1 个,种植大树 6 棵,为两站、各科室、中队增添空调 100 台,并购进西瓜 2 万多斤,发放到干部职工手中,以彻底改善职工的办公条件,让职工在一个舒心的环境中干事创业。

(八)开展多种活动,丰富职工精神文化生活

为活跃环保局广大干部职工的思想,调动工作积极性,我局上半年开展一些健康有益的文体活动:一是利用"三八"节组织女干部职工观看电影《任长霞》,学习任长霞的先进事迹。二是积极组织职工参加××市举办的颂歌献给党歌咏比赛,荣获二等奖。三是组织女职工代表到××市参加××运会广播操比赛,荣获三等奖。四是积极为扶贫点办实事、办好事。2018 年 4 月,我局为扶贫点××村贫困户送去慰问金 2000 元及衣物等用品,并帮助当地解决群众的吃水问题和村小学的教学条件;2018 年 5 月,我局为××寺村捐款 5 万元,资助××村道路路面硬化。

(九)精心组织,广泛营造环境保护宣传氛围

为深入贯彻落实全市环保工作会议精神,大力推动环境保护工作,我们以普法教育为主要内容,深入开展环境保护宣传活动。在市电视台开辟《聚焦环保》专栏,全面、详细、深刻地报道我市环境保护工作;借助"4·22"地球日和"6·5"世界环境日,在××路设立"环保宣传一条街",悬挂 100 条横幅,张贴 300 条标语,并深入学校、社区、企业免费发放 3000 册环保手册,进一步提高市民环保意识,让全社会都来关心环保、参与环保,共同营造人与自然和谐共处的美好家园。

二、2018 年上半年环保工作中存在的问题

(一)环保执法队伍的整体素质与当前社会需要还有一定距离,少数干部职工的业务水平不高,依法行政意识淡薄,整体执法能力不高,重收费、轻管理的现象依然存在。

(二)对污染源监管的长效机制探讨不够,对重点污染源的监管主动防控不足。

(三)目前队伍的思想观念、工作作风、方式方法和业务素质还不适应形势和任务的要求,违反各级禁令现象和执法行为不规范等问题还时有发生。

(四)监督管理还没有完全到位,存在着部分漏洞现象。

(五)我们执法力度不十分过硬,对一些违法排污现象,没有很好地运用法律武器来进行严厉打击。

三、下半年工作设想

(一)继续加强队伍建设,提高整体素质。加强学习教育,继续开展"一日一题""每月一法"学习,加强法律法规学习和计算机基础知识学习,提高业务水平。同时加强职业道德和为人民服务思想教育,培养勤政、廉政的良好品质。

(二)继续抓好整顿和规范市场经济秩序工作。继续把好市场主体准入关,规范市场主体行为,从源头上抑制扰乱市场经济秩序的行为,进一步加强安全生产监管工作,大力整治无照经营,取缔非法经营;切实做好流通领域商品的"打假",查处不正当竞争行为;加强节日市场专项整治,打击假冒伪劣违法行为,保护驰名商标专用权;加强广告管理,打击虚假违法广告;加大消费者权益保护力度,加强 12315 建设,做到有问必答,有假必

打,有案必查。继续加大力度,对集贸市场进行整治,巩固成果。搞好 12369 投诉热线服务工作,加强对投诉的受理,加强对法律法规的宣传,使广大群众能够积极参与保护自身合法权益的斗争。

(三)围绕中心,服务经济发展。一是为企业提供优质服务,进行跟踪回访,为企业排忧解难;二是积极引导个私经济快速发展;三是实施名牌战略,指导、帮助企业正确运用商标,争创著名、驰名商标;四是优化经济发展环境,进一步增强服务意识。

(四)认真做好上级交办的各项即时性工作。成绩来自于行动,我局将在市工商局和开发区党委的正确领导下,群策群力,开拓进取,认真完成市局下达的 2018 年各项工作任务,为地方经济建设作出积极的贡献。

2018 年 7 月 1 日

(资料来源:百度文库,https://wenku.baidu.com/view/819066bca0c7aa00b52acfc789eb172dec639932.htmll,有改动)

1. 从内容涉及面看,本文属于_____性总结。
2. 本文的标题由_____、_____、_____和_____四项内容构成。
3. 本文的前言概括交代了_____、_____、_____等内容。
4. 本文的主体部分是按照_____的方式安排结构的。
5. 本文的主体部分主要写了(   )。
   A. 取得的成绩与经验、做法　　　B. 存在的问题与教训
   C. 今后的设想　　　　　　　　　D. 以上三个方面都有
6. 本文的结尾属于_____,其主要内容是:_____。

二、下面是一篇汇报性工作总结,在格式、内容和语言上都存在一些问题,请根据总结的写作规范进行修改。

财务科年终总结

今年来,财务科紧紧加强财务管理,严格财务人员核算管理,不断建立健全内部控制,按照新财务管理工作的相关制度和"收支两条线"的规定,依法征收,严格执行财经制度,确保各项资金的规范、安全使用,较好地完成了各项工作任务,现将年度工作总结如下:

(一)预决算方面:
1、圆满完成了 2016 年度决算,并取得市财政局决算批复。
2、编制完成了 2017 年度部门预算,政府性投资项目预算,政府采购预算并取得预算批复。
3、向市人大财经委提交 2016 年度决算报告,审核并通过。
(二)收入情况:
1、1-12 月土地出让收入征收××亿元,入库××亿元,预计年底入库××亿元。

第四章 总结

2、加强土地出让收入征收,建立土地出让收入台账。

(三)加强财务公开工作,提高财务透明度。完成2017年度部门预算和"三公"经费在达州市政府外网和我局门户网站公开。顺利完成2016年度财务决算和"三公"经费在达州市政府外网和我局门户网站公开。

(四)全面清理规范涉企经营服务性收费。制定完成××市国土资源局收费清单目录,于5月25日在门户网站公示,认真开展全市国土资源系统地方涉企收费,并完成上报工作。

(五)加强固定资产管理,提高资产使用效益。对我局下属单位部分固定资产申请报废一批,原值××元,财政已批复。8月份申请第二批固定资产报废,原值××元,财政已批复。11月份所有资产处置工作已完成实物回收和账面核销。

(六)编制、汇总报送政府性资产报表,撰写了政府性资产工作总结和分析报告。

(七)完成了内控制度的合规性建设,接受省、市财政部门抽查,评价打分81分。开展行政事业单位内部控制报告监督检查工作,对内部控制报告质量及单位内部控制建设情况进行评价打分,对检查不合格进行通报,督促及时整改,达到"以查促建"的目的。

(八)按时按质完成了全省地质灾害综合防治体系市州交叉检查工作,完成检查报告工作,得到省财政厅和国土资源厅的好评。配合市财政局开展全市五项民生资金检查工作。

(九)加强了财政资金管理,认真清理了财政结转结余资金,严格执行预算管理,参加市人大对《预算法》执法情况检查工作。

(十)完成市委巡察组提出问题的整改工作,完成环保督查矿业权价款及使用费清查统计工作。

(十一)开展了非税收入2013-2016年度清查核实工作。按规定建立相关工作台账,实行收费目录公示制,迎接省厅督导组检查。个别单位还存在自行设立项目收费,收费目录不公示,收费项目已取消仍在继续收取的情况。

(十二)开展了市级行政事业单位国有资产审计和评估工作。根据评估,资产管理不是很到位,有的资产根本无人管理。

(十三)编制了2018年部门预算、政府投资性项目预算、土地收支预算工作。

(十四)开展了2017年度部门财务决算编报准备工作。

(十五)加强与财政部门协调沟通,规范项目资金使用管理,为项目顺利实施提供资金保障。

(十六)开展了严肃财经纪律严格部门预算管理专项费工作,组织各县(市)局加强财务管理、严格执行《预算法》和各项财经纪律。

(十七)加强了非税收入对账、核算工作,及时与国库集中支付中心做好对账工作。

(十八)开展了专项资金特别是民生工程资金专项检查工作,综合省厅对市州进行检查的要求,主要针对非税收入管理和土地整治决算办理。

(十九)开展了滥发奖金、工资、补贴问题专项整治工作,按照规定办理职工住房公积金、养老金、医疗金缴纳工作。

(二十)做好了各项财务统计报表,季度报表,及时、准确报送土地收支报表,每季按时报送"三公"经费报表。

2016 年 12 月 9 日

(资料来源：MBA 智库文档，https://doc.mbalib.com/view/23c3e2743ce1dfdef60eebd6d18231eb.html，有改动)

三、一个学期结束了，为了总结经验教训，以便下学期取得更好的成绩，请你就自己本学期的学习情况写一篇综合性总结。

第五章 述职报告

> 学习目标

- 理解述职报告的含义和特点。
- 了解述职报告的不同类别。
- 重点掌握述职报告的结构及写作要求。

第一节 述职报告概述

一、述职报告的含义和特点

(一)述职报告的含义

述职报告是指各级各类党政干部或专业技术人员向考核部门及本单位职工汇报自己履行岗位职责情况的报告。

(二)述职报告的特点

1. 特定性

特定性是指述职者必须是特定职务的担当者。特定职务既包括党政领导职务,也包括各行业的专业技术职务。

2. 规定性

因为述职者是特定的人群,有特定的身份与职责,所以述职报告的内容也就有特殊的规定,即在述职报告中要写清自己履行岗位职责的情况。

3. 述评性

述职是一种自我考评行为,所以述职报告不仅要叙述自己履行岗位职责的情况,说明自己做了什么,而且还要结合岗位职责解剖、评价自己的工作,说明工作做得怎么样。

4. 真实性

述职报告是干部与专业技术人员考核、评价、晋升的重要依据,述职者一定要实事求是、真实客观地陈述,力求全面、真实、准确地反映自己履行岗位职责的情况,既不要夸大成绩,回避问题和失误,也不要过分谦虚,妄自菲薄。

二、述职报告的种类

根据不同的分类标准，述职报告可分成不同的类别，从时间上可划分为以下三种。

(1) 任期述职报告，是对整个任期内履行岗位职责情况的全面报告。

(2) 年度述职报告，是对一年中履行岗位职责情况的全面报告。

(3) 临时述职报告，是对担任某项临时性职务任职情况的报告，比如负责某一项金融风波的调查处理工作，或组织某一项技能竞赛，报告履行职责的情况。

第二节　述职报告写作

一、述职报告的结构形式

述职报告的结构形式一般由标题、称谓、正文和落款四部分组成。

(一)标题

述职报告的标题一般有以下四种形式。

(1) 用文体名称作标题，如《述职报告》。

(2) 期限+文体名称，如《2018年述职报告》。

(3) 期限+职务名称+文体名称，如《2017—2018年任××校长的述职报告》。

(4) 双层题，即正副标题结合。正标题是对述职内容的高度概括，副标题与单标题的构成大体相似，如《思想政治工作要结合经济工作一起抓——××造纸厂厂长的述职报告》。

(二)称谓

称谓即述职报告提交的对象名称，也称抬头。述职报告提交的对象或方式不同，称谓也会不同。如果用书面形式向领导提交，称谓要写领导的职务名称，如"董事长"；如果用书面形式向考评部门提交，称谓要写考评部门的名称，如"人力资源部""组织部""人事处"等；如果是在大会上向领导和员工宣读，称谓要写听读对象，如"各位同志"或"各位领导、同志们"等。

(三)正文

正文由开头、主体和结尾三部分组成。

1. 开头

开头又叫引言或前言。一般情况下，开头大都交代自己履行岗位职责的基本情况，包括何时何地任何职，变动情况及背景，岗位职责或任职目标、任务，对自己工作尽职的整体评价等，以确立述职的范围和基调。这部分要写得简明扼要，给人一个总的印象。

2. 主体

主体是述职报告的核心，主要写自己的工作业绩以及做法、经验、体会、问题、教训，具体包括如下内容。

(1) 陈述履行岗位职责的情况。这是述职报告的核心，一般包括工作任务、工作计划的完成情况，原定目标的实现情况，工作效率，工作作风，决策能力及在工作中发挥的作用等。

由于述职者职务身份不同，具体从事的工作各异，个人能力和成绩有别，所以，述职的内容也各不相同，写作时不能千篇一律。但无论何种情况，都必须写出任职期间所做的主要工作，取得的成绩，即写出任职期内的业绩。

(2) 对履行岗位目标情况进行评价。评价时要扣准目标，定性要准确。表达上可采用总述总评的形式。如果目标较多，也可采用述评结合的形式，述一条评一条。

(3) 指出存在的缺点、问题、失误、教训，并分析问题产生的原因，提出今后改进的意见和措施。由于述职报告多以成绩为主，所以，这部分内容虽然一般不展开，但也要实事求是，客观公正。

主体部分内容要具体充实，分析要有理有据，脉络要条理清楚。这部分内容涉及面较广，宜分条列项，并注意内在的逻辑关系。

3. 结尾

述职报告的结尾有以下三种形式。

(1) 结语式。结语式一般用"特此报告，请审查""以上报告，请领导、同志们批评指正"等结语作结尾。

(2) 普通式。普通式可用一个总评结论结尾，如"我认为，在任职期内，我比较好地完成了本职工作"；也可表达自己的决心、态度、愿望等。

(3) 省略式。主体部分结束即自然收尾。

(四)落款

落款有两项内容，即署名与成文日期。署名可写单位部门名称、职务名称与姓名。成文日期在署名之下。

二、述职报告的写作要求

(一)要充分反映出任期内的工作业绩和问题

述职是民主考评干部或专业技术人员的重要环节，也是干部或专业技术人员自觉接受组织和群众监督的一种有效形式。干部或专业技术人员作述职报告，是为了让组织和群众了解和掌握干部或专业技术人员的德才状况和履行职责的情况。因此，述职报告应该充分反映任期内的工作实绩和问题，写出在岗位上办了什么实事，结果怎么样，有哪些成绩或不足，包括工作效率、工作任务的完成情况、取得的效益及存在的问题等。工作业绩如何，是检验干部或专业技术人员是否称职的主要标志，述职人要充分认识到这一点，实事求是地把自己的工作业绩和问题反映出来。

(二)要实事求是地评价自己

对自己的评价要实事求是，不夸大，不缩小，要准确恰当，有分寸，不说过头话、大话、假话、套话、空话。要做到这些，应注意处理好以下几种关系。

(1) 处理好成绩和问题的关系。要理直气壮摆成绩，诚恳大胆讲失误。

(2) 处理好集体与个人的关系。不能把集体之功归于个人，也不要抹杀了个人的作用，必须分清个人业绩和集体实绩。

(3) 处理好叙和议的关系。在表述上要以叙述为主，把自己的工作业绩写出来，不要大发议论，旁征博引。议论只是对照岗位职责，根据叙述的事实引出评价，不能拔高。

(三)要抓住重点，突出个性

如果是口头述职，时间不宜过长，一般不超过 30 分钟；如果是提交书面报告，一般以 3000 字以内为宜。因此，表述的内容应抓住重点，抓住最能显示工作业绩的大事件或关键事件。凡重点工作、经验、体会或问题等，一定要有理有据，充实具体；而对于一般性、事务性工作，宜概括说明，不必面面俱到。抓住重点，突出中心，还应突出自己的特色，突出自己独有的气质、风格、贡献，让人能分辨出自己在具体工作中所起的作用。

案例分析

2018 年××县财政局长述职报告

县组织部：

今年以来，面对宏观经济下行、持续减税降费等诸多不利因素的挑战，我县财政面临着收入难增、支出难保、收支难平的严峻形势。面对这一复杂局面，一年来，我带领全局干部职工，在县委、县政府的正确领导下，坚持改革创新、服务大局，创造性地开展各项工作，较好地完成了年初确立的任务目标，为全县财政收入任务的圆满完成、各项重点支出的保证做出了应有的贡献，可以说，过去的一年是我县财政工作不平凡的一年，同时也是我在财政领导岗位上经受住各种严峻考验，不断完善自我、超越自我的一年。回顾一年来的工作，作为财政的一班之长，我主要抓了以下几个方面的工作。

一、加强自身建设，不断提高财政工作的"驾驭力"

财政作为经济的综合管理部门，肩负着分配组织收入、调控经济运行以及实施财政监督等重要职能。在市场化改革不断深入，各种矛盾互相交织的今天，财政促改革、求发展、保稳定的任务越来越重，为了适应不断变化的新形势，解决好财政工作不断面临的新

这是一篇某县财政局长的年度述职报告。

标题：采用单标题形式，由期限、职务名称和文体名称构成。

称谓：由于是向组织呈送的报告，所以称谓要写呈送机关"县组织部"。

第五章　述职报告

问题，谋求财政工作的新发展，我始终注重在提高自身综合素质和驾驭能力上下功夫。

一是坚持政治理论学习，着力提高政治素质。正确处理好工作与学习的关系，克服各种繁杂事务，认真学习习近平主席新时代中国特色社会主义思想，深入学习贯彻十九大精神，并做好学习笔记，联系个人思想，写好心得体会，着力在把握思想体系上下功夫，在领会精神实质上做文章，并积极参加了在县级领导干部中开展的以"讲学习、讲政治、讲正气"为主要内容的党性党风教育活动，把学习理论与改造主观世界、增强党性修养结合起来，深入剖析自身存在的问题，自觉接受群众监督，不断提高自己的领导水平和政治素质。

二是加强财经知识学习，着力提高业务素质。重点学习了市场经济理论、现代经济管理、财税法规以及《领导干部财政知识读本》等一批理论专著，开阔了理财视野，自身的专业水平、理论素质和依法行政能力有了进一步提高。与此同时，我注重把勤于学习与勇于实践相结合，积极开展各种有针对性的财政调研，所撰写的《加大结构调整力度，提高财政运行质量》一文获市、县财税建设征文三等奖和一等奖，并被《××通讯》和《××晚报》刊载。

三是强化工作使命感和责任感，着力提高思想素质。能始终以党的纪律和党员标准来严格要求自己，认真贯彻执行党的各项路线、方针、政策，在政治上、思想上、组织上与上级党委保持一致，把思想统一到党的精神和决议上来，把自身工作融入到县委、县政府关于建设经济强县的一系列战略举措中来，以高度的责任感和事业心全身心地投入本职工作。针对当前财政部门外部管理难度大、内部管理困难多的现实，我首先从自我做起，注重以身作则和率先垂范，在学习、工作和生活方面，充分发挥模范带头作用，凡是要求同志们做到的首先自己做到，凡是要求同志们不做的自己首先不做。为了搞好本职工作，我几乎牺牲了所有的双休日和节假日，时常起早摸黑加班到深夜，同时，经常性地深入到各乡镇和基层站所，了解入库进度，分析财税形势，督促税收入库，平均每月下乡天数均在10天以上，以至完全疏忽了家庭事务，疏忽了照顾丈夫、孩子和年迈的母亲。

二、坚持民主集中制，切实增强领导班子的"凝聚力"

领导班子是龙头，是全局工作的核心力量，为了充分发挥领导班子的群体效应和核心作用，我突出抓了四项制度建设。

一是理论学习制度。继续坚持中心学习小组学习制度，每季度至少安排3天的学习时间，结合"三讲"教育的开展，采取组织自学与集中学习相结合的方式，狠抓政治和业务理论学习，做到有计

前言： 说明述职的期限与背景形势、担任的职务、主要的工作情况和对自己一年来履行岗位职责情况的总评价。

主体： 首先分五个方面对自己一年来完成任务的情况、取得的主要成绩和经验进行陈述。对履行岗位职责情况的评价采用了述一条评一条的方式，内容充实，有理有据，条理清楚。

主体第一部分陈述加强自身建设情况，言辞恳切、感人。

主体第二部分谈增强领导班子凝聚力方面的成绩。

划、有制度、有要求、有考核，领导班子思想政治建设进一步提高，工作事业心和责任感进一步增强。

二是分工负责制。在工作格局上，我十分注重调动班子成员的积极性和创造性，全局10名班子成员每人都有明确的分工和权限划分，承担相应的责任和义务。我负责全盘工作，对一般性事务真正做到放手、放胆、放心，特别是在收入任务上，领导成员实行包片、包项目、包入库，有效地形成了工作合力。

三是民主集中制。在研究工作时，能做到广泛地听取群众意见，民主集中，求同存异。经常性召开民主生活会、局务会和局长办公会，对人事任免和奖惩、资金安排等重要事项由集体研究决定，不搞"一言堂""家长制"。在日常处事中，相互交心通气，相互关心支持。

四是勤政廉政制度。不管是收入任务的完成还是规章制度的执行，我始终要求班子成员起模范带头作用，并根据中纪委有关规定，制定了不收人情税、不拨关系款等一系列廉政措施。在监督机制上，实行公开办事、自查自纠、民主评议和民主监督，领导班子整体素质明显提高，真正发挥了排头兵和领头雁的作用。

三、狠抓队伍建设，充分调动干部队伍的"战斗力"

我始终把造就一支政治强、业务精、作风硬的干部队伍作为财政工作的着力点来抓。

一是用规范的制度管理人。先后建立健全了一系列行之有效的规章制度，除正常的学习、考勤、卫生、财务制度和岗位责任制外，还针对具体工作任务，分别制定完善了办事制度和工作纪律。如在今年财税督促攻坚战中，明确规定"财税督收十不准"，在社会上树立了良好财政干部新形象。

二是用严格的标准教育人。积极鼓励干部职工参加各种形式的业务培训和学历教育，做到时间、人员、经费"三落实"。结合"三比三看"活动的开展，实行重罚制度，大力整顿干部队伍思想作风。同时，在系统内部建立能上能下的科学用人制度，大胆起用作风硬、业务精、事业心强的能人，优化干部队伍结构。今年新提拔七名年轻干部担任财政所领导，选送两名党员积极分子进党校培训，发展预备党员三名，预备党员转正两名。对财经纪律松弛、组织纪律涣散的财政所负责人给予了调离或撤职处分。

三是用真实的情感关心人。先后从省市争取资金100多万元用于局机关建设，改善办公和生活条件。对干部职工子女入学、就业、参军等问题，在力所能及的情况下，想方设法协调各方矛盾，千方百计地帮助解决。在工作之余，我常跟干部职工交流思想，了解他们的思想动态，与他们做贴心的朋友，有效地调动了干部

> 主体第三部分谈干部队伍建设方面的成绩。

职工的工作积极性，全局上下真正形成了"心往一处想，劲往一处使"的良好氛围。

四、突出改革创新，勇于发挥业务工作的"创造力"

当前，县级财政正在步入一个新的发展阶段，面临着结构不优、体制不顺、财源不足等一系列新问题，而破解这些难题的关键在于改革创新，建立与市场经济相适应的理财新思路。

一是抓重点。为了加快收入进度，确保财税均衡入库，年初，请示县委、县政府将全年收入任务进行细化、量化，层层落实到单位和个人，并实行严格的督促考核机制。对财政工作中出现的一些新情况和新问题，及时向领导请示汇报，并提出建设性意见，供领导决策。如10月份，针对全县财政收入完成不理想的严峻形势，在我的建议下，在全县开展了一次财税综合督收攻坚战，对本年度正常财税收入、各部门各单位的各种欠交漏交税款、乱收费等九项内容进行督收清收。这项工作迅速得以开展并取得了显著成效，有效地保证了全年财税任务的圆满完成。

> 主体第四部分谈改革创新方面的成绩。

二是抓难点。当前各类财政周转金由于管理不善，回收不及时，大量的逾期财政贷款形成了呆滞账，使得财政面临沉重的兜底压力。发现这一问题后，今年我把财政有偿资金回收纳入财政工作的重要议事日程。请示县委、县政府下发了工作文件，并将回收任务与财税任务同部署、同安排、同落实，协同各部门力量，采取行政、经济、法律手段予以清收，全年回收各类周转金350万元，确保了资金安全运作，缓解了财政供需矛盾。

三是抓薄弱点。积极适应税源结构的变化，把契税作为财政新的收入增长点来抓，多次组织专门力量，对新契税出台的本单位和个人的房屋转让、出售及房改超面积契税进行专项清理，全县契税收入入库115万元，同比增长59.7%。

四是抓热点。保工资、保运转、保重点支出是当前财政工作的热点问题。为了确保各项支出到位，一方面，克服各种困难和压力，积极推进支出管理改革，先后实施了政府采购制度和财政统发工资，着力提高资金使用效益；另一方面，积极向上级跑资金、跑项目，争取上级部门的大力支持，一年来共争取预算周转金1300万元，争取财源建设资金40万元，争取财政建房资金和业务经费100多万元。

五、严格依法行政，大力增强拒腐防变的"免疫力"

领导的廉洁奉公是搞好财政工作的关键。作为一名财政局长，无论是在工作、学习还是生活中，我能始终绷紧廉政这根弦，用一个优秀党员干部的标准来要求自己、约束自己，时时自重、自醒、自警、自律。

> 主体第五部分谈作为财政局长，自己在依法行政、拒腐防变方面的努力。

　　一是秉公办事，不徇私情。在收入征管方面，坚持按照法律、法规办事，依率计征，依法理财，从不乱开减免税口子和随意缓税。在今年的契税大清理中，不少纳税对象是自己的亲朋好友，有的甚至是上级领导的亲属，要求减免税收的条子、招呼很多。对此，我一一作了"冷处理"，并大力支持征税人员执法，维护了税法的公正性。在支出方面，能严格按《预算法》办事，严格遵循财经规章和纪律，从不乱拨一笔款，乱批一张条。

　　二是以身作则，廉洁奉公。财政是管钱的部门，每年通过自己掌管的资金上亿元，但我始终能正确对待手中的权力，坚持做到"常在河边走，就是不湿鞋"。个人电话费、医药费均按规定报销，来人来客招待严格标准限额，杜绝铺张浪费和大吃大喝。对于一些不正当的请客、送礼均能一一回绝。对局机关的基建项目和零星工程，坚决实行公开招标，提高透明度，并实行多人把关，对工程价格反复测评，真正做到公正、公平、公开。

　　三是坚持任人唯贤，不搞任人唯亲，建立科学公正的用人机制。

　　过去的一年，我在财政工作岗位上尽职尽力，扎实工作，取得了一定成绩。这些成绩的取得归功于县委、县政府的正确领导，归功于全局干部职工的共同努力。与此同时，自身工作还存在着许多不足和问题。

> 主体的最后部分讲工作中的问题与教训。

　　一是对市场经济理论学习不够，研究不深，驾驭全局工作的能力有待提高。

　　二是在新旧体制转轨的今天，面对财政运行积累下来的一些深层次矛盾和问题，缺乏强有力的改革措施和解决办法。

　　三是局机关两个文明建设仍需进一步加强。所有这些问题，都需要在今后工作中认真对待，并切实加以解决。

　　2019年财政工作面临着更新的任务和更高的要求，我决心在县委、县政府的领导下与广大职工一道，进一步抓机遇，求实创新，不断开创我县财政工作的新局面。

> **结尾**：写今后工作的决心和努力方向，属普通式。

×××
2018年12月31日

> **落款**：包括具体名字和日期。

（资料来源：金锄头文库，https://www.jinchutou.com/p-27427066.html，有改动）

写 作 训 练

一、阅读下面的述职报告，回答文后的问题。

2018年××市水利局局长述职报告

×××：

　　本人自2017年4月任职以来，在市委、市政府的正确领导下，在市人大常委会的监

第五章 述职报告

督支持下，充分发挥局班子的集体领导作用，团结和带领全体干部职工，明确工作思路，认真履行职责，勇于开拓进取，在依法治水、水资源保护开发和综合利用、水库除险加固、河灌区节水改造、农村饮水安全和农村水电建设、城区和工业区供水水源工程建设、水利管理体制改革、机关效能建设等方面都取得了一定成绩。现述职如下，请予评议。

一、自觉遵守和认真执行宪法、法律和水利政策法规

二、坚决执行市人大及其常委会的决议、决定，认真办理人大代表的建议、意见

认真及时办理人大代表提出的建议、意见。今年6月办理了人大代表《关于加强农业基础建设，务必加大"五小"水利的投入》的建议。我积极想办法，多渠道筹集资金，加大对小型水库、小山塘、小陂坝、小引水和小提水工程等的投入，今年以来，争取自治区和安排市本级资金支持各区、县(市)建设维修"五小"水利工程资金累计达300多万元，是多年来少有的。

三、认真履行职责，创新开展水利工作

我任职以来，在认真做好日常工作的基础上，重点抓了以下几项工作。

一是积极主动争取政策支持。到任后，我一直在努力做政府和有关部门的汇报协调工作，利用国家高度重视"三农"问题，高度重视人口、资源、环境工作，认真贯彻落实今年中央1号文件的机遇发展壮大水利。水利是农业增产、农村发展最重要的基础，是生态建设的关键要素。结合我市实际情况和学习外地先进经验，我主持拟出了《××市水管单位管理体制改革方案》《××市农村小型水利设施改革方案》《××市人民政府加强水利工作的若干意见》等文稿，并报经市政府常务会议审查通过发文实施，有力地推动我市水利发展和改革各项工作。

二是狠抓项目前期工作，加快重点项目的建设。我组织完成了××市临海工业区供水项目××水库、××干渠防渗加固扩能、××工业区供水管网工程的《可行性研究报告》和《初步设计报告》及其报审批工作，《××市十三五水利发展规划》，《××市十三五农村安全饮水工程规划》，《××市临海工业区供水项目××水库工程可行性研究报告》等，确保我市沿海基础设施大会战水利供水项目的按时开工建设，并储备了一批工程项目。

四、坚持勤政廉政，增强公仆意识

我始终把人民群众满意不满意、赞成不赞成，作为一切工作的出发点和落脚点，以对党对人民高度负责的态度，严格要求自己，勤政廉政。到任以后，我努力创建学习型干部职工队伍，加强水利系统自身建设，注重培养年轻干部，组织制定和完善局十项制度，真正把职能和行为置于制度的约束之中和置于人民群众的监督之下，为人民掌好权、用好权。重视发挥纪检组的作用，进一步落实党风廉政建设责任制，加大公开办事力度，积极推进机关效能建设。严格管好家属和身边工作人员，在廉洁自律上起表率作用。

五、存在问题和整改方向

我虽然一直想为党和人民多办实事、好事，努力做一名人民的好公仆，但从我现实工作情况来看，还存在着许多不足，主要是：

一是对如何加快水利工程建设的办法不够多。我市水利基础设施薄弱，工程总量不足，抗御洪涝干旱灾害的标准不高的问题仍然十分突出，加快水利工程建设任务十分繁重。

二是抓农村饮水安全工程力度不够。根据 2005 年上半年组织的农村饮水现状调查，全市农村还有 29.3 万人饮水不安全，占全市农村人口的 43%，农村饮水安全形势十分严峻。

三是对新形势下的水利政策法规学习和宣传的深度不够。水污染案件还时有发生，主要是工业废水的不达标排放和农药的过量使用，农村水环境不断恶化。水土流失尚未得到有效控制，边治理边破坏的现象依然存在。

四是对全市水资源保护开发利用的长远规划研究不够。

五是对加快水利改革工作抓得不够紧。水利体制不顺、机制不活的问题仍然是影响水利发展的主要因素，水利改革任务十分艰巨。

六是水行政管理水平有待于进一步提高。对机关干部队伍管理不够严格，少数干部服务意识不强，一些规章制度流于形式，落实到位不力。对基层工作业务的指导还不够具体深入，侧重于宏观管理，微观指导不够。

七是水费征收难、水利行业的贫困状况还未能够得到解决。

针对上述存在的问题，我决心以这次市人大常委会对我履行职责情况的评议为契机，积极抓好整改，在今后的工作中，我将继续努力增强公仆意识，不断改进工作作风，树立科学发展观和正确政绩观，牢固树立立党为公、执政为民的思想，依法行政，自觉接受监督，努力做好水利发展和改革工作，为实现我市"兴港、强市、富民"的目标做出新的贡献。

×××

2018 年 7 月 1 日

(资料来源：百度文库，https://wenku.baidu.com/view/ad6bf96c6d85ec3a87c24028915f804d2b1687ed.html，有改动)

1. 从时间性看，本文属于_____性述职报告。
2. 本文的标题由_____、_____和_____三项内容构成。
3. 本文的前言概括交代了_____、_____、_____等内容。
4. 本文的主体部分主要写了( )。
   A. 履行岗位职责的情况　　　　B. 存在的问题
   C. 今后的设想　　　　　　　　D. 以上三个方面都有
5. 本文的结尾属于_____，其主要内容是_____。

二、下面是一篇年度述职报告，在格式、内容和语言上都存在一些问题，请根据述职报告写作的规范进行修改。

××公司经理的述职报告

现将情况报告如下。

一、认真学习、贯彻、落实×××主席的新时代中国特色社会主义重要思想，努力增强自身的政治理论素质和工作能力，坚持正确的政治方向，自觉地与党中央保持高度一致。

二、认真实现公司创五好班子规划要求，切实抓好班子的思想作风建设，并定期检

查，分析创建。

三、模范执行民主集中制原则，切实搞好与班子成员的团结，当好班长，带好一班人。坚持重大问题集体讨论，按程序决策；遇事多与班子成员商量，不搞个人说了算；经常与班子成员通气，多开展批评与自我批评。做到心胸开阔，心怀坦荡。

四、勤政为民，开拓创新，理清工作思路，开创工作新局面，向改革要效益，向市场要效益，向管理要效益。想实招，干实事，求实效，全面完成生产经营任务。全年完成收入407.5万元，实现利润72.4万元，完成高线指标52.5万元的137.9%。

五、注意工作方式，改进工作方式，注意调查研究。深入基层，深入实际，深入市场，了解市场，开拓市场，认真落实分工负责制和逐级负责制，发挥班子的整体功能和全员积极性。

六、廉洁自律，勤政为民，模范遵守国家法律和党的纪律，以及财政纪律，守法经营，依法办事，公开办公，不以权谋私，不搞暗箱操作，不行贿受贿，不做任何有损国格、人格和公司形象的事。

七、关心群众生活，维护职工合法权益，努力建设团结和谐、健康向上的企业氛围，在全面提高企业效益的同时，尽可能提高员工收入，改善员工的物质文化生活。职工全年收入较上年提高8.2%。

特此报告。不妥之处，请批评指正。

（资料来源：MBA智库文档，https://doc.mbalib.com/view/9002ba2369f11bc76152c028b2b883ad.html，有改动）

三、为了增加学校学生干部工作的透明度，促进学生干部之间的经验交流，全面提高学生干部的综合能力和总体素质，某大学将召开学校首次班长、团委书记、学生会干部述职报告会。王慧是学校学生会外联部部长，她的具体职责是：①负责学校大学生的社会实践及青年志愿者工作，为学校的各项活动寻求赞助，同时能够对外树立学生会的良好形象。②负责学校学生会与其他兄弟院校的联系，向学校学生会及兄弟院校学生会通报学校学生会近期活动情况。请为她起草一份述职报告。

第六章 简 报

学习目标

- 理解简报的含义和作用。
- 了解简报的种类。
- 掌握简报的格式及写作要求。

第一节 简报概述

一、简报的含义和作用

要编写简报,首先要了解简报的含义和作用。

(一)简报的含义

简报就是情况的简要报道,是党政机关、企事业单位、社会团体为指导工作、沟通情况、反映问题、交流经验、互通信息而编发的一种摘要性内部报刊。党政机关、企事业单位、社会团体编发的"信息""动态""情况反映""情况交流""内部参考"等均属于简报一类。

(二)简报的作用

简报具有如下几方面的作用。

1. 反映情况

简报向上级报送,可以将工作进展情况以及工作中出现的新情况、新问题、新经验及时反映给各级决策机关,使之了解下情,为其制定政策、指导工作提供参考。

2. 交流经验

简报在机关系统内传递,可以互通情况,交流工作经验,以便取长补短、相互学习、共同提高,从而推动工作的顺利开展。

3. 传播信息

简报本身即是一种信息载体,人们从中可以得到各种有用的信息。

二、简报的种类

简报种类繁多,名称不一,按不同标准可划分出不同的类别。通常依据简报内容的不

同,可将其分为会议简报、工作简报和动态简报等。

(一)会议简报

会议简报是专门报道会议情况的简报。主要报道会议的基本情况,反映会议的主要精神,介绍会议的最后结果。有时也介绍会议召开的背景、与会人员的组成情况、与会人员对会议中心议题的不同看法等。对一些历时较长、议题较多的大型会议,也可作连续的反映。

(二)工作简报

工作简报又称情况简报,用于反映本部门、本系统在一段时期内各方面工作进展情况,以起到相互交流、取长补短的作用。工作简报是各企事业单位和机关团体内部最常用的一种简报,它实际上是一种小型的内部刊物或信息通报,如:本单位贯彻执行国家方针政策的情况,落实上级指示精神的情况;本部门工作的进展情况,工作中的经验、教训、问题等。

(三)动态简报

动态简报是对本单位新近发生的或正在发生的有意义、有价值的事件所做的简要报道。其目的在于通过反映各方面的新情况、新问题、新动向、新政策,为领导决策提供鲜活的材料。

第二节 简 报 写 作

一、简报的格式

简报由报头、报体和报尾三部分组成,每部分的构成要素、写法、位置都有一定的规范。

(一)报头

报头位于简报首页上方三分之一左右的位置,包括简报的名称、期号、编发部门名称、编发日期、密级等项目,相当于报纸的报名区域。

1. 简报名称

简报名称要直观醒目,通常由简报的核心内容和报名组成,也可直接概括核心内容,或只写报名,如《教学工作简报》《员工思想动态》《校外采风》《情况反映》等。简报名称要居中排布,可以用套红印刷,也可不套红,但都要用大号字,以求醒目。

2. 期号

期号是简报编发的期数编号,一般按年度依次排列,分本期期号和总期号。本期期号为规定项目,居中写在简报名称下一行。总期号为选择项目,写在本期期号下一行,外加

括号,如第 11 期(总第 253 期)。增刊期号要单独排列,不与正刊期号连排。

3. 保密标识

保密标识为选择项目,必要时使用,标识于报头左上角,写明"内部文件"或"内部资料,注意保存"等字样。

4. 编印部门名称

编印部门名称位于期号下一行左起顶格位置,写明部门名称,如"××学校校长办公室""××会议秘书处"等。部门名称要写全称。

5. 编印日期

编印日期位于编印部门名称的同行右侧,要写明年、月、日。

在编印部门名称和编印日期的下方,用通栏线将报头与报体隔开。

(二)报体

报体也称载文或报核,主要包括标题、正文和稿源三部分。根据需要,有时还有按语、目录或者内容提要。

1. 按语

按语是编者对编发稿件所作的说明或批注,如说明材料来源、转引目的、转发范围,表明对简报内容的倾向性意见及表示对所提问题引起讨论研究的希望等。其主要目的是引导读者理解简报内容,了解编发意图。按语的位置在标题之前。按语为选择项目,视需要而使用,并非每篇必有。按语一般使用与正文不同的字体,以与正文区别开来。

常见的按语有以下三种。

(1)说明性按语。此类按语篇幅较短,通常简要说明正文的来源、出处、刊载或转载的依据或理由等。其正文一般是领导讲话或报告等材料,目的在于帮助读者理解所载内容的背景。说明性按语如下所示。

> 例一:"按:本文是省委秘书长××同志在全省党委信息工作会议上的讲话,现转发各地,供参阅。"
>
> 例二:"编者按:为加强机关文秘工作,根据省委领导同志意见,现将省委办公厅《关于加强和改进机关办文工作的意见》印发各地参阅。"
>
> 例三:"按:××同志批示:'此文切中时弊,意见中肯,可转发。'现转发有关部门,供参阅。"

例一说明载文的来源;例二说明刊载的目的和依据;例三直接转引领导的具体意见。

(2)提示性按语。对一些篇幅较长的材料,特别是像调查报告、情况分析、综合反映等介绍经验、阐发观点的材料,为使读者抓住中心、领会载文主题,编者常常提示正文要点,对载文进行画龙点睛、提纲挈领的介绍。这类按语的写作要求是:真实可信,符合载文原意;文字准确、精练;意见中肯,切不可将自己的观点强加于人。如《督查工作要突

出抓好决策后的落实》一文的按语：

> 编者按：本文传达了××同志的指示，强调了督查工作的指导思想、工作性质、任务和方法，对加强和开展督查工作具有一定的指导意义。现将全文刊登。

本按语对稿件的要点作了简要的介绍，以便读者抓住中心，领会精神。这种按语一般用于较重要的、篇幅较长的稿件。

(3) 批示性按语。对一些有典型意义和示范作用的材料，按语常常要提出上级发文机关对稿件的意见、评价以及对下级的具体要求，其起草要贯彻领导的意图。这类按语的对象和提示性按语大致相仿，即某些调查报告、情况分析、综合反映等介绍经验、阐发观点的材料。但提示性按语侧重于对稿件内容的介绍、提示，而批示性按语则侧重于阐明稿件与现实工作的关系、意义，由此引发对下级工作的具体要求，因此具有指示或指导作用。如《××地区狠刹吃喝风已见明显成效》一文的按语：

> 最近，××同志到××地区检查工作，调查研究，高兴地看到，××地区狠刹吃喝风已见明显成效。事实说明，屡禁不绝的吃喝风，并非不治之症。关键在于我们的领导机关和领导干部要敢抓敢管，真抓真管，不搞下不为例，敢于现场曝光。在这些方面，××地区的经验值得各地学习、借鉴。

按语虽然依其作用可分为三种类型，但是在实际写作中，一则按语往往兼有两种或三种作用，或者侧重一方面兼有另一方面，这要根据稿件和材料的内容、工作的需要和领导的意见来决定。如《乡镇企业负担太重，还须"轻徭薄赋"》一文的按语：

> 根据领导同志的意见，现将省乡镇企业局关于《乡镇企业负担太重，还须"轻徭薄赋"》的调查报告摘登如下，以引起各地重视。目前我省乡镇企业虽然有较快发展，但基础很差，承受不起来自四面八方的不合理负担。各级各有关部门要通力合作，对乡镇企业的不合理负担进行综合治理，为乡镇企业实现突破性发展创造较为宽松的经济和社会环境。

这则按语就兼有说明和指示的双重作用。因此，我们在起草按语的过程中，要视情况的不同灵活掌握，不可拘泥于某种定式。

2. 目录

目录用于一期简报登载多篇稿件的情况；若一期只有一篇文章，则不必设目录。目录标注在按语的下方，"目录"二字居中。

3. 标题

如果没有按语和目录，标题在报头间隔线之下、正文之上的中间位置，要用大于正文的字号标出，以求醒目。标题要求以简洁的词句概括简报的主要内容或思想意义。根据需要可采用单层、双层或三层题目。

4. 内容提要

内容提要是对简报内容的概括介绍和必要提示，应写在标题之下、正文之上。此项内容并非必备项目。

5. 正文

正文是简报登载的具体内容，一般把最主要的内容写在最前面，以求突出，让读者在一开始就能了解简报的主要内容，然后再作具体叙写。正文一般分为开头、主体和结尾三部分。

(1) 开头。开头也称导语，常用一个自然段或几句话概括全文的主要内容，提出全文的中心或概述主要事实。一些内容较少的简报，常常只有一段文字，它的开头部分可以是几句话，甚至是一句话，不一定单独设段。开头的写法主要有叙述式、结论式、提问式等形式。

(2) 主体。主体是简报的核心，是对开头所写内容的展开，对开头中涉及的内容作具体的介绍或说明。主体结构的安排有两种方式，一是按照事情发展的顺序展开，二是按照事物之间的逻辑联系展开，也就是通常所说的纵式结构和横式结构。

(3) 结尾。简报的结尾没有固定的写法，或总结全篇，强化主题；或提出问题，引人思考；或重申观点，揭示意义；或发出号召，提出希望；如无必要，也可自然收尾。

6. 稿源

稿源就是稿件的来源，即提供稿件的单位或作者，应在正文的右下方注明。

(三) 报尾

报尾部分在简报末页下端，报尾与正文之间也用横线隔开。这一部分主要有印发对象和印发份数两项内容，必要时也可写明编辑和校对人员的姓名。

1. 印发对象

印发对象即本期简报发送的单位或部门。根据收文对象的不同，其写法上可以有所区别：报送上级单位的，要写"报(或抄报)"；发送不相隶属单位的，要写"送(或抄送)"；发送下级单位的，要写"发(或抄发)"。有时也可不加区分，统一写"本期发送"。印发对象一般是固定的，如果临时要增加发送对象，应在印发对象下端注明"本期增发×××"。

简报的印发对象主要是本单位、本系统内部的部门和人员。有时根据需要，也可向有联系的其他单位或人员发送。

2. 印发份数

印发份数是指本期简报的印发数量。对于一些重要的简报，为了便于管理，要注明印发数量。印发份数一般印在报尾的右下端，用阿拉伯数字并用圆括号括起。简报的样式如图 6.1 和图 6.2 所示。

图 6.1　简报首页样式　　　　　图 6.2　简报末页样式

二、简报的写作要求

简报有如下几项写作要求。

(一)及时

简报是用来通报情况、沟通信息、协调工作的，因而特别讲究时效性，这一点类似新闻文体中的消息。简报能否很好地发挥作用，关键看它能否及时发送。如果问题刚刚发生，简报便及时反映，有关部门获悉后就能采取措施防止事态的扩大；当新生事物还在萌芽状态的时候，简报就敏锐地反映出来，有关部门就能积极引导，积极扶持，总结经验，推动事物朝正确的方向更快地发展。

(二)真实

写简报最基本的要求就是真实，因为它的内容来自实际工作。简报是群众了解全局工作的参考，也是领导决策的重要依据，所以简报所反映的情况必须是真实的，不能有丝毫的虚构和夸张，更不能歪曲和捏造。

(三)简练

简报要简明扼要。简，不仅是指文字少，篇幅短，更主要的是要求用少量的文字概括出事实的精髓和意义，做到简短而不简陋。

(四)新颖

简报要有新意，要反映新情况，推广新经验，提出新问题，预示新动向。简报不能老

生常谈，没有新意的东西是没有交流意义的。

案例分析一

××县财政工作会议简报

第 2 期

××县财政局办公室　　　　　　　　2018 年 2 月 23 日

2018年全县财政工作会议在我局召开

　　2 月 23 日，在局机关五楼会议室隆重召开了 2018 年全县财政工作会议。参加会议的有局机关、会计核算中心和乡镇财政所的全体成员，县人大、县政协有关领导应邀参加了会议。

　　会议由杨××副局长主持。会上薛××副局长代表局党总支对我县 2017 年度财政工作进行了回顾，并对 2018 年财政工作进行了安排。陈××副局长宣读了表彰决定，并对 2017 年先进集体和个人颁了奖。最后，李××局长和县人大、县政协的领导分别讲了话。

　　薛××副局长在通报中指出，过去的一年，我县财政工作取得了有目共睹的辉煌成就：财政收入蛋糕越做越大，由 2012 年的 1.38 亿元增长到 2017 年的 6.58 亿元，增长 3.8 倍；2017 年财政总支出达到 3.02 亿元，不仅实现了"保工资、保稳定、促发展"的基本目标，还进一步加大了对"新农村建设"的扶持力度，着力解决了农村"行路难、看病难、上学难"等实际困难，进一步缩小了城乡差距，促进了社会和谐，初步构建出我县公共财政体制框架；机关面貌也发生很大变化，办公条件进一步改善，财政队伍整体素质进一步提高，服务质量进步很大。在安排 2018 年财政工作时，他指出我们财政部门今年要继续加大产业结构调整力度，巩固培育新型财源，建立长效增收机制。同时要落实好党中央提出的"新农村"建设工作任务，维护群众根本利益，做好社会保障工作，重点要做好新农村合作医疗工作。要进一步强化依法理财和为民服务理念，提高财政监管质量，增强财政法制建设，打造好财政机关干部和全县会计人员两支队伍。

　　李局长在总结讲话中阐述了三点意见：

　　一是完成今年 7.2 亿元的收入任务问题不大，但鉴于我县个人部分的支出增长很快，加上城市建设规模不断扩大，今年的财政支出压力依然很大。

　　二是财政部门改革已初见成效。近年来我们相继成立了会计核算中心、中小企业担保服务中心、投资评审中心，有效加强了财政资金监管力度。对惠农资金实施"一卡通"发放办法等，将财政

这是一份会议简报。

报头：包括简报名称、期号、编印部门名称和编印日期。

标题：用单层标题，概括简报的中心内容。

正文：开头交代了会议的时间、地点、参会人员，简洁明了。

主体部分交代了会议的主要内容。

第六章 简报

工作逐步纳入了法制化、规范化轨道。但这些工作还有待进一步完善，真正落实好今年的工作任务还很艰巨。

三是政风行风工作成绩很好，我局2016年、2017年连续取得政风行风评议工作第一名的好成绩。但还存在着诸如个别股室、个别人员服务态度生硬、政策解释不清等问题，作风建设需要进一步加强。他要求全县财政干部职工今年要继续发扬优点，弥补不足，将财政工作做得更好。

会上，县人大副主任李××和县政协副主席田××分别作了重要讲话，对过去五年来的财政工作取得的显著成绩给予了充分肯定，并对今后的财政工作提出了希望和要求。

会后，县局领导同受表彰的先进集体代表和先进个人合影留念。

（××县财政局办公室）

本期发送：县委、县政府办公室；各与会单位。

（共印××份）

（资料来源：瑞文网，http://mip.ruiwen.com/gongwen/huiyijianbao/33402.html，有改动）

结尾：自然收尾。

文末注明稿件来源。

报尾：写明发送单位和份数。

案例分析二

选派干部工作简报

第1期

××省选派工作联席会议办公室　　　　2018年3月17日

做好"关键年"选派工作系列之一

【按语】2018年是第三批选派工作的第二年，也是"关键年"。各级各部门和广大选派干部要深入学习贯彻党的××大精神，进一步提高思想认识，切实增强做好2018年选派工作的责任感和紧迫感。为加强对2018年选派工作的指导，从本期开始我们编发"做好'关键年'选派工作系列"，刊载各地和选派干部强力推进选派工作的做法，供各地学习借鉴。

目录

1. 加强指导：××市、××市、××市加强对选派工作的指导
2. 单位帮扶：省卫生厅、××日报报业集团、省煤炭地质局、××师范学院等单位加强对选派乡村的帮扶
3. 回访风采：××市××区、××市、××县等地组织第二批选派干部集中回访原任职村
4. 一线报道：××县××乡××村党支部第一书记王×抗雪救灾侧记

这是一份工作简报。

报头：包括简报名称、期号、编印部门名称和编印日期。

标题：概括全文的内容。

按语：对文中"做好'关键年'选派工作"提出了要求，并对编辑本文的目的作了说明。

目录：列出文章的内容要点。

一、加强指导

××市委常委、组织部长汪××春节之前冒着风雪严寒，来到第三批选派干部任职村——××市××镇××村看望选派干部，并给××村送去3万元村级发展资金和1万元慰问金。汪××要求选派工作一定要紧紧围绕省委"六句话"的目标要求，把加强组织和发展经济作为重要任务来抓，要注意利用当前村级换届的有利契机，切实加强村级班子建设和制度建设，利用主题教育活动加强农村党员干部队伍建设，促进社会主义新农村建设。

××市召开省直机关选派到乡镇任职干部座谈会，交流工作经验，对选派干部进行慰问。市委常委、组织部长王××参加座谈会，鼓励选派干部要扑下身子，扎实开展工作，充分发挥自身优势和选派单位优势，为任职乡镇的发展做出积极贡献。

××市召开第三批选派干部第一年度考核情况通报会，并邀请了两名第二批优秀选派干部进行了经验介绍，学习了《全省2018年选派工作要点》，认真分析了2017年以来该市第三批选派工作所取得的成绩和存在的不足，并对2018年选派工作进行了部署。会上，××市委常委、组织部长谭××要求选派干部要正确认识和正视选派工作中存在的问题和不足，把握重点，理清"关键年"工作思路，牢固树立责任意识，珍惜锻炼机会，振奋精神，保持良好的工作心态。

二、单位帮扶

省卫生厅厅长高×春节前率领厅机关部分处室负责人，专程赴××市××区××镇看望慰问选派干部。高×要求选派干部要再接再厉，继续做好选派工作，并提出省卫生厅机关和直属事业单位将继续支持××镇的新农村建设工作，切实做好联系帮扶工作。

××日报报业集团党委书记、社长陈×，党委委员、副社长孙××春节前率领集团人事处、机关党委、××日报农村版报社副社长、××办事处负责同志等一行八人，前往××县××镇看望慰问选派干部。陈社长一行察看了由报业集团资助建成的××村村民健身活动中心，并向××镇捐赠6000元发展基金，向20户困难群众捐赠4000元慰问金，向即将建成的农家书屋捐赠5000册图书刊物、50张农村科技光碟以及2017年、2018年两年的《××晚报》《××商报》《文摘周刊》《××日报农村版》《××时报》《××法制报》《新闻世界》等报刊。陈×表示，将继续关注和支持××镇的新农村建设工作，在新闻宣传方面为××县营造良好舆论氛围。

省煤炭地质局党委书记、局长李××、党委委员、副局长丁××带领局机关有关处室负责人到××市××区××镇看望慰问选

正文：从四个方面对本地区做好"关键年"选派工作进行全面反映。

"加强指导"一层选择了三个典型事例加以说明，很有说服力。

"单位帮扶"一层选择了四个典型事例，并运用数据来说明情况，翔实具体。

派干部,并送去 3 万元帮扶资金。之前,为解决××镇群众的吃水问题,该局投资 30 余万元,打深水井一眼,目前正积极筹措资金进行配套设施建设,让群众早日吃上甘甜的自来水。同时,该局还拿出资金 10 余万元,设立了发展"一村一品"工程基金,扶持发展特色农业,并申报成立了"××园艺合作社"。目前加入该社的农户已达 10 户,该社重点发展无公害杂果、蔬菜基地建设。

××师范学院党委委员、纪委书记胡××日前率领单位有关人员前往××市××镇看望选派干部朱××,并送去了慰问品和慰问金,慰问了全镇 20 户特困的老党员、老干部、孤寡残疾人员和 10 位特困中小学生。

三、回访风采

××市××区在 2018 年度农村党员干部主题教育活动期间,组织第一批、第二批共 24 名选派干部集中回访原任职村。××村选派干部李××与村"两委"成员研究制定了《发展项目建设系列服务活动实施方案》和扩大 200 亩葡萄种植面积新计划,协调政府给葡萄种植户每亩补贴 100 元;积极争取资金 10 万元,修建园区内 1 条 600 米水泥路;充分发挥协会作用,积极申请注册"××沟牌葡萄"商标,为红光葡萄打入超市和××村的可持续发展提供动力。××村选派干部万××积极协助村"两委"成员发动群众 200 余人,连续奋战一星期,对村内道路进行了整修、清沟沥水,搞好农田水利建设。××村选派干部陈××在回访中,进一步了解已实施项目的成效,积极跟踪联系,更改了××生态园承包项目合同,每年为村里追加 3.5 万元集体经济收入;协调落实了 25 万元××路××小学至××村民组路段 1.1 公里村级主干道路的项目资金;为本村沈××、刘××两名贫困党员送去慰问金 400 元,筹集资金 1000 元慰问本村困难户 10 余户。

××市组织第二批选派干部于 1 月份集中回访原任职村,要求选派干部以原任职村社会主义新农村建设工作指导员身份开展工作,了解原任职村新农村建设、2018 年度"小学教"活动、农村基层组织建设"五大载体"以及一年多来选派工作成果巩固和扩大情况等。为了确保回访工作质量,该市要求选派干部认真填写回访情况登记表,并把回访工作情况作为选派干部年度考核的重要内容。

××县第二批选派干部于 1 月份陆续回访原任职村。××医科大学选派干部张××回访××镇××村,送去慰问金 2000 元。省委办公厅选派干部周××回访××乡××村指导主题教育活动,并赠送了慰问品和图书。县直工委选派干部林××回访××乡××村,

"回访风采"一层与前两层相同,运用典型事例和具体数据来说明情况。

送去资金1000元、棉被5床,并走访了贫困户。县科协选派干部江××回访××乡××村,送去资金1000元,并走访了贫困户。县招商局选派干部王××回访××镇××村指导主题教育活动,并送去活动经费1000元。县交通局选派干部尹××回访××镇××村,送去慰问金1000元,并走访了贫困户和老党员户。

四、一线报道

雪映丹心别样红

——××县××乡××村党支部第一书记王×抗雪救灾侧记

春节前后,××县××乡境内连续低温降雪,路面积雪厚达20多公分,造成部分群众缺水断电,人民群众生命财产受到严重威胁。

灾情发生后,××乡××村选派干部王×立即召开村"两委"会议,启动抗灾应急预案,采取多种有效措施开展抗雪救灾和安全管理,确保人民生命财产安全和生产生活正常有序。

结合开展主题教育活动,王×带领村"两委"干部深入到全村各组进行查灾核灾,开展扶贫送温暖活动。对特困户、五保户逐户进行走访,了解他们的生活状况,帮助其检查住房情况,确保群众生命财产安全;对缺吃少衣户及时安排救济粮衣,确保他们安全度过雪灾关。五保户张×家房屋山墙倾斜,随时将要倒塌,王×及时将其安排到邻居家居住,并组织党员群众帮助转移粮食和物品,保证了五保老人的生命财产安全。当听说村级茶场3间房屋倒塌后,王×迅速赶到现场,立即组织党员群众清理积雪,将货物安全转移,竭尽全力降低雪灾造成的损失。为了加大宣传力度,强化安全防范意识,王×组织村"两委"成员在村道主路段竖立安全警示牌,安排专人巡逻,加强安全隐患排查,落实防范措施。对中小学生、驾驶员进行安全知识宣传,增强他们安全通行、安全驾驶意识,杜绝交通安全事故发生。

连续十多天,王×奋战在抗雪救灾第一线,发扬特别能吃苦、特别能战斗的优良作风,保护了人民群众的生命财产安全,受到××村人民的一致赞誉。

报:省委、省政府领导,省选派工作联席会议成员单位。
送:各市、县(市、区)委组织部、选派办、省直选派单位。

(共印28份)

(资料来源:定远先锋网,http://dy.ahxf.gov.cn/Home/Content/?Id=963105&ClassId=6387,有改动)

前三层为横式结构,几个典型事例从不同侧面共同反映同一主题。

第四层"一线报道"采用了纵式结构,而且可以独立成篇,标题、导语、正文与结尾俱全。

标题:采用双标题形式,正题揭示主题思想,副题交代报道的核心事实和对象。

导语:简要交代背景情况。

主体:按照事件发生发展的顺序展开叙写,脉络分明。

结尾:自然收尾。

本文材料翔实、具体,反映问题全面细致,格式也很规范,是一份不错的简报。

报尾:写明发送对象和份数。

写 作 训 练

一、阅读下面的简报,回答文后的问题。

青联工作动态

第 11 期
(总第 253 期)

团中央统战部　全国青联秘书处编　　　　　　　　　　　2017 年 1 月 14 日

"2016 海外学子回国创业周"成功举办

2016 年 12 月 21 日,共青团中央、全国青联、欧美同学会共同举办的"2016 海外学子回国创业周"活动在北京人民大会堂开幕。中共中央政治局委员、中央书记处书记、中央组织部部长李源潮亲切会见参加创业周活动的全体代表,勉励他们弘扬我国留学人员爱国奉献的光荣传统,把所学知识与祖国建设的需要连在一起,把事业追求与祖国人民的幸福连在一起,抓住现代化建设为各类人才施展才华提供的大好机遇,积极回国创新创业,更好实现理想抱负和人生价值。

李源潮指出,海外留学人才是我国现代化建设的特需人才。改革开放以来,我国一批又一批优秀学子出国留学,许多人学业有成、事业有成,为祖国争得了荣誉。大家身在海外、心系祖国,有些回国创业取得了突出成绩,有些通过其他方式为国家建设做出了贡献。

……

接见活动后,举办了"创新创业·报效祖国"海外学人座谈会,16 名海外学子代表踊跃发言。中央组织部副部长李智勇在座谈会上讲话,分析了我国对海外高层次人才的需求,并介绍了中央实施的海外高层次人才引进计划。

团中央书记处第一书记陆昊主持接见活动和座谈会。

教育部副部长李卫红,科技部副部长杜占元,人力资源和社会保障部副部长何宪,中国人民银行党组成员、纪委书记王洪章,国资委副主任金阳,团中央书记处常务书记、全国青联主席杨岳,欧美同学会副会长王辉耀参加了接见活动和座谈会,并介绍了所在部委、单位引进海外高层次人才的工作情况和有关政策。

当天下午还举办了形势报告会,科技部、国家统计局负责同志围绕我国科技发展规划及创新体系建设和我国改革开放 30 年经济发展成就及宏观经济形势做了专题报告。

在为期 5 天的活动中,还围绕创新发展和创业报国举办了海外学子论坛,进行人才对接。北京的活动结束后,海外学子分赴江苏、湖北、山东等地,考察创业发展环境,开展人才、技术等方面的交流、洽谈与合作。

"海外学子回国创业周"活动自 2010 年创办以来,已连续举办×届。本届活动共有

203名海外学子参加，其中具有博士学位的占99%，主要来自美国、英国、日本等13个留学人员较为集中的国家。

(资料来源：中国青年报，http://zqb.cyol.com/content/2008-12/22/content_2479186.htm，有改动)

1. 从所反映的内容看，本文属于_____简报。
2. 报头部分由_____、_____、_____和_____四项内容构成。
3. 前言概括交代了_____。
4. 结尾的主要内容是_____。
5. 请为本简报加一个报尾。

二、请用下面的简报稿编发一期简报，并加写一个批示性按语。相关信息如下。

1. 编印部门：××实业公司×届×次职代会秘书处。
2. 编印日期：2018年3月28日。
3. 发送对象：××物资集团、××实业公司各科室。

推进发展　构建和谐

——为实现公司新的发展目标而努力奋斗

我公司为了深入贯彻落实××物资集团×届×次职代会精神，于3月28日召开了×届×次职代会暨2018年工作会议。

会议首先重点学习了集团总经理孙××同志的《推进"四个过渡"，构建和谐企业，为实现物资集团新辉煌而努力奋斗》的工作报告和党委书记高×同志的《统一思想，真抓实干，为推进物资集团和谐发展再做新贡献》的重要讲话。按照物资集团×届×次职代会总体工作部署，结合××实业公司实际，提出了2018年经营发展总的指导思想，即以管理局《二次创业指导纲要》为指导，按照物资集团×届×次职代会的总体工作部署，全力推进"四个过渡"；围绕"一个重点"，拓展"两个市场"，加强"五项管理"，落实"五项工作"，强化"一项保障措施"，实现"两个目标"，再创公司经营发展新的辉煌。

围绕"一个重点"：以推进发展、构建和谐为重点，确保各项经营指标的完成，争创集团先进单位和"四好班子"。

拓展"两个市场"：围绕油田和社会"两个市场"，做好市场开发工作，实现市场份额最大化。

加强"五项管理"：一是加强内部管理，建立完善的经营考核体系。二是加强营销力度，建立健全销售管理体系。三是加强服务，延伸服务内容，不断提高产品质量和服务质量。四是加强安全生产管理，建立健全各项安全保障措施。五是加强职工队伍建设，建立一支过硬的优秀团队。

落实"五项工作"：一是认真落实好××石油专用管理有限公司二期工程投产运行工

第六章 简报

作。二是认真落实好××水泥制品厂产品结构调整的前期调研论证工作。三是认真落实好××抽油杆厂修复旧油杆技改项目。四是认真解决好××木材厂产品项目更新问题。五是认真落实好多种经营系统资金集中管理、财务集中核算的工作。

强化"一项保障措施":加强党建和思想政治工作,为推进公司发展、构建和谐氛围提供有力保证。

实现"两个目标":一是实现经营收入 3.06 亿元,利润 660 万元的目标。二是实现无重大事故的安全工作目标,为公司"十一五"开好局、起好步奠定良好的基础。

大家一致表示,一定要认真学习贯彻物资集团×届×次职代会精神和我公司×届×次职代会暨 2018 年工作会议精神,以科学发展观为统领,认真贯彻落实《二次创业指导纲要》,全面推进"四个过渡"工作指导方针,解放思想,抢抓机遇,群策群力,乘势而上,为实现公司持续发展,为建设物资集团美好家园而努力奋斗!

(资料来源:百度文库,https://wenku.baidu.com/view/39fe63b05b8102d276a20029bd64783e08127d4a.html,有改动)

三、下面是一份工作简报,在格式、内容和语言上都存在一些问题,请根据简报编写的规范进行修改。

第 6 期 ××新农村建设工作简报

2018 年 3 月 17 日××新农办主办

××乡切实加强化解矛盾纠纷

入春以来,××乡认真落实全县政法工作会议精神,在××乡第三批新农村指导员的积极领导下,针对春耕季节易发的各种矛盾纠纷,及时调整充实乡矛盾纠纷调处领导小组,加大社会维稳工作力度。连续几天来,乡矛盾纠纷调处领导小组下设的 5 个工作组多次深入各村委会、村民小组,排查化解各类矛盾纠纷,维护了全乡和谐稳定的社会环境。截至 3 月 15 日,共投入调解经费 3000 元,累计调解各类矛盾纠纷 6 起,其中,邻里家庭纠纷 1 起,农地使用权属纠纷 2 起,林地权属纠纷 3 起。

主送:州委办,州地税局,县地税局,县卫生局,县移民局。

抄报:县委办、县人大办、县政府办、县政协办。

第七章 调查报告

> 学习目标

- 理解调查报告的含义、特点和作用。
- 了解调查报告的种类。
- 掌握调查报告的写作方法和写作要求。

第一节 调查报告概述

一、调查报告的概念

调查报告是为了解情况,研究制定政策、法规,解决和处理问题,总结与推广典型经验,深入实际进行调查研究后所撰写的反映调研成果的书面报告。这种文章也可称为"考察报告""调查"或"调查记"等。

调查报告种类繁多,作用不一,写法各异,本章仅介绍事务性调查报告。

二、调查报告的特点

调查报告主要有以下几个特点。

(一)针对性

拟写调查报告的目的是根据实际工作或现实生活的需要,通过对某一现实问题的调查研究,揭露矛盾,总结经验,统一思想,指导工作。因此,调查报告在选题上,必须根据党的路线、方针、政策,从工作实际出发,配合当前形势,选择针对性强的课题进行调查。针对性是调查报告的灵魂,针对性越强,对实践的指导意义就越大,调查报告的作用也就越大。

(二)真实性

内容真实是调查报告的生命。调查报告必须尊重客观事实,靠事实来说明调查研究的情况和结果。无论是研究新问题,总结新经验,还是揭露某一事实的真相,调查报告都必须本着实事求是的原则,用真实的材料、确凿的事实说话,不能夸大,也不能缩小,更不能无中生有。如果内容失真,必然会引出错误的观点和结论,从而误导读者,给工作带来不便和损失,失去写作调查报告的意义。

(三)深刻性

调查报告虽然建立在客观事实的基础上,但它绝不是简单的事实罗列,它必须对事实做出科学的分析,深刻地揭示出客观事物的本质和规律,帮助读者正确认识这些本质和规律,以便很好地指导实践。

(四)典型性

调查报告的对象必须是典型的,具有典型意义。这是调查报告发挥以点带面、指导全局的作用所决定的。如果调查报告不具有典型性,它就不能很好地发挥作用。

三、调查报告的作用

调查报告的作用主要表现在以下几个方面。

(一)为领导决策和制定方针政策提供重要依据

通过调查报告,领导机关可以认识事物,掌握情况,明辨问题性质,以此作为处理问题、指导工作或进行科学决策的参考和依据,从而推动工作的进展。

(二)反映情况,推行经验,揭露问题,提高认识,掌握规律

现实生活中,有许多新情况、新事物需要认识,许多新典型、新经验需要推广,许多新矛盾、新问题需要解决。通过调查研究后写成调查报告,可以帮助人们克服主观主义,提高正确认识客观事物的水平,掌握客观事物的发展规律,从而更好地开展实践活动。

四、调查报告的种类

调查报告从不同的角度可以划分出不同的种类,一般按照调查报告的内容和性质来划分,主要有如下三种。

(一)反映情况的调查报告

反映情况的调查报告比较系统深入地反映社会生活或工作中的一些基本情况,让人们了解其各个侧面或某个局部发展变化的过程和值得注意的倾向,为领导和有关部门了解情况、研究问题、制定政策、拟订计划、完善管理提供参考。

(二)推广经验的调查报告

推广经验的调查报告着重介绍某项工作成功的经验做法,并把它上升到理论的高度来认识,以达到树立典型、推广经验、指导全局的目的。它往往把经验概括为若干条,有做法,有实效,具有较强的政策性和指导性。

(三)揭露问题的调查报告

揭露问题的调查报告通过确凿的事实，揭露某个方面或某项工作中存在的问题或弊端，分析其产生的原因，指出其危害性，提出解决的办法，以达到吸取教训、改进工作、解决问题的目的。

第二节 调查报告写作

一、调查报告材料的获取

调查报告材料的获取可分为如下几个阶段。

(一)准备阶段

写作调查报告首先要获取丰富的材料，材料的获取靠的是广泛的调查了解。在开展调查之前，首先要做好充分的准备工作。准备工作大致分为以下三个方面。

1. 以政策理论做指导

调查人员要熟悉党和国家的有关方针、政策，领会上级有关指示精神和工作意图，明确调查工作的指导思想，掌握和调查工作有关的各种政策和专业理论知识，了解与调查内容有关的现实、历史资料，这样才能保证调查工作不偏离正确的方向。

2. 选好调查课题

调查课题是调查报告反映的对象，调查课题的选择途径主要有两条：一是根据本部门工作的需要确定，二是深入实际发现问题。

3. 拟订调查提纲

为了取得好的调查效果，获得足够的材料，在开展调查研究前应拟订一份较为详细、切实可行的调查提纲。提纲的内容主要包括：调查的目的和任务；调查的时间和对象；调查的项目和重点；调查的方法和要求；调查人员的责任分工；调查的有关注意事项等。拟订的调查提纲不是一成不变的，有时需要根据调查工作开展的具体情况和实际需要，适时地加以修改和补充。

(二)调查阶段

调查工作是撰写调查报告的基础。在调查过程中，要注意正确运用各种调查方式、方法，深入调查，详细地掌握第一手材料。

调查时，可根据调查对象的不同情况而灵活地运用不同的调查方式方法，例如：开座谈会、个别访问、实地考察；典型调查、全面普查、抽样调查；追踪调查、问卷调查、统计调查、系统分析调查等。每一种调查方式方法都有各自的优越性和局限性。因此，在调

查过程中，应根据调查对象的具体情况，有针对性地采用其中一种或几种调查方式或方法。

撰写调查报告需要详尽地掌握大量的能够全面反映客观事物本质特征的第一手材料。这要求材料一要全面，二要真实。这些材料包括直接的、间接的、概括的、具体的、正面的、反面的、现实的、历史的等。只有在此基础之上，才可能写出既有深度，又有广度的调查报告。真实性是调查报告的生命，在调查中要求对人物的语言行动、事物的发展变化过程、各种数据都正确无误地做出记录。记录要忠实地保持客观事物的原貌，不能随意"添枝加叶"。

(三)整理阶段

经过实际调查，获得大量的材料之后，还要对材料进行整理加工，去粗取精，去伪存真，筛选出那些真实、典型、能反映事物本质的材料。这一阶段的工作可分为以下五个步骤。

1. 审核

所谓审核，就是对调查材料的时效性、完整性和正确性进行审查核实。审核的重点是：调查提纲中拟订的调查项目是否全部完成，有无疏漏、遗缺之处；各方面的材料是否合乎要求，有无相互矛盾之处；各种数据是否准确，有无人为造成的错误等。

2. 登录

所谓登录，就是将材料按项目顺序依次抄写登记。其目的是为了便于分类汇总和分析研究。

3. 分类

所谓分类，就是根据调查的目的和事物的不同性质将材料分为若干性质相同或相近的类别。在分类时，应注意各类材料之间要有显著的差异，同类材料要有共性。

4. 筛选

所谓筛选，就是对同一类别的材料进行分析、比较和选择，取其最具说服力的材料，并概括同类的共性，为形成调查报告中各层次的观点做准备。

5. 汇总

所谓汇总，就是把筛选出来的各种材料汇聚起来，进行全面综合的分析研究，为形成调查报告的结论做准备。在汇总时，要做到分析与综合相结合，动态分析与静态分析相结合，宏观分析与微观分析相结合。

二、调查报告的结构形式

调查报告因类别的不同，在格式和写法上也多种多样，没有固定的结构形式。一般来

说，调查报告主要由以下五部分组成。

(一)标题

调查报告的标题主要有以下两种类型。

1. 单标题

单标题一般由调查对象、调查内容(即课题)和文种构成，类似公文标题，如《湖南农民运动考察报告》《××企业领导诚信问题调查报告》。另外，单标题还可采用普通式，如《"航空母舰"逐浪经济海洋》《一个濒临亏损边缘的企业是怎样重振雄风的》等。

2. 双标题

双标题由正题和副题组成，通常正题揭示主题，副题写明调查对象、调查内容和文种，如《寻找新的经济增长点的不懈努力——××集团集约型经营道路调查》。

(二)署名

标题正下方写明撰写调查报告的单位名称或个人姓名。

(三)前言

前言即开头，又称引言，要求开门见山，提纲挈领，简洁明了，紧扣主题。前言可以交代调查的目的、对象、范围、时间、地点、主要经过、方式方法、总的结论等，也可简要介绍调查对象的基本情况、成绩或经验，为主体部分作铺垫，还可提出一个大家关心的问题或一件能引起人们注目的事件等。

(四)主体

主体是调查报告的核心，要求详尽地说明调查的主要情况、经验或问题，并引出调查的结论。不同类型的调查报告，主体的侧重点各有不同。典型经验的调查报告，主要写经验做法；反映情况的调查报告，主要写调查的基本情况和问题分析；揭露问题的调查报告主要写问题产生的原因及教训。

主体内容的展开主要有如下三种形式。

1. 纵式结构

纵式结构是按照事件发生、发展、结局的先后顺序，把调查到的材料有机地组织起来，一层一层地把事件的来龙去脉叙写清楚，使读者既了解事件的全貌，又从中得到方向性、指导性的经验和教训。它多用于内容比较单一的时序性调查报告。

2. 横式结构

横式结构是围绕调查报告的主题，把几个分观点或分课题依次排列起来的结构形式。这种形式适用于内容丰富、背景广阔、综合性强的调查报告。

第七章 调查报告

3. 因果式结构

因果式结构是在调查报告主题的指导下,首先把调查报告的结果或结论告诉读者,接着再叙述这个结论的由来,从几个方面分析阐述形成这个结论的原因。因果式结构多用于经验调查报告。

(五)结尾

结尾是调查报告的结束语,或称结论。结尾部分可以补充说明调查的情况,深化主题,加深读者印象;可以展望未来,表明必胜信念;可以提出意见建议,以供参考,等等;也可意尽言止,自然收尾。

案例分析一

2017企业危机管理现状调查报告 ×××　　企业永远无法避免随时可能发生的产品、价格、人才、信息、财务、信誉等种种危机。据有关资料显示,在中国,45.2%的企业处于一般危机状态,40.4%的企业处于中度危机状态,14.4%的企业处于高度危机状态。某权威危机管理培训课程宣称:在现代社会,谁能有效避免和控制危机,谁就掌握了发展的主动权!究竟企业存在哪些危机?有多少企业拥有良好的危机意识?它们能否有效地防范危机?《职业》杂志联合中国人力资源开发网、中青在线、中华企管网共同进行"2017企业危机管理调查",以深入了解中国企业的危机管理现状。 　　本次调查的主要对象是企业决策层、总裁办、公关部门和人力资源部门等中高层管理者以及部分普通员工。 　　**四成人不懂危机管理,四成人没有危机概念** 　　近两年国内外危机事件不断发生,使人们对危机的预防意识和应对经验不断增加,调查数据显示,50.4%的调查对象表示听说过"危机管理"这个词,25.07%的人对危机管理不太清楚,24.53%的人则根本没有概念。大部分人将关系到单位和个人前途的危险事件看作危机的含义,占42.32%;有35.58%的人认为危机就是突发事件,还有22.1%的人误将"难以解决的问题"当作了危机。 　　由于和切身利益密切相关,在众多事件中,××公司的"特富龙"不粘锅含有致癌物质成为众人最为关注的危机事件,关注比例为14.62%。此外,××新兴医院的虚假广告、××奶粉碘超标、××奶业加工回锅奶再销售等被众人选为印象深刻的十大危机事件(如下表)。	这是一篇反映情况的调查报告。 **标题与署名:**用单层标题,写明调查课题和文体名称。题下署名。 **前言:**开门见山,提出问题,引人思考。然后交代调查课题、目的和对象。 **主体:**采用横式结构,围绕前言所提出的问题,分立四个小标题从四个方面展开阐述,眉目清楚,结构严谨。

161

给你印象最深刻的十大危机事件	
选　项	百分比/%
××"特富龙"不粘锅可能含有致癌物质	14.62
××新兴医院存在虚假广告	14.53
××奶粉碘超标	13.87
××加工回锅奶再销售	9.21
××100多名小学生洪水中遇难	8.83
××香辣鸡翅含有苏丹红	7.31
××化妆品被状告含有腐蚀性成分	6.74
××洋海啸	6.46
××科技PC骨干"集体叛逃"	3.23
因暴雨塌方造成××铁路中断	3.04

> 运用表格说明情况，简洁明了。用数字说明情况确凿有力。

国内著名危机公关专家游昌乔曾经给危机下过一个定义：危机就是一种使企业(个人)遭受严重损失或面临严重损失威胁的突发事件，比如××突然被查出食品中含有××。无论对个人还是企业，危机都意味着两层含义，即"危险与机遇"，是组织和个人命运"转机与恶化的分水岭"。

究竟带来转机还是恶化，就看危机公关是否成功了。

约有95%的人会在第一时间作出危机应对

如何才能有效地将危险化解为机会？在调查对象中，有半数人认为，有效预防危机应该先进行危机预防的培训与教育；25.33%的人未雨绸缪，认为应该针对可能发生的危机作出预案；24.67%的人感到增强危机意识更重要。

数据显示，有31.33%的调查对象接受过危机公关的学历培训，18.96%的人自学职业化地应对危机；11.61%的人参加过应对危机的短训班，3.68%的人听过专门的讲座。但有17.99%的人表示没有机会和条件学习如何面对危机，16.05%的人没有想过是否需要参加相关培训，还有0.39%的人认为没有必要参加危机应对的培训。

但具有危机意识，经过专业培训也未必能在突发事件面前化险为夷。如果真的遭遇危机，调查对象能否做出正确的反应？在"遇到危机，应该采取的第一个应对措施是什么"一题中，有40.27%的人主张通过内部稳定和外部攻关最大限度地减小危机的负面影响；23.89%的人会在最快的时间内了解情况；31.41%的人会迅速研究并启动应急预案；只有4.43%的人采取回避和冷处理的方式。专家称，回避的态度最不可取，无论表态认错还是采取补救措施，总之要争取在第一时间内有所行动(具体情况如下表)。

选项	百分比/%
在最快的时间内了解情况	23.89
迅速研究并启动应急预案	31.41
通过内部稳定和外部攻关最大限度地减小危机的负面影响	40.27
采取回避和冷处理	4.43

46.4%的企业危机集中在产品和服务上

当前,我国企业比较容易发生诸如产品、服务、国际贸易纷争、内部公共关系、企业高管行为出轨等危机,本次调查显示,将近一半人表示,所在单位、组织当前存在的最大危机是产品、服务危机,约占46.4%;认为由于人的问题为企业带来危机的占了49.09%。此外,企业和政府关系良好,只有4.5%的人表示存在和政府关系方面的危机。

关于人的危机中,认为企业高管"出轨"给企业带来危机的,约占20.32%;发愁企业没有接班人,并表示很可能成为影响重大危机的,占19.24%;认为员工流动性大,集体跳槽容易造成危机的,占9.53%(具体情况如下表)。

选项	百分比%
企业接班人危机	19.24
产品和服务问题	46.4
与政府关系问题	4.5
企业高管"出轨"问题	20.32
员工流动性大,集体跳槽	9.53

时刻警惕可能存在的危机并有针对性地建立危机预案,才是企业公关的成熟做法。本次调查中,有37.93%的人表示自己所在企业、组织建立了应对危机预案和专门的公关部门;17.42%的人表示自己的企业、组织不存在任何危机;高达44.65%的人表示不了解具体情况。

危急关头,超过半数的人选择舍企业而去

如果所在的企业、组织真的遭遇危机,究竟谁应该负起危机公关责任,谁来处理难题?对此,众人各执一词。28.3%的人认为应该由企业专门的机构,如公关部门负责,这样更专业,更有助于危机的转化,有利于问题解决。25.94%的人认为,企业高管、组织领导责无旁贷,并且高层具有决策权,能够随时做出决定。23.11%的人表示，谁的事谁负责，哪个部门犯下的错就该由哪个部门"摆平"，它们更熟悉情况，而且也不应该因为危机而影响到其他部门的正常运作。

另外，还有22.64%的人认为每位员工都有义务处理企业危机。不过，对普通员工来说，对企业应尽一份义务和责任，但如果危机事件非常重大，而责任又没有落到你的头上，专家不建议个人针对危机去做什么，最好还是交给领导和公关部门等来处理会更妥当。

企业遭遇危机，不仅可以暴露企业的产品、服务问题，而且还能暴露企业的管理问题。当企业遭遇影响重大的危机时，大多数的员工会怎么做？在本次调查中，33.33%的人表示会积极地帮企业出谋划策，尽自己所能；15.19%的人表示人微言轻，什么都不做。此外，有20.51%的人比较明智，表示在企业、组织的危急关头会根据现实情况做出选择，如果企业不能重振声誉则考虑更换工作；30.97%的人选择了未雨绸缪，积极寻求跳槽机会。

专家指出，企业普通员工这时候的表现虽然和个人素质有关，但更重要的还在于企业在日常运营中，是否注意维系企业内部的公共关系，是否能够建立具有凝聚力的企业文化。只有企业将员工视作自己的财产，员工才可能在遭遇危机时竭力维护企业声誉和企业形象。

(资料来源：搜狐财经，http://business.sohu.com/20050808/n240361003.shtml，有改动)

> 本文通过对企业界危机管理状况的调查，真实地反映了企业危机管理的现状，对少走弯路、最大限度地减少损失、提升企业界危机管理能力有很强的现实意义。
>
> 结尾：用自然收尾方式。

案例分析二

××巨轮模具股份有限公司发展经验调查报告

××市经贸局

××巨轮模具股份有限公司的前身是2004年成立的××县××石材机械有限公司，2009年成立橡胶机械有限公司，增资发展子午线汽车轮胎模具，并于2011年进行股份制改造，成立××巨轮模具股份有限公司。2017年公司总资产7.85亿元，净资产5.01亿元，实现销售收入2.5亿元，税金3571万元，净利润5816万元。经过十多年的发展，公司成为国家重点高新技术企业、××省民营百强企业和上市公司，是我国最大的汽车子午线轮胎模具制造商，产量占全国同行业的45%，国内市场占有率达25%（含进口子午线轮胎活络胎模具），根据中国模具工业协会统计资料，该公司2015—2017年连续三年主营业务（子午线轮胎模具）收入和国内市

> 这是一份经验型调查报告，文章介绍了××巨轮模具股份有限公司的发展经验。
>
> 标题与署名：标题由调查对象、课题和文体名称构成。署名写明单位名称。

场占有率均排名第一。

一、积极打造发展优势

该公司快速发展主要在于抓住机遇，高起点介入，迅速形成推动公司发展的五大优势。

（一）产业优势

在我国，模具行业是一个新兴产业，高速发展的制造业为模具工业提供了巨大的市场需求，凸显了独特的产业优势。一是消费升级转型为模具行业发展创造了条件。近年来，随着我国消费的升级转型，消费热点从原来的衣食消费逐步向交通、通信、住房、教育、医疗等领域转变，汽车逐步进入普通百姓家庭，推动了汽车制造业的高速发展，也为轮胎制造商的上游产业模具行业提供了高速发展的机遇。特别是高速公路的飞速发展和公路质量的不断提升为高等级汽车轮胎生产创造了大量市场需要，从而拉动高精密汽车子午线轮胎模具的发展。二是重工业发展滞后为模具行业提供了发展空间。过去的若干年，我国着重发展轻工业，重工业特别是装备制造业发展滞后，这为模具行业的发展提供了良好的市场空间。目前汽车子午线轮胎模具行业毛利率达 40%以上，行业利润明显高于其他行业，而且同等质量的产品国内产品价格比国外产品低 1/2 到 1/3，竞争优势相当明显。三是国家和省对装备工业的扶持为行业创造了良好的发展环境。近年来，发展装备工业成为我国和我省的重大产业政策。国家在"十二五"和"十三五"规划中都提出要重点发展装备制造工业，并对部分重点模具企业实行增值税先征后返政策。我省出台了《关于发展装备制造业的决定》，用技术、管理、体制创新等多种手段扶持我省装备制造业的发展，优化了行业发展的政策环境。巨轮股份作为一家集研究开发、设计制造汽车子午线轮胎模具的专业公司，在市场和国家产业政策的双重推动下，实现了快速健康发展。2017 年其营业收入、净利润分别比 2011 年增长 308.73%和 563.11%。

（二）技术优势

1. 研发优势（具体内容略）。

2. 技术优势（具体内容略）。

3. 质量优势（具体内容略）。

（三）管理优势

1. 建立健全了企业管理制度（具体内容略）。

2. 组织评定公司内部科技进步奖（具体内容略）。

3. 开展年度星级员工评比（具体内容略）。

前言：概括介绍调查对象的基本情况。

主体：第一部分介绍巨轮公司抓住机遇，高起点介入，迅速形成推动公司发展的五大优势。

（四）人才优势

××巨轮股份视人才为最宝贵的资源，坚持以人为本、以人兴企的用人理念，建立科学的人力资源管理体系，在人才招聘、培养、选拔、激励、约束、绩效考核等方面创新机制，致力于构筑轮胎模具行业的人才高地。形成学习型组织，创立员工与企业同步发展的人才战略，做到事业留人、待遇留人、文化留人，结合绩效考核的薪酬分配体系为员工实现人生价值提供了广阔的舞台和发展空间。近年来，公司生产规模快速扩大，人才的数量和质量也不断提升，人力资源结构大大优化，并形成了合理的人才梯队，较好地适应了公司发展的需要。

目前，公司员工已超过1100人，其中，研发人员120人，占10.9%，研发部门中硕士以上学历的技术人员占80%以上；公司共有各类工程技术人员约250人，其中有五位专家享受国务院特殊津贴。一线生产人员中，高级技工占30%。为适应未来竞争需要，公司积极实施人才储备战略，逐步推进产业工人队伍的知识化、专业化，去年以来向社会招聘机电一体化人才100多名，招收硕士及以上毕业生200多名，并与××大学联合办学，开设模具设计与制造专业，为公司培养更多专业人才。

（五）文化优势

1. 巨轮股份始终把企业文化作为重要资源优势(具体内容略)。

2. 公司通过建立各类文化活动组织，培养了团队精神(具体内容略)。

3. 公司以党支部、工会、大学生联谊会、巨轮报和公司网站为阵地，积极发展企业文化（具体内容略）。

二、发展启示

（一）战略创新

××巨轮模具股份有限公司经过市场调查和信息搜集，决定进入轮胎模具行业，并实施对广重集团轮胎模具厂的并购，以高起点、高品位、高效益为核心的战略定位，介入轮胎模具行业。在公司的发展历程中始终把战略定位实施到公司的人才战略、技术战略、管理战略和文化战略以及市场营销战略等各方面。如在产品战略上，始终瞄准市场高端，着力发展目前我国普及率还不高的子午线汽车轮胎模具，最终形成国内唯一一家具备两种结构、两种材料、两种工艺的汽车子午线轮胎模具系列产品，产品国内市场占有率达25%（含进口子午线轮胎活络模具）。在技术战略上，公司采用原始创新和引进消化再创新相结合，组建省级工程研究开发中心和省级企业技术中心。在设备引进上，公司引进五轴五联动加工中

主体第二部分说明公司的发展给人们的启示，包括三方面内容：战略创新、专业化生产、大投入大产出。三方面的启示即三方面的宝贵经验。文章有做法、有经验、有实效，有很强的针对性和指导性。本文结构安排合理，以叙述为主，语言简明、朴实。

心、三坐标检测仪等500多套技术含量高的设备。在体制创新战略上，公司引入现代企业管理制度，组建股份公司，实行董事会领导下的总经理负责制，并于2016年在深圳中小板成功上市，突破了融资工作的难关。

（二）专业化生产

巨轮公司的专业化非常明显，公司定位为汽车子午线轮胎模具和橡胶机械专业制造商。其主导产品是子午线轮胎模具和各式成型机头。目前公司的子午线轮胎模具营业收入占主营收入的86%以上，而且主导产品也集中于处于先进地位的子午线轮胎模具，技术性相对较小的二半模具和各式成型机头占主营收入的6%以下。目前公司具备年产2200台套的生产能力，是国内规模最大、技术最先进、竞争力最强的汽车轮胎模具制造商，子午线轮胎活络模具产量占全国同行业的45%，国内市场占有率达25%（含进口子午线轮胎活络模具）。随着海外市场的开拓和企业知名度的提高，美国固特异、法国米其林、日本普利斯通等全球知名轮胎制造商纷纷与该公司建立合作关系，海外市场迅速扩张，未来三年巨轮公司将力争进入全球三强，外销率达40%以上。纵观公司的发展，专业化生产是公司的成功经验。根据国家的标准，公司还是中小企业，算不上大型企业，公司在技术创新、市场开发等各方面能取得较好成绩主要是在于该公司走"精、专、特"的道路，把有限的资金、技术、人力等生产要素集中投向产业链中的某一点，形成竞争优势。这对我市众多工业企业有非常好的借鉴作用。

（三）大投入大产出

××巨轮模具股份有限公司以技术进步为动力，加大研发力度，每年从营业收入中提取5%以上的资金作为科研经费，高薪引进人才的同时，培养人才，为人才提供展示才能和发展的巨大空间，员工与公司共同发展的氛围激发员工创业的积极性。在北京成立中××科技有限公司，专门聘请高级专家从事模具及相关产业的研究和信息收集。在设备引进上公司不惜重金引进美国、德国、意大利、日本等软件设备和硬件设备提高技术水平，使精密加工制造成为可能。在资本运营上，公司加强与金融部门合作，争取金融部门支持的同时，展开资本运营，公司于2016年成功发行股票并在深交所挂牌上市，募得资金2.59亿元，成为企业发展新的里程碑。

（资料来源：广东巨轮模具股份有限公司创新发展纪实，《轮胎工业》，2003年第4期，有改动）

写 作 训 练

一、阅读下面的调查报告，回答文后的问题。

热水器行业广告投放情况调查

据北京中企市场研究中心广告监测系统提供的统计数据显示，在刚刚过去的 2018 年中，全行业共有 255 个品牌在全国 279 种报纸、杂志媒体上发布了热水器广告 10524 次，投放广告费用总计 6372.88 万元，较 2017 年减少了 0.01%，基本上打了个平手。

品牌数量之多无可比拟

在当前我国家电市场中，热水器行业的品牌数量之多是任何其他家电品类都无法比拟的。统计数据表明，2017 年度参与平面广告投放的热水器品牌共有 177 家，这在整个家电行业中已经是首屈一指了，然而到了 2018 年度又有 78 个新品牌竞相杀进。其中既有美的、长虹、康佳之类的国内家电大品牌和众多区域性小品牌，也不乏新进入我国热水器市场的国外知名品牌，使得原本品牌集中度就很低的热水器市场更加芜杂。正是这些大量涌入的热水器新品牌掩饰了老品牌广告投放的下降颓势。其实，在 2018 年度有不少已具有相当规模的热水器生产企业的平面广告投放费用比 2017 年有较大幅度的下降：曾位居 2017 年热水器行业平面广告投放费用排行榜第一名的樱花，2018 年下降了 67.02%，小鸭下降了 44.29%，博世下降了 52.48%，澳柯玛下降了 33.25%，华帝下降了 43.76%，……而与此恰成鲜明对照的诸如皇明、辉煌、恒热、清华阳光、上海能率、创尔特等品牌则今年大幅度提高了广告投放力度。其中创尔特 2017 年的平面广告投放费用仅为 6.95 万元，而 2018 年则骤升到 96.48 万元，升幅高达 1288.2%，其变化之剧烈，反映出企业极欲在热水器市场做大、做强的意图。统计数据显示出广告投放费用呈下降趋势的品牌多是以生产燃气热水器为主的企业，呈上升趋势的多是以生产太阳能热水器为主的企业。

2018 年度热水器行业平面广告投放费用前 10 名品牌中，只有阿里斯顿、恒热、博世三家是国外品牌，这与手机、彩电等行业平面广告投放以国外品牌为主的阵容大相径庭。统计数字显示，这 10 家热水器品牌 2018 年平面广告投放费用总计 3172.37 万元，约占全行业平面广告投放总费用的 49.78%，其中皇明一家的平面广告投放费用就约占行业总费用的 15.73%，领先优势明显。

在 2018 年度热水器行业平面广告投放中，电热水器品牌共 95 个，燃气热水器品牌共 44 个，而太阳能热水器品牌则有 124 个，无论是品牌数量还是广告投放费用，太阳能热水器都占有绝对优势。单从广告投放量上看，电热水器呈稳定增长态势，而燃气热水器已显出颓势。

热水器打广告重点在北方

广告投放策略因各品牌爱好不同而大相径庭，在 2018 年度热水器行业中，虽然资金实力雄厚的品牌广告投放力度相对要大，但是也可以看出一些国外著名品牌在热水器广告投放上仍保持着一定的低调。比如 AO 史密斯、松下等，尽管它们表示决心要在中国热水器市场成为领军者，并不断对在中国的生产线增资，但从近年的广告投放上看，一直很有节制，不温不火，始终居于第二集团中。

在 2018 年度热水器行业平面广告投放中，德国品牌博世的广告含金量即广告投放费用与投放次数的平均值最高，共投放费用 115.51 万元，发布广告 57 次，平均含金量为 2.03 万元/次。国内热水器品牌创尔特 2018 年的平面广告投放费用为 96.48 万元，共发布广告 1769 次，是全行业平面广告发布量最多的品牌，但是广告含金量又是最低的，仅为 0.05 万元/次，远远低于全行业平面广告投放费用的平均值，而且所发布的广告形式单一。创尔特以密集的小型广告进行产品营销，明显有别于其他品牌的广告投放策略，形成了自己的广告特色，这在整个家电行业的平面广告中是绝无仅有的，其市场效果还有待进一步验证。

从热水器行业在各行政区的广告投放上看，华东、华北、华中三个地区的投放力度最大，投放费用之和占行业平面广告投放费用的 63.43%。从平面广告投放的省份上看，2018 年热水器行业平面广告的重点投放地域是山东、北京、湖北、辽宁、广东，其中山东最多，总费用高达 614.41 万元。主要投放品牌是皇明、海尔、澳柯玛、小鸭四个品牌，投放费用均在 50 万元以上。而且这四大品牌又均是山东省本土品牌，其竞争之激烈，自在情理之中。

2018 年热水器平面广告投放量最少的省份是西藏，全年的平面广告投放费用仅为 0.74 万元。而令人欣喜的是 2018 年热水器行业在我国西北地区的平面广告投放量由 2017 年的 216.01 万元提高到 2018 年的 391.41 万元，增长了 81.2%，增幅之大令人刮目。

2019 年 1 月 15 日

(资料来源：人人文库网，http://www.renrendoc.com/p-9168060.html，有改动)

1. 从内容看，本文属于_____调查报告。
2. 本文的前言概括交代了_____等内容。
3. 本文的主体部分属于_____式结构。

二、下面是一篇调查报告，在格式、内容和语言上都存在一些问题，请根据调查报告写作的规范进行修改。

大学生调查

一个案例

"油多了不好。"记者劝孟娜打菜的时候，她这样说，并执意要记者多吃一些带肉的菜，而她只要了一份 1 元钱的炒粉丝。这还是在记者在场的情况下，如果是平时，她只要 8 角钱的豆腐、土豆或者 6 角钱的白菜。

孟娜所在的专业每年需交学杂费共 6200 元。孟娜没那么多的钱，她身上总共不过 2300 元。她拿出 1400 元交了学杂费，自己留下 900 元做一年的生活费用。没有交上的学费只能慢慢补。

学校每个月给每个学生发放107元的生活补贴，孟娜还在学校申请到一个勤工俭学的机会。在那间放了40多台电脑的屋里，孟娜每天用半个小时进行清理，这样下来，每个月能挣上80多元钱。

孟娜是学校里唯一的特困生。在中国扶贫基金会调查的农、林、师范类高校中，像孟娜这样的特困女大学生，超过了学生总人数的15%，她们"在校期间基本生活费用难以达到学校所在地最低伙食标准，且无力缴纳学费及购置必要的学习用品，日常生活没有经济保障"。而中国扶贫基金会这份《贫困女大学生调查报告》显示，在一般的综合性院校，特困女大学生的比例也达到了8%。

几组数字

1. 93.7%月生活费不足200元

贫困女大学生的生活消费水平都很低，在校期间基本生活费用难以达到学校所在地最低伙食标准，且无力缴纳学费及购置必要的学习用品，日常生活没有经济保障。调查显示，贫困女大学生的父母每月能支付给她们的生活费在100元以下的有38.1%，贫困生每月生活费支出在51~100元的占28.7%。

除吃饭以外的消费，有13.7%的贫困女大学生根本没有经济能力购买学习用品，49.8%的贫困女大学生每月个人学习用品支出只能在20元以下。65.9%的女大学生无力购买化妆品，还有31.5%的贫困女大学生月支出能力只能在20元以下。

此次调查的贫困女大学生中，有45.6%的贫困女大学生生活困难，只能靠勤工俭学勉强维持；有42.2%的贫困女大学生生活紧张，手中的钱必须用心计划，才能维持生活；还有高达6.6%的贫困女大学生生活特别困难，已经无法维持，不能继续上学。

2. 84.7%的人承受经济困难的压力

因为贫困，女大学生们承受着巨大的压力，业余生活有诸多障碍。调查显示，84.7%的贫困女大学生承受着家庭经济困难的压力；60.2%的承受着学费、书费上升的压力；48.5%的承受着生活费上升的压力；42.0%的承受着学习紧张的压力；还有28.1%的承受着考试不理想的压力和怕与同学谈论钱方面事情的压力。

3. 73.0%的人籍贯在非西部地区

此次调查发现，来自非西部地区的女大学生和来自西部地区的学生一样贫困。有27.0%的高校贫困女大学生籍贯在西部地区，有73.0%的贫困女大学生籍贯在非西部地区。

非西部地区的贫困女大学生生活困难，靠勤工俭学勉强维持的比例为47.2%，高于西部地区5.6个百分点；西部地区贫困女大学生生活紧张，手中的钱用心计划，可以维持的比例为45.6%，高于非西部地区4.8个百分点。

(资料来源：人人文库网，http://www.renrendoc.com/p-10977484.html，有改动)

三、大学生作为社会特殊的消费群体，消费观念的塑造和培养会直接影响大学生世界观的形成与发展，甚至对学生一生的品德行为产生重要的影响。因此，关注大学生消费状况，把握大学生生活消费的心理特征和行为导向，培养和提高学生的"财商"，已成为当代大学生共同关注的课题。请就本校大学生的消费状况进行调查，写一份调查报告。

第八章 合同书

学习目标

- 了解合同的定义、性质、形式和种类。
- 熟悉合同的基本内容和结构形式。
- 掌握合同的写作要领。

第一节 合同概述

一、合同的概念

什么是合同？我们可以从合同的定义和性质两个方面来了解。

(一)合同的定义

合同行为古已有之，因此，合同作为一种文体样式，可以说是一种非常古老的实用文。古代的各种民间契约，从文体归属看，均属合同。随着社会的发展和时代的进步，合同行为逐步被纳入法律的范畴，成为一种法律行为，而作为合同行为表现形式的书面合同(包括各种契约、协议、合同书等)也就成为一种法律文书。为此国家制定了规范合同行为的相应法规，这就是各种合同法。1999年以前，我国关于合同的法规主要有三个，即《中华人民共和国经济合同法》《中华人民共和国涉外经济合同法》和《中华人民共和国技术合同法》。1999年3月15日第×届全国人民代表大会第×次会议通过了我国新的合同法，即《中华人民共和国合同法》(以下简称《合同法》)，并规定从1999年10月1日起施行。新合同法将上述三个合同法合并为一个，通常称之为统一合同法。这是我们目前签订合同的依据，也是合同写作的依据。新《合同法》中，对合同的概念作了明确表述：

合同是平等主体的自然人、法人、其他组织之间设立、变更、终止民事权利义务关系的协议。

从这个定义中我们可以看出以下四点：第一，合同的行为主体(或称当事人)有三种，一是自然人，即公民；二是法人，即依法成立并能独立参与民事活动的社会组织，包括各种企业、公司、社会团体等；三是法人以外的社会组织，这是一个非常宽泛的范围，几乎无所不包。第二，合同行为是一种民事法律行为，这种行为包括设立、变更和终止当事人之间的权利义务关系。第三，合同关系是一种协议关系，应由当事人协商确立。第四，书面合同就是将上述合同行为书面化的实用文体。

(二)合同的性质

根据《合同法》的规定，合同具有如下性质。

1. 平等性

《合同法》中规定："合同当事人的法律地位平等，一方不得将自己的意志强加给另一方。"合同关系是一种法律关系，法律面前人人平等。因此，合同的签订一定要坚持平等的原则，不能因为当事人的身份、地位的不同而偏向于一方。

2. 自愿性

《合同法》中规定："当事人依法享有自愿订立合同的权利，任何单位和个人不得非法干预。"这就是说，合同行为是一种完全自愿的行为，当事人有权自主决定自己签订或不签订合同，他人不得干涉。

3. 公平性

《合同法》中规定："当事人应当遵循公平原则确定各方的权利和义务。"合同关系是一种互利互惠的关系，除极少数情况外，合同都是有偿的。就是说，任何一方当事人在合同行为中既享有一定的权利，又负有相应的义务。这种权利和义务的确定应遵循等价有偿的原则，即公平原则。

4. 诚实性

《合同法》中规定："当事人行使权利、履行义务应当遵循诚实信用原则。"诚实守信历来被认为是商家的美德，从现代公共关系的角度来看，诚实守信则是企业或其他社会组织树立良好社会形象，求得生存和发展的必要前提。然而，这些都还局限于职业道德的范畴。新《合同法》首次将"诚实守信"纳入其中，使其成为签订合同的一条重要原则，这就使"诚实守信"超出了道德范畴，受到了法律的约束，因此诸如合同欺诈等行为就会受到法律的制裁。

5. 合法性

《合同法》中规定："当事人订立、履行合同，应当遵守法律、行政法规""依法成立的合同，对当事人具有法律约束力。当事人应当按照约定履行自己的义务，不得擅自变更或者解除合同""依法成立的合同，受法律保护"。就是说，合同的订立和履行都应与国家现行的法律法令、行政法规相一致，不能矛盾抵触，否则即为违法合同，不能受法律的保护。合同一旦依法成立，就要受法律的制约，当事人的权益受到损害时，便可受到法律的保护。

6. 合理性

《合同法》中规定，当事人订立、履行合同，应当"尊重社会公德，不得扰乱社会经济秩序，损害社会公共利益"。合同行为虽然是有关当事人的个人行为，但这种个人行为必须顾及他人的利益和社会公共利益。如果因合同的订立和履行损害了他人或社会公共利

益，那么合同同样是违法的。

(三)合同的形式

《合同法》中规定："当事人订立合同，有书面形式、口头形式和其他形式。"同时还规定："书面形式是指合同书、信件和数据电文(包括电报、电传、传真、电子数据交换和电子邮件)等可以有形地表现所载内容的形式。"

书面形式，尤其是合同书是合同的主要形式，通常订立合同大都采用书面形式。对此《合同法》中规定："法律、行政法规规定采用书面形式的，应当采用书面形式。当事人约定采用书面形式的，应当采用书面形式。"

二、合同的种类

按照《合同法》的规定，目前常规合同的种类共有15类24种，分述如下。

(一)买卖合同

买卖合同是出卖人转移标的物的所有权于买受人，买受人支付价款的合同。《合同法》中规定，买卖合同的内容除包括合同的基本内容以外，"还可以包括包装方式、检验标准和方法、结算方式、合同使用的文字及其效力等条款"。

(二)供用电、水、气、热力合同

供用电、水、气、热力合同是供方向用方提供电、水、气、热力，用方支付费用的合同。其内容包括供应电、水、气、热力的方式、质量、时间，使用电、水、气、热力的容量、地址、性质、计量方式、单价、费用的结算方式、供用设施的维护责任等条款。

(三)赠与合同

赠与合同是赠与人将自己的财产无偿给予受赠人，受赠人表示接受赠与的合同。可见，赠与合同通常是一种无偿合同，但有时也会对受赠人附加义务。《合同法》中规定："赠与附加义务的，受赠人应当按照约定履行义务。"

(四)借款合同

借款合同是借款人向贷款人借款，到期返还借款并支付利息的合同。《合同法》中规定："借款合同的内容包括借款种类、币种、用途、数额、利率、期限和还款方式等条款""借款合同采用书面形式，但自然人之间借款另有约定的除外"。

(五)租赁合同

租赁合同是出租人将租赁物交付承租人使用，承租人支付租金的合同。《合同法》中规定："租赁合同的内容包括租赁物的名称、数量、用途、租赁期限、租金及其支付期限和方式、租赁物维修等条款""租赁期限六个月以上的，应当采用书面形式"。

(六)融资租赁合同

融资租赁合同是出租人根据承租人对出卖人、租赁物的选择，向出卖人购买租赁物，提供给承租人使用，承租人支付租金的合同。《合同法》中规定："融资租赁合同的内容包括租赁物名称、数量、规格、技术性能、检验方法、租赁期限、租金构成及其支付期限和方式、币种、租赁期限届满租赁物的归属等条款""融资租赁合同应当采用书面形式"。

(七)承揽合同

承揽合同是承揽人按照定做人的要求完成工作，交付工作成果，定做人给付报酬的合同。《合同法》中规定："承揽包括加工、定做、修理、复制、测试、检验等工作""承揽合同的内容包括承揽的标的、数量、质量、报酬、承揽方式、材料的提供、履行期限、验收标准和方法等条款"。

(八)建设工程合同

建设工程合同是承包人进行工程建设，发包人支付价款的合同。《合同法》中规定："建设工程合同应当采用书面形式。"建设工程合同又包括工程勘察、设计合同和施工合同两种。

(九)运输合同

运输合同是承运人将旅客或者货物从起运地点运输到约定地点，旅客、托运人或者收货人支付票款或者运输费用的合同。运输合同包括客运合同、货运合同和多式联运合同三种。

(十)技术合同

技术合同是当事人就技术开发、转让、咨询或者服务订立的确立相互之间权利和义务的合同。

(十一)保管合同

保管合同是保管人保管寄存人交付的保管物，并返还该物的合同。《合同法》中规定："寄存人应当按照约定向保管人支付保管费。"但当事人对保管费没有约定或者约定不明确，依照《合同法》的有关规定仍不能确定的，保管是无偿的。

(十二)仓储合同

仓储合同是保管人储存存货人交付的仓储物，存货人支付仓储费的合同。《合同法》中规定："存货人交付仓储物的，保管人应当给付仓单并在仓单上签字或者盖章。"仓单上包括下列事项。

(1) 存货人的名称或者姓名和住所。
(2) 仓储物的品种、数量、质量、包装、件数和标记。
(3) 仓储物的损耗标准。
(4) 储存场所。
(5) 储存期间。
(6) 仓储费。
(7) 仓储物已经办理保险的,其保险金额、期间以及保险人的名称。
(8) 填发人、填发地和填发日期。

(十三)委托合同

委托合同是委托人与受托人约定,由受托人处理委托人事务的合同。《合同法》中规定:"委托人可以特别委托受托人处理一项或者数项事务,也可以概括委托受托人处理一切事务。"

(十四)行纪合同

行纪合同是行纪人以自己的名义为委托人从事贸易活动,委托人支付报酬的合同。

(十五)居间合同

居间合同是居间人向委托人报告订立合同的机会或者提供订立合同的媒介服务,委托人支付报酬的合同。

除了上述各类合同外,其他法律对合同另有规定的,依照其规定执行。合同法或其他法律没有明文规定的,使用合同法总则的规定,并可以参照合同法分则或其他法律最相关的规定。

第二节 合同书写作

按照《合同法》的规定,书面合同包括合同书、信件和数据电文等形式。这里只讲合同书的写作。对于合同书的写法,可以从两个方面去把握:一是合同书的基本内容,二是合同书的结构形式。

一、合同书的基本内容

关于合同的基本内容,《合同法》中有明确规定:"合同的内容由当事人约定,一般包括以下条款。"这些条款共有如下八个方面。

(一)当事人的名称或者姓名和住所

当事人就是合同的行为主体，即合同的签订者。当事人如果是法人或其他组织，合同中就要写明其法定名称；如果是自然人，则写明其姓名。另外，不管是社会组织还是公民，都要写明其住所。

(二)标的

标的或称标的物，是合同行为中当事人的权利和义务所指的对象。这是合同最基本的要素，没有标的，就没有合同行为。不同的合同中，标的是不同的；或者说，由于标的的不同，因而形成了不同性质的合同。在实物合同中，标的是某种产品或物品；在劳务合同中，标的是一种劳动；而在借贷合同中，标的则是货币。签订合同，必须写明标的的名称。

(三)数量

数量是用计量单位和数字来衡量标的的尺度，也是确定权利与义务的标准。签订合同，要写明标的物的数额和计量单位。

(四)质量

质量是标的物质方面的具体化。质量的规定，应写明标的物的质量标准和质量的认定方法，如国家标准、部颁标准或企业标准等。

(五)价款或者报酬

合同行为中，除极少数情况(如赠与合同)外，大都是等价有偿的。在有偿合同中，当事人的一方向另一方提供一定的标的物，另一方就要给予对方一定的回报，这种回报大都是以货币形式表现的，这就是价款或报酬。在实物合同中称为价款，在劳务合同中称为报酬。签订合同应写明价款或报酬的具体金额和交付办法。

(六)履行期限、地点、方式

履行期限是指合同从生效到废止的一段时间。任何合同都有特定的期限，签订合同要明确规定其生效期和废止期。履行地点是指标的物的交接地或合同行为的发生地，必要时应有明确规定。履行方式是指履行合同条款的具体方法，如实物合同中货物或货款的一次交付或分期交付、货物的运输方式等，必要时也要规定清楚。

(七)违约责任

违约责任是指合同当事人如果不能按合同条款的约定履行自己的义务，应当承担的责任，其中，主要是经济责任。在合同实践中，违约责任的规定有着非常重要的意义，它是合同得以顺利履行的重要保证。违约责任在合同中主要是以罚金(违约金或赔偿金)的形式

表现的。违约责任一项,要求全面具体地设想各种可能出现的违约情况并规定相应的处罚措施,同时还要规定罚金的交付办法。

(八)解决争议的方法

解决争议的方法是指在合同履行中当事人一旦对合同条款产生争议,应当采取何种方法解决。对此,《合同法》中有明确规定:"当事人可以通过和解或者调解解决合同争议。当事人不愿和解、调解或者和解、调解不成的,可以根据仲裁协议向仲裁机构申请仲裁。涉外合同的当事人可以根据仲裁协议向中国仲裁机构或者其他仲裁机构申请仲裁。当事人没有订立仲裁协议或者仲裁协议无效的,可以向人民法院起诉。"

以上八条是《合同法》中明确规定的必备条款,通常称为备款。这八条之外,不同种类的合同会有不同的内容要求,这在上述合同种类中都有明确规定。

二、合同书的结构形式

合同的种类不同,其写法也不尽相同。按照《合同法》的规定,各有关行业主管部门大都发布有各类合同的示范文本。签订合同,可按照统一的示范文本去书写。这里只介绍合同书最基本的结构形式。就书写形式而言,合同书有"格式合同"和"普通合同"之分。格式合同是指有关部门事先印制好的合同样式,也称"制式合同",签订合同时只需将当事人协商一致的条款填入其中即可;普通合同则是指签订合同时现写的合同书。就总体格式而言,两种形式的合同书并无不同,都由三大部分组成,即:首部、正文和尾部。现分述如下。

(一)首部

合同书的首部主要包括如下内容。

(1) 标题。合同书的标题一般有两种写法:一是直接写明合同的种类名称,如《买卖合同》《赠与合同》《借款合同》等;二是在种类名称前面加上标的名称,如《房产买卖合同》《计算机软件使用许可合同》《定期存单质押合同》等。

(2) 当事人名称或姓名及其代称。当事人为法人或其他组织,要求写其法定全称;当事人为自然人,则写其姓名。另外,还要分别给各方当事人规定代称。代称的规定,会因合同种类的不同而不同,如买卖合同中当事人的代称为"出卖人"(或"卖方")和"买受人"(或"买方"),借款合同中当事人的代称则为"贷款人"(或"贷方")和"借款人"(或"借方"),等等;有时也可简单地规定为"甲方"和"乙方"等。

以上两项为首部的必备项目。

(3) 当事人的住所。当事人的住所指单位地址或家庭住址。此项可放在尾部。

(4) 合同编号。有时可无此项内容。

(5) 签订合同的时间和地点。此项也可放在尾部。

(二)正文

合同书的正文可分为前言、备款和附则三部分。

(1) 前言。前言为合同书正文的开头部分，一般应简要地交代订立合同的依据、目的或原因等。如：

借款人为进行生产经营活动，向贷款人申请借款，贷款人业已审查批准，经双方协商，特订立本合同，以资共同遵守。

再如：

为保护买卖双方的合法权益，根据《中华人民共和国合同法》，经当事人协商一致，同意签订本合同，以便共同遵照执行。

在格式合同中，有时也可不写前言。

(2) 备款。备款为合同书正文的主体部分，要求分条列项当事人商定好的各项条款。条款的规定要以《合同法》中规定的基本内容为基础，尽量做到周全完备，不可有疏漏。

(3) 附则。附则为合同书正文的结尾部分，一般写明合同的份数及分送情况、合同未尽事宜的解决、修订合同的程序等。有时也可将合同的履行期限写在此处。如：

本合同如有未尽事宜，须经合同各方当事人共同协商，做出补充协议。补充协议与本合同具有同等效力。

本合同正本一式三份，贷款人、借款人、保证人各执一份；合同副本一式两份，报送公证机关和鉴证机关各留存一份。

(三)尾部

合同书的尾部一般包括如下内容。

(1) 当事人签章。当事人签章有两种情况：若当事人为法人或其他组织，要写明其法定名称并加盖公章，还要由法定代表人(或委托代理人、经办人)签名盖章；若当事人为自然人，则写明其姓名并加盖私章。

(2) 关系人签章。所谓关系人，是指直接当事人之外，与本次合同签订有关联的部门或人员，如公证机关、合同代书人等。如果有关系人，也要签名盖章。

(3) 当事人的住所、电话、邮编、银行账户等。这项内容有时写在首部。

(4) 签订合同的日期和地点。这项内容有时也写在首部。

第八章　合同书

案例分析

自然人借款合同

借款人：×××（以下简称"甲方"）
身份证号：××××××××××××××××××
住址：××市××路××号××栋××单元××室

出借人：×××（以下简称"乙方"）
身份证号：××××××××××××××××××
住址：××市××路××号××栋××单元××室

保证人：×××
身份证号：××××××××××××××××××
住址：××市××路××号××栋××单元××室

根据《中华人民共和国合同法》等有关法律法规，各方当事人经协商一致，订立本合同。

第一条　借款

1.1 借款金额（大写）人民币_____万元。

1.2 借款用途：

1.3 借款期限为_____个月，自_____年_____月_____日起至_____年_____月_____日止。

1.4 借款利率：借款利率为固定利率，月利率_____%。

第二条　借款给付方式

出借人或者出借人委托的第三人依据本合同约定将上述借款金额划入借款人指定的账户。

户名：

开户银行：

第三条　借款人按以下第_____种方式还本付息

3.1 实行利随本清方式还款，到期一次性归还借款本息。

3.2 按_____（月/季）结息，到期还本。结息日为每_____（月/季末月）的_____日。借款人须于每一结息日支付利息。如借款本金的最后一次偿还日不在结息日，则未付利息应利随本清。

第四条　借款人的权利和义务

4.1 按照本合同的约定取得和使用借款。

4.2 按时足额还本付息。

4.3 按出借人要求如实提供与本合同项下借款有关的文件、资料和单据。

这是一篇自然人借款合同。

首部：标题写明合同种类名称。当事人写明双方当事人的姓名、代称和住所等。

正文：前言简要交代订立合同的依据。

各款分条列项双方议定的事项。内容完备，眉目清楚、表述准确。

179

4.4 出现本合同约定的重大不利情形时，应立即书面通知出借人，并落实出借人认可的债权保全措施。

第五条 出借人的权利和义务

5.1 有权了解并检查借款人基本情况、借款使用情况、保证人情况。

5.2 借款人出现本合同所指重大不利情形，出借人可以停止发放借款或者提前收回借款。

5.3 按照本合同约定收回或者提前收回借款本金、利息、罚息、复利，并有权要求借款人支付违约金、损害赔偿金以及诉讼（仲裁）费、律师费、保管费、处置费、过户费等出借人实现债权和担保权的费用。

5.4 借款人归还的款项不足以清偿本合同项下应付数额的，按照实现债权（包括担保权）的费用、违约金、复利、罚息、利息、本金的先后顺序归还，即先抵费用，后还息，再还本。

第六条 借款担保

6.1 具体包括但不限于：

（1）保证人_____为本合同项下借款人债务向出借人提供连带责任保证担保。

（2）抵押人_____以其名下的_____为本合同项下借款人债务向出借人提供抵押担保。

（3）出质人_____以其所持的_____为本合同项下借款人债务向出借人提供质押担保。

6.2 担保的范围，包括：本合同项下借款本金、利息、罚息、复利、违约金、损害赔偿金以及诉讼（仲裁）费、律师费、保管费、处置费、过户费等出借人实现债权和担保权的费用。

6.3 保证担保的期间：保证期间为还款期限届满之日起两年。借款人与出借人达成期限变更协议的，保证人继续承担保证责任，保证期间为自期限变更协议约定的债务履行期限届满之日起两年。

第七条 违约责任

7.1 借款人未按本合同约定期限归还借款本金的，出借人对逾期借款从逾期之日起在本合同约定的借款利率基础上上浮百分之_____（大写）计收罚息，直至本息清偿为止。

7.2 借款人未按本合同约定用途使用借款的，出借人对违约使用部分从违约使用之日起在本合同约定的借款利率基础上上浮百分之_____（大写）计收罚息，直至本息清偿为止。

7.3 对到期未付利息，出借人按罚息利率计收复利作为违约损失赔偿。

第八章 合同书

7.4 借款人、保证人违反本合同及从合同项下义务，出借人有权要求其限期纠正违约行为，有权停止发放借款、提前收回已发放借款以及采取其他财产保全措施。

第八条 费用承担

与本合同有关的公证、登记、评估、鉴定、见证、运输、保管等费用由借款人、保证人承担。

第九条 争议解决

本合同履行中发生争议，各方可协商解决，协商不成的，向出借人所在地人民法院起诉。

第十条 其他事项

本合同所称"期限届满"或者"到期"包括本合同项下债务履行期限届满，以及出借人依照国家法律法规规定或者本合同的约定宣布本合同项下债务提前到期的情形。

本合同所称重大不利情形包括但不限于以下情形：借款人已全部或者部分丧失还款能力；保证人财务状况恶化或者因其他原因导致担保能力明显下降。

第十一条 合同的生效及份数

本合同自各方签字或者盖章之日起生效。本合同一式_____份，其中借款人一份，出借人一份，担保人各一份，各份具有同等法律效力。

借款人：
日期： 年 月 日
出借人：
日期： 年 月 日
保证人：
日期： 年 月 日

(资料来源：易法通，http://www.yifatong.com/ht/870.html，有改动)

附则写明合同份数和分送情况。

尾部：包括当事人和关系人签章。

从整体上看，这是一份内容完备、格式规范、表述准确的合同书。

写 作 训 练

一、阅读下面的合同，回答文后的问题。

劳务合同

鉴证编号：××××
甲方：××塑料生产有限公司　　地址：××市××路××号
法定代表人：×××

乙方：谢××，女，23岁，住××市××区××号。

甲方因生产经营需要，经考核，录用乙方谢××为生产技术科技术指导员，遵照国家有关劳动法律法规，经双方协商，签订本劳动合同。

第一条　甲方录用乙方从事生产技术指导工作。用工形式为聘任制。

第二条　本合同期限从2019年1月1日起至2022年12月31日止。其中试用期限为10个月，至2019年10月31日止。

第三条　甲方的基本权利义务：

一、根据生产经营的需要和本单位的规章制度及本合同的各项条款对乙方进行管理。

二、保护乙方的合法权益，按规定付给乙方工资、奖金、津贴以及保险福利和其他政策性补贴。

三、提供给乙方符合国家安全标准的劳动作业卫生条件。

四、依照国家有关规定对乙方进行奖惩。

第四条　乙方的基本权利义务：

一、享受国家规定的医疗保险、养老保险及其他相应的福利待遇。

二、遵守国家法律法规和甲方的规章制度。

三、完成甲方分配的生产任务和经济指标。

第五条　工资待遇：享受国家正式工作人员待遇。

第六条　工作时间：每周不超过40小时(含40小时)。

第七条　合同解除：甲乙双方无正当理由不得提前解除合同。任何一方解除合同，须提前20天通知对方，经对方同意方能解除合同，并办理有关手续。

第八条　争议解决：本合同在履行中如发生争议，甲乙双方应通过友好协商解决；如协商不成，可诉诸人民法院。

第九条　合同生效：如甲乙双方对本合同无任何异议，自双方签字后生效。未尽事宜由双方协商订立补充协议，补充协议与本合同具有同等效力。

第十条　本合同一式三份，甲乙双方各执一份，报鉴证机关存留一份。

甲方：××塑料生产有限公司(章)

法定代表人：×××(章)

乙方：　谢××(章)

鉴证机关：×××(章)

2019年1月1日

(资料来源：E书吧，http://www.eshuba.com，有改动)

1. 本合同书的前言主要写明了_____。
2. 本合同的标的是_____。
3. 本合同的附则主要写明了_____。

4. 本合同书的首部包括( )。
　　A. 标题　　　　　　　　B. 合同编号
　　C. 当事人及其地址　　　D. 签订合同的依据
5. 本合同书的尾部包括( )。
　　A. 当事人签章　　　　　B. 关系人签章
　　C. 联系事项　　　　　　D. 签订合同的时间

二、根据下面的内容拟制一份合同书。

2018年9月2日，××农贸公司(经理×××)与××农场(承包人×××)根据国家粮食购销管理政策，就小麦订购一事达成如下协议。

××农贸公司每年向××农场订购小麦××吨，期限5年。订购价每公斤人民币××元。粮食质量、等级、水分执行国家规定标准。××农贸公司必须做到及时收购，保证不借故压车、退车，做到认真执行国家质价政策，保证不压等压价。对承包人×××交售的粮食，结算形式不限，现金、转账由承包人×××任选。不代任何部门扣款，不打白条。如果××农贸公司未能按合同约定履行义务，则按×××向承包人×××进行赔偿。承包人×××必须做到按合同约定的数量和质量种足种好小麦，正常年景保证按合同的约定按质按量交售小麦。遇灾可向甲方申请减免。如承包人×××未能按合同约定履行义务，则按×××向××农贸公司进行赔偿。

在执行本合同期间，农场承包人如有变动，由接替人继续执行本合同。承包人×××交售粮食时，需携带本合同。每次结算，××农贸公司都要在合同的附表内给予记载。合同执行中如果出现争议，双方应友好协商解决。协商不成，可向人民法院起诉。

三、下面是一份房屋买卖合同书，在格式、内容和语言上都存在一些问题，请根据合同书写作的规范进行修改。

买卖合同

甲方(卖方)：×××

乙方(买方)：×××

甲、乙双方就房屋买卖事项，经协商一致，达成以下合同条款。

一、甲方自愿将坐落在××区××路××小区××号楼×单元×××室(建筑面积180平方米，储藏室30平方米，产权证号××××)房地产出卖给乙方(附房产证复印件及该房产位置图)。

二、双方议定上述房地产及附属建筑物总价款为人民币壹佰陆拾捌万叁仟捌百元整。

三、乙方在签订本合同时，支付定金两万元整。

四、乙方支付首付款后，甲方即积极配合乙方办理有关房产过户手续，待房产过户到乙方名下之时，乙方应向甲方付清全部房款余额。

五、甲方应在乙方付清全部房款后3日内将该房产交付乙方；届时该房产应无任何担保、抵押、房产瑕疵，无人租住、使用；无欠账，如电话费、水电费、物业管理费、取暖

费、入网费、有线电视费等。

甲方(卖方):×××
身份证号:××××××××××××××××××
住址:××路××小区××号楼×单元×××室
电话:×××××××
乙方(买方):×××
身份证号:××××××××××××××××××
住址:××小区××号楼
电话:×××××××

2019年2月20日

第九章 诉讼文书

学习目标

- 了解诉讼文书的定义、特点和作用。
- 熟悉诉讼文书的种类、格式和写作要求。
- 掌握起诉状、答辩状、判决书写作要领。

诉讼文书是指司法机关或公民、法人及其他社会组织在诉讼活动中行使职权或权利、履行诉讼义务时所使用的一类法律文书。

诉讼文书是司法文书的一种,其产生和发展是与法律制度的产生和发展相伴相随的。我国早在商代就有了诉讼制度,也就有了诉讼文书。那时较一般的案件采用口头诉讼的形式,重大的案件口诉是不行的,还要提交一种叫"剂"的文书。这种"剂"就是诉讼文书的早期形态。随着社会的进步和发展,到唐代,诉讼文书的格式已基本形成。民国时期,我国从德国等大陆法系国家引入了裁判文书的格式,形成了"主义——事实——理由"的三段论模式。抗战时期的陕甘宁边区仍采用这一模式,直到中华人民共和国成立。

中华人民共和国成立初期,中央人民政府颁布了《诉讼文书格式》的文件,仍沿用上述三段论模式。后又演变成"事实——理由——主义"模式。1980年6月,司法部制定了《诉讼文书样式》,1992年6月最高人民法院颁发了《法院诉讼文书样式(试行)》,1999年4月最高人民法院对1992年的试行样式进行了部分修订,颁布了《法院刑事诉讼文书格式》,并于1999年7月实施。至此,司法文书基本上有了统一的标准样式。

根据案件性质的不同,诉讼文书可分为民事诉讼文书、刑事诉讼文书和行政诉讼文书三大类。从诉讼当事人的情况来看,诉讼文书又可分为用于原告(或上诉人)的和用于被告(或被上诉人)的两大类。本章仅介绍民事诉讼文书的写作规范。

第一节 起 诉 状

一、起诉状的概念

起诉状,又称诉状,俗称"状子",是案件的原告(或其法定代理人)或刑事自诉案件的自诉人因合法权益受到侵害或与他人发生争议,用以向人民法院提起诉讼的司法文书。它是人民法院对案件进行审理或调解的依据和基础,其作用在于引起诉讼程序的开始。可见,当事人要想寻求法律的保护,必须首先向人民法院提交起诉状。根据案件性质的不同,起诉状可分为民事起诉状、行政起诉状、刑事自诉状、刑事附带民事起诉状等几种。

二、起诉状的写作

起诉状的写法是相当程式化的，无论内容构成还是结构形式都有其特定的要求。这里我们只介绍民事起诉状的写法。

(一)首部

首部包括以下两项内容。

1．标题

标题应写明"民事起诉状"。

2．当事人的基本情况

当事人包括原告和被告，有时还有关系人(或称第三人)，以及他们的代理人。其基本情况因当事人性质的不同而不同。

(1) 当事人为公民的，其基本情况包括：姓名、性别、年龄、民族、籍贯、职业、工作单位和住址等内容。

(2) 当事人为法人或其他社会组织的，其基本情况包括如下三项。

① 单位名称、地址。

② 法定代表人的姓名、职务及电话(也可包括性别和年龄)。

③ 诉讼代理人的姓名、职务(也可包括性别和年龄)。

(3) 有诉讼代理人的，如果是法定代理人，在姓名之后要用括号注明其与当事人的关系；如果委托代理人是律师，要写明其姓名并注明所在律师事务所；如果委托代理人是当事人的近亲属，也应用括号注明与当事人的关系。

(4) 在共同诉讼中，如有多名当事人，应依次写明身份事项；诉讼代理人也应分别写明是法定代理人或委托代理人，而不能简单地称为诉讼代理人。

当事人基本情况的书写顺序为：原告及其法定代表人，原告代理人；被告及其法定代表人，被告代理人；关系人及其法定代表人，关系人代理人。

以上为首部的两项内容。其中，标题要居中书写，当事人的基本情况各为一段。

(二)正文

正文包括以下两项内容。

1．诉讼请求

诉讼请求即向法院提出自己诉讼的目的和要求。起诉状的诉讼请求主要是写明争执的标的物(即权益或事物)，请求法院依法判决，如要求偿还债务、履行合同等。另外还可写明诉讼费用由谁负担，这一部分要独立成段。

请求事项的写作要求如下。

(1) 要写得明确、具体、周全，不笼统，不含糊其辞，无歧义。

(2) 要有法律依据，即请求应合理合法。

(3) 文字要高度概括，简洁明了。

2．事实和理由

事实和理由是起诉状的核心所在，主要包括两个方面的内容：一是摆事实，二是讲道理。

(1) 摆事实，就是叙述案情。应掌握如下几点。

① 事实的内容构成。事实部分主要由两项内容构成。

一是叙述纠纷产生的具体情形、经过或说明被告的侵权行为，包括纠纷产生的前因后果、来龙去脉、时间、人物、关键情节等。

二是列举各种证据，以证明事实的属实。证据包括人证、物证、书证等。证据可与事实合在一起写，也可独立成段。

② 事实的写作要求。主要有以下五条。

一是交代清楚各方当事人之间的关系。

二是抓住关键性问题作重点交代。关键性问题即是纠纷的焦点和争执的具体内容。

三是实事求是，不夸大，不缩小，如实反映情况。

四是注意分清责任。首先应重点将被告的侵权行为所造成的后果和其应承担的责任写清楚。如果原告自己在纠纷中也有过错而应负一定责任，也应实事求是地写明，以便法院全面了解情况，分清是非。

五是列举证据要确凿可靠，能充分证明事实。为提高证据的可信度，应当写明书证、物证的来源以及证人的姓名、职业、住址等情况。

③ 事实的写作方法。主要有以下两种。

一是按照纠纷发生发展的时间顺序，围绕中心问题来写。适用于具有明显时间性的案件。

二是先写当事人争执的标的情况，再写争执的原因和焦点。适用于无明显时间性的案件。

(2) 讲道理，就是说明理由。理由的说明是在叙述事实的基础上进行的分析论证，以说明自己所提起的诉讼是有理有据的，是合情合理又合法的。理由的说明应掌握如下几点。

① 理由的内容构成主要有以下四个方面。

一是分析纠纷的性质，说明是非曲直。

二是分析证据，说明起诉所依据的事实是可靠的。

三是论证权利和义务的关系，说明提出的诉讼请求是合情合理的。

四是引用有关法律条文，说明起诉是有法律依据的，是完全合法的。

② 理由的写作要求主要有以下两点。

一是要抓住案件的实质、问题的关键，着重阐明一两点理由，不可面面俱到。

二是在陈述理由之前，一般应先用高度概括的语言概述一下纠纷的事实，然后再逐条分析阐述。

以上是事实和理由的主要内容。在结构安排上，两项内容可分可合，或先写事实，后述理由；或夹叙夹议，边陈述边分析。但不管怎样，都应写得条理清晰，逻辑严密，具有很强的说服力。

事实和理由写完后,再次提出请求,请法院依法判决。

(三)尾部

尾部包括以下四项内容。

1. 提交对象

提交对象写明诉状提交的人民法院名称。其写法与书信结束语相似,分两行书写,人民法院名称要顶格写,如"此致/×××人民法院"。

2. 附项

附项包括如下三项内容。

(1) 副本份数。

(2) 证物的名称和件数。

(3) 书证的件数。

3. 具状人签章

具状人签名盖章并写在正文右下方落款处。

4. 具状日期

具状日期要写明具体的年、月、日。

起诉状样式如图9.1和图9.2所示。

```
            起诉状

原告:

被告:

        诉讼请求


        事实与理由


证据及证据来源,证人姓名和住址

  此致
××人民法院

   附:1. 本诉状副本   份
       2. 书证   份

              起诉人:×××(章)
              ××××年×月×日
```

```
            起诉状

原告名称
所在地址
法定代表人姓名    职务    电话
开户银行            账号
被告名称
所在地址                  电话
        诉讼请求


        事实与理由


证据及证据来源,证人姓名和住址

  此致
××人民法院

   附:1. 本诉状副本   份
       2. 书证   份

          起诉人:×××(章)
          法定代表人:×××(章)
              ××××年×月×日
```

图9.1　公民用起诉状样式　　　　　图9.2　组织用起诉状样式

第九章 诉讼文书

注意：

(1) 诉状用钢笔、碳素笔、毛笔书写或印刷。

(2) 用于公民的，"原告""被告"栏均应写明姓名、性别、出生年月日(对民事被告的出生年月日确实不知的，可写其年龄)、民族、籍贯、职业或工作单位和职务、住址等。被告是法人、组织或行政机关的，应写明其名称和所在地址。

(3) "事实与理由"部分的空格不够用时，可增加中页。

(4) 用于法人或组织的，"起诉人"署名栏应写明法人或其他组织全称，加盖单位公章。

(5) 起诉状副本份数应按被告的人数提交。

案例分析

民事起诉状

原告：范××，男，汉族，1989年8月29日出生，户籍地址××省××市××区××镇××村××组××号，身份证号××××××××××××××××××。

被告：陈××，男，汉族，1982年8月13日出生，户籍地址××省××市××县××镇××村××组××号，现住址深圳市龙华新区××街道××路××号××××室，身份证号×××××××××××××××××××。

诉讼请求

1. 请求判令被告立即退还原告福彩机押金人民币叁万元，并按照同期银行贷款利率向原告支付利息（利息自起诉时起算）；

2. 本案件受理费等其他费用由被告承担。

事实与理由

2013年8月9日，被告将一台福彩机出租给原告，并向原告收取押金现金人民币30000.00元整。被告亲手书写收条给原告，收条内容为："今收到范××福彩机押金30000.00元（叁万元整），到2014年1月29号提前3个月可申请退机退款"。2014年1月29日后，原告多次口头向被告提出退机退款，但被告总是以押金已经给真正的福彩机主（案外人廖××），让原告找廖××去主张。原告无奈之下，于2014年1月8日委托广东龙新律师事务所向被告发出《律师函》，要求其尽快按照约定退机退款，但被告至今仍拒绝履行约定。

综上，自退机退款条件生成后，经原告多次催促，被告至今仍拒绝履行退机退款义务，已构成严重违约。恳请贵院依法责令被告退还原告福彩机押金并承担相应的利息。

这是一份公民使用的民事起诉状。

首部：包括标题和原、被告人的基本情况。标题直接写明案件的性质。

正文：先写诉讼请求，通过原告的请求，点出本案争议的焦点。

再写事实与理由。事实的叙述条理清晰，事实清楚；同时还交代了有关书证。

理由部分首先表明对案件的认识和主张，最后再次提出请求。

此致

××××人民法院

  附：1.本诉状副本1份。

    2.证据材料2份。

       具状人：张××（章）

       2015年3月31日

（资料来源：百度文库刘志鑫律师，https://wenku.baidu.com/view/1100b9a5192e45361066f5aa.html，有改动）

尾部：有四项内容：①写明诉状提交的人民法院名称；②附项的副本份数和书证件数；③具状人签名盖章；④具状日期。

写作训练一

一、阅读下面的起诉状，回答文后的问题。

民事起诉状

原告：河北省××保洁有限责任公司。

住址：××市××区××号。

法定代表人：李××，经理，电话：×××××××。

被告：河北省××实业发展有限公司。

住址：××区××街××号。

法定代表人：赵××，经理，电话：×××××××。

诉讼请求

1. 请求判令被告给付拖欠的保洁费7万元。

2. 请求判令被告给付违约金及迟延付款的银行利息。

事实与理由

原告××保洁有限责任公司与被告××实业发展有限公司于2015年7月3日签订保洁合同，由被告委托原告对××商场进行长期保洁。合同规定：①保洁费每月2万元，一年共24万元；②合同有效期一年，自2015年7月4日起至2016年7月3日止；③被告每月10日前付款，如被告违约或延期付款，则赔偿原告保洁费总额的30%的违约金。2015年7月24日，原、被告又签订了一份补充协议，增加了保洁内容及对原告保洁工作的量化考核办法。

在合同有效期内，原告严格执行该合同及补充协议之规定，按时保质完成了保洁工作。在服务期间被告未对原告的服务质量等提出任何异议。但被告却无故拖欠保洁费。2015年8月、9月给付原告保洁费各2万元，2015年10月给付原告保洁费1万元，2015年11月、12月及2016年1月未付。自2016年1月起，原告即与被告协商给付拖欠的保洁费一事，未见结果。经协商，被告同意原告于2016年2月1日从商场撤出保洁人员，终止了与被告的保洁合同。但是，被告拖欠原告的保洁费共7万元并未给付。

第九章　诉讼文书

　　综上所述，双方签订的保洁合同是双方各自真实意思的表示，符合法律规定，双方理应履行各自的义务。按照《中华人民共和国合同法》第二十条之规定，当事人应当按照约定全面履行自己的义务。被告接受了原告的劳动成果，却不足额给付保洁费，实属违约行为。根据《中华人民共和国民事诉讼法》第一百零九条之规定，特向贵院起诉，请求维护原告的合法权益。

　　此致
×××人民法院
　　附：本起诉状副本1份

起诉人：河北省××保洁有限责任公司(章)
法定代表人：李××(章)
2016年5月23日

1. 从当事人的性质看，本文属于＿＿＿＿使用的民事诉状。
2. 本文的首部由＿＿＿＿和＿＿＿＿两项内容构成。
3. 本文的主体部分主要写了(　　)。
    A. 诉讼请求　　　　　　B. 证据及证据来源，证人姓名和住址
    C. 事实与理由　　　　　D. 法律依据
4. 本文的尾部包括＿＿＿＿项内容，即：＿＿＿＿＿＿＿＿＿＿＿＿＿＿＿＿＿＿＿＿。

二、请根据下面的内容撰写一份起诉状。

　　×省×市×县×村村民张某(男，×年×月×日出生，汉族，小学文化，农民)，起诉×公司职工李某(男，×年×月×日出生，汉族，小学文化，住×省×市×小区 5-1-101)。要求偿还20万元借款，并承担诉讼费。

　　案情经过及相关信息如下。

　　2017年1月李某因做生意资金周转不开，向张某借款20万元，双方约定借款期限为一年。

　　2018年5月张某向李某催要借款，李某总是以各种理由拒付至今。

　　主要证据有被告当时向原告借款时的借条一张，家住×市×小区 1-1-102 的证人王×愿意出庭为张某作证，证明借款的真实性。

　　张某依据《中华人民共和国民事诉讼法》等法律规定，向人民法院提起诉讼，请求人民法院依法支持自己的诉讼请求。

三、下面是一份起诉状，在格式、内容和语言上都存在一些问题，请根据起诉状写作的规范进行修改。

起诉书

　　原告：张三，男，35岁。
　　被告：李四，男，40岁。
　　原告向人民法院提起诉讼，要求李四返还1万元借款及利息1440元。

被告李四经工商局核准登记，个体经营运输。为筹集资金，2017 年 3 月 1 日，向原告张三签订了一份 10000 元的合同。2017 年 8 月因种种原因被告不能正常经营了，所欠债款不能按期偿还。2018 年 1 月以后，原告张三多次向被告索要借款，被告一拖再拖。所以原告根据法律规定，向人民法院提起诉讼，要求李四返还 1 万元借款及利息 1440 元。

此致

×××法院

张三

2018 年 3 月 25 日

第二节 答 辩 状

一、答辩状的概念

答辩状是与起诉状或上诉状相对应的文体。一审程序上的答辩状是作为被告的公民、法人或其他组织针对原告起诉的事实和理由在法定的期限内进行回答和辩解的文书；二审程序上的答辩状则是作为被上诉人的公民、法人或其他组织针对上诉人的理由和请求在法定期限内进行回答和辩解的文书。

根据法律的规定，答辩是一种应诉行为，是法律赋予被告和被上诉人的诉讼权利，而行使这种权利的主要形式就是依法提出答辩。

在答辩状中反驳原告、上诉人的诉讼请求，是被告、被上诉人为维护自己的合法权益，实现在审判上保护自己所采取的一种诉讼手段。在答辩状中，被告、被上诉人有权实事求是地提出有关的事实和理由，反驳原告、上诉人的诉讼请求，使其败诉。

一方面，被告、被上诉人提出答辩，对于人民法院查明案件事实，全面分析案情，正确分清是非，恰当准确地行使审判权有着重要意义。另一方面，答辩使被告、被上诉人能够充分地陈述有关事实，明确地提出自己的主张和理由。因此，对于保护被告、被上诉人的正当合法权益，充分行使其平等权利，有着诉讼上的重要意义。被告、被上诉人应当在接到起诉状副本或上诉状副本之日起 15 日内向人民法院提交答辩状，做出答辩。但逾期不提交答辩状的，并不丧失答辩的权利，人民法院继续审理案件，民事诉讼程序继续进行。

就案件性质而言，答辩状分刑事和民事两种。本节只介绍民事答辩状的写法。

二、答辩状的写作

(一)首部

首部包括如下两项内容。

1. 标题

答辩状的标题通常直接写明"民事答辩状"或"答辩状"等。

2. 答辩人的基本情况

答辩人的基本情况与起诉状的内容和写法相同。

(二)正文

正文包括如下两项内容。

1. 案由

案由要写明对何人何案提出答辩，具体行文为："答辩人因××(原告或上诉人)提起××(案由)诉讼一案，提出答辩如下："或写"答辩人于×年×月×日收到你院转来原告(或上诉人)提起××××之诉一案的起诉状副本(或上诉状副本)，现提出如下答辩："。

2. 答辩理由和意见

答辩理由和意见是答辩状的核心内容，在理由中要明确回答原告(或上诉人)所提出的诉讼请求，要清晰地阐明自己对案件的主张及理由。就答复原告(或上诉人)诉讼请求的内容来讲，有如下要求。

(1) 针对原告(或上诉人)在起诉状(或上诉状)中提出的事实和理由进行答辩。要抓住争执的实质和焦点，具有针对性。

(2) 明确提出自己的意见、主张和要求，甚至可以提出反诉，转守为攻。

(3) 据实反驳。善于提出相反的事实、证据(人证、物证、书证等)和理由，否定原告(或上诉人)实体上的诉权，以证明自己的理由和观点的正确，自己提出的要求的合理。也可从程序上反驳原告(或上诉人)的请求，证明其不具备起诉所发生和进行的条件。

(4) 攻其破绽。注意摘引原告(或上诉人)起诉状(或上诉状)中的不实之词进行反驳，变被动为主动。"不实之词"包括：不真实的事实陈述、不确凿的证据、引用法律不当之处等。

(5) 语言犀利而严密。既要一语中的，又要无懈可击。

(6) 实事求是，不强词夺理、无理狡辩。

答辩内容的性质有如下几种情况。

第一，完全承认对方的诉讼请求，而给以答复。

第二，部分承认对方的请求而对其余部分进行反驳。

第三，有条件地承认对方的请求，而阐明提出条件的理由。

第四，完全拒绝对方的请求，而对其进行全面反驳。

(三)尾部

答辩状的尾部与诉状相同，包括四项内容。

1. 提交对象

提交对象要求分两行写明答辩状提交的人民法院名称。

2. 附项

附项包括以下内容。

(1) 副本份数。

(2) 物证或书证名称和份数。

(3) 证人的基本情况。

3. 答辩人签章

在正文右下方，由答辩人签名盖章。

4. 具状日期

具状日期写明制作本文书的具体时间。

答辩状的样式如图 9.3 和图 9.4 所示。

```
            答辩状

    答辩人：

      因_____一
    案，提出答辩如下：




      此致
    ××人民法院


      附：本答辩状副本  份


              答辩人：×××
                （章）
              ××××年×月×日
```

图 9.3　公民用答辩状样式

```
            答辩状

    答辩人：
    住所：
    法定代表人姓名    职务    电话
    开户银行              账号

      因_____一
    案，提出答辩如下：
      此致
    ××人民法院


      附：本诉状副本  份


              答辩人：×××（章）
              ××××年×月×日
```

图 9.4　组织用答辩状样式

案例分析

民事答辩状

答辩人杨××，女，××岁，汉族，××市人，本市××厂工人，现住本市××区××路××号。

因原告李××诉我继承纠纷一案，现提出答辩如下：

一、我对公婆尽了主要的赡养义务，依法有权继承遗产。原告在起诉书中诬告我对公婆未尽赡养义务，长期婆媳不和，事实恰恰相反。我自××年嫁到李家，××年后丈夫、公公相继谢世。家人去世，我的精神受到严重打击，眼见婆婆年老体弱，小姑李××尚小，我不忍置老少于不顾，一直未再婚。此后3口之家全靠我料理，关系很融洽。××年底原告出嫁，也是我一手操办。10年来，我与婆婆相依为命，对婆婆照顾周到，我守寡伴在婆婆身边，给了她极大的安慰，从未发生大的争执。家里的主要家务由我料理，房屋也是我请人修缮。由于我有工作要上班，婆婆有时主动干点家务也是正常的。××年婆婆去世，我一人料理后事，原告在起诉中诬告我只顾自己快活，要婆婆为我操持家务，以此证明我未尽赡养义务，实属居心叵测。倒是原告未对自己的母亲尽应尽的义务，长大结婚都是我与婆婆一手操办，婚后专顾经营自己的小家庭、对其母亲的生老病死漠不关心，人一死就吵着要房子，是十分不道德的。根据我国《继承法》第12条的规定，丧偶儿媳对公、婆尽了主要赡养义务的，应作为第一顺序继承人，我有权继承公婆的房产。

二、关于遗产的分割，原告在起诉前曾要求旁屋由她继承，我可以继续住在东屋，对此我坚决反对。我与原告同属第一顺序继承人，但在考虑继承份额时，应根据权利义务一致的原则，考虑继承人对死者在生前所尽的义务。我负担全部赡养责任，理所当然应继承较大的份额，我要求继承堂屋与东屋（86平米）。

总之，第一，原告父兄死后，我担负了养家的重担；第二，我对婆婆尽了全部赡养义务；第三，我负责对房进行了必要的修缮。请法院查明事实，并根据《继承法》第12条之精神和权利义务一致的原则，对我的继承权加以确认，并驳回原告的无理请求。

此致
××××人民法院
附：本答辩状副本1份

答辩人：杨××
2018年1月5日

（资料来源：华律网，https://www.66law.cn/contractmodel/27968.aspx，有改动）

这是一篇公民使用的民事答辩状。

首部：由标题和答辩人的基本情况构成。

正文：先写案由，然后写自己的答辩理由和主张。

首先明确提出自己的意见和主张，直观明了，先声夺人。其次交代案情原委，清楚明白，很有条理。然后再引用法律规定，有理有据。最后重申自己的观点主张，水到渠成。这部分既有事实的陈述，又有理由的阐释，叙议结合，环环相扣，条理清楚，极有辩驳力。

尾部：包括：①答辩状提交的人民法院名称；②答辩人签章；③答辩状制作日期。

写作训练二

一、阅读下面的答辩状，回答文后的问题。

民事答辩状

答辩人：张某某，男，31岁，司机，汉族，某年某月某日出生，现住沈阳某区某号楼某室。

答辩人因赵某诉我道路交通事故一案答辩如下：

一、赵某所述与事实不符

一是赵某称其前方有车辆行驶，意图说明是被答辩人闯红灯，事实上赵某前方根本没有汽车，这个情节是他编造的。答辩人驾车数年，知道一旦闯红灯就会被罚款两百元，扣六分，答辩人不会冒这个险；二是赵某是在红灯禁行的情况下，违规进入交叉路口并违反行使路线向左(向东)行进的；三是答辩人发现被答辩人赵某后，及时采取了向左打方向和刹车的避让措施，但因孙某违规行驶，车速过快导致事故发生。

二、赵某违反了道路交通安全法及实施条例，有重大过错，其本身应承担绝大部分责任

《中华人民共和国道路交通安全法实施条例》第六十八条第(三)项规定：向左转弯时，靠路口中心点的右侧转弯。第(四)项规定：遇有停止信号时，应当依次停在路口停止线以外。没有停止线的，停在路口以外。该条例第七十二条第(四)项规定：转弯前应当减速慢行，伸手示意，不得突然猛拐。

赵某的电动自行车撞击点位于答辩人所驾车辆的右后侧，又由于当时答辩人所驾车辆刚过停止线还未进入路口，所以交通事故认定书认定孙某某违反"向左转弯时，靠路中心点的右侧转弯"的规定符合实际情况；而且，答辩人认为孙某车速过快，没有减速慢行，也是造成此次事故的重要原因。

三、答辩人不是车辆所有人，赵某应列车主为被告，列答辩人为被告错误

答辩人所驾车辆是张某某在2010年5月份从李某某手里购买的，答辩人是为张某某打工，张某某是雇主。根据《最高人民法院关于审理人身损害赔偿案件适用法律若干问题的解释》第九条"雇员在从事雇用活动中致人损害的，雇主应当承担赔偿责任"的规定，本案被告应当是雇主张某某，而不应是答辩人。

此致

××区人民法院

附：本答辩状副本1份

答辩人：张某某(章)

2018年5月16日

第九章　诉讼文书

1. 从当事人的情况看，本文属于_____使用的答辩状。
2. 本文的正文部分包括(　　)。
　　A．诉讼请求　　　　　B．案由
　　C．事实与法律依据　　D．答辩理由和意见
3. 本文的正文部分在内容和语言表达上有何特点？
4. 本文的尾部包括_____项内容，即：_____。

二、请根据下面的案情制作一份答辩状。

张×，男，1976年11月8日出生，汉族，现住××市××街××号。2018年5月1日，张×接到××人民法院转来的起诉状副本一份，起诉状原告李×称，张×曾借李×人民币10万元，只还了1万元，所以请求人民法院判令张×归还余下的9万元本金及利息。张×接到起诉状副本后，认为李×所述与事实不符，于是请律师为其书写答辩状。于是张×向律师做了如下陈述：

张×借李×款项属实，但不是借了100 000元，而是只借了10 000元，且已全部归还。2014年10月13日，张×由于资金周转困难，向李×借款10 000元，约定月息3分，借期一个月，并向其出具借据一份。由于张×当时着急，双方又是朋友关系，故张×只在借条上写了小写的"10 000元"而未写大写"壹万元"。借款到期后，张×已经如期将借款本金及利息归还给李×，张×索要借条时，李×推托借条找不到，说给张×出具一份收据即可，于是，李×向张×出具了一份"今收到张×归还借款本金壹万元及利息叁佰元"的收据。

张×只向被答辩人借款10 000元，而且出具的也是"10 000元"的借条。李×所持的"100 000"元借条系其涂改后形成的，后面的"0"是李×后加上的，不是张×的笔迹。根据法律规定，涂改后的证据不具备证据"真实性"的属性，故不能作为定案依据。

三、下面是一份答辩状，在格式、内容和语言上都存在一些问题，请根据答辩状写作的要求进行修改。

民事答辩状

被答辩人：×××、男、汉族、小学、无业、农民。

答辩人：××、男、汉族、小学、某某公司职工。

对借款纠纷的答辩：

一、我不欠对方借款，该借款早已还清。应驳回他的诉讼请求。

我曾经向对方借过20万元现金用于资金周转，但是该借款早于2014年12月还清，并且有对方写的一张收到还款的收条为证。因此双方之间已经没有债权债务关系，应驳回他的诉讼请求。

二、对方向人民法院出示的借条，已经失效了。

2014年12月我还款时，要求对方把我当年的借条撤回，但是对方谎说已经丢了，所以没有把借条退给我。同时对方同意给我打收条，并注明借款已还清。现在对方突然拿出

我当年的借条要求还款，根本是无理取闹。

综上所述，我早已还清对方借款，被答辩人向人民法院出示的答辩人的借条，已经不具有任何效力，建议人民法院驳回被答辩人的诉讼请求。

此致
××区人民法院

2018年4月2日

四、请根据下面的起诉状制作一份答辩状。

民事起诉书

原告：杨××，女，27岁，汉族，××公司职员，现住×市×区×号。
被告：陈××，男，28岁，汉族，××局办事员，现住×市×区×号。

诉讼请求

1. 请求贵院解除我与被告之间的婚姻关系。
2. 分割家庭共同财产，并由被告一次性支付小孩抚养费及其他费用共25万元。
3. 本案件受理费等其他费用由被告承担。

事实与理由

2009年10月双方经人介绍相识并于2010年5月结婚，婚后感情尚可。2011年生一男孩，取名陈×。由于婚前我对被告了解不够，婚后发现被告不务正业，而且还经常为家务琐事与我吵架，经双方家长多次劝说仍不悔改。被告婚后的所作所为已严重伤害了夫妻感情，加之我们双方性格不合，现已无法在一起生活。为此，我要求与被告解除婚姻关系。

此致
××××人民法院

起诉人：杨××(章)
2018年10月26日

第三节 判 决 书

一、判决书的概念

判决书是人民法院根据案件审理结果制作的法律文书。根据案件性质的不同，判决书可分为民事判决书、行政判决书、刑事判决书和刑事附带民事判决书。根据案件审理程序的不同，判决书又可分为第一审程序的判决书、第二审程序的判决书(终审判决书)和审判监督程序的判决书(再审判决书)，因此，判决书的制作也各有不同。本节仅介绍第一审程序民事判决书的写作规范。

第一审程序民事判决书，也称一审民事判决书，是指人民法院对所受理的民事纠纷和商事纠纷案件，按照民事诉讼法规定的第一审程序或简易程序审理终结后，依法就解决案件当事人权利与义务的实体问题做出的具有法律效力的书面文书。一审民事判决书的制作必须依照法律，按照法院诉讼文书格式样本的规定，认真负责地制作，力求叙事清楚，说理透彻，结论明确，格式规范，文字简洁，通俗易懂。

二、判决书的写作

按照民事诉讼法的规定和最高人民法院关于民事诉讼文书格式的要求，一审民事判决书由首部、正文和尾部组成。

(一)首部

首部包括如下四项内容。

1. 标题

标题分两行书写，第一行写明法院名称，如"最高人民法院""××省高级人民法院""××市中级人民法院""××省××县人民法院"等。第二行写明案件的性质和文书种类名称，如"民事判决书"。

2. 案号

在标题右下方写案号，案号由年份和制作法院、案件性质、审判程序的代字以及案件的顺序号组成，年份用阿拉伯数字书写，用圆括号括住。如"(2009)×民初字第×号"。

3. 当事人及其基本情况

当事人主要包括原告和被告，有时还有关系人(或称第三人)及他们的代理人。其基本情况因当事人性质的不同而不同。

(1) 当事人为公民的，其基本情况包括：姓名、性别、年龄、民族、籍贯、职业、工作单位和住址等。

(2) 当事人为法人或其他社会组织的，其基本情况包括：单位名称、地址；法定代表人的姓名、职务及电话(也可包括性别和年龄)；诉讼代理人的姓名、职务(也可包括性别和年龄)。

(3) 有诉讼代理人的，如果是法定代理人，在姓名之后用括号注明其与当事人的关系；如果委托代理人是律师，要写明其姓名并注明所在律师事务所；如果委托代理人是当事人的近亲属，也应用括号注明与当事人的关系。

(4) 在共同诉讼中，如有多名当事人，应依次写明身份事项；诉讼代理人也应分别写明是法定代理人或是委托代理人，不能简单地写成诉讼代理人。

当事人基本情况的书写顺序为：原告及其法定代表人，原告代理人；被告及其法定代

表人，被告代理人；关系人及其法定代表人，关系人代理人。

4. 案件由来和审理经过

案件由来和审理经过应表述为："……(写明当事人的姓名或名称和案由)一案，本院于×年×月×日受理后，依法组成合议庭(或依法由审判员×××独任审判)，公开(或不公开)开庭进行了审理。……(写明本案当事人及其诉讼代理人等)到庭参加诉讼。本案已审理终结。"

(二)正文

正文包括事实、理由和判决结果三方面内容。

1. 事实

事实部分首先写明当事人的请求和争议的事实与理由，然后另起一行写明人民法院认定的事实和证据。具体包括如下内容。

(1) 当事人双方争议的事实、理由及各自的诉讼请求。即原告具体要求解决什么争议问题，如何解决及其事实和理由；被告对原告诉讼请求所持的态度，陈述的主要事实和理由。以此表明双方当事人起诉或答辩各自所持的态度或依据。如果本案有第三人参与诉讼，还应写明第三人对本纠纷所持的态度及主张。如果是具有独立诉讼请求权的第三人，还应写明其对本案所主张的诉讼请求。根据法院诉讼文书样式的规定，该项内容应用如下固定的写作模式表述。

原告×××诉称：(概述原告提出的具体诉讼请求和所根据的事实与理由)。

被告×××辩称：(概述被告答辩的主要内容)。

第三人述称：(概述第三人的主要意见)。

民事诉讼当事人争议的事实是当事人双方自行提供的，诉讼中尽管原告、被告、第三人各自提供的事实和意见不一定完全真实和正确，甚至可能含有虚假成分，但也应将其内容概括地写入判决书，这样不仅能体现出人民法院对当事人诉讼权利的尊重，增强民事判决的透明度，同时也有助于分辨双方发生纠纷的真实原因，以便使下文叙述查明认定的事实和判决理由时更具有针对性。

(2) 人民法院认定的事实。主要包括：当事人之间的法律关系，发生法律关系的时间、地点及法律关系的内容；产生纠纷的原因、经过、情节和后果。人民法院认定的事实，必须是经过法院审理查对属实的事实。叙述的方法一般应按时间顺序，客观地、全面地、真实地反映案件，同时抓住重点，详述主要情节和因果关系。认定事实的证据要有分析地进行列举，既可以在叙述纠纷过程中列举，也可以单独分段列举。在叙述和举证时都要注意保守国家机密，保护和尊重当事人的隐私。

2. 理由

理由是判决书的重要组成部分，是在事实叙述的基础上，对纠纷事实进行的分析认定，体现了人民法院判决的主要依据。民事判决书的理由主要包括两个方面内容，即判决的理由和判决适用的法律。

所谓判决的理由就是人民法院根据认定的事实和证据，阐明自己的观点，辨明是非，对当事人正当的诉讼请求给予支持，错误的给予批评、教育，讲明道理，从而为判决提供事实依据。所谓判决适用的法律，即判决所依据的民事实体法律条文。

理由部分在民事判决书中占有重要地位。充分地说理，不仅可以起到化解纠纷、息事宁人的作用，而且还是教育感化当事人的重要手段。民事案件判决是否恰当，双方当事人是否折服，往往取决于理由说服力的强弱，说服力强的理由往往能令败诉者息诉。因而，一份民事判决书质量的高低，理由部分至关重要。

根据规定样式，这部分应表述为"本院认为，……(写明判决的理由)，依照……(写明判决所依据的法律条文)的规定，判决如下：……"。

3. 判决结果

判决结果是人民法院根据事实和法律，对案件实体问题做出的处理决定。判决结果要明确、具体、完整，要根据确认之诉、变更之诉或给付之诉的不同情况，正确地加以表述。例如属给付之诉者，要写明标的物的名称、数量或数额，给付的时间及给付方式等。给付的财物品种较多时，在判决书中可以概括地写，详情另附清单。属判决行为人履行一定民事义务者，应当写明履行义务的内容及要求、履行期限等。如果需要驳回当事人的其他诉讼请求，可列为最后一项书写。

(三)尾部

一审民事判决书的尾部按顺序写明以下几方面的内容。

1. 诉讼费用的负担

诉讼费用的负担不属于判决结果的内容，应在判决结果后另起一行写明。诉讼费用包括案件受理费和其他诉讼费用，当事人应负担的具体数额都要写明。

2. 向当事人交代上诉权、上诉期限和上诉法院名称

当事人的上诉事项表述为："如不服本判决，可在判决书送达之日起十五日内，向本院递交上诉状，并按对方当事人的人数提交副本，上诉于××人民法院。"

3. 审判人员署名

审判人员署名在上诉事项的右下方，按审判长、审判员或陪审员的顺序分项列署。审判人员为助理审判员者，要署代理审判员。

4. 写明判决日期，加盖院印

判决日期在署名下方隔一行，写明具体年、月、日，并在判决日期上加盖人民法院印章。

5. 书记员署名

在判决日期下方隔一行由书记员署名。

6. 正本及副本加盖校对戳记

在判决日期与书记员署名之间的空行左侧，加盖"本件与原本核对无异"印戳。

一审民事判决书样式(自然人和法人均适用)如图9.5所示。

×××人民法院
民事判决书

(××××)×民初字第××号

原告：……(姓名或名称等基本情况)。
法定代表人(或代表人)：……(姓名和职务)。
法定代理人(或指定代理人)：……(姓名等基本情况)。
委托代理人：……(姓名等基本情况)。
被告：……(姓名或名称等基本情况)。
法定代表人(或代表人)：……(姓名和职务)。
法定代理人(或指定代理人)：……(姓名等基本情况)。
委托代理人：……(姓名等基本情况)。
第三人：……(姓名或名称等基本情况)。
法定代表人(或代表人)：……(姓名和职务)。
法定代理人(或指定代理人)：……(姓名等基本情况)。
委托代理人：……(姓名等基本情况)。

……(写明当事人的姓名或名称及案由)一案，本院受理后，依法组成合议庭(或依法由审判员×××独任审判)，公开(或不公开)开庭进行了审理。……(本案当事人及其代理人等)到庭参加诉讼。本案现已审理终结。

原告×××诉称，……(概述原告提出的具体诉讼请求和所依据的事实与理由)。
被告×××辩称，……(概述被告答辩的主要理由)。
第三人×××述称，……(概述第三人的主张)。
经审理查明，……(人民法院认定的事实和证据)。
本院认为，……(判决的理由)。依照……(判决所依据的法律条款)之规定，判决如下：
……(判决结果)。
……(诉讼费用的承担)。

如不服本判决，可在判决书送达之日起十五日内，向本院递交上诉状，并按对方当事人的人数提交副本，上诉于××人民法院。

审判长：×××
审判员：×××
审判员：×××

××××年×月×日(院印)

本件与原本核对无异

书记员：×××

图9.5 一审民事判决书样式

第九章 诉讼文书

案例分析

×××人民法院
民事判决书

（2017）×民初字第××号

原告：顾××，男，1948年8月25日生，汉族，遵义市人，住贵州省遵义市红花岗区。

诉讼委托代理人：罗远恒，贵州谋信律师事务所律师。

被告：曹××，男，1956年9月9日生，汉族，遵义市人，住贵州省遵义市红花岗区。

原告顾××与被告曹××民间借贷纠纷一案，本院于2017年3月20日立案受理，依法适用简易程序公开开庭进行了审理。原告顾××及其委托代理人罗××，被告曹××到庭参加了诉讼。本案现已审理终结。

顾××向本院提出如下诉讼请求：1.依法判令被告曹××立即归还原告借款人民币七万元整；2.本案诉讼费用由被告承担。事实与理由：原被告系朋友关系，2014年5月18日，被告曹××因房屋装修差资金，分两笔向原告借款共计7万元，其中第一笔借款是4万元，第二笔借款是3万元，被告分别出具了两张借条给原告。借款到期后，至今未偿还，特诉至法院，要求判如所请为谢。

曹××辩称，借条确实是我出具的，但我没有收到对方的钱，并且这个借条是原告方用其职务上的便利胁迫我出具的，如果不出具该借条，原告就会以其他事情习难我。

本院经审理认定事实如下：被告于2014年5月18日向原告借款7万元，并出具了两张借条，一张借条载明借款金额为4万元，另一张借条载明借款金额为3万元。借款人曹××在两张借条上署了自己的名字。

本院认为，本案被告曹××出具给原告7万元的借条，事实清楚，证据确凿，根据《中华人民共和国合同法》第二百零六条"借款人应当按照约定的期限返还借款对借款期限没有约定或者约定不明确，依照本法第六十一条的规定仍不能确定的，借款人可以随时返还；贷款人可以催告借款人在合理期限内返还"之规定，被告曹××应偿还给原告顾××借款本金70000元。

对被告曹××辩称的未收到原告的款项，出具给原告两张欠条是原告利用职务便利胁迫其签名的主张，因被告曹××未向本院提供相应的证据予以证明，根据《中华人民共和国民事诉讼法》第六

这是一篇内容完备、结构完整、格式规范的民事判决书。

首部：包括标题、案号、当事人基本情况、案件由来和审理经过四项内容。格式规范。

说明案由与审理经过。简洁明了。

正文：包括事实、理由和判决结果。

事实部分先概述原告的陈述和诉讼请求，再说明被告的答辩情况，最后说明法院审理认定的事实。

事实部分条理分明，各方关系交代清晰。

理由部分首先在交代事实依据的基础上进行分析，阐明自己的观点主张；然后说明依据的法律条文。有理有据，极具说服力。

判决结果明确具体。

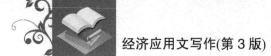

十四条"当事人对自己提出的主张,有责任提供证据"之规定,由被告曹××承担举证不能的责任。

综上所述,依照《《中华人民共和国民事诉讼法》第六十四条、《中华人民共和国合同法》第二百零七条之规定,判决如下:

由被告曹××在本判决生效后十日内支付给原告顾××借款本金7万元。

如果未按判决指定的期间履行给付金钱义务,应当依照《中华人民共和国民事诉讼法》第二百五十三条之规定,加倍支付迟延履行期间的债务利息。

案件受理费1550元,减半收取775元,由被告曹××负担。

如不服本判决,应在判决书送达后十五日内向本院递交上诉状,并按对方当事人的人数提出副本,还应在上诉期届满后七日内向本院或直接向××市中级人民法院交纳案件上诉费,上诉于××市中级人民法院。逾期,本判决则发生法律效力。

申请执行的期间为二年,从本判决规定的履行期间的最后一日起计算;分期履行的,从规定的每次履行期间的最后一日起计算;未规定履行期间的,从判决生效之日起计算。

审判长:李××

审判员:张××

审判员:王××

二〇一七年六月七日(院印)

书记员:卢××

本件与原本核对无异

(资料来源:天眼查网站,https://www.tianyancha.com,有改动)

尾部:先说明案件审理费的负担,然后交代上诉权,最后是审判人员署名、判决日期、盖章、书记员署名和核对戳记。

写作训练三

一、阅读下面的判决书,回答文后的问题。

×××人民法院
民事判决书

(2017)×民初字第××号

原告赵××,男,汉族,1966年6月5日出生,现住××市××小区。

委托代理人马××，××律师事务所律师。

被告××实业总公司。

法定代表人齐××，该公司总经理。

委托代理人王××，该公司副总经理。

委托代理人刘××，××律师事务所律师。

原告赵××与被告××实业总公司租赁合同纠纷一案，起诉来院后，本院依法组成合议庭，公开开庭进行了审理。原告赵××及其委托代理人马××、被告××实业总公司委托代理人王××、刘××到庭参加诉讼。本案现已审理终结。

原告诉称：2017年1月13日，经原、被告双方协商，被告同意将其下属××公司从2017年3月1日起每年以22万元的价格承包给我经营五年，并将以前被告和其他人签订的租赁合同稍加修改，交给我去打印，就按这个合同执行，并收取了我11万元的承包定金。我将被告交给我的协议草稿打印好后，找被告签订正式合同，被告迟迟不予答复。2017年3月1日，我又书面通知被告按约定办理财产交接手续，但被告未予理睬。我认为被告的行为已无意继续履行协议，构成了违约。为此，为维护我的合法权益，特向贵院提起诉讼，请求贵院在查明事实真相的基础上判令被告双倍返还定金共计22万元，诉讼费用由被告承担。

被告辩称：我们双方就合同主要条款未达成一致，合同不算成立，不存在我无意继续履行的问题，我同意退给他交纳的定金，对方要求双倍返还定金不合理。

经审理查明，2017年1月13日，原告赵××与被告××实业总公司，经协商就原告承包被告下属××公司一事达成意向。同日被告将1份与前租赁人签订的租赁合同交给原告，该合同注明租期5年，每年租金22万元整。原告同日向被告交付了11万元定金，被告向其出具了收据，并注明了时间(自2017年3月1日至2017年8月31日)。后当原告将按照被告交付的原租赁合同修改的合同草本打印完毕，要求与被告签订正式合同时，被告却表示不能按提交的原租赁合同内容签订合同。2017年3月1日原告书面通知被告按约定办理财产交付手续，被告也未予同意。

以上事实有原告提供11万元定金收据1张、合同1份、交接通知1份为证。被告对此不持异议，也无提交任何证明。

本院认为，租赁合同属诺成性合同，双方当事人意思表示一致合同即告成立。本案中，原被告经协商就原告租赁被告下属××公司一事达成意向，被告交付原告与前一租赁人的租赁合同，该合同对租赁期限、租赁费用等主要条款均有明确规定，原告亦按被告的要求交付了半年的承包费。至此，应视为双方已就合同主要条款达成一致。因此，被告方拒绝与原告方签订正式租赁合同，应双倍返还原告交付的定金。被告辩称双方未就合同主要条款达成一致，被告不应双倍返还定金，但未提供充分证据，故不予采信。依照《中华人民共和国担保法》第八十九条之规定判决如下：

被告×实业总公司于本判决生效后十日内，双倍返还原告赵×合同定金22万元整。

上述款项自本判决生效后十日内给付清。如未按本判决指定的期间履行给付金的义务，应当依照《中华人民共和国民事诉讼法》第二百三十二条之规定，加倍支付迟延履行

期间的债务利息。

案件受理费4810元，实际支出费1905元，共计6715元，由被告负担。

如不服本判，可在判决书送达之日起十五日内向本院递交上诉状，并按对方当事人的人数提交副本，上诉于×××中级人民法院。

审判长：陈　×

审判员：张××

审判员：吴　×

二〇一七年八月二十六日(院印)

书记员：何　×

此件与原本核对无异

1. 本文的首部包括＿＿＿、＿＿＿、＿＿＿、＿＿＿四项内容。
2. 本文的案号是＿＿＿＿＿＿＿。
3. 本文的标题由＿＿＿＿＿和＿＿＿＿＿构成。
4. 本文的正文部分包括＿＿＿、＿＿＿、＿＿＿三项内容。
5. 本文的尾部包括＿＿＿、＿＿＿、＿＿＿、＿＿＿、＿＿＿、＿＿＿。

二、请根据下面的内容制作一份判决书。

1. 本案件由××市××区人民法院审理，这是该法院2018年审理的第59个初审案件。

2. 本案原告是××房屋开发公司，地址××市××路10号；法定代表人苑×，为该房屋开发公司总经理；委托代理人兰××，为××律师事务所律师。本案被告蒋××，女，45岁，回族，××市××超市理货员，住××路×号。

3. 双方因房屋迁址纠纷诉至法院。双方对案件的陈述如下。

原告称，2015年对被告原住本市西街20号拆迁时，因被告无房过渡，遂将本市×小区一套单元过渡房安排给被告过渡，现被告早已搬入新居，故诉请被告立即腾让过渡房并赔偿损失费10万元。

被告蒋××称，现虽住进了安置房，但因安置房的产权证书和拆迁遗留问题未解决，故未腾让过渡房，原告将上述问题解决并赔偿损失4万元后，立即腾让过渡房。

4. 法院经审理查明的事实如下。

2015年原告下属的××拆迁办对被告原住本市西街20号住房进行了拆迁并于2016年4月5日与被告订立拆迁补偿协议。随后，因被告无房过渡，该××拆迁办于2016年4月15日将本市×小区一套单元过渡房提供给被告暂时居住。2017年被告的安置房交付使用后，因安置房的产权问题及被告的尚留有少量未拆迁住房的补偿问题未能解决等原因，被告未能腾让过渡房。原告经催要未果遂诉请被告立即迁让过渡房并赔偿损失10万元。被告应诉后，要求原告先解决安置房的产权证及拆迁遗留问题并赔偿损失4万元。原、被告各执己见,不能达成一致意见。上述事实,有双方当事人陈述及补偿安置协议书等书证证实。

5. 法院审理的结果如下。

被告住进安置房后理应腾让过渡房,故原告要求被告腾让过渡房的请求应予支持。被告以未办理安置房的产权证等为由,不腾让过渡房的主张,不予支持。被告未腾让过渡房引起纠纷,应负主要责任,故其要求原告赔偿损失的请求不予支持;原告未及时解决与拆迁相关的问题,亦有一定的责任,故对其要求被告赔偿损失的请求亦不予支持。为此,依照《中华人民共和国民法通则》第五条之规定,判决被告蒋××于本判决生效后五日内腾让本市×小区一套单元过渡房,交原告开发公司。本案受理费 50 元,其他诉讼费用 100 元,由被告蒋××负担。

三、下面是一份一审民事判决书,在格式、内容和语言上都存在一些问题,请根据一审判决书写作的要求进行修改。

××人民法院
民事判决书

原告赵××,男。被告××市交通局。

原告赵××与被告××市交通局人身损害赔偿纠纷一案,本院依法组成合议庭,不公开开庭审理终结。原告赵××到庭参加诉讼。本案现已审理终结。

原告赵××诉称,2018 年 8 月 2 日晚 11 时许,原告赵××骑摩托车从××市回家,沿××公路由西向东行驶,至××办事处与××界碑西 100 米处,撞到施工队因补修公路卸在公路上的河卵石堆上,当即昏迷。3 日晨 4 时许,××村一位好心村民报了警,××交警大队接警后,立即赶到现场进行了现场勘查。于 2018 年 8 月 23 日出具了勘查事故现场证明。

本案中,被告未依照《公路建设监督管理办法》第六条、第四项之规定履行监督道路建设工程安全的法定义务。同时《路政管理规定》第五条第三项交通主管部门或其设立的公路管理机构未实施路政巡查,致使施工队在施工过程中严重违反法规规定,致使河卵石堆在修建公路路段上造成原告驾车相撞致残的后果。

本院认为,被告××市交通局在路面施工前已通过大众媒体××电视台多次播出断交通告,并在施工路段设置了禁行牌、用土堆堵住路口等形式。而原告赵××是在晚间饮酒后驾驶无牌照二轮摩托车驶入施工路段,受施工路段上堆积的石子影响而倒地后致残。因赵××违章驾驶进入正在施工的禁行路段,其后果应由赵××负责。原告要求被告赔偿损失的请求本院不予支持。考虑原告的家庭生活基本状况,被告应给予原告适当经济补偿 2 万元。依照《中华人民共和国民法通则》第一百二十五条之规定,判决如下:

一、驳回原告赵××的诉讼请求。

二、被告××交通局于本判决生效后十日内补偿原告赵××人民币 2 万元。

案件受理费 1050 元,办案实际支出费 629 元,合计 1679 元,由原、被告均担。

第十章　招投标文件

学习目标

- 了解招投标文件的含义、作用和种类。
- 熟悉招投标文件的格式和写作要求。
- 掌握招投标文件的写作要领。

招标投标是在市场经济条件下进行大宗货物的买卖、工程建设项目的发包与承包，以及服务项目的采购与提供时所采用的一种交易方式。招投标文件即是在这种交易活动中使用的文件。对于招投标活动，国家有专门的行政法规进行规范，这就是 1999 年 8 月 30 日第×届全国人民代表大会常务委员会第××次会议通过，1999 年 8 月 30 日中华人民共和国主席令第×××号公布，自 2000 年 1 月 1 日起施行的《中华人民共和国招标投标法》(以下简称《招投标法》)。

招投标活动主要涉及招标人和投标人两方当事人。招标人是依照《招投标法》规定提出招标项目进行招标的法人或者其他组织。投标人是响应招标、参加投标竞争的法人或者其他组织。

招投标活动分为招标和投标两大环节，因此招投标文件也就有招标文件和投标文件两大类。

第一节　招标文件

一、招标文件的概念

招标文件是招标人向投标人提供的为进行投标活动所必需的书面文件。其作用在于阐明需要采购货物或工程的内容和要求，通报招标程序依据的规则，告知订立合同的标准和条件等。招标文件既是投标商编制投标文件的依据，又是招标人与中标商签订合同的基础，因此，招标文件在整个招投标过程中起着至关重要的作用。所以，招标人应十分重视招标文件的编制工作，本着公开、公平、公正和诚实信用的原则，务必使招标文件内容严密周到，格式正确规范。

二、招标文件的构成

招标主要分为公开招标和邀请招标两类。公开招标又称竞争性招标，是指招标人以招标公告的方式邀请不确定的法人或者其他组织投标，招标人从中择优选择中标单位的招标方式。邀请招标也称有限竞争性招标或选择性招标，是指招标人以投标邀请书的方式邀请

特定的(最少三个)法人或者其他组织投标,招标人从中择优选择中标单位的招标方式。

招标方式不同,所用的招标文件也有所不同。一般来说,招标文件除了招标公告和投标邀请书以外还应包括如下文件材料:①投标人须知;②投标资料表;③通用合同条款;④专用合同条款及资料表;⑤货物需求一览表;⑥技术规格;⑦投标函格式和投标报价表;⑧投标保证金格式;⑨合同格式;⑩履约保证金格式;⑪预付款银行保函格式;⑫制造厂家授权格式;⑬资格文件;⑭买方开具的信用证样本;⑮招标章程;⑯中标公示文件;⑰中标通知书等。

三、招标文件的基本内容

对于招标文件应当包括的基本内容,《招投标法》中有明确规定:"招标人应当根据招标项目的特点和需要编制招标文件。招标文件应当包括招标项目的技术要求、对投标人资格审查的标准、投标报价要求和评标标准等所有实质性要求和条件以及拟签订合同的主要条款。国家对招标项目的技术、标准有规定的,招标人应当按照其规定在招标文件中提出相应要求。招标项目需要划分标段、确定工期的,招标人应当合理划分标段、确定工期,并在招标文件中载明。"

根据上述规定,招标文件一般应当载明下列事项:①投标人须知;②招标项目的性质、数量;③技术规格;④投标价格的要求及其计算方式;⑤评标的标准和方法;⑥交货、竣工或提供服务的时间;⑦投标人应当提供的有关资格和资信证明文件;⑧投标保证金的数额或其他形式的担保;⑨投标文件的编制要求;⑩提供投标文件的方式、地点和截止日期;⑪开标、评标、定标的日程安排;⑫合同格式及主要合同条款;⑬需要载明的其他事项。

四、招标文件的格式

招标文件有很多种,这里只对招标公告和投标邀请函的写法加以说明。

(一)招标公告

招标公告也称招标广告,是用于公开招标的主要招标文件之一。其结构通常由标题、招标文号、正文和落款四部分组成。

1. 标题

招标公告的标题可分为单层标题和双层标题两种。

(1) 单层标题。单层标题有两种写法:一种是完全式标题,由招标单位名称、招标项目和文种三项内容构成,如《××金融学院新校区工程招标公告》;另一种是省略式标题,可省略招标单位名称或招标项目,或者两项都略去,只留下文种名称,如《××大桥工程施工招标广告》《××技术进出口总公司招标公告》《招标公告》等。

(2) 双层标题。双层标题由正副标题组成，正标题写明招标单位和文种的名称，副标题写明招标项目，如《河北省××医院招标公告——药品集中采购》。

2. 招标文号

招标公告有时需编列招标文号。一般来说，凡是由招标公司制作的招标公告，都须编列文号，以便归档备查；招标人自行制作的招标公告，有时也可编列文号。招标文号一般由招标单位及项目代号、年度和招标公告顺序号组成，如"WL20051229"，其位置在标题下一行左起空两字或右侧。

3. 正文

招标公告的正文应当写明招标单位名称、地址、招标项目的性质、数量，实施地点和时间，以及获取招标文件的办法等各项内容，其结构一般由开头、主体和结尾三部分组成。

(1) 开头。开头也称前言或引言。简要写明招标的缘由、目的或依据，招标项目或商品的名称、规模和批号、招标范围以及资金来源等内容。

(2) 主体。主体是招标公告的核心部分，采用条文式或分段式结构，写明以下三层内容：第一，招标项目的基本情况，包括招标项目的名称、概况、规模、质量要求，或商品的型号、数额、规格等；第二，招标范围，写明投标人应具备的条件，使潜在的投标人明确自己是否具备投标资格；第三，招标步骤，包括招标的起止日期，投标人购买招标文件的时间、价格和方式，开标的时间和地点，以及签约的时间或期限，项目开工的时间或期限等。

(3) 结尾。结尾写明相关联系事项，如招标单位的地址、邮政编码、联系人及联系电话、传真等，以便投标人与招标人联系。

4. 落款

在招标公告正文的右下方写明招标单位的名称和招标公告发布的日期，如果是刊登在报纸上，也可不署日期。

此外，有时招标公告还带有附件，将一些具体琐碎的内容如项目数量、工期、设计勘察资料等作为附件列于文后，或作为另发的招标文件。

(二)投标邀请函

投标邀请函也称投标邀请通知书，是用于邀请招标的主要招标文件之一。投标邀请函与招标公告具有同等效力，其核心内容也与招标公告基本相同。所不同的是，邀请书以书信体行文，其结构通常由标题、主送、正文和落款四部分组成，有时也有附件。

1. 标题

投标邀请函的标题多直接写"投标邀请函"，也可同时写明单位名称和项目。

2. 主送

主送即收件人，或称称谓，在标题下一行左起顶格写明被邀请的单位名称。

3. 正文

投标邀请函的正文像招标公告一样应当写明招标单位名称、地址，招标项目的性质、数量，实施地点和时间，以及获取招标文件的办法等各项内容，其结构一般由开头、主体和结尾三部分组成。

(1) 开头。开头除像招标公告一样需简要写明招标的缘由、目的或依据，招标项目或商品的名称、招标范围、规模等内容外，有时还有对被邀请者的肯定性评价。另外，与招标公告相比，邀请函的文字更为简洁，语气更为恳切。

(2) 主体。主体是投标邀请函的核心部分，像招标公告一样，应写明招标项目的基本情况、招标范围、招标步骤等内容。

(3) 结尾。结尾写明相关联系事项，如招标单位的地址、邮政编码、联系人及联系电话、传真等，以便于联系。

4. 落款

在正文的右下方写明招标单位的名称和日期。

五、招标文件的写作要求

招标文件的编制要特别注意以下几个问题。

(1) 所有采购的货物、设备或工程的内容，必须详细地一一说明，以构成竞争性招标的基础。

(2) 制定的技术规格应当采用国际或者国内公认、法定标准。规定的各项技术规格，不得要求或者标明某一特定的专利、商标、名称、设计、型号、原产地或生产厂家，不得有倾向或排斥某一有兴趣投标的法人或者其他组织的内容；技术规格和合同条款不应造成对有资格的任何供应商或承包商的歧视。

(3) 评标的标准应公开合理，对偏离招标文件另行提出新的技术规格的标书的评审标准，更应切合实际，力求公平。

(4) 符合国家的有关规定，如有不一致之处要妥善处理。

案例分析

××工学院校园广播项目招标公告	这是一份内容完备、条理清楚、格式规范的招标公告。
××市政府采购中心接受××工学院委托，就校园广播项目进行公开招标采购，欢迎符合资格的供应商参加投标。 一、招标编号：×财招标采购[2015]130号（总第154号）	**标题**：用完全式单层题，写明单位名称、项目和文种。

二、招标项目：

序号	项目主要内容	数量	基本技术要求	交验期	交验地点	预算
1	户外音箱	70只	详见项目基本技术要求	合同签订后20日内供货完毕	采购人指定地点	59.731万元
2	功率放大器	2台				
3	数字调音台	1台				
4	播音话筒	2套				
5	监听耳机	2只				
6	耳机分配器	1台				
7	监听音箱	1对				
8	音频接口	2台				
9	台式电脑	2台				
10	电源时序器	1台				
11	音箱线	6000m				
12	网络型机柜	1个				
13	控制室操作台	1张				
14	工作椅	8把				

正文：开头简要说明招标的缘由、项目和方式。

主体分条开列招标的具体内容。

三、供应商资格要求：

1. 符合《中华人民共和国政府采购法》第22条的规定。

2. 具有独立承担民事责任能力的企业法人。

四、招标文件的获取：

1. 凡愿参加投标的合格投标人，请于2015年4月15日至2015年5月4日17:30前在××市公共资源交易中心（www.ayggzy.cn）网站直接下载招标文件。

2. 招标文件售价100元，提交投标文件时交纳，售后不退。

五、投标截止时间、开标时间及地点：

1. 投标文件递交的截止时间及开标时间为2015年5月5日9:00，地点为××市公共资源交易中心第七开标室。

2. 逾期送达或未按招标文件要求密封的投标文件，视为无效投标文件，招标采购单位拒绝接收。

六、投标保证金：

1. 投标保证金额：人民币伍仟伍佰元整。

2. 缴纳方式：以转账或电汇形式从投标人基本账户转入（不收取现金）以下银行账户：

收款单位：××市国有资产交易中心

银行账号：××××××××××××

开户银行：中国建设银行股份有限公司××××支行

3. 保证金分配：用户完成转账后务必在 2015 年 5 月 5 日上午 8:00 前，登录××市公共资源交易中心网站，在所投项目"投标流程"的"保证金分配"一栏中，选择银行进行保证金分配。

4. 如果不进行保证金分配，视为未缴纳投标保证金，你递交的投标文件将被拒收。

七、服务费标准：中标供应商在领取中标通知书时需按中标金额的 1%向采购代理机构交纳服务费。

八、注意事项：

1. 投标人在××市公共资源交易中心网站注册后，登录××市公共资源交易中心网站获取招标文件（注册流程详见××市公共资源交易中心（www.ayggzy.cn）网站"通知公告"栏目中《关于投标企业备案的通知》备案电话：××××××××）。

2. 投标人获取招标文件后，应仔细检查招标文件的所有内容，如有残缺和不明确的问题及对招标文件有异议，应在本次招标文件获取截止时间前，在××市公共资源交易中心网站"项目提问"栏中提出，否则，将被视为认可本招标文件内容。

3. 本次招标项目如有变更或延期，投标人均可在××市公共资源交易中心网站直接查看招标补充文件，投标人应随时关注网站，如有遗漏，后果自负。

4. 开标后由评标委员会对投标人的资格证明材料进行资格审核，不符合项目资格条件的投标将被拒绝，投标人自负风险费用，提供虚假材料的将进一步追究其责任。

5. 招标文件未载明的相关事项必须遵守相关法律法规及规定。

6. 本次招标的中标结果，将按规定在××省政府采购网、××市政府采购网、××市政府网和××市公共资源交易中心网上进行公告。各投标人如对中标公告有异议，应当在中标公告发布之日起 7 个工作日内，以书面形式向招标采购单位提出质疑。如对招标采购单位的答复仍有异议，可向××市财政局政府采购监督管理科书面投诉。(具体程序按《政府采购货物和服务招标投标管理办法》《政府采购供应商投诉处理办法》文件执行。)

九、联系方式：

采购人名称：××工学院

采购人联系人：×××

采购人联系电话：××××××××

采购代理机构名称：××市政府采购中心

采购代理机构地址：××市××街××号××大厦×××

> 结尾写明联系事项。

采购代理机构联系人：×××

采购代理机构联系电话：××××××××

××市政府采购中心

二〇一五年四月十五

（资料来源：河南省教育厅网站，
http://www.haedu.gov.cn/2015/04/16/1429150172856.html，有改动）

落款：写明招标单位名称和公告发布时间。

写作训练一

一、阅读下面的投标邀请函，回答文后的问题。

投标邀请函

××公司：

  为了公开、公正、公平、合理地做好××大学清产核资业务委托会计师事务所招标工作，特邀请贵单位参加本次清产核资业务委托事宜的招标，欢迎前来投标。有关事项通知如下。

1. 招标单位：××大学。
2. 项目名称：××大学拟改制的14家校办企业的清产核资专项审计和评估。
3. 招标方式：邀请招标。
4. 发放标书文件地点：××大学国有资产管理处综合管理科。
5. 发放标书文件时间：2016年10月10日。
6. 标书资料费：人民币300元整；标书资料费收取后不予退还；投标单位须缴纳投标保证金10 000元整，中标后转为履约质量保证金，未中标单位在七个工作日内退还。
7. 投标地点：××大学国有资产管理处综合管理科。
8. 投标截止时间：2016年10月16日下午3点前。
9. 开标时间：2016年10月16日下午3点整。
10. 开标地点：××大学国有资产管理处会议室。
11. 联系电话：××××××××　传真：××××××××
12. 联系人：刘××。

××大学国有资产管理处

2016年10月1日

1. 本邀请书的开头主要包括_____和_____两项内容。
2. 本邀请书的结尾主要包括_____、_____和_____等内容。
3. 本邀请书的落款写明了_____。

4. 本邀请书的总体结构由(　　)构成。

　　A．标题　　　　　　　B．主送
　　C．正文　　　　　　　D．落款

二、请用下面的材料编制一份投标邀请函。

××移动通信公司为加快 GSM 十三期扩容工程建设，按照上级领导指示精神，将对××旅游码头铁塔基础土建工程进行招标。××单位已通过资格预审，因此特邀请该单位按标书要求对工程的施工费进行投标。具体事项如下。

1. 请××单位于 8 月 16 日 16 时前到××移动通信公司采购中心报名并索购领取招标文件，逾期按弃权处理。

2. 招标会议定于 8 月 17 日 16 时在××移动分公司六楼会议室召开。请在此之前将编制好的投标文件和密封的投标价格书(第一标报价)及两份签字盖章后的"廉政协议书"递交网络部，并届时参加招标会议，逾期按弃权处理。

3. 招标单位：中国移动通信集团河北有限公司××分公司

4. 招标地点：中国移动通信集团河北有限公司××分公司六楼会议室

招标时间：2017 年 8 月 17 日下午 16 时

联 系 人：刘××

电　　话：136×××××××　　传　真：03××-×××××××

三、下面是一份招标公告，在格式、内容和语言上都存在一些问题，请根据招标公告写作的要求进行修改。

新生军训服装招标公告

根据招生计划，我院将组织 2018 级新生(约 2200 人)于今年 9 月 10 日至 24 日到武警部队××指挥学院进行为期 15 天的军训。为顺利落实有关准备工作，保障新生军训的后勤工作，根据我院招标文件要求，经研究，决定采购学生军训服装一批；同时，租赁客运车辆一批。现就采购项目和客运车辆进行公开招标，欢迎符合资格的投标人参加投标。有关事项说明如下。

一、项目名称：新生军训服装招标。

二、新生军训服装招标

1. 招标要求：

(1) 军训服装数量，每人四件套(迷彩训练服 2 套；迷彩训练帽 1 顶；小武装腰带 1 条；迷彩鞋 1 双)。

以上四件套数量约为 2000 份，实际定购数量以 18 级新生实际报到人数为准。

(2) 质量要求：必须严格按照招标方(标书)提出的要求，符合相关质量标准，交货的质量符合原样品与国家统一标准。

2. 交货方式：送货时与我院××联系。

3. 工期要求：2018 年 9 月 1 日 14 时军服到位，并按我院要求发放。

4. 其他具体要求以标书为准。

三、投标人资质要求

1. 投标单位必须提供法定营业证照。

2. 投标单位必须具有服装产品销售或生产等资质,能够按我院军训服装招标书的要求提供投标样品。

四、投标人报名及投标时须提交以下资料

1. 投标申请公函(介绍信)、经营业绩证明书、服务质量承诺书。

2. 企业法定代表身份证明及授权委托人有效授权委托书、企业营业执照(验原件,交复印件)。

3. 报价清单或详细价目表(密封,一式八份)。

五、索取标书及报名

报名时间:2018年7月1日至2018年7月4日,逾期不候。

联系人:××、××。

联系电话:××××××、××××××。

地点:××××学院后勤处办公室。

六、答疑事项

凡对招标文件有任何疑问的,请于2018年7月6日10时到我院后勤处办公室,我们将集中给予答疑。

七、投标方式和截止投标时间

1. 投标军训服装的单位须于7月13日16时前将标书送达我院行政楼五楼会议室,16时30分开始评标;18时宣布评标结果。

2. 公示时间:2018年7月14日至18日。

××××学院后勤处

二〇一八年五月二十日

四、请根据下列内容编制一份招标公告。

××学院现有22间多媒体教室设施设备需要日常维护保养,特向社会公开招标。具体要求如下。

1. 招标对象:具有相应资质的公司或厂家。

2. 多媒体教室出现故障,应当天维修,如果当天不能修好,须提供备用机,从而保证第二天的正常教学。

3. 每学期开学或期末的时候,为每一间多媒体教室做一次巡检。

4. 定期为投影仪除尘和清光路,如投影仪拿出学校维护,须提供备用机。

5. 多媒体机柜不在续保范围内。

6. 多媒体电脑的硬件、软件维护不在续保范围内。

第二节 投标文件

一、投标文件的概念

投标文件是投标人按照招标文件的规定编制的回应招标人的书面文件。主要包括如下具体文件或材料：①投标申请书(投标函)；②法人授权委托书；③投标人资格、资信证明文件；④投标项目方案及说明；⑤投标价格；⑥投标保证金或者其他形式的担保；⑦对所投项目的具体实施方案；⑧招标文件要求具备的其他内容。

二、投标文件的写作

投标文件有多种，这里只介绍投标申请书的写作。

投标申请书也称投标函，是投标人在招标公告(或投标邀请函)限定的时间内向招标人递交的一种申请参加投标的投标文书。它是招标单位审定投标人投标资格的重要文件，也是投标人取得投标资格、参加投标的必备文件。投标人若不向招标人递交申请书，就不能参加投标。

投标申请书的格式是由招标人设定好的，投标人应当按照设定好的格式书写投标申请书。其内容主要是针对招标公告或招标邀请函的内容，写明承诺和保证事项。结构上通常由标题、主送、正文、附件和落款五部分组成。

(一)标题

标题一般直接写明文种名称"投标申请书"或"投标函"。

(二)主送

主送即称谓，在标题下一行左起顶格写明招标单位名称。

(三)正文

正文分为开头、主体和结尾三部分。

(1) 开头。开头主要写明项目名称并表明参加投标的意愿，还可写明签字代表的合法身份和投标文件的正副本份数。

(2) 主体。主体主要针对招标公告或招标邀请函的要求写明保证事项和承诺。

(3) 结尾。结尾通常用专用结语"特此申请"，也可省略。

(四)附件

附件主要是有关投标人资质的证明性材料，要按照招标人的要求逐一列明。附件的位置多在正文之后，也可列于日期之后。

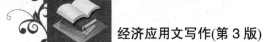

(五)落款

落款包括联系事项、签章和日期等内容,写明相关联系事项、投标单位名称和法定代表人姓名并盖章,有授权代表人的,也要签章,最后写明日期。

案例分析

<table>
<tr><td>

投 标 函

致××市××区××街坊××业主委员会:

　　贵方物业管理招标公告已详阅,我们现正式决定参加此次投标活动。根据招标公告的要求,投标人回复如下。

　　1. 我们已详细审阅了招标公告的全部内容。

　　2. 我们将按照招标公告的规定,承担相应的责任和义务,并严格遵守政府相关的法律法规。

　　3. 我们已提供企业概况、营业执照、物业管理企业资质等级证书等资料复印件。

　　4. 我们已提供我公司企业性质、注册地址、通信地址、法人代表姓名、已管理的物业情况、公司主要人员等基本情况(如类似物业管理楼盘、相关业绩和荣誉证书)。

　　5. 我们已提供企业近三年年度会计报表(或审计报告)复印件。

　　6. 我们已提供企业近三年诉讼情况说明和近三年被业主大会解聘情况说明。

　　7. 我们已提供招标文件中要求提供的其他证明材料。

　　8. 我们将严格审核全部招标文件,包括招标文件的解释材料和附件、招标文件的修改文件(如果有),并按照招标文件的规定,严格遵守政府相关的法律法规,承担相关责任和义务。

　　9. 我们理解,贵方有权力不接受最低价或者任何一方的投标,并且无须解释。

　　10. 若我方中标,愿意承担招标代理费用人民币叁万元(该项费用用投标保证金转付)。

　　11. 我们承诺,随函提供的资料保证真实,如有虚假情况,我方的投标保证金将被贵方没收,我方无权要求返还。

　　附: 随函提供的资料名称(复印资料需加盖企业公章)

　　1. 企业概况。
　　2. 营业执照复印件。
　　3. 物业管理企业资质等级证书复印件。
　　4. 类似物业的管理情况。
　　5. 近三年年度会计报表或审计报告。

</td></tr>
</table>

这是一份由招标人拟制的投标函,投标人只需按要求填写即可。

标题: 直接写明"投标函"字样。

主送: 写明送达的招标单位名称。

正文: 开头简要表明投标的意愿并用过渡句引起下文。

主体分条开列承诺保证事项。结尾省略。

附件: 注明各种文件或资料名称。

第十章　招投标文件

6. 近三年企业诉讼情况说明和被业主大会解聘小区情况说明(如有)。

7. 其他证书、证明、说明材料等。

投标人：

公司地址：

邮政编码：

联系电话：

传真号码：

联系人：

法人单位(盖章)：

法定代表人(签章)：

申请日期：2018年　月　日

（资料来源：原创力文档，https://max.book118.com/html/2017/0503/104029863.shtm，有改动）

落款：先写明联系事项，然后由投标单位及其法定代表人签章并写明申请日期。

写作训练二

一、阅读下面的投标申请书，回答文后的问题。

投标申请书

致××市××市场开发有限公司：

经认真研究贵公司的《招租投标须知》后，我方愿意接受该须知中的所有条款，特申请参加本次招标活动，并承诺如下：

1. 我方保证所提交的证件均为真实、合法、有效，如发现存在虚假或隐瞒事实情况，可由招标人取消我方投标或中标资格，并没收保证金。

2. 认真按照《招租投标须知》要求参与竞标，不串标、不垄标，并遵守会场纪律。

3. 若我方中标，将按规定进行选标，并在约定时间内签订《租赁合同》，按要求履行合同。

4. 我方中标后，同意所缴纳保证金直接转为经营保证金。

5. 我方中标后，超过选标时间、放弃选标或中标后拒签《租赁合同》的，我方保证金可由贵公司没收。

特此申请。

投标人：(签章)　　　　　　委托代理人：(签字)

法定代表人：(签字)　　　　联系电话：

二〇一八年　月　日

附件：(略)

1．本申请书的开头主要写明了_____。
2．本申请书的主体主要写明了_____事项。
3．本申请书的落款写明了_____。
4．本申请书的总体结构由_____构成。

二、请用下面的材料编制一份投标申请书。

××公司经认真阅读××县老城区朝阳路北侧原船舶运输区段旧城改造项目与国有建设用地使用权出让文件，完全接受并愿意遵守招标文件中的规定和要求，对所有文件均无异议。

××公司正式申请参加××局于2018年8月19日在××县国土资源局二楼交易服务大厅举行的旧城改造项目与国有建设用地使用权出让招标活动。

××公司愿意按招标文件规定，交纳投标保证金人民币贰佰万元(¥2 000 000.00)。

若能中标，××公司保证按照旧城改造项目与土地出让招标文件的规定和要求履行全部义务。

若××公司在此次旧城改造与国有建设用地使用权出让招标活动中，出现不能按期付款或有其他违约行为，××公司愿意承担全部法律责任，并赔偿由此产生的损失。

联系人：××；联系电话：×××××××；申请日期：2019年×月×日。

第十一章 市场调查报告

> **学习目标**

- 了解市场调查报告的含义、特点与作用。
- 掌握市场调查报告的构成要素、基本结构和内容。
- 掌握市场调查报告的编写方法及编写要求。

第一节 市场调查报告概述

一、市场调查报告的含义

市场调查报告是调查者以市场为调查对象，运用科学的方法，有目的、有计划地针对市场营销情况以及其他经济现象进行深入调查，对所获资料进行系统整理和分析后而形成的反映市场调查成果、揭示市场运行规律的一种书面调查报告，属于经济实用文体中常用的类型。

二、市场调查报告的特点

市场调查报告可集中反映市场调查成果，具有很强的指导性，除具备调查报告尊重客观事实、揭示事物本质的基本特点之外，还有如下特点。

(一)针对性

市场信息错综复杂，需要调查的问题包罗万象，撰写市场调查报告必须目的明确，有很强的针对性：或针对某种产品的质量、价格、包装以及在市场上的占有率等问题，有的放矢地展开调查，以提高产品质量，改进新产品，增加市场占有率；或针对有关消费者的数量、分布地区、经济状况以及不同的消费习惯、消费方式等展开调查，以帮助企业确定自己的产品品种、档次以及生产数量等；或针对某企业的销售能力、销售状况以及影响销售的因素等情况展开调查，以扩大销售，搞好供求关系。目的明确了，调查才能有的放矢，找准着重点，增强报告的指导意义。

(二)准确性

市场调查报告的内容必须如实客观地说明市场状况，揭示存在的问题，实事求是地反映出被调查对象的实际情况，而不应掺杂个人主观臆断；调查所依据的事实材料必须确

凿，对引用的历史资料和现实资料、统计数据、图表等信息都要认真核实，务必做到言之有据、准确无误。

(三)科学性

市场调查报告不仅仅是对市场现状的一种单纯反映，还要求调查者在对市场进行细致调查的基础上，对获得的材料和数据进行科学深入的分析研究，归纳出合乎市场发展规律的科学结论，并提出相应的对策，以达到为有关部门进行市场预测和经济决策提供科学依据的目的。

(四)时效性

为适应瞬息万变的市场，增强经营者自身的竞争能力，使之在激烈的市场竞争中立于不败之地，撰写市场调查报告务必要讲究时效性，对调查对象迅速展开调查，及时为经营者做出相应的决策提供可参考性意见，以便及时把握市场商机，调整经营方向，确保产销对路，减少或避免风险，提高企业经济效益。过时的报告会因不适应市场变化的需要，而失去参考和指导价值。

三、市场调查报告的种类

市场调查报告因分类角度不同，种类也会有所不同。按照调查内容的不同，市场调查报告通常可分为以下几种。

(一)产品市场调查报告

产品市场调查报告的主要内容是针对产品的生产、销售或供应等方面的情况进行调查，包括产品的质量、价格、性能、技术服务等方面的情况和产品的销售状况，销售渠道的种类，销售的规模，在市场上的供求比例，市场占有率，销售人员及其能力，产品的储运情况和广告宣传效果及费用等方面的情况。

(二)消费需求市场调查报告

消费需求市场调查报告的主要内容是反映消费者的数量、分布地域、经济收入状况和购买力情况、购买产品的习惯以及购买动机、影响购买决策的因素、对产品的需求变化、使用情况的满意度和对售后服务等方面有何评价和意见等。

(三)市场竞争市场调查报告

市场竞争市场调查报告的主要内容是调查竞争对手的规模、竞争能力，市场竞争的策略与手段，潜在竞争对手的情况，国内外同行业竞争产品的质量、数量、品种、价格、包装，市场占有率，产品信誉市场评价等。

(四)经营策略市场调查报告

经营策略市场调查主要调查企业在推销产品、技术服务和售后服务等有关政策方面的合理度，了解是否适应市场和消费者的需求，经营策略是否合理，以便及时发现问题，调整策略方向，降低市场风险，取得更好的经济效益。

四、市场调查报告的作用

市场调查报告的作用主要体现在以下两个方面。

(一)提供科学依据的导向作用

为有关部门进行市场预测和经济决策提供科学的依据，是市场调查报告最基本的作用。如果不对市场的营销情况以及经济活动的有关现象进行调查，不及时掌握市场的需求变化，盲目进行市场预测和制定生产经营决策，就如同闭门造车，使经营目标产生偏差，不利于提高产品的市场占有率，从而使企业的经济活动遇到困难和危险。市场调查报告则能很好地让决策者利用报告中所提供的经济活动信息做出科学的分析判断，对其改善经营管理、把握经营方向、引导经济向预想方向发展都能起到积极的作用。

(二)改善经营管理的指导作用

市场调查报告可以指导企业或有关部门通过分析对比市场活动前一阶段和目前的状况，充分了解竞争对手以及国内外相关的经济活动状况，使企业找到自身经营管理中存在的问题和与同行业的差距，有的放矢地提出有效的解决方法，在经营策略、产品优势、经营范围、销售渠道、市场占有率等方面有所改善，从而有助于企业实施有效的经营管理和提高竞争力。

第二节　市场调查报告写作

一、市场调查报告的结构形式

市场调查报告的结构一般包括标题、正文和落款三部分。

(一)标题

市场调查报告的标题写法上比较灵活，没有严格的格式。常见的标题形式有以下几种。

1. 单层标题

单层标题主要包括类公文式标题和普通式标题两类。

(1) 类公文式标题。

类公文式标题的写法与公文标题类似，有完整式和省略式两种。完整式主要由调查对象、调查事项、文种等内容构成，其中文种"调查报告"，也可写成"调查"，如《关于当代大学生消费问题的调查报告》《关于国产电器滞销情况的调查》。省略式则往往省略一两个要素，甚至只保留文种，如《××厂××××年食用油市场调查报告》等。

(2) 普通式标题。

普通式标题中不出现文种名称，多用陈述式语句直接概括调查结论，或揭示所存在的问题，或点明调查的意义等，也可用提问式语句。如《国产电器价格几跌，抽样调查滞销有因》《当前冰箱消费前景潜在危机不容忽视》《××市场缘何由滞转畅》等。

2. 双层标题

双层标题由正标题和副标题构成，正标题一般用普通式标题揭示中心，副标题用类公文式标题交代有关要素。这种形式更为引人注目，发人深省。如《大学生消费心理日趋理性——××大学抽样调查》《竞争在今天，希望在明天——全国手机用户问卷调查分析报告》《市场在哪里——天津地区三峰轻型客车用户调查》等。

总体来说，市场调查报告的标题要根据市场调研的写作目的、内容和范围，高度概括调研的核心内容，要注意做到准确清楚、精练简洁。

(二)正文

市场调查报告的正文从结构上看可分为前言、主体和结尾三部分。

1. 前言

前言又称引言、导言、引语、导语等，是正文的开头部分。通常交代与调查对象相关的基本情况，主要包括调查的背景、目的、缘由、范围以及调查的经过、运用的方法、收效等，或者交代调查研究所得的基本观点或结论，强调调查的重要意义，使读者获得初步印象。这部分要高度概括，简明扼要，否则会影响主体部分的表达。

前言常见的写作方法有概括式、说明式、提问式、比较式、结论式、评论式等，写法灵活多样，写作中具体采用哪种方式，应根据具体需要恰当选择。

有时为使行文更简洁，重点更突出，也可省略前言部分。

下面是××区房地产市场调查报告的前言部分。

"两港一城"建设热潮和城市化进程促进了我区房地产市场的蓬勃发展。目前房地产产业在我区经济发展中具有重要地位和作用，房地产业直接税收占到总税收的15%，相关税收占到总税收的30%；如果加上契税收入，则占到36%。随着经济的发展和城市化进程的不断加快，房地产业对税收的支柱作用会更加明显。近期，中央和市陆续出台了针对房地产市场的调控政策，对于受外部环境影响较敏感的房地产业来说，政策的调整无疑会影响房地产市场的发展。认清我区房地产市场现状，客观分析政策对房地产走势的影响，从

而研究提出相应的对策建议，对保持我区房地产市场的持续健康发展，具有重要意义。

(资料来源：陶凤、幸亮. 应用文写作. 重庆：西南师范大学出版社)

前言部分采用了评论式方式，说明了调查对象的背景，交代了基本观点，强调了调查的重要意义，这种方式便于读者更好地理解对该区房地产市场进行调查的必要性。

2. 主体

主体是市场调查报告最重要的部分，也是写作的重点和难点所在。这部分内容主要包括以下三个方面。

(1) 情况说明。情况说明是市场调查报告写作的基础，一般应对获得的有关调查对象的各种商情材料，如发展历史、现实情况、市场布局、销售情况等，进行具体的叙述和说明，有时还可结合数据、图表等。

(2) 分析推断。调查报告的撰写不仅仅是客观说明情况，还要对材料进行科学的分析归纳，找出原因及各方面的影响因素，写出撰写者对调查问题的看法，透过现象揭示本质，从而归纳出符合市场发展变化规律的具有说服力的结论性意见。

当然，分析也可以和情况说明结合在一起，在说明情况的同时进行分析，使分析显得有理有据，增强真实性和可靠性。

(3) 对策措施。对策措施是市场调查报告撰写的落脚点，体现了作者的写作意图。它回答的是"如何解决"的问题，任何市场调查报告经过分析后都要归结到这一点。这部分的写作要注意三点，即针对性、可行性和深刻性。

针对性即要针对市场现状存在的问题提出对策，而不是漫无边际地夸夸其谈，让人不知问题到底应该如何解决。

可行性即要拿出切实可行的有参考价值的意见来，虽然不必列出具体细致的实施方案，但也要在经济运行中能够切实解决实际问题，对企业取得经济效益有切实的帮助，对其日后的发展起到一定的指导性作用，而不是纸上谈兵，虚张声势。

深刻性即对问题的分析尽量做到切中要害，挖掘出本质和规律，而不是停留在肤浅层面上，空发议论，只做表面文章。

主体部分占全文的绝大部分篇幅，内容相对较多，应做到条理清楚，重点突出。一般采用编列小标题的分条列项式结构形式。当然，这部分的写法比较灵活，还可采用并列式、因果式、层进式等写法来安排结构。这需要根据调查报告的具体内容以及写作目的来灵活把握。

3. 结尾

市场调查报告的结尾可根据需要来安排，其方式多样，常用的方法有：概括报告的主要内容，深化观点；展望未来，预测发展趋势；强调调查的意义，阐述对存在的问题和可能遇到的风险引发的后果等。这部分的语言要概括精练，做到适可而止，篇幅不宜过长，否则难免有累赘之嫌，影响主题的突出。

当然，市场调查报告也可没有独立结尾，主体写完就自然收尾。一般来说，市场调查报告若有前言部分,通常可考虑安排结尾段,以便与前言相互呼应,使文章首尾圆合,结构完整。

(三)落款

在正文右下方注明撰写者的姓名、单位名称和调查报告完成的日期。如果是公开发表,署名要写在标题下面。

二、市场调查报告的写作要求

市场调查报告的具体写作要求如下。

(一)善于筛选典型材料,提升报告的指导意义

市场调查报告要想对企业决策起到较好的指导作用,就离不开具有说服力的典型材料。所谓典型材料,一是指选择的调查对象要有代表性;二是指选取的统计数据能体现经济活动的本质;三是指列举的实例要有普遍意义,有助于突出文章的主题。

市场调查需要了解或反映的问题错综复杂,调查得来的材料可能很多,但是在一篇有限的调查报告中不可能把所有的材料全部写进去。如果材料过多过滥,貌似面面俱到,其实让人抓不住重点,不清楚所用材料的目的。只有善于对调查来的诸多材料进行反复比较和筛选,认真进行分析研究,辨别真伪,分清主次,从中找出具有内在联系和规律性的东西,选择出最典型、最能够说明问题的材料,才可能把问题分析透彻、阐述清楚,结论才能让人信服。这样的报告,才有可能对企业决策具有较大的指导意义。

(二)分析要有理有据,将观点和材料有机统一起来

市场调查报告是以陈述市场活动事实为主,由此揭示问题,阐明观点。如果只是堆砌材料和罗列数据,而不进行分析归纳,就把握不住市场活动的本质规律,提炼不出有见地的观点。当然,也不能只是空洞地说理而缺乏材料支撑,这样的报告同样不具有说服力。也就是说,要让材料分析为概括观点服务,观点的概括是材料分析的最终目的。只有两者有机统一起来,有理有据,才能实现撰写市场调查报告的目标。

(三)建议要切实有效,具有针对性和可操作性

市场调查报告是为企业或有关部门解决实际问题和提高管理水平而提供依据和参考的,不管属于何种情况,其撰写最终都要落脚到提出合理化建议这一点上,这是市场调查报告的写作目的所在。因此,市场调查报告的写作必须针对存在的问题提出解决方法,而不能和前面揭示的问题相脱节,所提出的建议必须做到切实有效,具有很强的可操作性,切实起到指导性作用。

第十一章　市场调查报告

(四)正确把握语言特点和表达方式

市场调查报告属于经济实用文体,语言要注意符合文体特点,不要用华丽的辞藻和精巧的修辞,要用准确、朴实的语言如实陈述市场调查情况。这种报告在内容上偏重于用事实和数据说明问题,在表达方式上应以叙述和说明为主。叙述和说明的目的是为了揭示规律,阐明文章主旨,还要适当运用议论的表达方式。因此市场调查报告常常是叙述、说明和议论三种表达方式的有机融合。

案例分析

××市体育健身休闲市场的调查报告

随着我市居民工作时间的减少和闲暇时间的增加,体育健身休闲市场为居民提供了全面的健身娱乐休闲舞台,满足了居民对体育健身休闲的需求,从而增强了居民的体质和对幸福生活的信心,有利于居民养成良好的、健康的生活方式。在××市体育改革发展领导小组第一次会议上,提出了着力实施全民健身"十百千万"工程,加快体育市场化商业化进程,这对××市体育健身休闲市场的发展起到了规范与推动的作用。所以,了解××市体育健身休闲市场的现状并进行分析、研究,是我们体育工作者不可推卸的责任。

一、××市体育健身休闲市场的现状分析

(一)体育健身休闲市场的现状

1. 市场规模与结构滞后

近年来,××市体育健身休闲市场发展速度不断加快,但与其他经济发达地区相比,仍存在相当大的差距。根据××××年统计调查报告显示,全市从事体育用品批发零售的企业有1700余家,有400余家体育健身服务企业,年销售额超20亿元,解决了近13万人的就业。但××市的体育健身休闲市场在规模上还不够大,经济效益不明显;在结构上还不完善;组织管理、体育场馆建设、健身娱乐服务等相关服务不够合理;体育健身赛事、健身用品等相关制造与销售行业发展水平参差不齐。虽然××××年全运会后,××拥有了大量的体育健身场馆和健身设施,但这些丰富的体育资源配置利用率较低。

2. 市场管理和经营水平落后

××市体育健身休闲市场基本上是自我管理、自负盈亏的管理模式,政府主要是抓大放小,但在管理法制化和审批程序上过于烦琐。市场上从业人员的整体年龄较低,专业学历、专业素质以及管理

标题:直接揭示中心,交代调查对象与文种,让人一目了然。

前言:介绍背景,交代基本观点。从调查对象入手引出调查的内容。前言采用概括式写法,语言简明扼要,在结构上起到了总领全篇的作用,自然引出主体部分。

能力都不高，虽然有敢于冲击和尝试新领域、新市场的活力，但在管理水平、服务质量、经营手段和管理方式上还要不断完善和发展。

3. 市场宣传陈旧与居民消费意识增强相矛盾

××市的体育健身休闲市场的广告宣传还比较陈旧，不能跟上居民消费意识增强的节奏。随着经济和生活水平的提高，闲暇时间的增多，当居民萌生健身休闲消费时，很多居民不知道应该做什么，可见体育健身休闲市场的宣传力度不够，不能被居民所熟知，不能及时提供体育健身休闲的项目。调查中发现，居民的体育实物（服装鞋帽、器材用品）消费占体育消费支出的67.1%，而体育服务消费（信息类、参与类、劳务类等）在体育消费中所占比重很小，只有11.1%、10.2%和23.2%。

（二）体育健身休闲市场的分析

1. 经济成分分析

目前，××健身娱乐市场随着群众体育活动的蓬勃发展而趋于繁荣，已经形成了体育市场全方位、多档次经济发展模式，以及国有、集体和股份、个体、合资等多种所有制并存的产业格局。政府在加大公共体育事业资金投入的同时，积极鼓励和支持社会资金在体育服务市场的投资，形成体育市场自由竞争发展的新格局，同时逐步建成布局合理、功能完善、门类齐全的具有核心竞争力的现代体育健身休闲娱乐市场的服务体系，从而构建了以经济市场化、企业经营自主化、政府调控间接化为基本特征的沈阳市体育健身休闲产业的基本框架。体育健身休闲市场是第三产业的一个重要的组成成分，其对经济增长的驱动力随着时间的推移越来越强，增加体育健身休闲市场比重是促进经济增长的有效途径。

2. 消费结构分析

按照××市城市发展的相关规划，全市体育设施人均用地面积将达到2平方米，有48%的人口经常参加体育锻炼，体育健身休闲市场的消费水平呈现逐年上升的趋势。调查显示，××市不同年龄段的消费比率为儿童9%、少年15%、青年29%、中年34%、老年13%，其中中青年的消费量最大占到了63%，成为消费的主力，而儿童和老年则在服务性消费上投入较少，多以实物消费为主。由于城乡居民存在着个人经济因素、家庭背景、社会关系等多方面的差异性，因此，城乡居民体育消费结构也呈现多样化。在调查中发现，经济收入少、体育消费费用比较高、工作闲暇时间少、为居民提供的体育活动场地和体育锻炼项目比较少，以及消费意识滞后等都影响体育健身休闲市场的消费结构。因此，拉动体育健身休闲市场内需、完善消费结构是发展体育休闲产业的首要任务。

> **主体**：指出了体育健身休闲市场目前存在的主要问题，继而从四个方面进行了具体的分析。

3. 服务经营项目分析

调查显示，××市健身休闲市场服务经营项目还处于传统健身项目向新兴时尚项目发展的态势，而高端项目还处于起步阶段。从群众喜欢的服务经营项目调查中看出，最受欢迎的项目有羽毛球、乒乓球、篮球、瑜伽、跆拳道、武术、健身操等，其次，游泳、台球、足球、网球、轮滑、滑雪、自行车等项目也拥有一大批消费者，而高尔夫、马术、滑翔等高端体育休闲项目也越来越吸引消费者。可见，传统的或普及度较高的体育项目仍然占据××市健身休闲市场重要地位。因此，发展××市健身休闲市场应考虑群众对体育项目的参与程度和所能承担的消费水平，也应关注社会整体需求，注重体育市场健身项目的全面性以及全方位总体发展的趋势。

4. 经营管理分析

为加快发展××市体育健身休闲市场，政府加大了对国有体育健身休闲市场的投入，引进先进的管理理念，着力培育具有国际竞争力和自主知识产权的体育产业，并对具有市场潜力的中小型企业加强了扶持力度。但是，体育健身休闲市场产业还没有形成规模化、统一化，没有利益的刺激也影响了投资者的投资热情；专业管理人才匮乏，专业指导员存在着很大的缺口；资金严重不足；经营管理方式上，缺少必要的从组织管理到激励创新、从市场控制到协调发展的有效管理体系。这些问题相对影响着企业在市场竞争中的地位。

二、××市体育健身休闲市场存在的问题

（一）体育设施资源丰富，利用率低

××市拥有大量的体育运动场地设施及大量的优秀运动员、裁判员、教练员，各类体育场馆4000余个，体育资源配置处于全国一线城市的前列。但是由于这些现代化的场馆多分布于距离居民生活区较远的地方，开放率和利用率较低，也有一些是限制性开放，利用率低，造成资源浪费。还有，由于场馆的收费标准比较高，一般居民感觉超出了家庭消费开支，影响了健身休闲市场经济的良性循环。

（二）市场规模小，经济效益不显著

由于政府加大健身休闲市场的投入力度，且在全民健身热潮带动下，××市体育健身休闲市场发展速度不断加快，但用地紧张、规模小、配套设施不够完善等也直接影响到市场经济效益。在健身休闲市场中，经济较发达、居住人口密集、居民健身意识强的区域市场效益比较好，其他规模小、低成本运作的区域经济效益不显著。

> 在对体育健身休闲市场具体分析的基础上，找出了××市体育健身休闲市场存在的六个方面的主要问题。

而规模相对大的企业，组织管理、健身娱乐等服务水平参差不齐，没有发挥出龙头作用，带动体育健身休闲市场的有序发展。

（三）体育健身休闲市场结构有待完善

××市体育健身休闲市场的结构布局仍然较为集中，在群众体育需求不断多样化、层次化的情况下，更需要结构的不断完善，来适应群众体育健身休闲发展的需要。按照××市城市发展的相关规划，体育健身休闲市场的结构布局将考虑人口密度分布，在老城区挖掘存量资源，在新城区结合居民小区建设，实现城乡居民就近都能有健身休闲的场所。

（四）体育健身休闲市场支持保障系统发展不完善

在体育健身休闲市场上，仍然存在政府对市场管理的基本法律法规落实不够、创业审批程序比较烦琐、市场管理体制不健全、管理服务不到位等现象，这些问题制约了其对体育健身休闲市场支持保障作用的发挥，所以，支持保障体系还有待完善。调查中发现，具备专业技术技能的管理者和工作者数量有限，缺少必要的经营和管理素质，创新意识薄弱，没有敢于开发新市场和尝试新领域的胆识。

（五）人均收入水平比较低，消费需求不足

近年来，××市居民生活水平不断提高，但人均收入水平还比较低，且地方体育健身休闲消费差异较大，所以影响和制约了体育休闲消费。在我国经济条件好、生活水平较高的地区，体育健身休闲的支出比重已经占据了家庭消费支出的1%以上，而××市××××年的统计数据表明，城镇居民家庭人均用于体育健身的支出仅有69.7元，占全部消费支出比重的0.54%，相比较来看明显偏低。而闲暇时间、经济收入水平、健身活动场馆设施、自身体育技能、赛事影响力、比赛水平等是影响××市居民体育健身消费的主要因素。可见，××市居民还要增强体育健身意识、体育健身休闲消费意识和体育健身休闲消费理念，促进消费，刺激社会经济增长，推动体育产业的发展。

（六）××民族传统体育健身休闲市场项目开发、创新及投入不足

××是一个多民族的大家庭，有41个少数民族，全市有7个少数民族相对聚居的街道、8个民族乡(镇)和256个民族村。××民族传统体育健身休闲项目开发是困扰体育健身休闲市场发展的一个问题，民族体育健身休闲市场是当今民族体育文化休闲产业的新兴力量，其需要政府政策资金和人才的极力支持。

三、大力发展体育健身休闲市场的建议

(1) 加大对体育健身休闲市场的资金投入，放宽政策吸引更多的投资者。××市的惠民工程建设虽然使居民在居住地就近就能得到体育健身锻炼，但对广大体育爱好者来说，只是解决了燃眉之急，想要满足更多的体育健身休闲的需求，还有待发展体育健身休闲市场。所以，要加大体育健身休闲市场的资金投入力度，放宽体育产业发展相关政策，积极鼓励和支持体育健身休闲市场创新，吸引更多的投资者，扩大体育健身休闲市场的发展规模。

(2) 深化体育健身休闲市场体制改革，改变××体育产业的增长方式。完善体育健身休闲市场管理体制，充分发挥市场经济的调节作用，在政府宏观调控的前提下，注重社会效益与经济效益、公益性与经营性协调发展，彻底将市场的主导权交给企业，由市场进行微观操作，实现计划与市场、宏观与微观相得益彰的局面，使体育健身休闲市场向着多样化、层次化、亲民化、娱乐化等健康有序态势发展，改变××体育产业的增长方式。

(3) 开展多种形式的群众体育赛事活动，带动体育健身休闲市场协调发展。(具体内容略)

(4) 加强市场的宣传力度，强化居民的体育消费意识，避免供需不平衡问题。(具体内容略)

(5) 加强体育经营管理人才培养，提高市场从业者的服务质量及水平。(具体内容略)

四、结论

近几年，随着经济的发展与社会的进步，我国全年法定假日已增至 115 天，居民已经越来越重视闲暇时间的体育健身休闲活动。居民体育健身观念的增强、体育消费理念的改变、消费水平的增长以及闲暇时间的增加，居民体育健身休闲活动已成为居民追求高品质生活的需要，这是居民参与体育健身休闲活动的直接动力，同时也成为体育健身休闲市场发展的客观条件和氛围，为××市体育健身休闲市场带来了良好的契机。体育健身休闲市场作为居民健身休闲生活方式的重要组成部分，也是带动经济增长的驱动力，特别对与健身休闲相关的服务业、教育与培训机构等外延企业产生巨大的市场推动力。

(资料来源：刘宏彬. 应用文写作教程. 北京：新华出版社，2012 年 12 月，180～183 页，有改动)

> 主体部分在最后针对存在的问题提出了大力发展体育健身休闲市场的六个方面的建议，并得出结论。建议具体明确，具有很强的可行性和针对性。

写 作 训 练

一、阅读下面的市场调查报告，分析作者的写作思路，回答文后的问题。

××区农产品市场调查报告

根据省政府《关于在全省开展农业产业化经营情况大调查的通知》安排，区政府专门成立了大调查领导组，抽调相关部门的骨干力量组成调查组，从7月11日至7月25日，对全区农产品批发市场、集贸市场、农产品超市、储藏营销单位等农产品流通组织及流通大户、重点乡镇、农村进行了全面调查摸底，并深入具有代表性的批发市场、超市等单位进行实地调查研究。现将我区农产品市场调查情况报告如下：

一、农产品市场现状

(一)畜产品市场

1. 营销单位。我区肉禽蛋营销单位共有两家，分别是外贸公司××肉联厂冷库、××区食品公司冷库。经营的品种主要有猪肉、禽肉、羊肉、兔肉和禽蛋等。外贸粮油食品公司肉联厂冷库占地面积2000平方米，自建厂以来，畜产品全部出口外销，主要经营兔肉和羊肉，兔肉出口日本、美国和欧洲各国，羊肉主要出口中东国家，××××年销售额580万元，实现利润20万元，缴纳各种税费98万元。××区食品公司冷库占地面积1500平方米，畜产品主要供应本地市场，××××年销售额320万元，实现利润10万元，缴纳各种税费40万元。

2. 产品批发市场。我区畜产品批发市场主要有两个：榆次区汇隆市场和商贸城市场，主要经营猪肉、禽肉、羊肉和水产，产品主要供应本地市场。汇隆市场、商贸城市场经营方式都以个人租赁为主，年销售额分别为1150万元、2100万元，分别占榆次市场份额的10%、15%，两个市场的管理从业人员分别为2人和5人。

3. 产品集贸市场。我区以零售为主的集贸市场主要有金猫市场、菜园街市场、路西市场、校园路市场和经纬厂市场等，市场份额占全区市场的40%。

4. 畜产品超市。我区畜产品经营超市有田森超市一部、二部、华联超市、普家乐超市和铁华超市。其中田森超市和铁华超市采取租赁的经营方式，华联超市和普家乐超市采取连锁的经营方式，市场份额占全区市场的20%。

(二)果品市场(具体内容略)

(三)粮食市场(具体内容略)

(四)蔬菜市场(具体内容略)

二、农产品市场存在的问题

(一)农产品市场建设滞后

我区紧邻省城，各类农产品有较大的市场需求，80%的农产品需要外销和供应本地市场。我区目前农产品批发市场只有东阳蔬菜批发市场、什贴葵花批发市场、汇隆批发市场等，集贸市场主要有金猫市场、路西市场、菜园街市场、校园路市场、经纬厂市场等，设施简陋，多属于马路市场。这些市场除具备集中交易功能外，储藏保鲜、物流配送、农药残留检测和现代化市场信息等各项服务功能大多数市场不具备。

(二)农产品商品化程度低(具体内容略)

(三)品牌少，无特色

××××年以来，我区农业开始了新一轮的战略机构调整，以蔬菜、红枣、畜牧业为三大主导产业，以建设蔬菜、红枣、畜牧、加工四大基地为目标，坚定不移地走农业产业化道路。蔬菜、红枣、畜牧产业获得迅猛发展。××××年，全区蔬菜播种面积已达34万亩，蔬菜总产量11.63亿千克，全年蔬菜销售总收入5.47亿元。红枣从×××年前的4万亩猛增至30万亩，红枣产量500万千克，产值2000万元。畜牧业按照"稳猪鸡、上牛羊、突出发展奶牛业"的发展思路，肉蛋奶产量分别达到15343吨、9770吨、8117吨，奶牛存栏4288头，畜牧业总产值3.05亿元。可见，我区的农产品主导产业已初具规模，但品牌少、无特色的情况仍很严重。

三、建议与规划

(一)打造开拓国内外农产品市场的"联合舰队"

我区农户生产的农产品如何进入国内外大市场，是农产品市场建设面临的一个难点。而解决问题的出路在于完善农村市场机制，健全农村市场体系。实践证明，各种类型的专业合作社，既增强了统一服务的功能，又发挥了家庭经营的潜力，是一种更加适应市场经济体制的双层经营体制。以市场需求为导向，把生产、加工、销售联为一体，使各具特色的优势产品形成区域性的主导产业。此举能够在农村与市场间架设桥梁，突破区域界限，扩大农业的产业带和产业群。健全农产品市场体系，发展现代化流通方式，形成一批开拓国内外农产品市场的"联合舰队"。采用电子商务网络等现代交易手段和流通方式的农产品批发拍卖市场，形成全国统一、开放、竞争有序的农产品市场体系。在"农户—合作经济组织—生产基地—批发市场—配送中心—连锁超市"完整通畅链条的引导带动下，建立一批大型农产品加工企业和优势农产品生产基地，产销联合，打造开拓国内外农产品市场的"联合舰队"。

(二)多方筹措资金支持农产品市场建设

我区财政经费比较紧张，无能力为农产品市场建设投入大量的资金。在这种情况下，应积极争取国家资金支持农产品批发市场建设。与此同时，重视带动、吸引社会资金和银行贷款参与到农产品市场建设中来，加快农产品市场建设步伐。如我区的山西普家乐商贸有限公司，围绕建设现代物流中心目标，努力营造大流通、大商贸、大市场的格局，从××××年7月开始实施普家乐农村连锁经营服务项目，计划在农村发展和建设49个连锁超市，同时建设一个占地60亩大型物流配送中心。××××年经发展与改革委员会批准立项，是我区"五大中心"建设重点工程，晋中市"双百"项目重点工程。目前，配送中心建设已完成工程量60%，我区农村连锁已建成东阳、张庆、永康三个连锁店。三店试营以来，深受农民欢迎，已有跨区三乡10村村民来超市购物，甚至永康店已有太原南郊村民光临,给农民带来极大的方便,从根本上解决了农民的买难卖难问题,真正意义上实现了为三农服务。

(三)农产品市场建设要高标准、高起点

今年 6 月,商务部会同国家标准委组织有关单位起草了《农副产品批发市场开业技术条件》和《农副产品批发市场等级划分及评定》两个国家标准,目前正向社会公布并征求社会意见,在年内一旦修改完成后,将按场地环境条件、设施设备条件、综合管理能力和信用管理四个方面,把全国的农副产品批发市场按照四个等级划分,从高到低依次分为:四 A 级(AAAA)、三 A 级(AAA)、双 A 级(AA)、A 级(A)。主要对农副产品批发市场的经营环境、经营设施设备和经营管理提出了技术标准,比如要求市场"应设在交通方便之地,应考虑与周围商圈服务的协调性";交易大厅"宜建单层结构";市场"以生鲜肉类交易为主的应与国家认定的定点屠宰点场厂挂钩"等。我区建设农产品批发市场也应参照国家标准,高起点地建设农产品市场。

(四)新建一个综合农产品批发市场(具体内容略)

×××
××××年×月×日

(资料来源:李薇. 应用文写作. 北京:教育科学出版社,2008 年 7 月,173-177 页,有改动)

1. 从种类上看,本文属于_____。
2. 本文的标题采用的方法属于_____式,优点是_____。
3. 本文的前言部分简要概括介绍了_____等情况。
4. 本文的主体部分采用了层进式结构,包括三个层次,分别交代了_____、_____、_____问题,主要运用了_____的表达方法。

二、下面是一篇关于我国瓶装水消费情况的市场调查报告,在内容、结构、材料运用等方面都存在一些问题,请根据市场调查报告的写作规范进行修改。

××××年夏我国瓶装水消费调查

根据新生代市场监测机构对全国 20 个大中城市 50000 名消费者进行的调查显示,有 68.6%的被调查者回答自己在一年内饮用过瓶装水。其中,矿泉水是瓶装水中最受认同的产品种类,有 53.8%的被调查者在一年内饮用过、纯净水则仅为 32.9%,蒸馏水则为 9.7%。可见,人们选择瓶装水饮品,其立足点还是在于"天然",而非"纯净"。事实上商家对于自己的产品所含天然微量元素的强调也往往是最重要的卖点。

对这三种瓶装水饮品的消费进行进一步分析表明,与西方发达国家相比,中国的消费者主要还是以轻度消费为主,市场深度还有待开发。具体而言,以每周饮用量(瓶)衡量。就矿泉水来说,每周消费在 5 瓶及 5 瓶以上的重度消费者只占 10%,3~4 瓶的中度消费者为 17.6%,2 瓶及以下的轻度消费占到 71.2%。相比之下,纯净水消费者的消费者深度与矿泉水消费较接近,蒸馏水消费则更低。虽然城市消费者中已有近七成的人已接受了瓶装水,但这些认同者中却有高达七成以上的人只是偶尔尝试一下,这与碳酸饮料在中国市场

第十一章 市场调查报告

上那种霸气十足的市场份额和渗透力相比，不可同日而语。

该项调查还从不同的角度对瓶装水消费者特征进行了透视。数据表明，从收入的角度来看，高收入者明显偏向于更多地饮用瓶装水。其中，个人月收入在 500 元以下、500～1000 元、1000～2000 元及 2000 元以上这四个档次的消费者中，饮用比例渐次上升，分别是 66.4%、66.9%、72.9%和 79.7%，显然月收入 2000 元以上的较高收入者饮用水平远高于 68.6%的平均水平。这种分布规律是容易理解的，瓶装水中包装成本和运输成本占相当大的比重，较低收入者面对这种看起来"不太值得"的消费更乐于寻找更经济的替代品。

从年龄的角度进行分析得出的结论却颇有几分令人意外：年轻人和老年人之间对瓶装水的接受程度差别极大：15～19 岁的青少年可以称为"准青年"，能常被认为是时尚的制造者和引领者，他们饮用瓶装水的比例是 83.3%，20～29 岁的青年略低，为 82.4%，均显著偏高；但在 30～45 岁的人饮用瓶装水的比例下降到 68.6%；45～65 岁的人仅仅只有 47.1%。

这里反映出的一个重要事实是，瓶装水市场其实在某种程度上仍然是不成熟的，作为软饮料的一种，它本不应当是一种"时尚消费品"，而是老少皆宜，接受程度在各个群体中判别不应过大。在美国，数据显示，老年人对矿泉水的饮用比例甚至略比青年人高些。该调查的其他分群分析结果还包括，高学历者饮用瓶装水比例比低学历人士要高，小家庭饮用比例高于大家庭，非体力劳动者饮用比例高于体力劳动者。这些数据结果从另外一些角度佐证了这一市场的不成熟性，表明价格仍然是人们潜在的重点考虑因素。

(资料来源：李薇. 应用文写作. 北京：教育科学出版社，2008 年 7 月，180 页)

三、下面是针对当代大学生在消费观念、消费现状与趋势、消费结构等方面存在的问题在高校范围内展开调查所得的材料，请根据所给材料，撰写一份市场调查报告。

如今，当代大学生的消费观念正发生变化，以往视"粗茶淡饭""勤俭持家"为美德的观念淡化了。许多大学生注重"吃要讲营养，穿要讲式样，玩要讲多样，用要讲高档"。因此，在调查中问及大学生对这个"四讲"问题怎样评价时，来自大学生的反馈是：认为"符合现代生活方式"的占 42.5%，认为"不合中国国情"的占 21.3%，认为"助长好逸恶劳"的占 7.2%，认为"容易引入高消费误区"的占 23.9%，回答"说不清"的占 5.1%。这表明当今相当多大学生的消费观念已经发生变化，有 42.5%的人向往"四讲"的生活方式，但对"四讲"的生活方式持怀疑和否定态度的人数也多达 52.4%。

在"你对饮食最注重的是什么？"一问中，回答"讲究营养"的人数占 40.4%，为"方便省事"的占 25.3%，"吃饱就行"的占 23.4%。

在回答"你对服饰穿着最注重的是什么？"一问中，回答"方便舒适"的占 46.6%，"体现个性"的占 30.5%，"款式新颖"的占 16.5%，"讲究名牌时髦"的占 6.4%。

在对"你认为生活改善的主要目标是什么？"一问的回答中，多达 55.9%的大学生把"住宅舒适"列为改善生活的主要目标，其次才是"旅游"，占 21.9%，"家用电器齐全"占 16.1%。在被调查的大学生中，约有 1/3 的人想买房，但当前许多人却买不到房，有的则认为房价过高。

大学生高档消费的指向产品,依需求人数比例高低排列的顺序是:立体声音响(46.8%)、空调(40.5%)、彩色电视(39.7%)、摩托车(37.6%)、电冰箱(31.5%)。

在调查中发现,现在大学生的消费结构有两个失衡之处:一是物质消费增长很快,精神消费则严重滞后;二是在精神消费中重娱乐消遣,轻读书学习。

(资料来源:广东科学技术职业学院应用电子教材,http://222.200.11.4)

第十二章 经济预测报告

学习目标

- 了解经济预测报告的概念和作用。
- 掌握经济预测报告的特点和种类。
- 掌握经济预测报告的结构形式和写作要求。

第一节 经济预测报告概述

一、经济预测报告的概念

经济预测是在经济调查基础上，运用科学的方法，对经济活动中大量翔实的统计数字、资料和情报进行分析研究，从而推断未来经济发展的前景和变动趋势的活动。经济预测在经济生活中具有非常重要的意义，大到整个世界、各个国家，小至各地区、各部门、各企业，都需要进行经济预测以为经济决策提供参考。预测结论的科学性直接影响到决策的正确性，进而影响经济活动的效果。在竞争异常激烈的经济社会，无论是整个国家还是每个企业，离开科学的经济预测都是难以生存和发展的。

经济预测报告是反映经济预测的分析研究过程及其结果的书面材料，是以深入的调查研究为基础，以相关的经济理论为指导，运用科学的方法和手段，对所掌握的经济信息加以分析研究，根据经济发展规律推断未来经济发展前景与变化趋势的经济实用文体。

二、经济预测报告的特点

经济预测报告具有以下特点。

(一)预见性

经济预测报告是从已知推断未知，它以分析过去和现在的经济活动情况为基础，以预见未来经济状况为目的，通过对大量具体的历史或现实材料的分析、归纳、判断、推理，对未来经济的发展前景和变化趋势进行超前性的推断。这种判断越接近未来的客观实际，就越有价值。因此，预见性是经济预测报告最突出的特性，它能促使人们立足现实，着眼未来，充分发挥经济预测报告的作用。

(二)科学性

经济预测报告的写作目的是找出经济活动的客观运行规律，得出合乎客观实际的结

论，有效地指导人们的经济实践活动。因此，经济预测只有具备科学性，才可能具有准确的预见性。经济活动中的各种因素互相影响、互相渗透、互相转换，变化错综复杂。所以，经济预测报告必须占有充分翔实的经济信息材料，掌握经济规律，并运用科学的预测理论和预测方法，由已知推断未知，由现实推断未来。这个推断过程应该是一个严密的逻辑推理和科学运算的过程，任何的主观臆断都是要不得的。科学性是经济预测报告能够得出正确的预测结论的有效保障。

(三)时效性

现实社会的经济活动瞬息万变，只有具备强烈的时间观念，分秒必争，对经济活动中所反映出的各种信息、资料、动态等及时掌握，及时分析，并以最快的速度传递给决策和管理部门，经济预测才能更好地为经济决策服务，为提高经济效益服务。因此，撰写一份准确及时的经济预测报告，具有非常重要的意义。如果时过境迁，经济预测报告就降低了它的实用价值，甚至失去了实际意义。这就要求经济预测的参与者和经济预测报告的撰写者具备敏锐的嗅觉和迅速反映经济活动中的新变化、新动态的能力。时效性越强，经济预测报告的实用价值就越大，因此可以说，时效性是经济预测报告的生命。

(四)综合性

经济预测报告是对经济活动中的信息、资料、动态等各种情况进行综合分析的结果，内容常常涉及政治、经济、文化、历史、技术等多个领域，是政治学、经济学、市场学、心理学、社会学、历史学等多种学科理论的综合运用。这就要求经济预测的参与者和经济预测报告的撰写者要博学多能，除具备经济专业知识与技能外，还应具备相关学科的知识和综合运用这些知识与技能进行判断和推测的能力。

三、经济预测报告的种类

经济预测报告种类繁多，按不同的分类标准，可分为不同类别。

(一)按预测的范围划分

按预测的范围划分，经济预测报告可分为如下两类。

1. 宏观经济预测报告

宏观经济预测报告是指对全局性、整体性、综合性的经济问题进行预测之后写成的报告。如全球经济发展的预测报告，整个国民经济发展的预测报告，一个地区、一个行业的经济发展前景的预测报告等。

2. 微观经济预测报告

微观经济预测报告是指对局部或个别的经济问题进行预测所形成的报告。其预测对象是一个部门或一个经济实体的经济活动，如一个企业、一个乡镇、一个家庭的经济发展前景。

(二)按预测的时间划分

按预测的时间划分,经济预测报告可分为如下几类。

1. 长期经济预测报告

长期经济预测报告是指对较长时间(通常为 5 年以上)的经济发展远景进行预测之后撰写的报告。它是制定经济发展远景规划的重要依据。

2. 中期经济预测报告

中期经济预测报告是指对 2~5 年内的经济发展前景进行预测之后撰写的预测报告。它是制订中期经济发展计划的重要依据。

3. 短期经济预测报告

短期经济预测报告是对 1 年以内的经济活动变化趋势进行预测之后撰写的预测报告。它是制订近期经济发展计划,规定近期经济活动具体任务的重要依据。

(三)按预测的内容划分

按预测的内容划分,经济预测报告可分为如下几类。

1. 市场需求预测报告

市场需求预测报告是指根据消费者的习惯、爱好,或人们的物质生活水平、消费者数量等因素,预测未来市场对商品的数量、质量、价格等方面的需求情况的预测报告。

2. 技术发展预测报告

技术发展预测报告是预测本行业中的新技术、新材料及其对经济活动的影响的预测报告。它是企业制订科研计划、研发新产品的重要依据。

3. 生产情况预测报告

生产情况预测报告是指在了解某产品的市场销售能力、生产能力、资料来源等条件的基础上,预测产品的发展方向和产量变化的预测报告。

(四)按预测分析的方法划分

按预测分析的方法划分,经济预测报告可分为如下两类。

1. 定性预测报告

定性预测报告是在缺乏可以利用的历史与现实的具体数据的情况下,依据相关的各种因素,凭借业内专家的经验和分析判断能力,对预测对象的未来发展方向做出定性预测结论的预测报告。

2. 定量预测报告

定量预测报告是根据已掌握的比较完备的历史与现实的统计数据，运用定量预测技术，对影响经济活动变化的各种因素进行数量分析和测算，从而得出定量预测结论的预测报告。

四、经济预测报告的作用

经济预测报告的实用性非常强，直接对经济政策、经济计划、经济项目的确立等起决定性作用，往往影响到一个企业、一个地区乃至整个国家的经济发展前途和命运。具体来说，经济预测报告的作用表现为以下几个方面。

(一)为科学的经济决策提供重要依据

在经济管理工作中，预测和决策是两个紧密关联的环节。领导者做出的经济决策，是引导经济活动发展方向的指南针，正确的经济决策会使企业立于不败之地；与此相反，错误的经济决策则会导致企业的亏损，甚至是彻底的失败。那么，正确的经济决策从何而来？它来源于对各种经济信息的分析和研究，来源于对客观经济规律的探寻和认识，它是以科学的经济预测为前提的。经济预测报告是在对影响经济发展的诸多因素、同行业的经营状况等各方面进行周密的分析研究的基础上写出的，是建立在市场调查和市场分析基础上的合理推论，是经济理论与经营实践有机结合的成果。以科学的预测为前提，决策者才能高瞻远瞩，避免主观臆断，减少生产和经营的盲目性，提高经济决策的正确性。

(二)为加强企业管理、提高经济效益提供重要依据

经济预测报告能科学反映经济发展趋势，这就使经济管理者能够明确未来经济发展方向，准确拟订产销规划，抢占市场先机，从而提高企业的科学化、现代化管理水平，提高企业的市场适应能力与竞争能力。因此，经济预测报告是加强企业管理的重要依据。

经济预测报告同时也是企业提高经济效益的重要工具。企业要想获得较好的经济效益，一方面要求具备现代化的管理水平，另一方面要求具备对经济环境的深入了解和适应市场变化的能力。以经济预测为基础，企业就能摆脱盲目性、随意性，明确自己的生产经营方向和目标，提前分析在生产经营中可能出现的问题、经济环境的变化，以及这些变化对生产经营的影响，从而提高生产经营水平，提高经济效益，在激烈的市场竞争中立于不败之地。

(三)为发挥市场调节作用、保证市场供求平衡提供重要依据

要发挥市场对经济的调节作用，就必须通过经济预测掌握市场的供求变化趋势。市场供过于求或供不应求，对经营者与消费者都是不利的。只有保证商品供求在数量、质量、时间、空间上的基本平衡，才能促使市场繁荣，供销两旺。通过经济预测，了解市场商品供求变化与发展趋势，不仅可以处理好生产与流通的关系，更重要的是可以及时调整生产

计划，满足人们不断增长的物质和文化生活的需要，为国家经济发展方向的科学性提供有力的保证。

第二节 经济预测报告写作

一、经济预测报告的结构形式

由于经济预测的种类很多，所以经济预测报告的写法也多种多样。但是，因为它的实用性很强，所以在写作实践中也形成了较为稳定的模式，这主要体现在它的结构上。经济预测报告的结构包括标题、正文和落款三部分。

(一)标题

标题有以下两种。

1. 单标题

(1) 类公文式。类公文式标题包括完整式和省略式两种。

完整式标题由四项内容组成，即预测期限、预测范围、预测对象和文种名称。其中文种的写法比较灵活，可以用"预测""走势""趋势""展望""前瞻""分析""研究""发展前景"等词语表明，如《2020 年我国汽车市场需求趋势预测》《2020 年××省金融运行环境分析与展望》。

省略式标题不是四项内容俱全，而是着重强调某一方面，有的强调预测时限，有的强调预测范围，或者把两项内容全部省掉，但预测对象和文种不能省略，如《2020 年服装业发展预测》《××地区家用电器市场趋势预测》《医药零售市场发展趋势预测》等。

(2) 普通式。这种标题与一般文章的标题类似，只是概括全文的内容要点，没有文种名称，但有明显的预测之意。如《明年轻工业产销有望稳增》《汽车市场需求持续上升》等。

2. 双标题

双标题由正题和副题组成，正题常用普通式，点明预测报告的主旨，副题常用类公文式，标明预测对象和文种，如《春风将度玉门关——我国 B 股市场××××年走势展望》《国产合资进口产品三分天下——降低关税后的家电市场走势预测》。

(二)正文

经济预测报告的正文一般由开头、主体和结尾三部分组成。

1. 开头

开头也称前言或引言。经济预测报告的开头没有固定的模式，内容可视具体情况而定：或交代预测的范围、期限；或说明预测的目的、意义；或概述预测对象的历史、现状；或简介预测的方法与过程、初步揭示出预测的结果等。写作上要求简明扼要，篇幅一般不宜太长。也有的预测报告没有独立的开头，开门见山，直接进入主体部分。

2. 主体

经济预测报告的主体一般分为情况概述、分析预测、措施建议三部分。

(1) 情况概述。情况概述即简要介绍预测对象的历史与现状，这是分析预测、措施建议两部分的前提和基础。只有建立在历史与现状基础上的预测过程与结果才是有根据的、科学的、可靠的。这就要求作者在展开分析、进行预测之前，必须运用调查所得的典型材料和确凿数据来说明预测对象的历史和现状。

在写作上，这部分常采用叙议结合的表达方式，抓住关键问题，揭示主要矛盾。尽管内容往往涉及历史与现状、全局与局部，千头万绪，纷繁复杂，但行文却必须围绕主旨，择要而言。

(2) 分析预测。分析预测是在深入分析预测对象历史与现状的基础上，运用正确的逻辑推理和科学的预测方法，对预测对象的未来发展前景与变化趋势做出科学的估计和判断，是全文的重点和核心。

分析预测包括推理论证和预测结论两方面的内容。

推理论证是以大量的调查资料、数据、情报信息等历史与现实的基本情况为依据，运用现代经济预测理论和科学的预测方法，进行周密的分析、比较、判断、推理，从而找出预测对象具有方向性、规律性和主导性的东西。写作时要注意：事实依据要真实可靠，经济理论要准确恰当，预测方法要科学适用。做到判断准确、推理严密、分析有力。既要考虑到影响经济活动变化的各种因素，又要将多种预测方法有机地结合起来。要防止简单化、表面化、机械化，防止以偏概全。

预测结论是在推理论证的基础上对预测对象的未来发展变化趋势做出的判断，是推理论证的目的与结果，也是经济预测报告的写作目的所在。要求作者在进行科学严密的推理论证之后，得出鲜明而准确的预测结论，并用准确概括的语言表达出来。这是任何一篇经济预测报告都不可缺少的，否则就失去了预测的真正意义。

这一部分内容比较多，结构安排可灵活多样：或用并列式结构，将预测对象归纳为几个特点加以阐述；或用连贯式结构，按照经济活动的发展顺序去写；或用分总式结构，依照经济活动内在的因果关系来表述。但不管采用何种结构形式，都要做到逻辑严密，条理清楚，层次分明，重点突出。

(3) 措施建议。措施建议是针对预测结论，提出切合实际的、具体可行的措施、建议或意见，以便为科学的经济决策提供依据。要注意提出的措施和建议要有针对性、可操作性，内容要具体明确，便于实施。切忌抽象笼统或脱离实际。写作上常运用叙述和说明的表达方式，要求做到简明扼要、条理清晰。

本部分不是市场预测报告必须具备的内容，如果作者没有把握或觉得没有必要提出措施或建议，也可以不写。

预测报告正文的三个部分环环相扣，有着严密的逻辑关系。根据实际需要，三个部分的顺序可以适当调整，或者结合起来写。

3. 结尾

有很多经济预测报告没有独立的结尾,就以措施建议部分归结全文。如果要写独立的结尾,可以总结全文,可以提示应注意的问题,也可以简要交代其他相关内容。无论何种形式,都要做到语言精练简洁。

(三)落款

在正文的右下方写明作者的署名和成文日期。如果是公开发表,署名要写在标题下面。

二、经济预测报告的写作要求

经济预测报告的写作要求包括以下几个方面。

(一)明确预测目的,充分、准确地掌握材料

经济预测是有的放矢的行为,预测目标不明确,以后的工作就难以进行。只有根据实际需要和各种可能的条件,明确了预测的对象与目的,才能确定预测工作的方向和重点,列出可行的预测步骤和计划,为预测报告的写作做好准备。

经济预测是在大量掌握历史与现实信息的基础上进行的,所以,充分、准确地掌握各种相关材料是得出科学预测结论的保证。掌握材料,第一要求充分,除了要占有经济活动的各种历史与现实的信息材料外,还应包括政治、科技、文化等多方面的信息,要重视这些因素对经济活动的影响力与作用力;第二要求准确,要对搜集来的各种材料认真核实,仔细鉴别与选择,以保证材料的可信性。

明确预测目的,充分、准确地掌握材料,是写好经济预测报告最根本的前提与保证。这就要求预测前的调查研究工作要尽量做到深入细致。

(二)正确运用相应的预测方法

只有正确运用相应的预测方法,才能进行科学、准确、可靠的预测,才能充分实现预测价值,圆满完成预测任务。预测方法的选用,是由预测的目的、所掌握材料的情况、预测的精度要求、预测时限等因素决定的。同时还要注意多种预测方法的综合使用。经济预测的方法大致可分为如下两类。

1. 定性预测法

定性预测法,也称判断预测法、经验预测法、主观预测法等,是对预测目标作出定性结论的预测方法。这种方法是在缺少可以利用的历史与现实数据的情况下,依据行内专家的经验和分析判断能力,对未来经济的发展前景与变化趋势进行推断。可见,定性预测法具有较强的主观性。在实际应用中,定性预测法主要包括专家意见法、经营人员意见法、销售人员意见法、消费者调查法和市场试销法等。

2. 定量预测法

定量预测法,也称数字预测法、统计预测法、客观预测法等,是通过对预测目标的量化分析预测其未来趋势的预测方法。这种方法是根据已掌握的历史与现实的统计数据,通过数量分析与测算,对未来经济的发展前景与变化趋势进行推断。定量预测法的结果具有较强的客观性。在实际应用中,定量预测法主要包括时间序列预测法、回归预测法、指数函数法和抽样统计法等。

(三)准确鲜明地表述预测结论

经济预测报告是对未来经济的发展前景与变化趋势的推定,其写作目的就在于用预测结论来指导未来的经济活动,所以预测结论表述必须准确而鲜明。预测结论主要包括预测目标的性质、数量变化的可能性、可能发生的事件、发生概率四个方面。准确而鲜明地表述预测结论,是对经济预测报告写作的根本要求。

案例分析

2019年××省金融形势分析与展望

2018年,××省金融机构认真贯彻落实国家宏观调控政策,银行业结合区域经济发展特点,调整和优化信贷结构,创新信贷产品和服务方式,优化信贷资源配置,增加有效信贷投入,货币信贷运行总体平稳。证券保险等金融市场发展较好,各项金融改革顺利推进,金融业继续健康稳步运行,为我省社会经济又好又快发展提供了强有力的资金支持。

一、2018年金融运行的特点

(一)货币信贷平稳增长,存款突破8000亿元,贷款超过6000亿元

1. 各项存款增幅趋缓,月度波动幅度较大。10月末,全省金融机构本外币各项存款余额为8220.7亿元,比年初增加1043.4亿元,同比增长16.4%,但是前10个月中有3个月出现了负增长,储蓄存款增幅处于近三年来的低位,企业存款活期化趋势明显。主要原因有:CPI增幅较大,负利率抑制居民储蓄倾向;股指连创新高和新股IPO密集等因素,导致大量资金流向证券公司和结算公司,股市对银行存款的分流效应持续显现。

2. 各项贷款稳定增长,增幅超过全国平均水平,居中部首位。10月末,全省金融机构本外币合计各项贷款余额为6057.8亿元,较年初增加852.5亿元,同比多增101.4亿元,超过2017年全年增量22.4亿元;同比增长18.2%。在中部六省中,我省金融机构人民

这是一篇比较规范的经济预测报告。

标题:属于类公文式单标题,由预测期限、预测范围、预测对象和文种四要素组成。

开头:概述预测对象的现状,语言简洁,概括性强。

主体:第一部分运用典型材料和确凿数据反映2018年××省金融运行的特点,说明预测对象的现状,交代预测的依据,内容充分可信。

币各项贷款增幅居首位。

（二）前三季度金融市场运行总体平稳，金融机构可持续发展能力显著增强

1. 信贷市场贷款利率总体水平继续攀升。（具体内容略）

2. 直接融资规模不断扩大。债券市场发展平稳，我省共有 6 个企业通过银行间债券市场发行企业短期融资券 6 期，累计发行金额 50 亿元。辖内金融机构共承销债券 431.5 亿元，其中，金融债券 13 期 15.4 亿元，央行票据 43 期 332.7 亿元。1~9 月份，新增上市公司 4 家，11 家上市公司实现了再融资；证券市场累计筹资 107.8 亿元，比 2006 年全年筹资额多 34.7 亿元。

3. 保险业运行发展快。我省保险市场总体运行平稳，实现保险收入 666.1 亿元，增长 24%，在全国排 11 位，中部第二位。保险赔付 40 亿元，增长 58%。

4. 金融运行质量明显提高。1~10 月份，银行业总体盈利 25 亿元。

（三）金融运行虽总体上比较平稳，但也出现了一些新的挑战

1. 国家宏观调控趋紧。连续三次上调基准利率，九次上调存款准备金率，政策的累积效应开始显现，全省信贷增长趋缓，特别是农村信用社的流动性风险必须引起注意。

2. 有效贷款需求不足，特别是影响安徽发展的重大项目储备不足，须引起高度关注。

3. 县域贷款投放不足，中小企业信贷支持力度有待进一步加强，特别是农村金融体系不完善，三农金融服务不到位。

4. CPI 和资产价格屡创新高，加大了金融业经营风险。

二、2019 年安徽省金融运行环境分析

（一）2019 年金融运行外部环境处于良好机遇期

1. 经济保持较快发展的良好势头，为金融发展创造了良好的外部环境。全省经济继续在新一轮增长周期上升阶段快速运行。从近年来经济发展看：GDP 稳步走高，企业效益、居民收入和财政收入稳步增长；固定资产投资、生产和消费保持了较快的增长速度，对金融产品的种类和数量需求增大，为金融业发展提供了广阔空间。

2. 金融发展的政策环境趋好。2018 年召开了全国金融工作会议，为今后金融业发展定下了发展战略，提出了很多的优惠政策和发展措施。另外，随着中共中央有关中部崛起的指导意见的实施，金融发展处于良好的发展机遇期。

3. "区别对待，有保有压"的金融宏观调控方针，为金融业的健康发展提供了结构调整的契机。人民银行考虑到我省是农业大省，

> 主体第二部分分析了 2019 年××省金融运行环境面临的许多新情况和有利条件，同时指出了制约金融宏观调控和金融稳定运行的突出问题和矛盾。
>
> 本部分条理清晰，内容充分，分析精当，为预测结论的得出奠定了基础。

工业结构特殊，灵活贯彻落实金融调控方针，有针对性地对商业银行加强"窗口指导"，支持××省薄弱环节的发展。

4. 全社会信用观念显著增强。金融市场秩序不断改善，基本实现无重大违法、违规经营，无重大支付风险，无恶性金融竞争。乱设金融机构、乱集资和乱办金融业务现象得到有效遏止。

（二）金融机构内部优势逐步显现，综合竞争力明显增强

1. 现代金融体系框架初步建立，业务发展比较齐全。到目前，全省共有政策性银行、国有商业银行、股份制商业银行、城市商业银行、农村合作金融机构、信托投资公司、金融资产管理公司、邮政储蓄机构等九大类20家银行业金融机构，设有7455个营业机构和225个自助服务区，多层次、多元化的银行体系布局初步形成。××省内现有2家证券公司，66家证券营业部，67家证券服务部，3家期货经纪公司，5家期货经纪公司营业部。省级保险机构21家，比2017年增加5家，设有营业机构1900多个，专业保险代理公司31家，专业保险经纪公司法人4家，专业保险公估公司3家。兼业保险代理机构3268个。金融业务多元化服务功能较为完善。银行既有传统的存贷款、结算业务，又有名目众多的中间业务。证券既有代理业务，也有投资业务。保险业务范围和覆盖面提高。金融业综合经营发展较快，形成金融集团。出现了多种形式的银证合作、银保合作，给广大客户提供高质量的金融服务。

2. 金融业改革取得重大进展，支持地方经济发展能力显著增强。建设银行、中国银行、工商银行和交通银行××省分支机构经财务重组后，不良贷款实现双降，新的组织架构和经营管理体系正在形成。2012年至2017年全省股改各行资产利润率，工商银行××省分行由-0.37%上升到1.56%，建设银行××省分行由0.16%上升到0.77%，中国银行××分行基本保持在0.64%的水平，交通银行××分行由0.27%上升到1.08%。农业银行股份制改革各项准备工作正在进行。徽商银行挂牌成立后，××省城市商业银行实力显著增强。

3. 金融机构资产结构得到调整和优化，盈利的稳定性增加。9月末，辖内金融机构持有债券存量规模为281.7亿元，比年初增加96.8亿元，增长52.3%。银行的中间业务收入占比提高，经营的稳定性提高。直接融资发展快，××省融资结构明显改善，直接融资比例比2010年提高了9个百分点，金融风险降低。中国银联、银行、证券和保险机构在我省增设机构，金融活力明显增强。银行新增加贷款创出了历史新高，证券经营机构走出困境，保险公司的业

绩均保持了高速增长，金融业迎来了良好的发展机遇。

（三）人民银行金融服务质量明显提高

1. ××中心支行组织安徽省各级金融机构完成大、小额支付系统在××省的成功推广运行，建立和完善统一、高效、安全的支付清算系统，服务于金融和地方经济建设。截至 9 月 30 日，××省共有支付系统直接参与者 49 家金融机构，通过支付系统共处理支付清算业务 900 万笔、金额 7.7 万亿元。大、小额支付系统运行平稳，实现资金零在途，提高了××省资金使用效益，优化了资源配置，促进了地方经济发展。

2. 推动××省银行卡产业快速、健康发展。上半年全省银行卡交易总量、交易总金额比 2017 年同期分别增长 20.98%和 90.1%。2018 年上半年，持卡消费金额占社会消费品零售总额的比重已达 17.37%，同比增加了 5.71 个百分点。全省可以受理银行卡的特约商户(包括网上商户)达到 14 362 家。

3. 推进中小企业信用体系建设，促进了中小企业融资难问题的有效缓解，开展形式多样的征信宣传工作，推动了全省信用建设深入开展。

4. 外汇市场进一步发展，支持了对外开放。（具体内容略）

5. 加强横向沟通协作，加快推进国库横向联网系统在全省的推广进程，保证财政资金的安全，提高财政资金的使用效率。

（四）2019年金融运行需要克服的不利因素

1. ××金融业还不完全适应经济社会发展的需要，有很大发展空间。直接融资占比较低，保险覆盖面不宽，保险密度和深度有待提高。农村金融服务体系的结构和运作机制与解决"三农"问题对金融服务的需求相比还有较大差距。县域贷款增长缓慢，"两小"贷款工作需进一步推进。金融运行的质量有待提高，银行业不良贷款比率较高，超过全国平均水平；保险服务领域急需拓展，服务地方经济建设的功能未充分发挥；融资类中介服务机构数量少、规模小。地方金融机构综合实力不强，金融企业公司治理不完善，经营风险不容忽视。

2. 当前全省贷款需求旺盛，但宏观调控形势紧迫。2004 年以来，安徽 GDP 增长一直呈加速上升态势，经济开始进入新一轮增长周期。经济快速增长使得实体经济的贷款需求旺盛，但 CPI 和资产价格屡创新高，经济由"过快"向"偏热"转变。国家抑制流动性过剩、控制信贷过快增长和稳定通货膨胀预期的宏观调控形势依然严峻，使得金融稳步发展的基础不是太牢固。

3. 直接融资与间接融资比例仍不协调，银行信贷压力过大，信贷风险不容忽视。经济增长资金来源主要来自银行信贷资金。据初步估计，2018年6月末，安徽省间接融资的比例高于90%，高于全国8个百分点。

4. 金融不稳定因素仍然存在，金融生态环境建设有待深入推进。全省的支柱产业中有不少是"两高一资"企业，随着节能减排力度的加大，银行信贷风险可能出现。部分农村信用社流动性严重不足，少数二级法人社支付风险显现，应引起高度重视。银行、证券、保险业和金融控股公司中存在的风险因素需要继续关注。新业务的开展导致监管不到位的现象依旧存在，不利于××省金融市场的持续健康发展。

5. 货币信贷运行中一些难点问题没有根本解决。如存贷款比例上升过快，将制约贷款的发放。间接融资比重偏高，对银行贷款依赖性强。信贷资源过于集中，中小企业融资难，农村信贷增长幅度相对较低，县域金融服务功能仍然较弱等问题都不能在短期内解决。

三、2019年金融工作思路及建议

经过模型预计，同时考虑到2019年国家将继续进行宏观调控实行稳中偏紧的货币政策和××省较高的经济增长速度对信贷资金的需求增加，以及金融支持经济发展的能力逐步增强等因素。2019年××省金融机构各项存款增长18%，增加1400亿元；各项贷款增长18%左右，增加1000亿元；直接融资比例将有所提高，全省股票市场价值超过地区生产总值，但仍然是间接融资占主导。保险覆盖率进一步提高。××省金融体系进一步完善，金融业支持经济发展的能力会有明显提高。现提出如下工作打算。

（一）加快发展安徽的金融业，继续优化金融结构，促进经济增长方式的转变(具体内容略)

（二）建设我省特色的区域金融体系，加快××区域性金融中心建设进程（具体内容略）

（三）加大创新力度，做大做强我省的金融业

1. 加快发展资本市场，拓宽直接融资渠道。突出抓好企业上市和债券发行工作，大力培育上市后备资源，提高我省直接融资比重。特别是要做好企业短期融资债券发行工作。人民银行在银行间市场发行短期企业融资债券具有门槛低、财务费用低、可循环发行的优点，有利于我省大企业吸收成本较低的资金，并可腾出贷款规模解决中小企业贷款需求问题。

> 主体第三部分说明2019年金融工作的思路及建议，是在前面充分分析的基础上对预测对象进行的总体判断。并在此基础上提出了有效可行的建议。

第十二章 经济预测报告

2. 加大信贷产品和管理创新力度。（具体内容略）

3. 深化金融体制改革，加大金融制度、机制、产品创新力度，简化贷款手续，在融资、担保、结算和金融衍生工具等方面提供优质服务，提高金融服务水平。

（四）进一步做好"信用××"工作，营造良好金融生态环境

1. 地方政府在区域金融生态环境建设中发挥领导和推动作用，成立领导小组，尽快研究制定改善区域金融生态环境的原则性框架，明确各方职责，制定相关措施，统筹区域金融生态环境建设的全局性工作。

2. 努力营造良好的行政环境和司法环境，规范企业改制行为，严厉打击企业逃废债，提高金融侵权案件诉讼效率和胜诉案件执行回收率，依法维护金融债权；打造诚信政府，树立诚信楷模，继续推进"信用省""信用市"建设，营造诚实守信的社会信用环境。

3. 规范发展中小企业信用担保机构，政府增加资本金投入，做大做强国有担保公司，提高信用担保能力，增强担保服务功能，推动建立与省内各银行稳固的互信协作关系。

（五）加快金融服务现代化建设

加快推广小额支付系统跨行通存通兑业务，认真做好中央银行会计凭证影像事后监督系统和支付信用信息查询系统的建设推广上线工作。深入开展"刷卡无障碍街区"建设活动，加快推广公务卡和农民工银行卡特色服务。依法深入开展反洗钱工作。积极争取地方政府支持，召开××省反洗钱厅际联席会议，充分利用各项联席会议制度加强部门合作。全力推进中小企业信用体系建设，完成全省中小企业信用信息档案征集任务。开展借款企业外部信用评级，推动有关部门联手缓解中小企业融资难的问题。

中国人民银行××中心支行
2018年11月30日

（资料来源：安徽信息网，http://www.in.ah.cn，有改动）

> 文章没有独立的结尾，建议写完，自然收尾。
>
> **落款**：包括作者具名和成文日期。

写 作 训 练

一、阅读下面的经济预测报告，回答文后的问题。

乘用汽车销量增速预测报告

2018年在汽车消费者收入和收入预期发化、购置税政策退出等因素影响下，下半年乘用车需求出现一定回落。中国汽车千人保有量仅为169辆，仍具有发展空间。随着乘用车

需求走弱、汽车关税下降、合资股比放开，相对弱势的汽车企业将逐渐淘汰，将出现外资控股汽车企业和强势自主品牌。

部分省市提前实施国六标准，加速淘汰国三标准重卡，有效支撑重卡更新需求。随着新能源汽车产销量激增、中美贸易摩擦演进，新能源汽车补贴面临下调，2020年补贴资金将按计划全面退出。

2015年下半年全国房地产价格暴涨，一线领涨，二三线城市跟随上涨。此轮房价大涨直接推动居民房贷额度提升，个人住房贷款余额季度同比增速2018年有所回落，但仍维持20%以上的增速，月供压力大幅削弱居民购买力。预测2019年乘用车销量增速将好于今年，预计增速3%～5%。

2018年1～9月SUV销量累计增速3.9%，略高于乘用车行业(0.6%)。其中5～8月单月同比增速均低于行业。SUV市场份额提升至41.9%的高位。自主品牌市场份额2018年1～9月为44.8%，低于2017年水平。

乘用车市场进入淘汰赛，自主品牌将出现2～3家大型车企：市场增速放缓，行业竞争加剧，新车型推出需要更多研发费用投入，小企业研发投入难以为继；整车企业规模效应明显，销量越大，单车成本越低，小企业在未来竞争中更具弱势。

环保政策的推出国三标准及以下车型加速淘汰，龙头抵抗行业风险能力较强，业绩大概率能够超越行业平均增长水平，确定性更高。在新能源车领域，比亚迪市场份额不断走高，2017年公司新能源车市场份额为14%，2018年为18%，2018年1～9月公司市场份额突破20%。

2018年1～9月中国新能源汽车累计销量72.1万辆，同比增长81%。增长主要来自乘用车，今年前三季度新能源乘用车销量62.8万辆，同比增长93%。预计2018年中国新能源汽车销量有望达到110万辆。预计2019年、2020年中国新能源汽车销量分别达到150万辆、200万辆。

在科技推动和行业自身发展需求的双重推动下，汽车产业进入变革阶段，智能网联成为汽车发展的必然趋势。自动驾驶将是"智能化"和"车联网"的完美结合。

×××
2018年10月

(资料来源：中国产业信息网，http://www.chyxx.com/industry/201812/696410.html，内容有改动)

1. 从预测的范围看，本文属于_____类经济预测报告。
2. 本文的标题由_____、_____、_____三项内容构成。
3. 为本文划分结构，分析作者写作经济预测报告的思路。

二、将下面的经济预测报告的标题补充完整(内容可以是假设的)。

1. 2020年中国股市
2. 2020年药品价格
3. 中国钢材市场
4. 2020年外贸

5．今后 5 年中国汽车市场

6．××厂经济效益

三、下面这篇经济预测报告在内容上存在一些问题，请根据经济预测报告写作的规范进行修改。

××市劳保市场的发展趋势

随着我国改革开放形势的深入发展和人民群众着装条件的不断改善，××市劳保市场的商品正在向着美观化、多样化、高档化方向发展。

根据××市××统计局××××年对"××市劳保市场"的统计资料，我们可归结出以下的趋势。

(1) 高级布料所制的劳保服装越来越受欢迎，昔日的纯棉劳保服装越来越受到冷遇。从劳保服装的色泽来看，深灰、浅灰、咖啡、湖蓝、橘红、米黄、大红等鲜艳色调正在日趋取代传统的黑、蓝、黄、白"老四色"。

(2) 新颖的青年式、人民式、中山式、西装式劳保服装的销售形势长年不衰，而传统的夹克式、三紧式等劳保服装的销售趋势却长年"疲软"。

(3) 档次较高的牛皮鞋、猪皮鞋、球式绝缘鞋、旅游鞋已成了热门货，而传统的劳保鞋如棉大头鞋、棉胶鞋、解放鞋等却成了滞销品。

(4) 劳保防寒帽如狗皮软胎棉帽、解放式棉帽等几乎无人问津。

(5) 高质量而美观的劳保手套如皮布手套、全皮手套、羊皮五指手套日趋成为"抢手货"，而各种老式的布制手套、线制手套、布闷子式手套的销量日渐下降。

(5) 色彩艳丽的印花毛巾、提花毛巾、彩纹毛巾等已成为毛巾类商品的主销品，而素白毛巾的销量不断减少。

(资料来源：原创力文档，https://max.book118.com/html/2017/0524/108845320.shtm，内容有改动)

四、对所在学校在校生的消费情况进行调查研究，写一篇本校学生消费情况的预测报告。

第十三章 经济活动分析报告

学习目标

- 了解经济活动分析报告的文体常识。
- 熟悉搜集整理经济活动分析报告写作资料的方法。
- 掌握经济活动分析报告的写作方法和要求。

第一节 经济活动分析报告概述

一、经济活动分析报告的概念

经济活动分析报告是国家经营管理部门或企事业单位在遵循市场规律的前提下,以计划指标、会计核算、统计数据和调查反馈所取得的真实资料为依据,对特定地区、行业或部门在一定时期内的经济活动状况进行科学分析评价而写成的书面报告,是有关部门进行现代经营管理决策时常用的一种重要的指导性文书。

二、经济活动分析报告的特点

(一)指导性

经济活动分析报告不能草率地例行公事,盲目写作。写报告的最终目的是为科学决策提供可靠依据,为安排好下一步的经济活动发挥积极的指导作用,因此,撰写报告前一定要明确写作目的,如针对什么单位、调查什么内容、存在什么问题、解决的措施如何等。只有目的明确了,才能有的放矢地从错综复杂的经济现象中抓住关键问题,做到心中有数,顺利实现指导分析对象提高经济活动效益的目的。

(二)特定性

经济活动分析报告的内容通常以表述特定地区、行业或部门在一定时期内的经济活动状况为主,揭示经济活动中的经营规律,为改善经营管理提供科学依据,而与分析对象无关的其他行业或单位的情况则不涉及,具有明显的特定性。

此外,报告中还常常使用大量与分析目的紧密相关的特定数据进行多项对比,准确说明各项经济指标的完成情况,这是经济活动分析报告内容上的一个显著特点。

(三)科学性

对调查得来的第一手资料进行科学的分析评价是经济活动分析报告写作的重要环节。写作时不仅要对经济活动中的各种资料和数据进行对比分析,找出相互间的差异和联系,了解分析对象过去和现阶段的经济活动状况,还要运用结构分析、动态分析、因素分析等科学的分析方法,对各种经济活动指标的完成情况、存在的问题做出客观、合理和准确的分析评价并提出相应的建议,从而为经营管理者进行全面科学的经济决策指明方向。

(四)时效性

经济活动分析报告的撰写具有很强的时效性,通常针对分析对象在一定时期内,如年终、半年末、季末、月末的经济活动状况进行分析研究,发现问题,探求原因,及时总结经验教训,以便指导下一阶段的经济活动更有效地开展。因此,报告写作的时效性是确保经济活动分析价值的关键所在。如果不能及时分析并撰写报告,随着经济情况的瞬息变化,一旦错过最佳时机,就会在一定程度上影响经营决策的准确性和科学性。

三、经济活动分析报告的种类

不同的部门和行业,由于分析的目的、时限、范围、内容和角度不同,经济活动分析报告的种类也有所不同。根据分析内容广度和特点的不同,通常可将经济活动分析报告分为以下三种。

(一)全面经济活动分析报告

全面经济活动分析报告是就一定时期内经济活动的整体情况进行全面、系统的分析研究之后写成的报告,又称综合性经济活动分析报告或系统性经济活动分析报告。这类报告通常是在全面把握各项任务指标完成情况的基础上,重点分析经济活动中具有全局性的一些关键环节或重要影响因素,深入研究其中具有普遍意义的重点问题,从而对分析对象作出系统评价和全面总结,揭示经济活动发展变化的特点及其规律,有针对性地提出今后改进的对策和发展方向。这类报告的内容涉及面广泛,所做工作较多,通常用于年度、季度或半年末的定期经济活动分析。

全面经济活动分析报告的特点在于综合性、全面性,要求对重要项目或指标进行较系统的分析研究,不遗漏重要内容,避免得出片面的结论,以确保意见或建议的科学性。写这类报告又要有所侧重,重点放在直接影响经济效益的方面,不能主次不分,抓不住重点,分不清关键问题和一般问题、主流问题和支流问题,眉毛胡子一把抓,就会让人摸不着头绪,因而失去报告应有的指导意义。

(二)单项经济活动分析报告

单项经济活动分析报告是根据经营管理部门或企事业单位经济活动的实际需要,对其中某一重要的经济指标或重点存在的问题进行专项调查之后写成的书面报告,又称专题经济活动分析报告或专项经济活动分析报告,例如,成本核算分析、产品质量分析、贷款使用情况分析、资金运营情况分析、财务收支和损益情况分析、经济效益状况分析等。它不受时间限制,可以根据需要随时进行不定期的分析。

单项经济活动分析报告的特点在于内容专一,主旨突出,分析及时,形式灵活。写作时确定的分析目标一定要集中明确,一般是针对某一部门或单位在某一时期内出现的新变化、新情况或急需解决的带有普遍性的问题等特定方面进行专门分析,具有较强的操作性。

(三)简要经济活动分析报告

简要经济活动分析报告是由有关的职能部门或相关专业人员,结合所分管的业务范围,对某些重要问题或经济指标进行分析,用来说明经济指标执行过程中的发展变化情况或完成情况的书面报告,又称部门经济活动分析报告或说明性经济活动分析报告。

简要经济活动分析报告的特点在于篇幅简短,内容涉及单一,文字简明扼要,分析切合实际,具有明确的针对性和较强的业务性,是财务部门经常使用的一种分析报告。

四、经济活动分析报告的作用

经济活动分析是企业总结经验教训、寻求改进措施的一种重要手段,撰写分析报告对于企业进行科学有效的经营管理、提高经济效益具有重要作用,具体体现在以下两个方面。

(一)经济活动分析报告是制定科学决策的重要依据

为科学决策提供重要依据是经济活动分析报告的基本作用。为了及时解决存在的经济问题,提高经济活动的效益,常常需要以经济活动分析报告的形式对经济活动中的运营情况进行全面分析,找出各项经济指标的前后变化规律,总结经验教训,预测未来发展趋势,以便企业和经济管理部门正确评价过去的经营业绩,检验成败得失,有针对性地制定相应的科学经营决策。

(二)经济活动分析报告是提高经营管理水平的重要手段

经济活动分析报告通过对分散的报表数字、统计数据及调查资料进行整理分析,站在理性认识的高度对经济活动的规律进行总结,有利于企业和经济管理部门全面了解影响计划指标完成的各种因素,找准与国内外同类企业之间的差距和不足,明确经营管理中存在的问题并找到解决问题的有效方法,从而改善企业的经营管理状况,提升竞争力,提高经济效益。

第二节 经济活动分析报告写作

一、经济活动分析报告资料的搜集、整理和分析

充分占有资料是写好经济分析报告的基础和依据。分析报告要做到分析有理有据，结论真实准确，就必须做好资料的搜集整理工作。

(一)资料搜集的来源

经济活动分析报告所用的资料一般可从本单位或本部门一定时期的各种会计核算资料、统计资料中获得，也可从本单位或本部门作为经济活动分析重要指标的各项计划资料、考核企业经济效益比率的历史资料中获得，还可从实地调查掌握的用于说明企业经营情况的第一手资料中获得。

(二)资料分析的方法

经济活动资料的分析要掌握科学的分析方法。常用的分析方法有比较分析法、因素分析法、综合归纳法等。通过这些方法的综合运用可清楚地了解本单位现阶段存在的问题和差距，探求出各种因素之间的相互关系，找到影响经济活动开展的原因，对经济活动状况进行科学分析，从而明确写作思路，为提出改进措施和建议奠定基础。

比较分析法是一种运用最为普遍的方法，就是把两个以上的可比性指标进行对比，如将实际完成指标和计划指标进行对比，将本单位和其他先进单位进行对比等，目的是找出两者之间的联系，发现差距。

因素分析法也是经常使用的一种基本方法，就是把综合经济指标先分解成若干个因素，分别分析它们和经济活动的因果关系以及影响程度，找出决定性因素，从而克服消极因素，调动积极因素，提高经济效益。

综合归纳法是把各项经济活动指标放在一起进行综合分析，归纳出它们之间的联系和制约关系，从而对经济管理和经营活动进行正确的评价。

为使报告分析得更透彻，结论更准确，一篇报告中往往不止运用一种分析方法，而是综合运用多种分析方法，以其中一种方法为主，其他方法为辅。这样可以互为补充，扬长避短，使分析能够由此及彼，由表及里，更加全面深刻，更具说服力。

(三)资料搜集整理的注意事项

资料的搜集整理要注意以下三个方面的问题。

一是时效性，是指搜集材料要及时，报告要快速。对于任何企业来说，把握住时间就把握住了商机和效益，分析报告如果跟不上形势发展，满足不了需要，就会失去其应有的价值。因此，对所需的各种资料平时就要注意随时搜集，不能临时抱佛脚。这样便于平时就发现问题，写起来自然会得心应手，找准症结所在。

二是典型性，是指善于筛选，去伪存真，选择最能反映本质问题的材料。通过各种方法和渠道搜集来的大量的资料，毕竟是零散的、表面化的，还需要进一步认真筛选、分类，舍弃非本质的材料，保留可靠的、典型的、最能反映本质问题的材料。

三是系统性，是指对选取好的材料要进行分析、比较，要认真整理归纳，使之形成有机的整体，以便透过现象把握本质和规律，从而得出科学的结论。

二、经济活动分析报告的结构形式

经济活动分析报告的结构一般包括标题、正文和落款三部分。

(一)标题

经济活动分析报告的标题有不同的写法，常见的形式如下所述。

1. 完整式标题

完整式标题一般由单位名称、时限、分析内容和文种四项要素构成，类似公文标题。其中"关于"一词通常可以省略，文种可以写成"情况分析""分析报告""状况分析""完成情况"等。如《××商场××××年度冰箱销售情况分析报告》《××企业关于××××年上半年经济活动的分析报告》。这种写法运用比较广泛。

2. 简要式标题

有时可根据需要在完整式标题基础上省略其中的某个要素，这种形式以专题性分析报告使用居多。如《××市税务局关于税收任务完成情况的分析报告》《上半年空调销售情况分析》《信贷情况分析报告》等。

3. 观点式标题

在标题中直接揭示观点，如《提高管理水平，改善成本管理》。这类标题比较醒目，使人一看就能把握报告的中心。

4. 问题式标题

为使标题新颖醒目，引发关注，发人深省，可采用提问的方式。例如《××公司产品质量为何走下坡路》《国内棉花市场缘何持续上涨》。

5. 正副结合式标题

为使标题内容更加具体，表意更加清楚，也可用论点式标题作为正标题，直接突出主题，再加上副标题进一步补充说明分析的对象和内容。如《质量稳定提高，问题依然不少——关于××公司××××年度产品质量的经济分析报告》《加速流动资金周转——对××企业结算方式的分析》等。

分析报告的标题形式多样，因报告种类的不同，标题在内容上会有所侧重。一般来说，全面分析报告的标题大多侧重体现经济活动分析的范围或时限，如《××企业××××年度经济活动分析报告》《中国人民银行××省分行××××年经济活动情况分析报告》，从标题中可明显看出这是对××××年全年的经济活动进行分析的全面分析报告。对于单项分析报告，标题则突出针对某项经济活动，概括其内容，如《××××年5月份××厂资金使用情况分析报告》，突出了"资金使用情况"。无论采用哪种标题形式，都要注意准确概括报告的核心内容，做到文题相符，精练明确。

(二)正文

分析报告的正文由前言、主体和落款三部分组成。

1. 前言

前言即开头部分，是全篇的引子，一般交代报告所要分析的问题。常用的写法是简要概述经济活动的基本情况，交代分析的目的、背景和意义，分析的主要对象和内容，概括经济活动中最基本的情况和存在的问题等。也有的分析报告开头先亮明作者的观点，有针对性地对分析对象的经济变化作简要评论，再运用数据对比说明变化的原因和特征。

下面是一篇题为"前三季度上海外商直接投资情况分析"的分析报告的前言：

> 前三季度，上海签订外商直接投资合同项目 3042 项，比去年同期增长 3.6%；签订外商直接投资合同金额 105.64 亿美元，下降 2.4%；实际到位金额 63.52 亿美元，增长 10.9%。虽然前三季度外商直接投资合同金额比去年同期有所下降，但合同金额数据逐季由小变大，增幅由降转升，显示外商投资信心不断增强。前三季度上海外商直接投资的主要特点是：
>
> (资料来源：郭莉. 经济应用文写作[M]. 北京：清华大学出版社，2008年7月，109页)

这个前言用了一系列的数据从与外商签订直接投资合同项目、合同金额、实际到位金额等方面和去年进行对比，说明了外商投资情况的变化，以此作为依据引出主体部分的分析，就使主体的分析显得有理有据，说服力强。

前言部分既要简明概括，开门见山，也要注意突出重点，以便决策者发现关键问题。前言通常以文字概述为主，也可结合典型数据加以说明。如果分析报告的内容比较简单，所要分析的问题比较单一，也可省略前言部分，把有关情况直接写入主体部分。

2. 主体

主体是分析报告的重点部分，一般按照说明情况、分析原因、提出建议的先后顺序来安排，基本遵循"怎么样——为什么这样——应该怎么办"的写作思路。

(1) 说明情况，做好铺垫。这部分应立足于全局，全面介绍经济活动在一定时期的基本情况，如财务指标的完成情况、资金周转情况、利润增减情况、产品质量达标情况等，让读者了解到这一时期各项经济活动指标的整体状况到底"怎么样"，做到心中有数，以便为下文分析原因做好铺垫。在表达上，情况说明要简明概括，准确清楚，通常可采用概

述和说明的表达方式，可以运用大量的统计数据，有时还可以辅以图表进行说明。

(2) 分析原因，评价效益。分析是经济活动分析报告的核心所在，在前面列举材料介绍情况的基础上，要运用多种分析方法对影响经济效益的各种因素和有关数据进行科学的分析和评价。一般要把本年各项经济指标完成的数据与上年同期或本年计划相比，以揭示其间的差异，然后依据调查所得的资料，分析产生差异的原因。如果只列举材料，缺乏深入细致的分析与评价，那么分析报告就会流于肤浅，其参考价值就会大打折扣。

分析时，要紧紧围绕"为什么这样"全面客观地进行，避免片面性。既要分析主观因素，又要分析客观因素；既要肯定成绩，总结经验，又要寻找差距，分析不足。还要做到有理有据，让人信服。只有分析得当，才能把握经济活动的本质和规律，正确评价经济效益，提出科学的解决方法。

内容上，这部分应根据不同的报告种类和写作目的有所侧重，比如，对于全面分析报告，要站在全局角度，综合分析计划完成的各项经济指标，以便从不同侧面全面把握经济活动的整体情况；而对于单项分析报告，则可根据分析目的，深入分析其中某一重要的经济指标或重点存在的问题，有针对性地揭示其独特原因。

写法上，可把情况和分析分开写，也可把两者放在一起写，即边写情况边进行分析。采用何种方法，可根据具体需要灵活把握。

(3) 提出建议，指明方向。这一部分主要是根据分析中存在的问题，有针对性地提出今后改进的意见和办法。撰写分析报告的目的就在于通过分析找出解决问题的有效方法，明确回答"应该怎么办"的问题。无论什么类型的分析报告，最后都要归结到这一点上。它是分析报告价值的集中体现，在指导企业改善经营管理、为企业科学决策提供参考方面起着重要的作用。因此，建议是分析报告的重要组成部分，应着力写好。

表达上，建议应简明概括，篇幅不宜过长。可以用条款式简要分条归纳，也可用一两段文字概括陈述。要注意必须针对性强，具有可行性，这样才便于决策者参考采纳。

分析报告主体的写作应注意以下两点。

第一，在结构方式上，由于分析报告的内容较多，篇幅较长，因此主体部分一般常采用分条列项的方法，或者列出小标题，以求条理清晰。对于内容集中、篇幅不长的分析报告，也可用贯通式的写法，不必分条。常见的结构方式主要有并列式、递进式、总分式等几种。

第二，在表达上，分析报告的主体通常包括文字说明和数字说明两个方面。可先用文字简要介绍基本情况，再列举数据或结合图表辅助说明，这种方式可使数据对比醒目，分析集中透彻，便于读者清晰地了解和把握情况；也可先列举数据或图表，再用文字具体分析说明，这样有助于集中分析，突出重点；还可以在文字叙述的同时，根据分析的需要，随时穿插有说服力的数据或图表，使数字融于文字之中，叙述和分析紧密结合，说理水到渠成，自然顺畅。无论采用哪种方式，都是为了便于分析对比，更清楚地说明问题，从而突出主题。

另外，文字说明要注意简明扼要，表意清楚，要能够把握重点，突出经济活动中取得的成绩和存在的问题。数字说明要注意实事求是，典型准确，要忠实于实际情况，不可编

造或者随意改动,而且要善于选取最能说明问题的典型数据,客观地揭示出经济活动的本质特征。

(三)落款

在正文的右下方应注明撰写者的姓名或单位名称以及写作日期,以备查考。如分析报告公开发表,撰写者的姓名或单位名称则置于标题之下。

三、经济活动分析报告的写作要求

经济活动分析报告有以下几方面的写作要求。

(一)确定分析方向,突出写作重点

撰写经济活动分析报告是为了解决企业面临的实际问题,因此明确分析方向至关重要。在写作中,可供分析的经济活动情况错综复杂,多种多样,如产品质量、企业利润、管理策略、技术更新等,但撰写分析报告时不可能面面俱到,即便是全面分析报告也应有所侧重。只有确定好了分析的方向,明确了写作的重点,才能有的放矢,抓住问题的症结所在,有针对性地提出解决办法。

(二)深入调查研究,全面掌握情况

经济活动分析报告要确保分析的全面和观点的正确,就必须围绕分析目的深入实际展开调查,充分掌握各项经济指标和经济活动的具体材料。这样才能切实发现存在的问题,使分析结论全面正确。如果凭空下结论,缺乏事实材料作支撑,这样得出的结论就难以保证科学全面。

(三)材料真实典型,数据精确科学

材料是分析的基础,分析报告的撰写必须运用好材料。材料的运用要注意三点。一要真实,尽可能掌握第一手材料。没有充分可靠的第一手材料,就掌握不了经济现象错综复杂的数量关系和变化规律,也就无从发现存在的问题。二要典型,具有代表性。要注意对材料进行认真的核实、鉴别和筛选,及时发现与计划指标存在差异的情况,这样才能做到去伪存真,去粗取精,从材料源头上把好关,提高分析的质量,为结论的准确性奠定基础。三要数据精确,做到科学无误。经济活动分析报告的写作,要依靠大量的数据材料作为分析的主要依据,如各种绝对数、相对数、平均数、百分比等,这是分析报告不同于其他报告文体的重要特点。只有采用的数据精确、科学,才能说明问题,得出符合客观实际的结论。

(四)表达方式恰当,文字与数字相结合

经济活动分析报告的撰写要注意恰当地运用表达方式,把文字说明与数字说明结合起

来，这是分析报告的突出特点。

经济活动分析报告虽然重在文字分析，但也不能离开数字说明。如果只有文字表述，而缺乏有说服力的数据，那么分析就如同空中楼阁，让人弄不清来龙去脉，结论也难以让人信服。当然，如果只是罗列数字，而没有文字的详尽说明，也会让人感到枯燥无味，不知所云。只有两者结合起来，用确凿的数据印证观点的正确，用简洁的文字阐明数据的意义，使文字与数字浑然一体、相辅相成，才能使人明白列举数据的目的，懂得结论得出的可靠性。

案例分析

<table>
<tr><td>

促进电子商务健康发展的调研报告

　　自××××年以来，我县紧紧抓住电子商务快速发展的机遇，顺势而为，全面做好电子商务在各产业尤其是羊绒产业发展中的运营。经过几年的培育发展，我县电子商务经营已经在全国具有了很高的知名度和影响力。

　　一、我县电子商务发展现状

　　我县电子商务经营主要集中于羊绒和汽摩配件领域，并且羊绒所占比重最大。羊绒经营业户通过自建平台和第三方平台（淘宝、阿里巴巴、拍拍等网站）开设的网络店铺达到5000余个，在这些店铺中，年销售额超过1000万元的超过5家，年销售额近10亿元。从淘宝内部得到的数据显示，清河羊绒纱线的销售额占整个淘宝网销售额的74.6%；并涌现出了东高庄村等在全国有影响力的"淘宝村"。清河汽摩配件产业通过自建平台和第三方平台开设的网站和网络店铺超过1000家，涌现出了"清河长城密封件"等一批知名电子商务企业。××××年10月19日，中央电视台《新闻联播》节目以《商场在身边，淘宝梦成真》为题，对清河电子商务的发展予以报道。××××年9月，清河羊绒制品市场被中国纺织工业联合会授予"中国纺织服装电子商务示范单位"。

　　电子商务的兴起带来了人流、物流、资金流等生产要素的极大活跃，促进了我县现代物流业等服务业的发展。目前，在清河经营的申通、中通、顺丰等各类快递公司就达十几家。在电子商务的带动下，更加强大、有效的产业运转链正在形成。

　　二、存在问题

　　随着我县电子商务的蓬勃发展，越来越多的企业、个人参与到电子商务领域，为我县电子商务继续跨越发展奠定了坚实基础，但我县电子商务商户普遍存在着经营思想落后、技术力量薄弱、资金压力大、人才不足等困境。

</td><td>

这是一篇专题分析报告。

标题：采用简要式，点明分析内容和文种。

前言：前言文字简明概括，开门见山，简要概括了电子商务的发展形势，自然引出主体部分。

主体：分为三部分。

首先介绍了分析调研对象发展的现状。结合精确数据进行分析说明，直观明了，真实确凿，说服力强。

主体第二部分紧接着分析存在的问题。

</td></tr>
</table>

（一）缺少促进电子商务发展的总体规划。目前我县电子商务发展各自为战、自我发展，行业领域缺少电子商务发展总体规划。

（二）资金有限，推广困难。电子商务经营者的主体大都是近年来发展起来的小个体户，因其发展时间短、资金积累少，资金短缺一直困扰商户。

（三）配套服务无法满足需求。据电商反映，为我县电子商务配套的产品摄影、电子商务运营服务等配套企业技术水平有限，无法满足电商需求。

（四）专业技术人才匮乏。电子商务人才短缺已成为全国范围内共同关注的话题，对我县而言，这一问题表现尤为突出，目前实际问题是具有计算机和网络技术的人才并不一定对商贸、经营管理精通，而经营管理者对计算机往往贫乏。

三、扶持电子商务发展的对策建议

（一）拟定电子商务发展总体规划。省政府和市政府相继出台了关于进一步加快电子商务发展的实施意见，我县羊绒在电子商务发展氛围、从业人员、网销货源供给等各方面已具备了良好基础，被省列为先期重点支持的 30 家县域特色产业电子商务平台。建议由县政府牵头，组织商务局等相关部门，制定符合我县实际的电子商务发展总体规划。

（二）健全金融市场，助力电子商务发展。（具体内容略）

（三）加强政策研究，积极争取上级专项资金。（具体内容略）

（四）制定电子商务扶持政策，鼓励电子商务做大做强。目前除个别起步比较早、已发展成为领军电商的企业外，我县其他电商企业大多都处在起步阶段。为扶持我县电子商务发展，建议由政府牵头，组织相关部门进行充分调研，从平台建设、税收、营销、人才引进等方面制定电子商务扶持优惠政策，为电商提供实实在在的帮助，鼓励电商做大做强。

(资料来源：母忠华，徐涛，唐建强. 应用文写作案例评析与实训设计[M]. 北京：高等教育出版社，2015 年 2 月，98~100 页，有改动)

> 主要从四个方面分析了目前普遍存在的经营思想落后、资金压力大、技术力量薄弱、人才不足等原因。分析中肯，层次清晰，富有逻辑性。

> 主体第三部分针对存在问题提出四条建议。建议明确具体，具有可行性，针对性强，对今后进一步促进电子商务的健康发展提供了很好的参考。

> 从总体上看，主体部分结构安排逻辑性强，按照"怎么样——为什么这样——应该怎么办"的写作思路。同时自然收尾，结束全文。这是一篇写作规范、值得借鉴的分析报告。

写 作 训 练

一、认真阅读下面的国有资产运营情况分析报告，回答文后的问题。

××市××××年国有资产运营情况分析报告

国有及国有控股企业经济在我市的国民经济中始终占有重要位置。××××年度，全市规模以上工业总产值完成××亿元，增长 36%；增加值完成××亿元，增长 28.9%。其中国有及国有控股企业完成工业总产值××亿元，完成增加值××亿元，为我市经济的发展做出了重大贡献。

一、汇编范围户数变动情况(具体内容略)

二、资产运营总体状况

××××年度，我市国有及国有控股企业紧密围绕"工业立市"的战略，克服了原材料价格大幅上涨、市场竞争进一步加剧、多年累积的矛盾逐渐显现的不利因素，通过内抓管理、外抓市场、深化改革，使企业的经济形势略有好转。特别是部分资产规模较大的企业，完成了资产重组，实现了股权多元化；部分企业经济状况得以改善，有的利润增长，有的大幅减亏。××××年度资产经营情况如下。

(一)资产负债状况(具体内容略)

(二)资产运营状况(具体内容略)

(三)资产收益状况(具体内容略)

三、存在问题及对策

从表面上看，市直企业经营着近百亿元的国有资产，但许多企业存在着大量应核未核的无效资产，有账无物，有名无实。这些现象的存在，虚增了市直企业资产的总规模，影响了企业资产的质量。由此也暴露出企业在资产管理与财务核算中存在的问题。

(一)核算不准，资产不实(具体内容略)

(二)管理混乱，资产流失(具体内容略)

(三)运营不稳，效益不高(具体内容略)

几年来的国企改革初见成效，但也不能否认还有相当一部分企业的效益不好，资产质量问题严重。归结起来主要有如下几个方面的原因。

(一)国有企业体制滞后，不能适应当前市场经济发展的需要(具体内容略)

(二)国有企业财务管理薄弱，资金运营能力差

1. 资金回笼慢，呆死账问题严重。(具体内容略)

2. 资金结构不合理，固定资产利用率低，闲置浪费较严重。(具体内容略)

(三)高新技术企业少，自主创新能力不强(具体内容略)

从以上统计数据分析可知，国有企业面临的整体形势依然严峻。因此，针对不同企业采取不同方式，大力推动国有企业改制势在必行。

1. 对规模相对较大，产品有竞争力、技术有创新、持续盈利能力强、发展前景好的企业采取资产重组、上市、合资、法人参股、出售国有股权等措施减持国有股，实现规范的公司化改造。

2. 对产品有市场、有发展前景、净资产用于安置职工后有剩余的企业采取"两个置换"办法转制退出，转换企业经营机制。

第十三章 经济活动分析报告

3. 无净资产，但产品有市场、有发展前景的企业要利用社保并轨政策安置职工，通过招商引资、出售等办法对有效资产进行重组。

4. 严重资不抵债、扭亏无望、无法继续生产经营的企业，要利用社保并轨政策安置职工，企业实行关闭、破产，彻底退出市场。

5. 卖不了、破不了、激不活的特困企业要利用社保并轨政策安置职工，将几个企业分行业系统重组，对资产实行统一管理经营，统一处理债权债务。

6. 政府应为企业的发展创造更加符合现代市场经济要求的、有利于公平竞争的外部环境；要制定有利于推动高新技术产业发展的政策，制定有利于科技型企业发展的投资融资体系，为企业的发展提供足够的空间和支持。

××监督管理委员会

××××年×月×日

(资料来源：康建兰、李莉. 财经应用文写作[M]. 北京：机械工业出版社，2009 年 1 月，74 页，有改动)

1．本文的标题属于＿＿＿式，由＿＿＿、＿＿＿、＿＿＿和＿＿＿四项内容构成。

2．本文的前言用＿＿＿式直接入题，结合典型数据概括交代了＿＿＿＿＿＿的基本状况。

3．本文的主体部分重点突出，分条列项阐述了＿＿＿＿＿＿＿＿＿＿问题，基本遵循了＿＿＿＿＿＿＿＿＿＿＿的写作思路。

二、下面是一篇有关××店××××年度的经济分析报告，在各项指标说明和存在问题表述方面都存在一些问题，请根据分析报告写作的规范进行修改，并提出改善经营管理的具体合理的意见。

××店××××年度经济分析报告

一、基本情况

我店以经营绸布买卖为主要业务。近年来，绸布类商品市场需求变化较大。过去不重视市场调查，只凭经验确定进销指标，致使一部分商品因不对路不适销而造成积压。在既要大力组织适销商品以满足消费需要，又要处理积压商品降低库存的原则下，××××年度商品流转指标中的进货、销货均超额完成计划，库存商品也从上年的 80 万元减少到 62 万元，但比计划安排的要求尚有相当长的差距。主要是积压多年的商品，处理上存在一定困难。而且由于削价出售这些商品，造成销售额超额完成 6.2%，利润反而比计划降低 1.24% 的情况。但与上年各项指标相比，则经济效益有显著提高，发展趋势基本上是好的。

二、各项经济指标的完成情况

××××年的计划，进货保持在××××年已实现的销货额(成交价)的基础上，同时扩大计划年度的销售来减少库存商品 30 万元，压缩流动资金。但实际执行结果，只减少了 18 万元，未能达到预计目标。不过从××××年起，我店加强了市场预测，实行以销定进。因此在进货超计划 9%的情况下，没有产生新的积压，整个商品流转计划的执行，基本上是正常的。

销售收入比计划增长 6.2%，比上年增长 10.9%，在扩大商品流通，满足市场供应方面，取得了一定的成绩。主要问题是：

(1) 销售额增加 120 万元，利润额反而减少 5 万元，没有达到计划指标。这主要是由削价处理积压商品造成的。虽然商品积压也是本店经营管理上存在的问题，但不是××××年度的责任。

(2) 费用比计划增加 9 万元，这是抵除水电、文具、印刷等办公费节约 1 万余元后的净超支，除其中因扩大商品销售而增加包装、运输、保险、仓储保管、利息支出以及处理积压商品而支出整理等费 7 万余元属于正常外，其他如修理费、差旅费、会议费、广告样品费等，都发生了不同程度的超支，总数达 2 万元左右，这是管理上存在的主要问题。

财务科

××××年×月×日

(资料来源：李薇. 应用文写作[M]. 北京：教育科学出版社，2008 年 7 月，193 页，有改动)

三、联系一家经济效益不理想的企业，请你对这个企业的经济活动展开详细的调查，收集近期企业运营的各种信息资料，比如生产计划指标、实际完成情况、销售情况以及消费需求等，还可包括生产成本、产值、利润等有关统计数据等。同时，收集其他相关厂家有关经济活动信息，对比分析出此企业与同行业在各方面的差距，帮助企业找出影响经济效益提高的根本原因，并有针对性地提出改进措施，撰写一份可行性的经济活动分析报告，帮助企业走出困境。写作要求如下。

1. 资料真实可靠，内容具体翔实。
2. 思路清晰，逻辑严密，分析恰当，结论正确。
3. 格式规范，语言简洁准确。
4. 字数在 1000 字以上。

第十四章 可行性研究报告

> **学习目标**
> - 理解可行性研究报告的概念和特点。
> - 了解可行性研究报告的种类和作用。
> - 掌握可行性研究报告的结构形式和写作要求。

第一节 可行性研究报告概述

一、可行性研究报告的概念

可行性研究是指在某一项目实施之前,以全面的调查研究和对有关信息的分析为基础,对其技术的先进性、经济的合理性、实施的可能性等进行具体、深入、细致的论证与评价,从而确定该项目实施的可行性和有效性的分析、研究的行为。1983 年国家计划委员会制定的《关于建设项目进行可行性研究的试行管理办法》中明确规定,各项基本建设、技术改造项目都要事先做可行性研究。因此,在基本建设、外资与技术引进、承担国外工程建设项目等方面,编写可行性研究报告已经作为一种制度规定下来,任何单位或部门对拟建的工程项目、科学实验、经济活动项目等,都应先进行政策和技术力量、规模和水平、实施方案和措施、投入与产出等方面的论证和分析,以确定一个"技术上合理,经济上合算"的最优方案,为最终决策提供科学的依据。目前,可行性研究已不仅限于经济领域,还涉及政治、军事、文化、科技、教育等各个领域,应用范围十分广泛。

可行性研究报告就是综合反映可行性研究结果的书面报告,又称可行性分析报告、可行性论证报告等。它是编制计划任务书和项目设计书的依据,也是计划管理部门审批项目、银行发放贷款和投资者签订协议的依据。

二、可行性研究报告的特点

可行性研究报告具有以下特点。

(一)前瞻性

前瞻性又称预见性。可行性研究报告的研究对象是拟建项目,是在领导决策和项目实施之前进行的,而未来的事物总是带有某些不可知的因素,可行性研究报告就是运用科学的理论、方法与手段对这些不可知因素做出科学的预测和估量,从而判断拟建项目的未来发展前景、可能遇到的问题和结果等。因此可行性研究报告具有极强的前瞻性。

(二)科学性

可行性研究报告的写作必须以客观真实的材料为基础，以科学的理论为指导，以严密的论证为手段，以得出科学的结论为目的。只有坚持科学性，可行性研究报告才能为领导决策和项目实施提供准确可靠的依据，才能具有实用价值。科学性是可行性研究报告的生命。这就要求撰写者要深入调查研究，全面获取客观事实材料和各种相关资料、数据，运用适当的计算方法进行精细测算，运用科学的理论和国家相关方针政策进行科学严密的论证。

(三)综合性

可行性研究报告是一种综合性很强的文书，内容常涉及政治、经济、科技等多个领域，从多方面多角度对拟建项目进行综合性评价。要写好可行性研究报告，就要求作者必须具有多方面的专业知识和实践经验。在实际撰写过程中，常常需要多方面专业人员的共同协作。

三、可行性研究报告的种类

依据不同的分类标准，可行性研究报告可分为不同的种类。

(一)根据拟建项目的规模划分

根据拟建项目规模，可行性研究报告可分为一般项目可行性研究报告和大中型项目可行性研究报告。

1. 一般项目可行性研究报告

一般项目可行性研究报告的研究对象一般是规模小、投资少、涉及面窄的小型拟建项目。这类研究报告，项目内容比较集中单一，技术论证和经济评价比较简单明了，涉及面窄，运用数据少，写作较简单。如较小的新建或扩建项目、常规技术改造项目、某一方面的经营管理改革、单项科学实验等。

2. 大中型项目可行性研究报告

大中型项目可行性研究报告的研究对象一般是规模大、投资多、涉及面广的大中型拟建项目。这类研究报告，项目内容繁多，技术论证和经济评价复杂，涉及多种专业，写作复杂。如重大的新建或扩建项目、工程浩大的技术改造项目、全局性的经营管理改革、重大科学实验等。这类可行性研究报告一般要分三个阶段来写，每个阶段都要写出相应的可行性研究报告。

第一阶段完成机会可行性研究报告，其任务是通过调查研究和分析预测，寻找投资的有利机会，提出项目投资方向的建议。

第二阶段完成初步可行性研究报告,其任务是分析机会可行性研究报告提出的项目建议,并在占有翔实资料的基础上做出初步投资评价。

第三阶段完成详细可行性研究报告,其任务是在充分掌握相关资料的基础上,进行多层面、多角度的分析评价,并最终对拟建项目提出结论性意见。

(二)根据拟建项目的内容划分

根据拟建项目内容的不同,可行性研究报告大体可分为建设项目可行性研究报告、技术项目可行性研究报告、生产经营项目可行性研究报告、行政管理项目可行性研究报告等。

(三)根据拟建项目的性质划分

根据拟建项目性质的不同,可行性研究报告可分为新建项目可行性研究报告、扩建项目可行性研究报告、改建项目可行性研究报告、恢复建设项目可行性研究报告等。

四、可行性研究报告的作用

可行性研究报告是对拟建项目的必要性、可能性、客观条件与未来前景进行科学的论证和分析的文书,对于项目决策和项目建设都有极其重要的作用。具体来说,其作用主要有以下几个方面。

(一)为本单位对该项目的决策提供科学依据

每个企事业单位或部门为了求得事业上的发展,都常常会遇到新项目的建设、旧项目的改造、科学实验、技术开发等情况。由于每个企业的具体环境条件不同,同样的发展趋势,对每个企业的影响就会不同。新建项目或改建项目等是否有必要实施、什么时候实施、能不能顺利实施、怎样去实施等一系列重大问题,必须根据自身的各方面条件,通过对技术和经济等方面的深入、客观、科学的分析论证,进行可行性研究来决定。这就需要撰写出可行性研究报告,以作为本单位做出正确决策的依据。可见,撰写符合本单位实际情况的可行性研究报告,是单位进行科学决策的依据,是企业更好地适应市场竞争并在竞争中立于不败之地的重要保证。

(二)为主管部门对该项目的审批提供决策依据

重大项目的建设,都需要主管部门或上级领导机关审批后方能实施。在一个项目的立项、审批过程中,撰写可行性研究报告是最后的、至关重要的一个环节。可行性研究报告的撰写,需要大量收集、掌握各种相关资料,反复进行技术、经济分析论证,认真比较各种方案,因此它能全面地反映一个完整的调查研究、分析预测过程,并得出科学、可靠的结论。正因为其具有科学性和客观性,所以成为主管部门或上级领导机关对企业申请项目进行审批与科学管理以及有效监督的重要依据。

(三)为银行发放贷款或国内外投资提供决策依据

企业在投资某一建设项目时,往往会有资金不足等困难,这就需要向银行贷款或吸引国内外其他经济实体投资。投资单位会根据项目实施以后可能获得的经济效益来决定是否给予投资及投资力度。可行性研究报告通过技术经济分析论证,证实该项目投产之后确有经济效益和社会效益,就会增强投资者的信心。所以,可行性研究报告是项目实施单位争取投资的重要材料,为银行发放贷款或国内外投资提供了决策的依据。

第二节 可行性研究报告写作

一、可行性研究报告的结构形式

一份完整的可行性研究报告一般由封面、摘要、目录、图表目录、术语表、前言、正文、参考文献、附件、落款等部分组成。其中摘要、目录、图表目录、术语表、参考文献、附件等项可根据实际需要进行选择。

(一)标题

可行性研究报告的标题位于封面第一行居中,通常采用类公文式,常见的有以下两种形式。

1. 完整式

完整式标题由编写单位、项目名称、文种三项内容构成。如《长安机床厂关于开发新产品 Y 系列电机壳流水线的可行性研究报告》《上海××股份有限公司募集资金运用的可行性报告》。

2. 简略式

简略式标题是在完整式基础上省略编写单位,只由项目名称和文种两项内容构成。如《关于筹建××加油站的可行性分析报告》《关于扩建××高科技开发区的可行性研究》。

标题中的文种名称可以写成"可行性研究报告""可行性研究""可行性分析""可行性报告""可行性研究经济评价"等不同形式。

(二)封面

可行性研究报告的封面,内容和格式没有固定的要求,但标题、项目名称、报告单位、报告时间等内容不可缺少。常见的格式如图 14.1 所示。

```
         ××可行性研究报告

         项目名称：×××××××
         申报单位：×××××××
         地   址：×××××××
         邮政编码：××××××
         联 系 人：×××
         电   话：×××××××
         传   真：×××××××
         主持部门：×××
         申报日期：××××年×月×日
```

图 14.1　可行性研究报告封面

(三)前言

前言就是项目简介，一般以简洁的文字概括介绍项目的基本内容。通常包括以下几方面内容。

1. 交代基本情况

需要交代的基本情况一般包括项目名称、项目的由来与目的、项目的承担者与报告人、项目的经济意义、项目建议书审批文件等。

2. 概述基本设想

需要概述的基本设想一般包括产品名称、规格、技术性能、国内外市场需求、产品成本、价格及利润情况、产量与销售计划等。

3. 交代基本结论

可行性研究报告的基本结论通常是通过几个可供选择方案的比较论证，提出结论性的建议。

(四)正文

可行性研究报告的正文在结构上无固定格式，可根据内容的需要灵活安排层次段落。

通常包括开头、主体和结论三部分。

1. 开头

开头主要包括项目的名称、范围、规模、目的、意义、社会效益和经济效益，提出的背景、依据，工作概况的分析，存在的问题与建议，研究结论的简要概述等。这些内容并非千篇一律，根据项目本身的性质、特点以及分析的实际需要，可以有所取舍。

开头部分是为下文的分析论证打基础的，写作上要求条理清楚，文字简练，中心明确，起到提纲挈领的作用。

2. 主体

主体是可行性研究报告的核心部分，要求围绕产生效益和影响项目投资的各种因素，运用各种数据资料全面、系统地分析论证拟建项目的可行性。主体部分是研究报告的结论赖以产生的基础，这一部分写得成功与否，直接关系到研究报告质量的高低。

由于各行业的性质和特点不同，项目建设的规模大小和复杂程度不同，各类可行性研究报告的内容侧重点差异也较大。但总体来说，主体大都包括以下几个方面。

(1) 根据市场调查、预测及相关产业政策等因素，论证项目投资建设的必要性。

(2) 合理设计项目实施技术方案，分析其技术上的可行性。

(3) 进行投资预算和提供资金筹措渠道，评价项目的财务盈利能力，论证其财务上的可行性。

(4) 设计合理的项目实施进度计划、组织机构和人员配备等要素，保证项目组织上的可行性。

(5) 从资源配置的角度衡量项目的价值，保证其经济上的可行性；分析项目对社会的影响，论证项目的社会可行性。

(6) 对影响项目的各种风险因素进行评价，制定规避风险的对策，为项目全过程的风险管理提供依据。

由于可行性研究报告的主体部分内容多、涉及面广，加之不同的项目具有不同的特点，所以其写作难以局限于某种固定模式。通常情况下，一般项目的可行性研究报告，由于项目的规模小、涉及面较窄，其论证部分多集中进行综合性的技术经济分析论证；而大中型项目的可行性研究报告，由于项目规模大、涉及面广，其论证部分常要分项进行专题论证。

国家计委在《关于建设项目进行可行性研究的试行管理办法》中规定了可行性研究报告的主要内容。

> 1. 总论
> (1) 项目提出的前景(改扩建项目要说明企业现有概况)，投资的必要性和经济意义。
> (2) 研究工作的依据和范围。
> 2. 需求预测和拟建规模
> (1) 国内外需求情况预测。

(2) 国内现有工厂生产能力估计。
(3) 销售预测、价格分析、产品竞争能力、进入国际市场前景。
(4) 拟建项目规模、产品方案和发展方向的技术经济比较和分析。

3. 资源、原材料、燃料及公用设施情况
(1) 经过储量委员会正式批准的资源储量、品位、成分以及开采、使用条件评述。
(2) 原料、辅助材料、燃料的种类、数量、来源和供应可能。
(3) 所需公用设施的数量、供应方式和供应条件。

4. 设计方案
(1) 项目构成范围(包括主要单项工程、技术来源和生产方法，主要技术工艺和设备选型方案比较，引进技术、设备的来源、国别；设备的国内外分别交付规定或与外商合作制造的设想。改扩建项目要说明原有固定资产利用情况)。
(2) 全厂布置方案的初步选择和土建工程量估算。
(3) 公用辅助设施和厂内外交通运输方式的比较和初步选择。

5. 建厂条件与厂址方案
(1) 建厂地理位置、气象、水文、地质地形条件和社会经济现状。
(2) 交通、运输及水、电、气的现状和发展趋势。
(3) 厂址比较与选择意见。

6. 环境保护
调查环境现状，预测项目对环境的影响，提出环境保护和"三废"治理的初步方案。

7. 企业组织、劳动定员和人员培训(估算数)

8. 实施进度建议

9. 投资估算和资金筹措
(1) 主体工程与协作配套工程所需的投资。
(2) 生产流动资金的估算。
(3) 资金来源、筹措方式及贷款偿还方式。

10. 社会及经济效果评价
要求进行静态和动态分析。不仅计算项目本身微观经济效果，而且要分析项目对国民经济宏观经济效果的贡献和项目对社会的影响。

3. 结论

结论是正文的结尾部分，是论证过程的自然结果。结论部分除对项目建设的必要性、可行性明确表态外，还可对拟建项目的各种建设条件和经济效益、社会效益进行综合分析评价，提出推荐方案和需要采取的措施。

(五)落款

落款在正文的右下方，包括两项内容：一是署名，包括承办此项可行性研究的单位、参加分析论证的技术负责人、经济负责人等相关人员的签名盖章；二是日期，写明报告的成文日期。

(六)附件

可行性研究报告的附件，主要是指那些不宜安排在正文当中，但又具有一定的参考价值而附在正文后面的书面材料。其作用主要是作为补充说明的依据，以证明材料和论证的可靠性，增强报告的说服力。

附件主要包括：项目建议书、项目批准书、有关协作意向书、可行性研究委托书、试验数据、论证材料、计算附表附图、选址报告、环境调查报告、市场预测资料、工程项目时间表、工程设备材料一览表、上级主管部门的有关批文等。

附件的有无，依实际情况的需要而定。附件一律附于文后，并在落款之后写明附件名称。附件多的，要编号并在正文部分的相应位置加括号注明，如"(见附件××)"。

二、可行性研究报告的写作要求

可行性研究报告的写作要求有如下几点。

(一)遵循实事求是的原则，做好调查研究工作

可行性研究报告是科学决策的依据，它的前提是客观事实。所以要求必须从实际出发，对客观条件进行实地考察，做好调查研究，并对获得的资料和数据进行反复认真的核实，以确保内容的真实性。遵循实事求是的原则，做好调查研究工作，是为下一步的分析论证工作打好基础。任何的偏差、主观臆断或弄虚作假都有可能造成研究结果的失误，给投资者带来不可挽回的损失。

(二)注意研究内容的全面性和完整性

可行性研究的内容常涉及多个专门领域，既会有工程技术方面的专业内容，又会有经济、管理、市场、财务等方面的专业知识，是一个多方面、多角度的研究过程。一份可行性研究报告要想写得客观准确，内容具有全面性和完整性，就必须大量收集、掌握各方面的相关数据和材料。而这些材料与数据的获得，是上述各方面的专门人员共同参与的结果。这就要求有关专家、工程技术人员、财务分析人员、市场调研人员、计划管理人员等分别对各自业务范围内的相关内容进行搜集、整理、分析论证，然后再对各方面意见进行综合、归纳，得出最终结论。

(三)认真研究，进行科学的分析论证

可行性研究报告写作的成败，关键在于研究。要想获得正确的研究结果，首先要明确研究对象，设计可行的研究方案，选择好论证方法。可行性研究报告的写作，由于涉及面广，内容复杂，所以论证上常会分为数个层次，作者要运用系统的分析方法，围绕影响项

第十四章 可行性研究报告

目的各种因素进行全面、客观的分析研究,做到论证翔实、严密、有序。其次,要注意定性分析与定量分析相结合,以定量分析为主,摆脱任何形式的个人主观偏见,做到观点客观公正,结论科学合理。再次,要善于把问题放到广阔的经济背景上去考察,既要做微观的分析,又要做宏观的论证。最后,在用语言文字表达的同时,还要善于使用图表,使内容表达准确、简洁、直观、清晰。

案例分析

上海××股份有限公司募集资金运用的可行性报告

一、概况

上海××股份有限公司(以下简称本公司)是由中国××集团有限公司部分资产改组并向社会公开募股设立的。

中国××集团有限公司是原纺织工业部(现中国纺织总会)为参与浦东开发开放联合对外经贸部、机械工业部和交通银行总行共同创办的大型综合性集团公司。经国家经贸委(原国务院经贸办)批准,××××年7月18日注册成立于上海浦东新区。在中央有关部门、上海市政府和浦东新区领导的关心和大力支持下,中国××集团创建几年来得到了超常规、跳跃式的发展。整个集团拥有全资和控股子公司43家,中外合资企业16家,专业进出口公司8家,自营进出口工业企业6家,海外公司和办事处7家;全资和控股企业职工2万多人。现已初步形成以国家高科技产业开发区——××科技城为主体的高新技术产业群;以纺织、机械、化工、建材为依托的制造业;以八大专业进出口公司为主力的国际贸易业;以上海××投资集团为核心的房地产业以及以证券、期货、产权交易为重点的金融投资业五大板块。××××年7月和10月,成功组建了上海××股份有限公司和上海××企业发展股份有限公司两家上市公司。至××××年年底,中国××集团资产总规模已达60亿元,净资产18亿元,进出口总额3.42亿美元,实现利税3亿元。

本次股份制改组是对集团公司下属6家控股公司(即无锡××动力有限公司、山东××内燃机有限公司、山东××拖拉机有限公司、山东××农用车有限公司、山东××机器制造有限公司、上海××进出口公司)进行整体改组,由集团公司作为主发起人,并联合前述6家公司其他投资方,以及中国××机械总公司、机械工业部第四设计研究院和上海内燃机研究所作为共同发起人。发起人以净资产折股投入,并向境外发行境内上市外资股。

这是一篇小型项目的可行性研究报告。

标题: 由编写单位、项目名称和文种三项内容构成。

概况: 交代了公司的性质、发展历史、本次股份制改组的集团公司下属六家控股公司的名称、拟向境外发行境内上市外资股、注册资本等内容。

主体: 第一部分写公司生产经营现状。说明了公司股份制改组前由中国××集团有限公司控股的6家企业的经营业绩、经营规模、产品水平、市场拓展以及企业管理等情况,并重点介绍了这6家企业的经营规模现状。

本公司注册资本为 53 240 万元人民币，其中发起人认购股份为 32 240 万元，拟向社会发行境内上市外资股 21 000 万元。

二、本公司生产经营现状

本公司股份制改组前，中国××集团有限公司控股的 6 家企业，均具有 3 年以上良好的经营业绩，在经营规模、产品水平、市场拓展以及企业管理等方面居同类行业前列，企业经济效益逐年递增。其中：

无锡××动力有限公司是中国单缸柴油机行业"四大金刚"之一，中国机械工业百强企业之一，以生产单缸柴油机为主产品。产品曾获国家金质奖和银质奖。单缸小缸径柴油机具有年产 50 万台的生产能力，××××年实现销售收入 10 亿元，创税后利润 4748 万元，年创汇 300 多万美元。

山东××内燃机有限公司系国家大型一类企业，中国机械工业百强企业之一，具备年产单缸柴油机 35 万台、小缸径多缸柴油机 20 万台的生产能力。××××年实现销售收入 59 100 万元，创税后利润 3763 万元。该公司生产的发动机以其先进的性能、优良的质量多次被国家质量权威部门和广大用户评为"质量信得过优质产品"；成功地与一汽等国内大型汽车集团和主导农用车厂家建立了稳定的配套关系；产品畅销全国各地，并出口东南亚、中东、南美 20 多个国家和地区；获 ISO 9001 质量认证。它是中国北方最大的中、小功率柴油机生产基地。

山东××拖拉机有限公司是国家大型一类企业，为中国机械工业百强企业之一。××××年实现销售收入 92 000 万元，创税后利润 2723 万元。其产量、销量、质量等主要经济技术指标均列全国同行业第一位，占据了全国四轮拖拉机行业的排头兵地位，产品畅销全国 24 个省、市、自治区，并出口 30 多个国家和地区。它是中国最大的小型四轮拖拉机生产基地，产品获国家银质奖、机械工业部优质产品奖。

山东××农用车有限公司是机械工业部定点生产农用运输车的骨干企业，属山东省机械行业五十强企业之一。现拥有年产 3 万台四轮农用车的生产能力，主要产品共有 4 个系列十几个品种，畅销全国 16 个省市。××××年实现销量 1.4 万辆，实现销售收入 2.6 亿元，税后利润 2911 万元，在全国四轮农用车十强企业中排名第六。四轮农用车被山东省质量协会评为"最受农村消费者喜爱的产品"。

山东××机器制造有限公司属国家大二型企业，机械工业部搬

主体第二部分介绍公司的经营规模和生产能力以及企业的知名度，是得出可行性结论的基础，也是投资者考察的重要内容。

本部分在写作上条理清楚，文字简练，中心明确，为下文的分析论证打下了良好的基础。

运机械、农用运输机械定点生产厂。主要产品三轮系列农用运输车，年生产能力为 10 万辆。×××年实现销售收入 36 665 万元，税后利润 1139 万元。该公司曾获中国兵器工业总公司"国防科技工业第二次创业标兵单位"，中国保护消费者基金会"用户信得过产品证书"，中国农业机械学会"中华精品"奖，国家统计局、中国农用机械化科学研究院"最畅销产品""最具市场潜力产品""知名度最高产品"证书，产品畅销全国各地。

上海××进出口公司是经贸部批准的专业进出口公司，在非洲和拉丁美洲等地区建立了众多的分支机构和销售网络，年出口创汇达 3000 万美元。

本公司创立后，将进一步转换企业机制，以资产有效重组为契机，着力架构以技术开发、市场营销带动生产加工的"哑铃型"经营管理体制，按机械工业部的规划和市场需求，对公司内的企业进行生产要素优化配置，引进国际先进的技术装备和管理方法，不断提高产品的技术含量和附加值，以创立世界品牌和出口创汇为重点，大力拓展国内外市场，把本公司建成科、工、贸一体化的具有较强国际竞争力的以农机为主导产品的大型机械动力集团企业。

三、募集资金的项目投向安排

本次股票发行，预计可以募集资金约 14 973 万美元，折合人民币 124 126 万元，资金用途计划如下。

（一）实施 D 系列柴油机技改项目

本项目计划投资 13 143 万元（含外汇 176 万美元）。通过引进机体、缸盖加工线，以及增添国内齿轮、装配生产线，形成 D 系列柴油机 5 万台生产能力。D 系列柴油机将达到国际先进水平，特别是新开发的 4D35B 等型号柴油机的排放、噪声、油耗等指标，将达到国际××年代同期的先进水平。该项目已经山东省机械工业厅以鲁机计〔××××〕64 号文批准，并由国家经贸委技改函〔××××〕28 号文批准列入国家经贸委第二批"双加"工程导向计划。

（二）实施 L 系列柴油机技改项目（具体内容略）

（三）实施单缸系列柴油机技改项目（具体内容略）

（四）实施 376 型柴油机技改项目（具体内容略）

（五）实施 2P95 卧式柴油机、2P100 柴油机技改项目

本项目计划投资 4386 万元。通过增添关键加工设备、装配设备和测试设备，新建厂房 8000 平方米，形成年产 6 万台 295 卧式柴油机、5 万台 2P100 柴油机的生产能力。该项目已经江苏省计经委分别以苏计经技发〔××××〕92 号和 94 号文批准。

> 主体第三部分，写募集资金的项目投向安排，说明了募集资金总额和资金用途计划。条理清晰，语言准确简明。

（六）实施D系列拖拉机技改项目（具体内容略）

（七）实施TY系列轮式拖拉机技改项目（具体内容略）

（八）实施大中马力系列轮式拖拉机技改项目（具体内容略）

（九）实施三轮农用运输车技改项目（具体内容略）

（十）实施四轮农用运输车技改项目（具体内容略）

综上，拟投资规模共计143 073万元人民币，所募资金不足部分，拟通过其他融资渠道解决。

四、投资项目的可行性分析

（一）政策条件分析

本次拟募集资金全部用于中小型四轮拖拉机、农用运输车以及新一代节能、节材型单缸和小缸径多缸柴油机的技改和新产品开发项目；用于旨在提高农机产品质量，增强农机产品开发能力的技术开发中心的组建，以及旨在拓展农机产品国内外市场的营销网络的组建。

根据国家产业发展政策，农业是国民经济的基础，是国家重点扶持和优先发展的第一产业，而农业生产力的提高，农村经济效益的增长，一个十分重要的途径就是逐步实现农业机械化。按国家机械工业部制定的"九五"农业机械行业发展规划的需求，"九五"期间农业机械对粮食增长和农业总产值的贡献份额从现在的9.85%增长到15%～20%。农机企业在产品增值税率及固定资产投资方向调节税率方面，亦享有国家税收优惠政策。

本次募集资金投资项目所生产的农机产品，均获得国家行业主管部门的生产许可或列入产品目录。

（二）市场条件分析

1. 投资产品具有良好的市场需求

随着我国农村经济的发展，农民购买力的逐步提高，以及国家由于有政策的扶持，我国农机市场的需求总体呈不断上升趋势。根据国家机械工业部制定的《"九五"农业机械行业发展规划》以及《内燃机行业发展规划》提出的计划发展目标，"九五"期间，内燃机产值产量平均每年增长15%，四轮、三轮农用运输车拥有量年均分别递增17%和23%，中、小四轮拖拉机年需求量亦有10%以上的增幅。

2. 本公司具有较强的市场开拓能力

其一，作为本公司主要发起人的中国××集团有限公司系上海市进出口十强企业，公司组建后可充分利用中国××集团的外贸功能优势，借助中国××集团的国外销售网络、渠道，拓展农机产品的国际市场。

> 主体第四部分，写投资项目的可行性分析。本部分承接上文，从政策条件、市场条件、经济效益和外汇平衡能力四个方面对投资项目进行了全面深入的可行性分析。

其二，本公司将建立营销中心，充分发挥公司重组后的整体综合优势，统一组建辐射全国的、综合性的、售后服务功能完善的、以直接销售为主的农机销售网络，以此增强各成员企业产品的销售能力，扩大公司产品的市场占有率。

其三，通过产品结构优化和本公司成员企业间生产要素的合理配置，公司上下游产品的自配率亦可达到30%左右。

3. 本公司产品具有较强的市场竞争力

第一，拟投资开发的农用车、新功率拖拉机为市场适销产品，小缸径单缸、多缸柴油机均为引进国外先进技术和工艺设备制造的升级换代产品。

第二，成员企业间生产要素优化配置和全国性综合销售网络的组建，以及内部产品自配率的提高，都将有效地降低生产和销售成本，使产品更具价格优势。

第三，通过技术开发中心的组建，将对产品质量的提高、产品性能的优化、产品技术含量的提升提供有力的技术支撑。

第四，本次进行整体股份制改制的5家生产企业，均为农机行业的百强企业，所生产的农用车、小四轮拖拉机、内燃机产销量均在全国同行业中名列前茅，具有举足轻重的相当规模的市场占有份额。

(三)经济效益分析

1. "扩大D系列柴油机生产能力，增添关键设备技改项目"

本项目是在山东××内燃机有限公司原有2万台D系列柴油机生产能力的基础上，通过技术改造，增添关键设备，形成年产5万台D系列柴油机的生产能力。该项目建成后，将年新增销售收入30 600万元，利润3253万元。

2. "扩大单缸系列柴油机生产能力，增添关键设备技改项目"

本项目是在山东××内燃机有限公司原有35万台单缸系列柴油机生产能力的基础上，通过技术改造，增添关键设备，形成年产40万台单缸系列柴油机的生产能力。该项目建成后，将年新增销售收入9500万元，利润285万元。

3. "开发376型柴油机，增添关键设备技改项目"

本项目是由无锡××动力有限公司按"九五"末农用车市场对高速轻型小缸径多缸机的需求量快速增长而提出的，该项目引进日本××汽车公司生产的CL-10柴油机，具有可靠性好、转速高、功率大等优点，正好顺应了我国农用车发展的趋势。该项目建成后，形成年产10万台376型柴油机的生产能力，年新增销售收入80 000万元，利润500万元。

4. "开发 2P95 卧式柴油机、2P100 柴油机新产品,增添关键设备技改项目"

本项目是由无锡××动力有限公司在原有单缸机为主导产品的基础上开发二缸柴油机新产品而提出的。通过技术改造,增添关键设备,将形成年产 2P95 卧式二缸柴油机 6 万台的生产能力,2P100 柴油机 5 万台的生产能力。该项目建成后,将年新增销售收入 39 200 万元,利润 6100 万元。

（四）结论

综上所述,本公司募集资金投向符合国家产业政策和公司的实际,而且具有较好的经济效益和社会效益。××××年本公司实现销售收入 426 751 万元,税后利润 16 037 万元。预计项目建成后,年新增销售收入 649 153 万元,新增利润 47 909 万元。本公司有能力给予投资者较高的投资回报。因此,发行境内上市外资股所募集资金的运用是可行的。

×××
××××年×月×日

附：募集资金投向安排计划表(略)

(资料来源：公文写作网,http://www.gwxz.net/l/c1.html,内容有改动)

结论：通过上述论证,得出"该项目可行"的明确结论。前面的一系列分析论证都是为得出此结论服务的,这是整个研究报告的落脚点,有一锤定音的作用。

落款：包括署名和成文日期。

附件：列于文后。

写 作 训 练

一、阅读下面的可行性研究报告,回答文后的问题。

关于投产高压金属化薄膜电容器的可行性报告

一、高压金属化薄膜电容器发展状况及市场状况

随着电力、电子技术的普及和提高,高频脉冲电容器、直流高压电容器、高压并联电容器等特种电容器的需求量越来越大。其用途主要有以下几个方面。

(一)高压并联电容器

高压并联电容器是为输压、变压线路使用的高压开关柜专门配套的高压电力电容,以改善线路功率因素为目的。

(二)高频脉冲电容器

高频脉冲电容器的功能是利用电容器储存的能量产生脉冲大电流,主要用于电磁加速器、核聚变、脉冲激光电源等性能试验装置。

(三)直流高压电容器

直流高压电容器主要在高电压大容量电压换流电源中作滤波电容器用。

二、国内外高压金属化薄膜电容器的发展状况及市场状况

近几年来,国外一些厂家开发研制出的该类型电容器已形成批量生产并投放市场使

用。而我国虽然有众多的电容器生产厂家，但该类型的电容器在生产方面还刚刚起步，其品质也无法与国外一些厂家生产的产品相比，其品质差别和市场占有率如下所述。

(一)国外该类型电容器的发展及市场状况

现在国外具有先进水平的生产厂家有 ABB、GE、METAR 等公司，这些公司生产的电容器的主要特点是在恒定容量和恒定电压下，其尺寸和重量均为国产的一半，其使用寿命确保在 20 年以上。现 METAR 公司已开发研制出 50 万伏高压并联电容器并投入使用，现占领国内 100%的市场。

(二)国内该类型电容器的发展及市场状况

现在国内的生产厂家生产的同类型电容器产品其尺寸和重量均比国外的产品要大得多和重得多，其使用寿命在 5~10 年。30 万~50 万伏的高压并联电容器还在研制中，未能进行批量生产并投入使用。

三、投产电容器的目的及项目

(一)投产目的

为了满足国内外市场对具有高电压、大电流负载承受能力、高安全性的金属化薄膜高电压电容器越来越大的市场需求，对该类型的电容器的开发研制和对现有电容器生产设备及工艺技术的改造势在必行。针对此现象，公司经研究自身在国际上的销售网络优势，决定出资引进国外先进设备，以满足国内外市场对该类型电容器越来越大的需求，填补国内空白。

(二)电容器项目及其用途

1. 高电压并联电容器

高电压并联电容器是为 30 万~50 万伏输压、变压线路使用的高压开关柜专门配套的高压电力电容，全世界需求量非常大。我国在此方面尚属空白，如三峡工程、平顶山、沈阳和西安高压开关厂为 50 万伏输压、变压线路项目配套的开关柜采用电容全部从国外进口。

2. 小型化高频脉冲电容器及直流高压电容器

小型化高频脉冲电容器及直流高压电容器可用于电磁加速器、核聚变脉冲激光电源等性能试验装置及冲击电压、电流发生装置。

四、高压金属化薄膜电容器投产后的市场预测

因国内对金属化薄膜高电压并联电容器、高频脉冲电容器、直流高压电容器的需求量越来越大，且其现在供给状况为全部依靠进口，故如该类型产品在国内生产，将具备很强的市场竞争力。

其市场销售预测如下所述。

(一)高电压并联电容器

目前国内为 50 万伏输变线项目配套采用的高压并联电容器 100%全部从国外进口。预计我公司产品推出市场后 3~5 年内将占领国内一定的份额。

(二)高频脉冲电容器、直流高压电容器

目前国内电力机车配套采用该电容器 100%全部从国外进口。预计我公司产品推出市场后 3~5 年内将占领国内市场一定的份额。

五、投产所需引进的全自动卷绕机设备及其技术要求

第一，金属化薄膜高压并联电容器、高频脉冲电容器、直流高压电容器因其使用强场非常高，承受的冲击电流非常大，所以对电容器的耐电压强度、电晕起始电压特性要求非常高，因此电容器元件在卷制过程中应尽可能保持恒张力和尽可能避免膜层间有空隙及皱纹产生。

第二，国外瑞士麦塔全自动卷绕机在设备上采用了新型的接触压辊、避震系统和张力自动跟踪系统。在保持恒张力卷制元件的同时，接触压辊压在卷制元件上面，这样可以除去膜层间空隙和膜皱纹。通过该技术，可使电容器元件的电晕起始电压大大提高，从而使电容器在保持同等寿命或更长寿命的条件下增加产品的可靠性并减少元件的体积，提高使用电压，完全满足生产金属化薄膜高压并联电容器、高频脉冲电容器、直流高压电容器所必须具备的条件。

国内设备在全自动卷绕机的开发和生产上尚属空白。现有设备多为国外20世纪80年代产品或根据国外20世纪80年代产品仿制的半自动卷绕机，其张力自动跟踪系统不完善，无接触压辊和避震系统的设计，故在卷制过程中无法保持恒张力和避免膜层间空隙及皱纹的产生，无法达到生产金属化薄膜高压并联电容器、高频脉冲电容器、直流高压电容器所必须具备的条件。

(资料来源：爱问共享资料，http://ishare.iask.sina.com.cn/f/137ge5FOD5u.html，内容有改动)

1. 从拟建项目的性质看，本文属于_____类可行性研究报告。
2. 本文的标题由_____、_____两项内容构成。
3. 本文的开头部分交代了哪些方面的内容？
4. 本文的主体部分包括哪些内容？是以什么方式安排结构的？

二、根据可行性研究报告的写作规范，从内容、结构及语言方面对下文进行全面修改。

可行性研究报告

为了完善××县农村信用合作联社业务手段，现将开办银行卡业务的必要性和可行性报告如下。

1. 开办银行卡业务是摆脱农村信用社业务瓶颈制约，确保生机和发展的原动力。
2. 开办银行卡业务是银行业适应科技网络化的需要。
3. 开办银行卡业务是迎接外资银行挑战的需要。
4. 开办银行卡业务是开拓中间业务的迫切需要。
5. 全县农村信用社资金运行平稳，资产质量逐年提高。在内部管理上，建立健全了一系列内控制度及监督体系，基本上实现了规范管理、稳健经营。
6. 我省农村信用社金融电子化迅速发展。我县农村信用社加入综合业务系统，临柜业务达到了标准化、高效化、规范化。

7. 在人员、组织和管理制度上，本联社抽调精干人员组建了银行卡管理部门，负责卡业务的日常指导和管理。

8. 在保持各项业务平稳发展的基础上，我(市、县、区)联社今年计划发卡5000张，预计将吸引、新增客户×××户，拉动存款余额增加××万元，中间业务收入增加××万元。

以上几个方面充分说明，××县农村信用合作联社开办银行卡业务是十分必要和非常迫切的，同时业务技术可行、市场前景乐观。

××××年×月××日

(资料来源：爱问共享资料，http://ishare.iask.sina.com.cn/f/iulM9vTc7x.html，内容有改动)

三、××学院学生会为拓宽学生的勤工俭学渠道，拟在校园内开设一个日常用品商店，请代学生会拟写一份可行性研究报告，报送学院主管部门审批。

第十五章 资产评估报告

学习目标

- 理解资产评估报告的基本概念和作用。
- 了解资产评估报告的基本内容和结构要素。
- 掌握资产评估报告编制的规范格式和方法。

第一节 资产评估报告概述

一、资产评估报告的概念

资产评估报告是受托评估机构依据国家相关法律法规和评估制度的有关规定,在完成评估工作后向委托方提交的有关资产评估情况的说明性、结论性、公正性的书面报告。广义而言,资产评估报告指的是一种工作制度,是评估机构完成评估后,依据一定的程序和要求,用资产评估报告的书面形式对评估工作的过程与结论进行的全面总结。狭义而言,在资产评估行业中,资产评估报告指的就是资产评估报告书,它是专业评估人员按照规范格式和特定内容对资产评估的过程和结果提出的公正性意见,也是履行评估合同和承担相应法律责任的书面证明文件。

二、资产评估报告的特点

资产评估报告较之其他经济类报告,主要有以下显著的特点。

(一)公正性

资产评估报告是资产评估机构正式接受委托后,由具有全国注册资产评估师执业资格的专业资产评估人员对资产评估整体工作出具的结论性意见。这种意见是建立在客观、公正的基础之上的,要严格遵守国家相关的法律法规,真实地反映评估对象的实际情况,体现出对受托单位负责和对涉及资产业务的其他各方负责的宗旨。这就决定了资产评估报告的内容具有很强的公正性和可信性,具备法律效力。

(二)规范性

资产评估报告的格式虽因评估对象、评估内容和评估目的不同而有所差异,但都要遵循《资产评估准则——评估报告》《资产评估报告基本内容与格式的暂行规定》《资产评估报告基本内容与格式的补充规定》以及其他有关法律法规为依据进行规范撰写。其基本格式大体类似,主要内容包括摘要、正文及相关附件等,先后顺序比较固定,结构形式、写作手法及要求相对定型,文字表述简洁、明确、规范,不得出现介绍评估机构的文字或者带有推荐、诱导之类的语句。因此,资产评估报告的撰写一定要遵循规范的要求,不能标新立异。当然,具体撰写时可根据需要对某些项目作灵活处理。

(三)权威性

资产评估报告是评估机构按照评估制度的有关规定履行委托评估协议的书面文件,评估机构及其参与评估的专业人员依据国家法律规定和职业规范要对报告质量负相应的法律责任。因此,它是一种有法律根据和事实基础的责任性报告,其编制内容不仅要严格遵循《国有资产评估管理办法》《国有资产评估管理办法实施细则》《资产评估执业人员自律守则》等法律法规的相关规定,而且报告中还必须有评估机构及其法定代表人以及注册评估师的签字盖章,因而具有法律效力的权威性。

三、资产评估报告的种类

目前,对于资产评估报告种类的划分存在着不同的划分标准。依据资产评估的范围,通常把资产评估报告分为综合资产评估报告和单项资产评估报告两种。

(一)综合资产评估报告

综合资产评估报告是对资产评估单位整体资产进行评估所出具的报告,又称整体资产评估报告。其内容涉及面广,具有综合性、整体性的特点。

(二)单项资产评估报告

单项资产评估报告是仅对资产评估单位某一部分或某一项资产进行评估所出具的报告。其涉及的内容相对较窄,具有单一性、专项性的特点。虽然它和综合资产评估报告的写作格式基本相同,但由于两者在评估范围上有所不同,因此写作内容也必然存在着差异。

四、资产评估报告的作用

资产评估报告是经具有资产评估资格的机构组织评估专业人员运用科学的方法对被评估资产价值进行评定和估算后提出结论性的意见。该意见不偏向当事人任何一方的利益,具有较强的公正性与客观性,因而对委托方了解现有资产价值状况具有重要的参考价值,也为国有资产管理部门对评估机构的业务情况进行有效的监督和管理以及对被委托评估的资产做出处理决定提供了重要的依据。同时,资产评估报告也体现了受托的资产评估机构与执业人员之间的权利与义务关系,成为明确委托方、受托方及有关方面责任的重要依据。

第二节　资产评估报告写作

一、资产评估报告的结构形式

资产评估报告的整体结构由三大部分组成,第一部分为封面、目录和摘要,第二部分为正文,第三部分为相关附件。

(一)封面、目录和摘要

第一部分包括封面、目录和摘要三项内容。

1. 封面

资产评估报告封面的基本内容包括:资产评估项目名称、资产评估机构出具评估报告的编号、资产评估机构名称、资产评估报告提交日期、资产评估机构的服务商标等,如图15.1所示。

```
┌─────────────────────────────┐
│                             │
│      ××资产评估报告书       │
│    ×评报字(××××)第×号    │
│                             │
│                             │
│                             │
│                             │
│                             │
│         ××资产评估事务所   │
│         ××××年×月×日    │
│                             │
└─────────────────────────────┘
```

图 15.1　资产评估报告书封面样式

2. 目录

目录一般按照摘要、正文、附件的顺序依次排列。其中,正文部分应依次列项报告的内容要点。目录应在封面下一页另面排印,页码应与对应的内容相符。

3. 摘要

资产评估报告的摘要是反映报告主要信息的内容提要。其基本内容和结构形式比较固定，通常要写明评估基本情况，包括评估目的、评估范围和对象、评估基准日、评估原则、主要评估方法、评估结论等，并且通常在末尾一段采用重要提示性文字提示有关方面注意阅读报告全文，如"以上内容摘自资产评估报告，欲了解本评估项目的全面情况，应认真阅读资产评估报告全文"。摘要一般应在目录下一页另面排印。

摘要与资产评估报告正文具有同等法律效力，并按评估报告的统一格式要求由评估机构、评估机构法定代表人及注册资产评估师等签字盖章并注明提交日期。

撰写摘要时，一般应采用分条列项的方法依次列出需要说明的具体项目，并以简洁的文字、较小的篇幅对整个评估报告的内容进行准确概述，要注意使用规范评估用语。其内容要与评估报告揭示的结果保持一致，以便提高资产评估信息的全面性和可比性；不可掺杂任何有误导性的内容，避免评估信息的失真和虚假。

(二)正文

资产评估报告的正文通常包括首部、序言、主体和尾部几项内容。

1. 首部

首部一般包括标题、编号和致送单位三项内容。

(1) 标题。标题一般由被评估单位名称、评估内容和文体名称构成，如《××公司××项目资产评估报告》。有时也可省略被评估单位名称或评估内容，或者只保留文体名称，如《××公司资产评估报告》《××项目资产评估报告》《资产评估报告》等。

(2) 编号。编号类似公文的发文字号，是为便于存档和统一管理而编列的序号。编号一般由评估机构代字、文书种类特征字(如评报、评咨、评函等)、编制年份和顺序号组成，在标题下一行居中排布，如"×会评字(20××)第 10 号""×评报字(20××)第 18 号""×评函字(20××)第 35 号"等。

(3) 致送单位。在编号下一行左起顶格写明送达单位全称。

2. 序言

序言部分的表述通常有比较固定的格式，一般应写明下列内容：被评估单位和评估机构的全称、评估所依据的相关法律法规、评估方法、评估目的、受托评估事项、评估工作整体情况及评估完成的基准日期等，最后用过渡句引出主体部分。具体示例如下。

> ×××（评估机构）接受×××(被评估单位)的委托，根据《×××××》(评估所依据的相关法律法规)的有关规定，本着客观、独立、公正、科学的原则，按照××××(资产评估方法)，为××××(评估目的)进行了评估工作。本所评估人员按照必要的评估程序对××××(受托评估事项、评估工作整体情况等)实施了实地勘察、市场调查与征询，对委托评估资产和负债在××××年×月×日所表现的市场价值做出了公允的反映。现将资产评估情况及评估结果报告如下。

序言的语言应简明概括，在写明规定内容的前提下，也可根据具体需要灵活变通，例如：

> 遵照委托，我所于××××年×月×日至××××年×月×日对贵厂固定资产、流动资产、专项资产进行了评估。根据《××省国有资产评估暂行办法》的规定，按照××市清产核资试点领导小组及××市国有资产管理局等有关文件精神，依据被评估单位提供的会计报表、账目、资产清查明细表等基础资料，本着科学、公正、客观、合理的原则，在××厂领导和有关科室的配合下，按时完成了评估任务。现将评估情况及评估结果报告如下。

3. 主体

主体部分是评估报告的重点所在，需要逐一写明资产评估的规定内容，主要包括评估目的、评估范围和对象、评估依据、评估标准和方法、评估过程和步骤、评估结论和建议、特别事项说明等内容。此外，根据需要还可写明本次评估的原则、对委托方与资产占有方进行简介、评估基准日、评估基准日期后重大事项、评估报告法律效力、适用范围和有效期等其他内容。

为了使表述准确清晰、富有条理，主体部分往往采用分条列项的方法。如果项目繁多，用文字不便于说明，也可结合表格进行说明。具体内容的详略可根据实际需要灵活处理，不要求一应俱全、面面俱到，而应详略得当、重点突出。

4. 尾部

尾部包括签名、盖章和成文日期。在正文右下方注明法定代表人的签名和印章以及至少两名负责评估工作的注册资产评估师的签名和印章，签名之下写明出具评估报告的机构全称并加盖公章，最后写明报告的成文日期。

(三)附件

在正文之后，列项相关备查文件名称，作为正文的补充说明和佐证，以增强报告内容的真实性和结论的权威性。附件一般包括如下文件。

1. 常规性备查文件

常规性备查文件主要包括评估机构所依据的相关文件、资产评估立项批准文件、资产评估机构资格证书和营业执照复印件、委托方和资产占有方的承诺函、资产评估人员和评估机构的承诺函、负责评估项目人员名单、有关产权证明材料、资产评估业务约定合同和其他重要合同、资产评估结果汇总表、其他证明材料等。

2. 其他需要附列的备查文件

其他需要附列的备查文件主要包括资产评估说明和资产评估明细表。

二、资产评估报告的写作要求

资产评估报告的编制是一项综合性很强的工作,为保证评估结果的客观公正,写作时需注意以下几方面的问题。

(一)严格遵守资产评估法规规章的相关规定

为使资产评估工作的开展和评估报告的编制规范严谨,国家相关部门颁发有相关的法律法规,资产评估报告必须依据这些法规规章的规定进行撰写,任何评估机构和人员都不得擅自违背,标新立异。

(二)坚持客观公正、实事求是的评估原则

资产评估报告最突出的特点就是客观公正性,主要有两方面的要求:一是资产评估机构接受委托开展资产评估活动时,要按照资产评估工作管理的有关要求,坚持客观、公正的原则,实事求是地反映评估工作的全过程;二是所运用的数据资料、信息资料和财务资料及各类备查文件等必须真实准确,绝不允许出具虚假材料,有意偏袒资产评估业务的某一方,或随意对评估资产价值贬低或夸大,造成评估情况失实,有失公正,影响评估报告结论的可信度。

(三)内容全面完整,前后要保持一致

资产评估报告是在完成评估工作后向委托方提交的说明评估整体情况的总结性报告,应对评估的目的、任务、依据、方法、结论等进行翔实、完整的说明,使委托方全面了解评估工作的情况,做出正确的判断。尤其是注意不要遗漏与评估结论有关的附件资料,它们是构成完整的评估报告不可缺少的补充说明部分。评估报告的内容要与评估的目的和任务前后一致,摘要、正文、评估说明、评估明细表内容与数据要保持一致,切忌前后矛盾。

(四)评估方法要正确恰当

资产评估是一项专业性很强的工作,要提高评估报告的质量,使评估报告对委托人认识资产价值有切实帮助,就需要评估人员认真研究实际情况,掌握客观规律,根据评估项目的特点和内容选用正确恰当的评估方法。如果不看具体情况,只是机械地套用公式,或误用滥用评估方法,就难免会影响评估结论的准确性。

(五)语言表述要规范、准确、简洁

资产评估报告的文字表达应用法律用语和行业术语等规范用语,不得使用模棱两可、含混不清的措辞,或者带有任何诱导、恭维和推荐等意味的用语。表述概念要明确,合乎

逻辑规则，可使用定义、概括等逻辑方法加以界定，以便明确概念的内涵。说明评估情况要言简意赅，高度概括。所列举的数据必须精确无误，与评估单位的实际情况相符合，不得人为编造，数据一般均应采用阿拉伯数字书写，力求精确具体，不要缩写。

案例分析

```
            ××公司资产评估报告书
            ×评报字（××××）第××号




            

            ××资产评估事务所
            ××××年×月×日
```

目　录

第一部分　摘要
第二部分　正文
　　委托方与资产占有方简介
　　评估目的
　　评估范围及对象
　　评估基准日
　　评估原则
　　评估依据
　　评估方法
　　评估过程
　　评估结论
　　特别注意事项
　　评估报告评估基准日期后重大事项
　　评估报告的法律效力
　　评估报告提出日期
第三部分　备查文件

第一部分：包括封面、目录和摘要。

封面：载明资产评估报告标题、编号、资产评估项目名称、资产评估机构名称和日期。

目录：按照摘要、正文及附件的顺序依次编列。

第十五章 资产评估报告

第一部分 摘　要

一、评估目的：拟为委托方合并这一经济行为作价值参考依据。

二、评估范围与对象：××公司所拥有的净资产价值。

三、评估基准日：××××年×月×日。

四、评估原则：遵循独立性、客观性、科学性、专业性的工作原则，以及贡献原则、替代原则、预期原则等经济原则，客观公正地进行评估。

五、评估方法：主要采用重置成本法。

六、评估结论：合并后，总资产为人民币××元（RMB××元），负债为人民币××元（RMB××元），净资产为人民币××元（RMB××元）。

七、报告提出日期：××××年×月×日。

以上内容摘自资产评估报告书，欲了解本评估项目的全面情况，应认真阅读资产评估报告书全文。

××资产评估事务所（公章）

法定代表人：×××（章）

注册资产评估师：×××（章）

> 摘要：简明扼要地说明了评估报告中的关键内容，包括评估目的、评估范围和对象、评估原则、评估方法、评估结论等。
>
> 末尾一段用重要提示性文字提醒使用者注意阅读报告全文。
>
> 最后写明评估机构名称，并由评估机构法定代表人及注册资产评估师签字盖章。

第二部分　正　文

××公司资产评估报告书

×评报字（××××）第××号

××公司：

××资产评估事务所接受××公司的委托，根据国家有关资产评估的规定，本着客观、独立、公正、科学的原则，按照公认的资产评估方法，对为合并而涉及的全部资产和负债进行了评估工作。本所评估人员按照必要的评估程序对委托评估的资产和负债实施了实地勘察、市场调查与征询，对委估资产和负债在××××年×月×日所表现的价值做出了公允的反映。现将资产评估情况及评估结果报告如下：

一、委托方与资产占有方简介

委托方：××公司，企业法人营业执照注册号××××××，有经济，经营方式为生产、批发和投资服务，主要经营场所为××

> 第二部分：资产评估报告的正文。
>
> 首部：包括报告标题、编号和致送单位。
>
> 标题：写明被评估单位名称和文种名称，省略了评估内容。
>
> 编号：由评估单位代字、文件特征字、编制年份及顺序号组成。
>
> 序言：简要写明被评估单位和评估机构的全称、评估

市××路××号××大厦二楼，法定代表人××。××公司于×××注册地址为××省××市，注册资金为5540万元，经济性质为国有，××××年×月×日经经贸部门批准设立，并取得多行业综合经营机构法人资格。经营范围包括：商品制造、批发与零售业务，房地产开发、投资业务，有价证券业务，租赁业务，代理财产保管与处理业务，代理收付业务，经济担保见证业务，经济咨询业务及其他服务业务。

二、评估目的

拟为委托方合并这一经济行为作参考依据。该经济行为已获××省国有资产管理部门批准，批准文号为×字（××××）××号。

三、评估范围及对象

纳入本次评估范围的评估对象是××公司的全部资产及负债，具体包括××公司下属的生产经营部、销售部、投资服务部、证券部、劳动服务及全资子公司汽车运输队、××房地产公司等7个基本单位（以下简称7个基本单位）所对应的净资产。截至评估基准日××××年×月×日，××公司合并前总资产×××万元，负债×××万元，净资产×××万元。

纳入评估范围的资产与委托评估及立项时确定的资产范围一致。

四、评估基准日

本项目资产评估基准日为××××年×月×日，评估中所采用的价格是评估基准日价格。

五、评估原则

遵循独立性、客观性、科学性、专业性的工作原则，严格按照国家法律和法规进行评估操作，确保资产评估工作不受外界干扰和评估业务当事人的影响，科学合理地进行资产评定和估算。同时根据资产的类别和实际情况，遵循贡献原则、替代原则、预期原则等经济原则。

六、评估依据

（一）行为依据

××省人民政府办公厅×办〔××××〕××号文《关于同意××企业合并的批复》。

（二）法规依据

1.《中华人民共和国城市房地产管理法》《中华人民共和国城镇国有土地使用权出让和转让暂行条例》及当地制定的实施办法和其他相关规定。

依据和原则、受托评估事项、评估工作整体情况及评估完成的基准日期等。最后用过渡句引出主体部分。

主体： 分13个方面，详细写明了资产评估报告的规定内容。主体表述准确清晰，富有条理。由于内容复杂，故采用了分条列项的方法。

2.《城市房地产转让管理规定》(中华人民共和国建设部令第45号)及当地制定的实施细则和其他相关规定。

3.《中华人民共和国土地管理法》和《中华人民共和国土地管理法实施条例》。

4.《中华人民共和国公司法》。

（三）产权依据

1. 国有土地使用权证、房屋所有权证、土地房屋权证及其他房地产权属证明文件。

2. 机器设备有关购置发票和单据、车辆行驶证。

3. 各类交易合同、抵押合同、担保合同及其他合同。

（四）取价依据及参考依据

1. ××市国有土地基准地价。

2. 评估人员现场勘察、记录等。

3. 资产评估常用数据与参考手册（第二版）。

4. 委托方申报材料及其他资料。

5. 有关询价资料和参数资料。

6. 国家有关部门发布的统计资料和技术标准资料。

七、评估方法

本次评估所选择并使用的评估方法主要是重置成本法。另外，对房屋建筑物及土地使用权的评估，还依据其实际情况选择并使用了市场比较法和收益法，即：对待估价的市场参照物及其可相比较的指标(项目)、技术参数等资料是可搜集的，采用市场比较法进行评估；对能用货币衡量其未来期望收益、承担的风险的待估物，采用收益法进行评估。

八、评估过程

评估时间从××××年×月×日至××××年×月×日，为期近两个月。经过接受委托、资产清查、评定估算、评估汇总、提交报告等过程，具体如下。

1. 接受委托

接受项目委托，明确评估目的，确定评估对象及范围，选定评估基准日和拟订评估方案。

2. 资产清查

指导资产占有方清查资产，并收集准备资料，检查核实资产与验证有关资料。

3. 评定估算

现场检测与鉴定，选择评估方法，收集市场信息，具体计算。

4. 评估汇总

对评估结果进行汇总，并进行评估结论分析，撰写评估说明与报告，进行内部复核。

九、评估结论

列入本次评估范围的评估对象有如下方面。

1. 账面价值

合并前总资产×××万元，负债×××万元，净资产××××万元；合并后总资产××××万元，负债×××万元，净资产×××万元。

2. 清查调整价值

合并前总资产××××万元，负债×××万元，净资产××××万元；合并后总资产××××万元，负债×××万元，净资产×××万元。

3. 评估价值

合并后总资产为人民币××××万元（RMB××××元），负债为人民币×××万元（RMB×××元），净资产为人民币××××万元（RMB××××元）。

评估结论详细情况见评估明细表。资产评估结果汇总如下。

项目种类	账面值	清查调整值	评估结果	变动额	变动率
资　产	×××	×××	×××	×××	×××
负　债	×××	×××	×××	×××	×××
所有者权益	×××	×××	×××	×××	×××

十、特别注意事项

在评估过程中已发现可能影响评估结论，但非评估执业人员执业水平和能力所能评定估算的有关事项有如下方面。

1. 销售部其他应收款×××万元，此笔系××××年委托方申请执行××经营部所欠本息，从担保单位××经联社账户划回本息后，政府出面协调再由委托方经过区法院经济庭退回此笔款项。

2. 委托方在××××年×月×日分别与王××、吴××签订转让协议，将王××、吴××存于中国银行××储蓄所的大额存单转让给委托方，据转让协议"承诺不得挂失、提前支取，抵押后生效"，而存款期满，委托方持存单向××所支取，××储蓄所以"王××、吴××已经将存折挂失，并已经提前支取"为由拒付至清查工作日止，经××市××区人民法院一审判决委托方胜诉，二审正在审理中。

主体部分以文字说明为主，同时恰当地结合表格形式，清楚明了地说明了评估结论。使用表格是评估报告常用的说明方法。

3. 委托方司机陈××（车号为×××）于××××年×月×日从××省××市××货物服务站装载彩色电视机等货物后，至××××年×月前未将货物运达目的地，经法院判决委托方败诉并代垫赔偿款××万元人民币，至资产清查工作日，当事人陈××仍下落不明，公安部门已经立案侦查。

以上款项的可回收程度及对评估的影响程度无法确定，仅按清查值列示。

本评估报告的使用者应当注意特别事项对评估结论的影响。另外，尚有需要说明的其他问题如下。

1. 委托方对申报材料负完全的法律责任，对所填报资产的完整性、合法性和真实性负责；委托方对其提供的文件资料的真实性承担法律责任。

2. 评估基准日后、有效期以内资产数量发生变化时，应根据原评估方法对资产额进行相应调整。当评估方法为重置成本法时，应按实际发生额进行调整；若资产价格标准发生变化，并对资产评估价产生影响时，委托方应及时聘请评估机构重新确定评估价。如果评估工作结束前资产价格已经发生显著变化，无法改变评估基准日，但资产价格的调整方法简单、易于掌握时，委托方应向有关部门办妥报批手续。

3. 附件与其报告正文配套使用方有效。

十一、评估报告评估基准日期后重大事项（具体内容略）

十二、评估报告的法律效力

1. 本评估报告成立的前提条件适用于继续使用假设和公开市场假设，即对评估的资产、负债、所有者权益都是在持续经营和在公开市场的公允价格标准下进行作价评定。

2. 本评估报告需要经过财产评估主管机关验证确认后方可生效。

3. 评估结果是反映评估对象在本次评估目的下，根据公开市场原则确定的现行公允市价，没有考虑将来可能承担的抵押、担保事宜，以及特殊的交易方可能追加付出的价格等对其评估价的影响，也没有考虑国家宏观经济政策发生变化以及遇有自然力和其他不可抗力对资产价格的影响。当前述评估目的等条件以及评估中遵循的持续经营原则等其他情况发生变化时，评估结果一般会失效。

4. 本评估报告依据法律法规的有关规定发生法律效力。

本评估结论的有效期限为一年，即从××××年×月×日起到××××年×月×日止的期限内有效。

5. 本评估结论仅供委托方合并这一经济目的使用，不得作为其他经济目的使用。

6. 本评估结论仅供委托方作为评估目的使用和送交财产评估主管机关审查使用。评估报告书的使用权归委托方所有，未经委托方许可，评估机构不得随意向他人提供或公开。

十三、评估报告提出日期

本评估报告提交委托方的时间为××××年×月×日。

××资产评估事务所（公章）

法定代表人：×××（章）

注册资产评估师：×××（章）

第三部分　备查文件

一、常规性备查文件

　　有关经济行为文件

　　资产评估立项批准文件

　　被评估企业评估基准日会计报表

　　委托方与资产占有方营业执照复印件

　　产权证明文件复印件

　　委托方、资产占有方承诺函

　　资产评估人员和评估机构的承诺函

　　资产评估机构资格证书复印件

　　评估机构营业执照复印件

　　资产评估业务约定合同

　　其他相关文件

二、其他需附列的备查文件

（一）资产评估说明

××公司资产评估说明

×评报字（××××）第××号

目　录

评估说明使用范围的声明

进行资产评估有关事项的说明

资产清查核实情况说明

评估依据的说明

各项资产及负债的评估技术说明

整体资产评估收益法评估验证说明

评估结论及其分析

尾部：分别注明出具评估报告的机构全称并加盖公章，法定代表人姓名和负责评估工作的注册资产评估师姓名并盖章。

第三部分：为附件，逐一列项相关备查文件名称。包括常规性备查文件和其他需附列的备查文件两方面，是对正文内容的补充说明和佐证。

资产评估说明分别从七个方面对评估工作进行了具体说明。

评估说明使用范围的声明

本评估说明仅供财产评估主管机关、企业主管部门审查资产评估报告书和检查评估机构工作之用，非为法律、行政、法律规定，材料的全部或部分内容不得提供给其他任何单位和个人，不得见诸于公开媒体。

进行资产评估有关事项的说明
（由委托方和资产占有方提供）

一、委托方和资产占有方概况（略）

二、关于评估目的的说明（略）

三、关于评估范围的说明（略）

四、关于评估基准日的说明（略）

五、可能影响评估工作的重大事项说明

六、资产及负债清查情况的说明（略）

七、资料清单（略）

委托方：   资产占有方：

法定代表人：   法定代表人：

                年　月　日

资产清查核实情况说明

一、资产清查的内容、实物资产的分布情况及特点、影响资产清查的事项、资产清查的过程与方法等

二、资产清查结论（略）

评估依据的说明

一、主要法律法规（略）

二、经济行为文件（略）

三、重大合同协议、产权证明文件（略）

四、采用的取价标准和参考依据（略）

五、参考资料及其他（略）

各项资产及负债的评估技术说明

一、资产评估说明（略）

二、负债评估说明（略）

整体资产评估收益法评估验证说明

一、收益法的应用简介（略）

二、企业的生产经营业绩与企业的经营优势（略）

三、企业的经营计划（略）

四、企业的各项财务指标（略）

五、评估依据（略）

六、企业的营业收入预测（略）

七、企业的成本费用预测（略）

八、企业长期投资收益预测（略）

九、折现率的选取（略）

十、评估值的计算过程（略）

十一、评估结论（略）

评估结论及其分析

一、评估结论（略）

二、评估结果与调整值比较变动情况及原因（略）

三、评估结论成立的条件

本评估结论系根据上述原则、依据、前提、方法、程序得出的，本评估结论只有在上述原则、依据、前提存在的条件下成立。

本评估结论仅供委托方合并这一经济目的使用，不作为其他经济目的使用。

本评估结论是反映评估对象在本次评估目的下，根据公开市场原则确定的现行公允市价，没有考虑将来可能承担的抵押、担保事宜，以及特殊的交易方可能追加付出的价格等对其评估价的影响，也没有考虑国家宏观经济政策发生变化以及遇有自然力和其他不可抗力对资产价格的影响。当前述评估目的等条件以及评估中遵循的持续经营原则等其他情况发生变化时，评估结果一般会失效。

四、评估结论的瑕疵事项（略）

五、评估基准日的期后事项说明及对评估结论的影响（略）

六、评估结论的效力、适用范围与有效期

本评估结论系评估专业人员依据国家有关规定出具的意见，具有法律规定的效力；

本评估结论的有效使用期限为一年，即从××××年×月×日起到××××年×月×日止的期限内有效。

(二) 资产评估明细表

1. 资产评估结果汇总表。
2. 资产评估结果分类汇总表。
3. 资产清查评估明细表。

(资料来源：汤志江.资产评估学[M].北京：中国市场出版社，2007年9月，223~235页，有改动)

备查文件最后附上资产评估明细表作为评估佐证，从整体上看，这是一篇内容完备、格式规范、结构完整的资产评估报告。

第十五章 资产评估报告

写 作 训 练

一、根据下面资产评估报告所提供的信息,回答文后的问题。

<h2 style="text-align:center">ABC公司资产评估报告书</h2>
××评估公司评报字(××××)第×号

一、委托方及资产占有方简介
委托方:ABC公司
资产占有方:ABC公司
ABC公司简介:地址、注册资本、企业性质、法人代表、经营期、经营范围等(略)

二、评估目的
为满足ABC公司整体改组上市之需要,对ABC公司整体改组上市涉及的全部经营性资产及相关负债进行评估,提供价值参考依据。
根据中华人民共和国财政部《关于同意ABC公司整体改组上市资产评估项目立项的函》,本次评估已经中华人民共和国财政部核准同意立项。

三、评估范围和对象
本次资产评估的对象为ABC公司整体改组上市涉及的全部经营性资产及相关负债。评估范围包括评估基准日资产负债表中列示的流动资产、长期投资、固定资产、无形及递延资产、其他资产及相关流动负债、长期负债。

四、评估基准日
根据我公司与委托方的约定,本项目资产评估基准日是××××年×月×日。本次评估工作中,资产评估范围的界定、评估价值的确定、评估参数的选取等,均以该日公司内部财务报表、外部经济环境以及市场状况确定,评估报告中所使用的一切取价标准均基于该时点。

五、评估原则
本次资产评估遵循国家及行业规定的公认原则。
本次资产评估遵循独立、客观、公正、科学的工作原则。
本次资产评估遵循资产持续经营原则、替代性原则和公开市场原则等操作性原则。
本次资产评估遵循产权利益主体变动原则。

六、评估依据
(一)主要法律法规(具体内容略)
(二)经济行为文件(具体内容略)
(三)重大合同协议、产权证明文件(具体内容略)
(四)采用的取价标准(具体内容略)

七、评估方法

(一)房屋建筑物的评估(具体内容略)

(二)机器设备评估(具体内容略)

(三)固定资产清理和待处理固定资产损失评估(具体内容略)

(四)土地使用权评估(具体内容略)

(五)流动资产评估(具体内容略)

(六)长期投资评估(具体内容略)

(七)递延资产评估(具体内容略)

(八)流动负债和长期负债评估(具体内容略)

八、评估过程

评估人员于××××年×月×日至××××年×月×日对 ABC 公司整体上市所涉及的经营性资产和相关负债进行了评估,主要评估过程如下:

(一)接受委托

评估机构于××××年×月接受 ABC 公司的委托,对 ABC 公司拟整体上市所涉及的资产进行评估,确定了评估目的,选定了评估基准日,确定了评估对象及范围,并拟定了评估方案。

(二)资产清查

接受委托后,评估人员于××××年×月×日至××××年×月×日指导 ABC 公司进行资产清查,手机准备资产评估所需资料,填报资产清单。

(三)评定估算(具体略)

(四)评估汇总(具体略)

(五)提交报告(具体略)

九、评估结论

评估结论详细情况见评估明细表(具体略)。

十、特别事项说明(具体内容略)

(一)本次评估是在科学、独立、客观、公正的原则下作出的,我公司及参加评估工作的人员与资产各方无任何利害关系,评估工作是在有关法律监督下完成的。评估人员在评估过程中恪守职业道德的规范。

(二)本报告是在委托方提供基础文件数据资料上作出的。ABC 公司对所提供的会计记录、会计凭证、会计报表以及相关资料、数据的真实性和可靠性负责,并承担相应法律责任。

(三)本次评估范围的资产不存在抵押、质押、担保等事项。本报告评估结果是对××××年×月×日这一基准日所评估企业资产价值的客观公允反映。我公司对这一基准日以后该资产价值发生的重大变化不负任何责任。

(四)本报告附有若干备查文件,备查文件构成本报告重要组成部分,与本报告正文具有同等法律效力。(以下略)

第十五章　资产评估报告

十一、评估基准日期后重大事项

期后事项系评估基准日至评估报告提出日之间发生的重大事项。

(一)在本次评估结果有效期内数量发生变化，应根据原评估方法对资产额进行相应调整。若资产价格标准发生变化并对资产评估价格产生明显影响时，委托方应及时聘请评估机构重新确定评估价值；但资产价格的调整方法简单、易于操作时，可由委托方在资产实际作价时进行相应调整。

(二)上述事项将影响本报告的评估结果。(以下略)

十二、评估报告法律效力

(一)评估结果是反映评估对象在本次评估目的下，以继续使用为假设前提，根据公开市场原则确定的现行公允市价。没有考虑将来可能承担的抵押、担保事宜，以及特殊的交易方可能追加付出的价格等对评估价格的影响，也未考虑国家宏观经济政策发生变化以及遇有自然力或其他不可抗力对资产价格的影响。当前述假设前提及评估条件发生变化时，评估结果一般会失效。

(二)评估报告的作用依照法律法规的有关规定发生法律效力。

(三)本评估结论自评估基准日起有效使用期为一年，自××××年×月×日至××××年×月×日。在此期间评估目的实现时，还要以该评估结果作为作价依据，结合评估基准日后有关事项进行调整，自行调整或委托评估机构调整均可。超过一年使用本报告所列示的评估结果无效。

(四)评估结论仅供委托方为评估目的使用和送交财产评估主管机关审查使用，评估报告的使用权归委托方所有，未经委托方许可，评估机构不得随意向他人提供或公开。

十三、评估报告提出的日期

本评估报告提出日期：　××××年×月×日

　　　　　　　　　　　　　　资产评估机构：××资产评估有限公司(公章)
　　　　　　　　　　　　　　法定代表人：×××(主任会计师)(章)
　　　　　　　　　　　　　　评估项目负责人：×××(注册资产评估师)(章)
　　　　　　　　　　　　　　评估项目复核人：×××(注册资产评估师)(章)
　　　　　　　　　　　　　　××××年×月×日

(资料来源：梅丹．资产评估[M]．天津：南开大学出版社，2008年6月，404～411页，有改动)

1. 请为本资产评估报告撰写序言。
2. 从范围看，本资产评估报告属于_____类型。
3. 本资产评估报告正文部分的内容依次是_____、_____、_____、_____，其中核心内容是_____。

二、找出下面资产评估报告正文部分的不妥之处并进行修改。

资产评估报告书

本次评估的资产评估申报资料由委托方提供，现将资产评估有关情况及评估结果报告如下。

一、委托方与资产占有方简介

评估委托方：×××

资产占有方：×××

注册地址：×××

负责人：×××

企业类型：×××

二、评估目的

××资产评估有限责任公司接受××公司的委托，对××公司的股东全部权益价值进行评估，以便为其进行股权转让提供价值参考意见。

三、评估范围与对象

评估范围为××公司在评估基准日全部资产及相关负债。

具体评估对象包括流动资产(货币资金、预付账款)、固定资产、在建工程、无形资产、流动负债(短期借款、应付账款、预收账款、其他应付款)。上述评估范围资产在评估基准日的账面价值情况如下表所示。

单位：人民币元

资产类型	账面原值	账面净值
流动资产	××××	××××
固定资产	××××	××××
在建工程	××××	××××
无形资产	××××	××××
资产总计	××××	××××
流动负债	××××	××××
长期负债	××××	××××
负债合计	××××	××××
净资产	××××	××××

本次申报评估的资产范围与委托评估的范围一致。

四、评估基准日

本项目资产评估基准日为×月×日。

本公司经与委托方协商，确定×月×日为本次评估的评估基准日，一切计价标准均为基准日有效的价格标准，所有资产均为基准日实际存在的资产，报告中的账面值与企业提供的账面值一致。

本基准日的选择是委托方、会计师、评估师根据企业项目的整体时间安排确定的。

五、评估原则

依据资产评估操作规范，我们在本次评估中恪守独立性、客观性、科学性的工作原则和经济原则。

第十五章 资产评估报告

六、评估依据

我们在资产评估工作中遵循了国家、地方政府和有关部门的法律法规，所参考的文件资料主要有相关法律、法规、通知、文件等。

七、评估方法

本次评估采用了正确恰当的评估方法。

八、评估过程

按照我公司与委托方签订的资产评估业务约定书所约定的事项，我公司于×月×日至×月×日赴委托方现场进行了现场勘察，实施了包括市场调查以及公认、必要的资产评估程序。具体过程可划分为接受委托、前期准备、资产现场勘察、评定估算、汇总分析、提交评估报告等六个阶段。

九、评估结论

根据本次资产评估目的，本评估报告采用收益法的评估结果作为评估结论。

十、评估报告提出日期

本报告书提交委托方的时间为：×月×日。

××××年×月×日

(资料来源：张立章. 实用性管理文案写作指南[M]. 北京：北京交通大学出版社，2008年10月，285～290页，有改动)

三、简答题

1. 资产评估报告的特点主要有哪些？
2. 资产评估报告的作用是什么？
3. 资产评估报告的整体结构包括哪几部分？分别是什么？
4. 资产评估报告的序言一般应写明哪些基本内容？
5. 编写资产评估报告应注意的问题是什么？

四、写作训练题

请选择一家需整体改组上市的公司，确定评估目的、评估对象及评估范围，选定评估基准日，并根据其提供的有关材料，拟定评估方案，为其编制一份资产评估报告(如不便获取真实材料，可虚拟)。

第十六章 审计报告

> **学习目标**
>
> - 了解审计报告的概念和特点。
> - 了解审计报告的种类和作用。
> - 掌握审计报告的结构形式和写作要求。

第一节 审计报告概述

一、审计报告的概念

审计报告是独立的专职审计机构或专门审计人员根据国家有关政策法规，对被审计对象的经济活动进行审核检查后，向委托者或授权者提交的全面反映审计情况、评价审计结果并提出处理意见的一种书面报告。审计报告是审计工作成果的集中反映，是审计工作的最后环节。它是一项具有独立性的经济监督活动，主要是对财政、财务收支及其他经济活动的真实性、合法性和效益性进行审查，并作出客观的评价。

二、审计报告的特点

审计报告具有如下特点。

(一)独立性

独立性是审计工作的本质特征，也是审计报告的根本特点。独立审计是保证审计工作顺利进行的必要条件。

审计工作，在组织、人员、工作、经费等方面均具有独立性。审计机构必须是独立的专职机构，与被审计单位没有组织上的隶属关系；审计人员与被审计单位应当不存在任何经济利益关系；审计机构和审计人员应保持思想上的独立性，不受其他行政机关、社会团体或个人的干扰或干涉；审计机构应有自己专门的经费来源或一定的经济收入，不受被审计单位的牵制。

只有具备独立性的审计报告，才能保证其内容的公正、客观、准确。我国的审计法与审计法实施条例，都对审计的独立性做出了明确规定，为审计工作的顺利进行提供了政策保障。

(二)公正性

公正性也称客观性，是指审计报告的内容要真实，结论要公正。审计的公正性，是审计工作的基本要求，也是审计报告具有权威性的前提条件，因此，公正性是审计报告的生命。

审计人员应当站在第三者的立场上，依法行使审计监督权，所以必须按照规定的审计目标、审计内容和审计程序，遵循审计准则、审计标准的要求，进行证明资料的收集，做出不带任何偏见的、符合客观实际的审计判断与公正的评价或处理意见，以确定或解除被审计人的经济责任。审计人员只有保持公正的态度，才能取信于审计授权者、委托者和社会公众，才能真正树立起审计者的权威形象。

(三)权威性

审计报告的权威性，是保证有效行使审计权的必要条件。

审计机构和审计人员具有权威机构认定的资格和条件。国家法律对实行审计制度、建立审计机关以及审计机构的地位和权力都做了明确规定，这样就使审计组织具有了法律的权威性。我国宪法和审计法规定：国家实行审计监督制度；国务院和县级以上地方人民政府设立审计机关；审计机关依照法律规定的职权和程序，进行审计监督。

审计人员依法行使职权，受法律保护。审计工作遭到被审计单位拒绝或阻碍时，或发现有违反国家规定的财政、财务收支行为时，审计机关有权做出处理或处罚的决定或建议。审计人员依据国家法律、法规、政策的规定，对被审计单位进行审查后出具的审计报告，是审计机关作出审计决定的依据，是对被审计单位财经工作的权威性裁定，具有法定的强制力，被审计单位必须遵照执行。

三、审计报告的种类

从不同的角度，可将审计报告划分为不同的类型。

(一)按写作主体分类

审计报告按写作主体的不同可分为以下三类。

1. 国家审计报告

国家审计报告是由国家审计机关派出的审计人员依法对被审计对象的财务收支和其他经济活动进行审计后出具的书面报告。我国国家审计机关包括国务院设置的审计署及其派出机构和地方各级人民政府设置的审计厅(局)两个层次。国家审计机关依法独立行使审计监督权，对国务院各部门和地方人民政府、国家财政金融机构、国有企事业单位以及其他有国有资产的单位的财政、财务收支及其经济效益进行审计监督。

2. 社会审计报告

社会审计报告是指从社会上独立开设的会计师事务所、审计师事务所等组织聘请审计人员依法接受委托，对被审计对象的财务收支和其他经济活动进行独立审查并发表审计意见的书面报告。

3. 内部审计报告

内部审计报告是指由本单位内部专门的审计部门或人员对本单位的财务收支和其他经济活动实施独立审查和评价后出具的书面报告。这种审计报告的写作目的在于帮助本单位健全内部控制制度，改善经营管理，提高经济效益，具有显著的建设性和内向服务性。

(二)按内容分类

审计报告根据内容的不同可分为如下三类。

1. 财政财务审计报告

财政财务审计报告是指依照国家法律及各种财经政策和管理规程，对被审计单位财政财务收支的真实性和合法合规性进行审查后出具的书面报告。财政财务审计报告又分为财政审计报告和财务审计报告。

财政审计报告包括财政收支审计报告和财政决算审计报告，是依据"上审下""同级不审同级"的原则，由上级对下级的财政预算及其执行情况、财政决算、财政信贷资金的收支情况等进行审计而出具的报告。

财务审计报告也称财务报表审计报告，主要是对企事业单位的凭证、账目、会计报表、成本核算、产品核算、费用等方面进行审计后出具的书面报告。

2. 财经法纪审计报告

财经法纪审计报告也称专案审计报告，是指对被审计对象的违反财经纪律行为进行立案审计后出具的书面报告。审计机关在开展财政财务审计的过程中，如果发现被审计单位或人员存在严重违反国家财经法规、侵占国家资财、损害国家利益的行为，往往会立专案进行深入审查，以查清违法违纪事实，做出相应处罚。由审计机关对违反财经法纪行为所进行的专案审计，涉及弄虚作假、偷税漏税、以权谋私、化公为私、挤占挪用、贪污盗窃、行贿受贿、投机倒把、失职渎职等。

3. 经济效益审计报告

经济效益审计报告是指对被审计对象的经济活动效率、效果和效益状况进行审查、评价后出具的书面报告。内容涉及资金利用效果、投资效果、经营决策与方向的正确性、产品结构的合理性等。经济效益审计报告的写作目的是促进被审计单位提高人、财、物等各种资源的利用效率，增强盈利能力，实现经营目标。

此外，按照审计工作进行的时间分类，审计报告可分为事前审计报告、事中审计报告、事后审计报告；按照审计的范围分类，可分为综合性审计报告、专题性审计报告；按照审计是否有确定的时间分类，可分为定期审计报告、不定期审计报告；按照审计结论的不同分类，可分为肯定性的审计报告、否定性的审计报告，等等。

四、审计报告的作用

审计作为一种监督机制，其实践活动历史悠久。在我国，以国家审计为主导、内部审

计为基础、社会审计为补充的审计体系已形成。审计工作的进行，对堵塞经济漏洞，维护财经法纪，加强宏观调控，提高经济效益，都有着十分重大的作用。审计报告是对审计工作的过程与结果的反映，它的作用主要表现为以下几个方面。

(一)总结作用

撰写审计报告是审计工作的重要程序，也是审计工作的最后环节。审计报告是以审计人员开展审计工作的所有详细记录为依据，对有关资料进行整理、分析和归纳，然后在听取多方意见的基础上写出的总结性报告。审计报告既是对被审计对象的财务状况、工作作风等情况的全面总结，也是对审计人员的审计工作质量的总结，如审计的范围、审计的重点、审计的方式、所用的时间、审计的结果如何等，在报告中都会有直接反映。同时，审计报告也是对审计人员归纳概括能力的直接反映。

(二)建议作用

审计报告是上级审计机关做出审计结论或决定的主要依据。审计人员在审计报告中对被审计对象的经济状况的真实性与合法性要作出客观公正的评价，既要保护被审计对象的合法利益，又要对违法乱纪行为进行揭露，还要针对存在的问题提出纠错的方法、改进的措施、处理的意见或建议。审计报告中对被审计单位的评价、意见和结论具有一定的建议作用，常常被上级审计机关采纳。

(三)答复作用

审计报告是递交给交办或委办单位的关于审计结果的答复，是说明审计结果及审计意见的文件。对被审计对象的审计范围、审计内容等的确定，都是遵从委托或交办单位的要求，把委托或交办单位最想了解的情况详细、具体地交代清楚，尽可能为委托或交办单位处理问题创造便利条件。

(四)公证作用

审计报告全面反映被审计单位的情况，是对被审计单位工作的合法性、公允性和一贯性的鉴定，具有公证作用。这在一定程度上对被审计单位的财产、债权人和股东的权益及企业利害关系人的利益等起到了保护作用。

第二节 审计报告写作

一、审计报告的结构形式

在长期的使用过程中，审计报告形成了较为固定的格式，通常由标题、主送单位、正文、附件、签署和日期等部分组成。

(一)标题

审计报告的标题应当准确、简要地概括报告的主要内容,一般采用公文式标题。具体来说有以下三种形式。

1. 完全式

完全式标题由审计机关名称、被审计对象、审计内容和文种组成,如《××市审计局关于××集团公司2018年经济效益的审计报告》。

2. 省略式

省略式标题省去了机关名称,由被审计对象、审计内容和文种组成,如《关于××公司2018年财务收支情况的审计报告》。

3. 文种式

文种式标题直接用文种作标题,写成"审计报告"。

(二)主送单位

主送单位即审计报告的报送对象。主送单位可以是委托单位或委托人,也可以是被审计单位的上级主管部门。注意要写全称或规范化简称,写在标题下一行的左起顶格处。

(三)正文

正文主要包括以下五项内容。

1. 审计工作概况

审计工作概况是文章的开头部分,一般包括以下几方面的内容。

(1) 实施审计的依据,包括交办或委托方的名称和所依据的审计法等法律法规的具体条款。

(2) 被审计的对象。

(3) 审计工作的起止时间。

(4) 审计的内容、范围、方式及其他有关情况。

这一部分的写作要求简明概括,最后常用过渡句引出下文。

2. 被审计单位的基本情况

被审计单位的基本情况包括业务经营范围与规模、内部组织管理的情况、人员配备情况、财产资金情况、主要经济指标等。这一部分还可对审查范围内的基本情况进行概要的说明或评价,使读者很快把握住全文主旨。

3. 审计事实

交代与审计工作相关的事实,或者指出被审计单位的工作成绩和经验,或者阐述查出的主要问题和出现问题的原因,这是审计报告的主要内容。

审计中发现的问题要分门别类地列出，并且要分析问题的性质、原因、造成的不良影响、经济损失程度及后果等。查证问题时一定要实事求是，材料充分，证据确凿，引用的法规政策条文要准确恰当。只有这样，才能保证审计报告内容的客观与公正。

4. 审计评价及处理意见或建议

审计评价及处理意见或建议主要是依照有关法规政策等对被审计对象的工作做出的综合评价，以及提出的合理化意见、建议或解决办法。这部分针对性一定要强，措施要切实可行。

审计评价，必须是以确凿的事实与准确的数据为依据，以相关法律法规为准绳，反复比较之后才得出的结论。肯定性审计结论的报告，只要依据相关法律法规条文肯定它的正确合理性即可；否定性审计结论的报告，要详细说明存在问题的具体情况，并依据相关法律法规的具体条文，对其性质与程度给出客观公正的定性结论。

处理意见和建议，是指审计人员根据有关的法律、规章、制度，针对查出的问题提出对被审计单位和有关当事人的处理意见，如没收非法所得、补交税金、处以罚款等。对于严重违反财经纪律甚至触犯国家刑律的被审计对象，还可以提出要求相关部门进行处理或审理的建议。在做出处理决定后，还可帮助被审计对象吸取教训，提高认识，并提出解决问题、消除弊端、改善经营管理的建议和措施，以供被审计单位决策参考。

5. 结尾

审计报告的结尾通常用专用结尾语收尾：如果是上呈性报告，可写"以上意见当否，请审定"；如果是公证性报告，可写"特此证明"。如无必要，也可不写结尾语。

(四)附件

附件通常是审计过程中掌握的不便写入正文的有关证据材料，主要是与审计内容有关的会计账表、凭证、有关人员证词、调查笔录以及审计人员整理成表格的数据资料等。附件也是审计报告结论的依据。

附件标注的位置一般在正文后隔一行或成文日期后，左起空两字写明"附件"或"附"字样，其后写明附件的名称、件数以及序号。附件的原文则依次附于正文之后。

(五)签署和日期

在正文右下方，注明审计单位名称、审计人员姓名并加盖印章，并在签署的下一行注明报告的撰写时间。

二、审计报告的写作要求

审计报告有如下写作要求。

(一)材料要真实可靠

审计报告的材料，既包括被审计对象的事实和数据材料，又包括相关的法律法规材料。材料是审计报告提出问题的前提，也是审计报告得出正确结论、提出合理意见或建议的依据，因此，材料真实可靠是保证审计报告质量的关键。

审计人员要保证事实和数据材料的真实性。事实材料既不可夸大，也不可缩小，对于证据不足或未经查明的事项，可暂时搁置，不要轻率地写进报告，以免陷于被动。数据资料要有确凿的根据，并且要经过反复的检验核实，切忌道听途说或依据个别人的片面意见或主观臆想去推测、拼凑数据，妄下结论。

撰写审计报告时，要准确运用相关法规条文，切忌随意解释和发挥。另外，要注意被引用文件的时效性，行为发生时还未生效或者已废止的文件不能引用。

保证材料的真实可靠性，是依法审计、提高审计质量的根本。

(二)结论要客观公正

确保审计结论客观公正，是对审计人员职业道德的要求。审计报告的结论如同法官的判决，一经提出，将对被审计单位产生重大影响。所以审计工作应坚持原则，秉公办理，不能因被审计单位与自己有切身利益或某种关系而偏袒对方，感情用事，大事化小，小事化了，也不能因与被审计单位存在某种矛盾冲突或隔阂而夸大事实，蓄意整人。审计人员要严格坚持以事实为依据、以法律法规为准绳的原则，不偏听偏信，不怕压力，不滥用职权，始终保持客观公正的态度。

审计结论客观公正，还表现在审计人员下结论要合法、慎重。在整个审计报告的写作过程中，审计人员必须以《中华人民共和国注册会计师法》《中国注册会计师独立审计准则》等法律法规为依据，并对报告的内容与结论的客观公正性负全部责任。如果审计人员因某些原因产生工作过失或欺诈行为，将会承担相应的法律责任。因此，审计报告的结论一定要依据事实和法规反复研究，不能草率行事。

(三)意见、建议要切实可行

审计报告的撰写是一种技术行为，是在审核会计技术的运用是否合理、是否违规的基础上得出结论，发表处理意见。审计人员在发表审计处理意见时，要综合审计过程中发现的问题的大小、性质、情节，可接受的审计风险等因素作出专业的判断。审计意见的提出，要求内容明确，表达清楚，不能含糊其辞。

审计建议是审计报告的一项重要内容，是审计工作的监督、保护职能的体现，具有促进生产、提高管理水平的作用。它是针对发现的问题和被审计对象工作中的薄弱环节提出的，如加强财务工作的管理、改进核算工作、加强会计监督等。因此，审计建议的提出要合时、合适，并具有针对性和可行性，切忌内容空泛，不着边际。

(四)语言要客观准确、规范严谨

审计报告具有权威性和公证作用，这就要求审计报告的语言表达要客观准确、规范严谨。

第十六章 审计报告

1. 反映事物性质的词语要客观准确

第一，用于定性结论的词语要准确，是"贪污"还是"挪用"，是"疏忽"还是"故意"，绝不能含糊；第二，正确使用反映数量的词，如全部、绝大部分、大部分、一部分、多数、少数、个别、唯一等；第三，要正确使用反映程度的词，如性质恶劣、十分严重、严重、比较严重、一般、轻微、很轻等；第四，要正确使用判断性质的词语，如完全符合、符合、基本符合、比较符合、不符合、违反，等等。

2. 数词、量词使用要规范

审计署法制司在《关于印发〈审计报告〉和〈审计决定书〉参考格式的函》(审法字〔2005〕1 号)中指出，审计报告中的数值(包括百分数)除整数值外，小数点后一律保留两位。例如，当金额有"角"无"分"时，"分"位应当写"0"，如 123 元 5 角，写为 123.50 元；当金额无"角""分"时，写成整数值，如 123 元，写为 123 元。在同一审计业务文书中，金额单位应保持统一，如在同一份文件里，"万元"和"元"不要混合使用。

3. 称呼使用要准确

审计署法制司在《关于印发〈审计报告〉和〈审计决定书〉参考格式的函》(审法字〔2005〕1 号)中指出，审计报告中称呼被审计单位一律采用第三人称形式，一般使用被审计单位名称，或称"该单位"。审计报告中单位的名称(包括被审计单位名称)应使用全称或规范化简称，没有规范化简称的，第一次称呼时应使用全称，其后如需使用简称，应在第一次使用全称后标注"(以下简称'××××')"。

4. 引用法律法规要规范严谨

审计署法制司在《关于印发〈审计报告〉和〈审计决定书〉参考格式的函》(审法字〔2005〕1 号)中指出，在引用法律和法规时，一般应列明文件名称、具体条款号及条款内容；在引用规章和规范性文件时，一般应列明发文单位、文件名称、发文号、具体条款号及条款内容。

案例分析

关于××百货商场财务收支的审计报告

××市审计局：

根据审代字〔20××〕第 10 号《审计任务书》，我们于××××年×月×日至×月××日对国营××百货商场××××年的财务收支情况进行了审计。审查了该商场××××年度资金表、经营情况表、有关财务收支的账簿，抽查了年度内的有关记账凭证和原始凭证，盘点了库存现金，按照审计计划如期完成了审计任务。查明：该商场××××年度尽管经营业务有所发展，较好地完成了商业任务，但由于财经法纪观念不强，财会工作薄弱，仍存在内部控

这是一篇典型的财务审计报告。

标题：由被审计对象、审计内容和文种三项内容组成。

主送单位：写明报送的单位名称。

开头：交代审计工作概况，包括

制制度执行不严、会计处理不及时、财务收支不真实等错弊行为。发现并落实的有：隐匿各项收入 16 152 元，扩大各项开支 40 321 元，人为加大销售成本 25 625 元，造成偷漏营业税 826.50 元，偷漏所得税 36 265 元。现报告如下。

一、被审计单位概况

国营××百货商场系××市百货公司所属的中型百货企业，以零售为主，兼营少量批发业务。××××年××月开业，经营大小百货、文化用品、针纺织品、五金交电、服装、鞋帽、家具、家用电器等类商品 17 000 多种。商场设党支部，×××年实有干部职工×××人；除支部书记 1 人、经理 1 人、副经理 2 人等党政管理干部 18 人外，直接从事营业的人员 207 人，占全体人员的 92%；财会专职人员 6 人，占全体人员的 2.67%；按商品大类设 15 个商品柜组，每个柜组的副组长为不脱产核算员。

近年来，在商业经济体制改革中，商场的经营业务有所发展，较好地完成了商业任务。该商场×××年的流动资金平均占用额为 145 万元（其中商品资金占 82.7%）；年销售总额为 1387 万元；实现毛利 176 万元，毛利率为 12.73%（比×××年增长 12%）；实现利润总额 85 万元，利润率为 6.13%（比×××年增长 13.33%）；开支商品流通费 41 万元，费用水平为 2.95%，比上年下降 3.06%；全年全员劳动效率为 61 664 元；人均利润为 3778 元。总的看来，各项主要经济指标计划完成较好。

但是，据有关部门介绍并从审计结果证实，商场的管理工作、财会工作仍处于中间状态，需采取措施，进一步加强。

二、发现的问题和处理意见

除内部控制制度不严，存在漏洞，以及账务处理不及时，长期挂账，致使会计材料不实等问题已分别指出纠正外，查实的属于财务收支错弊问题和处理意见如下。

（一）加大销售成本，压低销售利润

1. 经查，该商场经营的两种电扇，×××年×月份进货的价格每台已调低 30 元，而月末计算销售成本时仍按当月初成本计算，未按先进先出法计算，使当月售出的 780 台电扇，每台多计成本 30 元，共计加大成本 23 400 元。这样便压低了销售利润，造成偷漏所得税 12 870 元。商场财计股长××承认有弄虚作假的错误并做了书面检查。

2. 该商场的小百货、文化用品和糖果烟酒三个商品柜组的库存商品分别实行售价金额核算，分柜组计算已销商品的进销差价。经审核计算发现，该三个商品柜组 12 月份的已销商品进销差价并未

实施审计的依据，审计工作的起止时间，被审计的对象，审计的内容、范围、方式，审计的结果。这一部分写得简明概括，并用过渡句引出下文。

主体：第一部分交代被审计单位的基本情况，包括被审计单位的业务经营范围与规模、内部组织管理的情况、人员配备情况、财产资金情况、主要经济指标完成情况等，并对审查范围内的基本情况进行概要的说明评价，为下文打好基础。

主体第二部分说明审计事实。本部分采用分条列项、段首撮要的方式指出被审计单位存在的问题，分析了问题的性质、原因、造成的不良影响、经济损失程度及后果，并提出了处理意见。

实际计算,而是按 11 月份的三个商品柜组的进销差价率计算的,致使 12 月份实际实现的进销差价少计 2225 元,造成少计利润,漏缴所得税 1223.75 元。商场财计股长××承认错误,并称当时因年终财会业务繁忙,图省事造成,并非故意作弊。经查证,××所述属实。

以上两项人为地扩大销售成本,压低利润,造成偷漏所得税 14 039.75 元。虽已做出检查,但情节较为严重,除应立即调整账项,补缴所得税外,对××××年 6 月所售电扇 780 台有意多计成本偷漏所得税 12 870 元,已征得税务局同意,处以一倍的罚金。

(二)隐匿收入,偷漏所得税

1. 该商场自××××年×月起将 6 个临街门面橱窗租借给本市 6 家工厂做商品宣传广告栏用。商场每月收取租金 1200 元(每个橱窗 200 元),全年合计 14 400 元。此款记入"应付款——其他应付款"的有关明细账户下,长期悬挂,不做清结。商场承认此项收入准备用作"意外"支出,但尚未动用,以致偷漏营业税 744 元和所得税 7510 元。

2. 该商场××××年 10 月为"家用电器厂代销"33 台滞销收录机,每台代销手续费 50 元,共得手续费 1650 元。采用以上手段,计偷营业税 82.50 元和所得税 862.13 元。

经查以上两项均属营业外收入,应计入企业"其他收入"账户,并应照章缴纳营业税,计算经营成果。长期悬挂,备做"意外"开支,属隐匿收入行为。虽均未动用,但已造成严重后果。应立即补缴所漏营业税 826.50 元,余额转入××××年 3 月份"其他收入"账户计算损益。

(三)扩大商品流通费开支

1. ××××年×月××日支付购蒸笼 9 只一笔,单价 35 元,计 315 元;支付炊事用具款 307 元。两项合计 622 元,列入"费用——其他费用"。该项开支均属商场集体食堂所用,按商业财务制度规定应由企业福利基金列支,违反规章制度,造成漏缴所得税 342.10 元。

2. ××××年×月××日支付"购消防运动会奖品"一笔,计 493 元,列入"费用——其他费用"。根据财务制度规定,职工运动会奖品属于福利基金开支范围,乱计费用造成漏缴所得税 271.15 元。

3. ××××年 7 月 20 日支付"修仓库围墙"款 20 503 元,以"费用——修理费"列支;7 月 26 日支付"打水井"款 6052 元,以"费用——保管费"列支。经查,两项工程的有关文件证实,该

本部分在查证问题时,材料充分、证据确凿,保证了内容的客观与公正。提出的处理意见态度鲜明,方法适当,对实际工作有很强的指导作用。

工程均系批准的自筹资金更新改造项目，应由企业"更新改造基金"列支。其乱计费用，造成偷漏所得税14 605元。以上项目合计扩大费用开支27 670元，应立即进行账项调整，应由专项存款支出，造成偷漏所得税15 218元应补缴入库。

（四）乱列其他支出

××××年财税大检查中，因乱记费用偷漏所得税受到罚款11 000元的处理。按现行会计制度规定，支付罚款应由"企业留利基金"承担，但该商场将此项罚款于2月11日支付时，以"待转罚款"为名先在"应收款——其他应收款"账户列账，后于4月25日和5月25日分别由"其他支出"列支。造成财务成果不实，又偷漏所得税6050元。××××年6月20日在商场经理××的同意下，将截至6月份的医药费超支1642元，由"其他支出"列账，违反了现行财务制度，并漏缴所得税903.10元。

以上两笔乱列其他支出12 642元，均属有意违反制度弄虚作假行为，特别是将罚款列支其他支出更是错上加错，情节更为严重，理应受到严肃处理。对上述乱列其他支出应立即纠正，由企业留利基金承担，转由企业专项存款支付。为维护财经纪律，除将偷漏所得税6953.10元补缴入库外，其罚款乱列支出偷漏所得税6050元，已征得税务局同意处以一倍罚金。

三、评价和建议

从这次审计中发现的以上问题可以看出，国营××百货商场主要负责人法制观念淡薄，财会工作质量较低，并未从历次财务检查所发现的错弊行为中吸取教训，以致仍发生有意或无意隐匿收入、扩大开支、财务收支严重不实、偷漏国家税收等一系列违反国家财经纪律和财会制度的行为。为了维护国家利益，严肃财经法纪，促进改善管理，我们提出如下建议。

第一，除对上列问题分别按各项处理意见进行纠正、调整，并补缴营业税826.50元、所得税36 265元、处以罚款18 920元外，还应将转作企业留利基金部分补缴相应的能源交通建设费。

第二，责成市百货公司对该商场的财会工作进行整顿，从此次审计所发现的问题中吸取教训，并采取措施予以改进。

第三，该商场经理××和财计股长××对上述舞弊行为负有直接责任，应向市公司做出检查。

> 主体第三部分对被审计对象存在的问题作出综合评价，并提出合理建议。

第十六章 审计报告

本报告各项内容及建议，该商场已出具书面材料，表示完全同意。

以上报告妥否，请审核。

审计组组长：××（印）
审计员：×××（印）
×××（印）
20××年×月××日

附：国营××百货商场对本报告表示同意的材料一份

(资料来源：豆丁网，https://www.docin.com/p-1359347044.html，内容有改动)

结尾：用专用结语收尾。

落款：包括署名、印章和成文日期。

附件：写明附件名称和份数。

写 作 训 练

一、阅读下文，回答文后的问题。

**关于××市日杂公司××××年度
财务收支的审计报告**

××市审计局：

根据×审综字〔××××〕第16号审计计划安排，审计小组于××××年7月5日至7月25日，对××市日杂公司××××年度财务收支进行了就地审计。审计总金额为825万元，违纪总金额为344 114.07元，应缴金额为48 166.40元。现将审计结果报告如下。

一、基本情况

××市日杂公司是××市供销社所属中型企业，××××年度与市供销社签订承包合同，实行利润递增包干。公司下属11个独立核算单位。

该公司于××××年9月由行政管理型公司变为经济实体公司(由原日杂采购站和生活采购站合并而成)。现分为3个业务经营科室和8个行政职能科室；主营日杂品，兼营五交化及家用电器、家具等。现有职工××人，固定资产103万元，自由流动资金39万元。全年销售额1972万元，实现利润总额67.40万元。

二、发现的问题

1. 弄虚作假套取资金，给××路仓库发奖金8000元(具体内容略)
2. 挪用流动资金22万元建营业楼(具体内容略)
3. 挪用流动资金22 000元，为职工买有奖储蓄(具体内容略)
4. 鞭炮回扣收入未进决算，隐匿利润80 164.07元(具体内容略)
5. 截留出租收入列账外3620元(具体内容略)

三、处理意见

1. 对该公司弄虚作假套取现金给××路仓库发放奖金 8000 元问题，根据《国务院关于违反财政法规处罚的暂行规定》第五条第一款和《现金管理暂行条例实施细则》第二十条第十款的具体规定，应将违纪额全部收缴，并处以 50%的罚款。合计应缴 12000 元。

2. 对挪用流动资金 22 万元建营业楼问题，根据《国务院关于违反财政法规处罚的暂行规定》第五条第四款和第九条，应调整账目归还原资金渠道，并按违纪额的 10%罚款 22 000 元。

3. 对挪用流动资金 22 000 元为职工购买有奖储蓄问题，根据《国务院关于违反财政法规处罚的暂行规定》第九条，按违纪额的 10%罚款 2200 元，中奖 330 元的金额上缴，合计应缴额为 2530 元。

4. 对截留鞭炮回扣收入 80 164.07 元隐匿利润问题，根据《国务院关于违反财政法规处罚的暂行规定》第五条第四款和第六条，调整有关账目，并按违纪额的 10%罚款 8016.40 元。

四、建议

针对审计中发现的问题，提出以下建议。

该公司有关领导及财会科，今后应严格执行会计法，遵守财经法规，实事求是地处理各项经济业务；合理使用资金，认真贯彻专款专用的原则；加强会计基础工作，提高财会人员素质，按财务制度规定，正确摊提各项费用，如实、准确地反映企业财务成果。

附件：××××一份

商粮贸审计处审计小组
组长：×××(章)
××××年八月八日

(资料来源：百度文库，ttps://wenku.baidu.com/view/0ce536675b8102d276a20029bd64783e09127d86.html，内容有改动)

1. 从审计活动执行主体的性质看，本文属于_____类审计报告。
2. 本文的标题由_____、_____和_____三项内容构成。
3. 本文的前言概括交代了哪些方面的内容？
4. 本文的主体部分由哪些内容组成？

二、分析下面的审计报告，找出内容上存在的问题并进行修改。

××股份有限公司资金使用情况专项审计报告

××股份有限公司董事会：

我们接受委托，对××股份有限公司募集资金截至 20××年 12 月 31 日的投入情况进行了专项审核。

贵公司在招股说明书中承诺技改建设总投资 52 654 万元，收购并技改投资 22 855 万元，投入配套流动资金 40 936 万元。实际投入技改资金 55 377 万元，与技改项目有关的配套流动资金已于 20××～20××年逐步投入；实际支付收购项目资金 11 855 万元，支付被收购企业技改垫付资金 11 000 万元。

在募集资金使用进度上，招股说明书披露 20××年投入技改资金 409 万元，现已提前投入工程建设；招股说明书披露 20××年支付收购项目资金及技改资金 18 855 万元，因交接手续方面的原因，于 20××年支付完毕。

四川××会计师事务所(章)

(资料来源：人民网，http://www.people.com.cn/GB/channel3/24/20000516/66338.html，内容有改动)

三、下面是在一次审计工作中发现的被审计对象存在的问题，请根据审计工作的相关法律法规，提出相应的处理意见和建议。

对××街道党工委书记××任期经济责任进行审计之后，发现以下问题。

1. 违反《现金管理条例实施细则》第六条"开户单位之间的经济往来必须通过银行进行转账结算"，第七条"结算起点为一千元"和第八条"除本条例第六条第(五)、(六)项外，开户单位支付给个人的款项中，支付现金不得超过一千元"的规定，2015 年 12 月至 2018 年 8 月超出规定限额累计 150 666.29 元。

2. 违反《行政单位会计制度》第二十四条"固定资产应当按照取得或购建时的实际成本记账。盘盈和接受捐赠的固定资产应当按照同类资产的市场价格或者有关凭据确定固定资产价值。对固定资产进行改建、扩建，其净增值部分，应当计入固定资产价值"的规定，该街道现有办公楼因尚有部分工程款未能付清，相关手续不全，所以价值未在资产账上反映，形成账外资产。

3. 违反《中华人民共和国税收征收管理法》第四条第三款"纳税人、扣缴义务人必须依照法律、行政法规的规定缴纳税款、代扣代缴、代收代缴税款"和国财税〔1994〕26 号通知关于"单位和个体经营者销售自己使用过的舰艇、摩托车和应征消费税的汽车，无论销售者是否属于一般纳税人，一律按简易办法按照 6 的征收率计算增值税"(我市执行4)的规定，出售轿车收入 25 600.00 元，漏缴增值税 124.00 元。

(资料来源：百度文库，https://wenku.baidu.com/view/7a754d0ea1116c175f0e7cd184254b35effd1a62.html/，内容有改动)

第十七章 广告文案

> 学习目标

- 了解广告的概念、基本特征和种类。
- 把握广告文案的基本特征。
- 掌握广告文案的结构和写法。

第一节 广告概述

一、广告的概念

广告一词来源于拉丁文"advertere",原为"唤起注意""诱导"之意,后泛指一系列的广告活动。在我国,广告古已有之,如最古老的物物交换中的商品本身即可看作实物广告,吸引顾客的吆喝、叫卖则属于口头广告;但我国古代典籍均未收录"广告"一词。直至 20 世纪 20 年代初,随着大量外国资本在大中城市的输入,我国现代广告业开始兴起,"广告"一词才出现于我国。目前,广告学领域多采用以下定义:

广告是各种社会组织或个人付出某种代价,采用适当的艺术方式,通过不同媒介,向大众传播信息,以改变或强化人们观念和行为的活动。

从这个定义中可以看出,广告包含以下几个要素。
- 广告主:即广告出资人或发起者,包括各种企业、团体、国家机关、个人等。
- 广告媒体:即承载广告信息的物质载体,如报纸、杂志、广播、电视等。
- 广告费用:即开展广告活动所需的费用,如调研费用、制作费用、传播费用等。
- 广告受众:即广告信息的接受者。
- 广告信息:即广告的具体内容,如商品信息、劳务信息、观念信息等。

二、广告的基本特征

广告具有如下基本特征。

(一)传播目的的功利性

广告活动随着商品经济的产生而产生,本质上是一种信息传播活动。广告主之所以愿意付费传播信息,主要目的是推销产品,出卖服务,树立观念,其最终目的都是为了从中获益。同时,广告不仅可以使广告主获益,还可以使广告媒体、广告公司等获益。因此,

广告和新闻等传播活动最明显的区别就在于其功利性。

(二)传播过程的劝服性

广告的目的是要说服受众接受广告主传达的信息。因此，广告的过程，实质上是一种劝说的过程。在传播过程中，广告制作者要采用各种艺术表现方法，劝说、鼓动、诱导受众接受自己的观念，使受众在日积月累的过程中，从对信息的一无所知，到欣然愉悦地接受信息。这就是广告成功的关键所在。但劝说必须遵循一定的道德规范，以一定的客观事实为基础，不能成为无中生有的欺骗。

(三)传播频率的重复性

根据人的记忆规律，昙花一现的广告很难长久留在人的记忆当中，自然也很难产生广告效应。为了使更多受众接受广告信息，获取更多效益，广告要假以时日，不断重复，这样才能达到其功利性目的。因此，一个企业、一种产品、一种观念必须反复传播才能广为人知，从而实现广告的最终目标。但要注意，创新的重复才是广告追求的最高境界，简单的重复反而会增加受众的反感。

三、广告的分类

随着商品经济的发展，广告在传播内容、传播媒介等方面都有不断的更新，因此，广告种类繁多。按照不同的标准，广告通常有以下几种分类。

(一)按广告目的分

按照目的的不同，广告可分为经济广告和非经济广告。

1. 经济广告

经济广告是以获取利润为目的的营利性广告，也叫商业广告，如推销产品的产品广告；介绍银行、保险、旅游、饭店、车辆出租、家电维修等内容的服务性广告；介绍企业形象的广告等。一般狭义的广告即经济广告。

2. 非经济广告

非经济广告是以达到某种宣传效果为目的的非营利性广告，如政府公告、声明、启事、公益广告等。

(二)按广告内容分

按照内容的不同，广告可分为以下四种类型。

1. 商业广告

商业广告即经济广告。商业广告以宣传介绍产品、企业为主要内容，是最主要、最能显示广告特征的广告类型。

2. 社会广告

社会广告是指为社会大众提供服务的广告。社会广告一般是非营利性广告或服务性广告，如招生广告、招聘启事、证件挂失等。

3. 文化广告

文化广告是以传播科技、教育、艺术、卫生、体育、新闻出版等活动信息为主要内容的广告，如新书预告、文艺演出等节目预告。文化广告属于营利性广告。

4. 公益广告

公益广告即为社会公众利益服务的非营利性广告，目的在于唤起公众对某一社会问题、社会风尚或社会观念的关注，以引导其向健康正确的方向发展。

(三)按广告媒介分

按照媒介的不同，广告可分为如下几类。

1. 印刷广告

印刷广告是刊登在报纸、杂志、书籍、挂历等印刷媒介上的广告。此类广告易保存，可反复阅读。

2. 视听广告

视听广告是在广播、电视、电影、网络以及其他电子媒体屏幕上播放的广告。此类广告声像并茂、感染力强，具有较强的广告效应。

3. 户外广告

户外广告是在街道、车站、码头、建筑物等公共场所按有关规定设置的广告，如路牌、旗帜、霓虹灯、柜台、橱窗、标语、条幅等。此类广告简洁鲜明，成本较低，持久性强，但传播范围较小。

4. 邮寄广告

邮寄广告是通过邮寄方式，将印刷品广告直接寄给接受者的广告，如明信片、信函、产品说明书、产品目录、宣传册等。此类广告针对性强，简便易行，但时效性稍差。

5. 交通广告

交通广告是在车、船、飞机等交通工具上设置的广告。

总之，随着市场经济的发展，可用于传播广告的媒介越来越多，如烟花、模特儿、购物袋、包装纸、通信工具等，也都可以作为广告媒介。因此，广告种类数不胜数，上述分类难以尽全。本章主要介绍商业广告文案的写作规范。

第二节 广告文案写作

广告作品创作，主要包括文字与画面两大部分，其中语言文字部分通常称为广告文案，又称广告文稿或广告词。广告文案的制作要抓住受众的需求心理，按照广告主的意图以及广告目标的要求，用生动形象的语言文字传达广告信息，吸引受众。与画面相比，广告文案对传达广告信息起着至关重要的作用。据资料显示，广告效果的 50%～70%均来自广告文案。可以说，广告文案是广告的灵魂和主体。

一、广告文案的基本特征

广告文案具有以下基本特征。

(一)真实性

真实性是广告文案写作的根本原则和基本要求。广告文案的信息内容要真实、准确、明晰，不得造假、虚夸、含糊其辞。因此，广告文案写作首先必须实事求是地反映对象的特性、功能、价值以及相关服务，不能言过其实或者刻意隐瞒；其次，在语言表达上要准确贴切、清楚明白，不能含混不清。如果违背了真实性原则，从长远看会断送产品的生命力，使广告活动相关方面的利益受到巨大损害；同时，也可能会触犯相关法律法规。

(二)实效性

广告文案的写作目的在于为广告宣传服务，或促使人们购买产品，或树立企业形象，或建立一种观念。因此，评价广告文案是否有效的标准就在于看其是否促进了销售，提高了品牌认知度，加深了公众认识。这就要求广告文案的写作要做到实用、有效，不能为了追求艺术效果而华而不实。

(三)原创性

广告文案为了吸引受众，给人以新鲜感，就要立意新颖独特，表现方法富有创造性，既不能重复或模仿别人，也不能重复或模仿自己。要立足于沟通产品特点和消费者的心理特征，力图做到独一无二。如果一味模仿，只会降低产品或品牌的生命力，反而帮助了竞争对手。

(四)艺术性

艺术性是广告文案的生命源泉，它可以提高人们对广告信息的感性认识，拉近产品和消费者之间的距离，增加亲和力，对于广告深入人心进而产生持久、广泛的影响力具有至关重要的作用。因此，广告文案要在真实的基础上，尽量使用生动活泼的语言，调动情感，渲染气氛。

二、广告文案的结构形式

广告文案的写作在不同媒体上有不同的要求,但一般都由标题、正文、标语、附文(随文)等组成。

(一)标题

广告的标题一般放在广告文案的最前面,是广告文字信息的高度概括。标题的优劣,往往影响着广告的传播效果和效益。好的标题,能增强广告的感染力,使阅读率成倍提高。

1. 标题的类型

广告标题的类型有如下几种。

(1) 直接式标题。这种标题通常以简短有力的文字,直截了当地将广告主题告知受众,使人一看标题就对广告信息一目了然。这种标题一般直接写明品牌名称、企业名称或活动名称。请看下面的例子。

- ××商场隆重开业!
- 力士香皂——国际著名影星的护肤秘密

这种标题虽然简洁明了,但往往艺术感染力和吸引力较差。因此,为了弥补这一缺陷,可以将直接式标题赋予一定的艺术表现手法,使其形象化、情趣化。如下面几例。

- 喝孔府宴酒,作天下文章
- 温暖亲情,金龙鱼的大家庭

(2) 间接式标题。这种标题通常采用文学表现手法,用迂回曲折的方式、含蓄朦胧的语句吸引受众注意,而不是直接进入广告主题。这时受众要将标题与正文结合后才能明白广告的重点。如下面几例广告标题。

- 放我的真心在你的手心!(美加净护手霜广告)
- 小身材,大味道(好时 Kisses 巧克力广告)

这类标题生动活泼、风趣诱人,都没有显现商品名称,而是用突出产品功效或特点等各种方法吸引读者阅读广告正文。但使用时切忌故弄玄虚、弄巧成拙。

(3) 复合式标题。复合式标题是由引题、正题、副题组成的标题群。这种标题兼具上述两种标题的优点,既清晰明了,又耐人寻味,通常用于广告内容较多的文案,如摩托罗拉商务手机广告的标题就是由一层正题和三层副题组成的。

正副式标题:摩托罗拉商务手机广告标题

智能商务手机 A760

手写输入连笔草书识别——聪慧灵巧更迅捷
超常影音录放——尽兴时刻全情记录
智能语音识别——完美人机会话

引正式：顶好香油广告

滴滴精纯，风味顶好
顶好香油

三层标题：天府花生广告的标题由引题、正题和副题构成

四川特产，口味一流
天府花生
越剥越开心

2．标题的表现形式

广告标题的表现形式有以下几种。

(1) 新闻式。新闻式标题是将产品的特点、销售方式等在标题中以类似发布新闻的方式告知受众，常用于推介新产品等，如下面几例广告标题。

● 麦氏换上新名字(麦氏咖啡更名广告)
● 放心——沃尔沃汽车已来到中国(瑞典 VOLVO 汽车的报纸广告)

(2) 祈使式。祈使式标题用希望、劝勉、叮咛等语气劝服受众接受产品。采用这种形式应避免强制命令语气，尽量亲切、委婉，如下面几例广告标题。

● 千禧良机，岂容错过。(美国大陆航空公司优惠广告)
● 男人就应该对自己狠一点 (柒牌服饰广告)

(3) 颂扬式。颂扬式标题是在标题中赞美产品的特性，如下面几例所示。

● 酒气冲天，飞鸟闻香化凤，糟粕落地，游鱼得味成龙(洋河大曲广告)
● 海鸥表当代计时之宝(上海手表厂广告)

(4) 提问式。提问式标题是在标题中提问，在正文中回答的自问自答式，如标题"你想青春常驻吗？"正文"请用××牌……"。正文也可不答，而标题采用诱导式提问，引起受众注意，如下面两例所示。

● 人类失去联想，世界将会怎样？(联想公司广告)
● 谁能帮您轻松建立动态网站，从此一劳永逸？新一代动态网站设计师 e-business Starter Kit 在此听命！

(5) 格言式。格言式标题是采用哲理性语言揭示广告内涵，这种标题甚至可以作为广告的口号标语来使用，如下面一例所示。

● 见证历史，把握未来(欧米茄平面广告)

3．标题的制作要求

广告标题的制作有如下要求。

(1) 强化主题。广告标题往往反映广告主题，要诱导消费者选择产品，帮助消费者最快掌握信息。因此，标题必须鲜明、集中、直接、清晰地反映广告内容，并通过各种艺术表现手法或字体、字形、字号的变化，尽量使标题新颖别致，突出鲜明，从而强化主题、强化消费者的记忆。

(2) 通俗易懂。广告标题要想激发受众的购买欲望,不宜使用艰深晦涩的词语,而应使用受众易听懂、易接受的通俗语言,甚至可采用口语来获得较好的宣传效果。如NISSAN 汽车系列广告文案的标题。

- 这么大,小一点更好(洗车工人)
- 这么多安全设备干嘛(车厂)
- 它令我很不舒服(敌对车行)
- 太快了,我不喜欢(87 岁老人)

(3) 简短有力。广告标题语言要精练,不宜过长,一般以 6~12 字为宜。如果文字过多,可采用复合式标题。

(二)正文

正文是广告文案的主干部分,用以具体介绍说明产品,深度说服消费者。如果说标题的作用在于吸引受众,那么正文则要向受众具体展示产品,并证实标题的内容。出色的正文能够最大限度地激起消费者的购买欲望。

1. 正文的结构

广告文案正文的写作没有固定模式,但总体来说应包括以下三个部分。

(1) 引言。引言是广告正文的开头部分,是标题与主体的衔接环节。因此,它要在标题之下解释说明产品信息。尤其对于间接式标题来说,开头提供的信息尤为重要,应写出产品是什么,以及产品的主要优点。

(2) 主体。主体是阐述广告主题及解释标题内涵的主要部分,是正文的中心。要用富有说服力的事实来证明产品的质量、功能、优势以及这些特点能给受众带来的利益。主要回答"用什么来证明"的问题。

(3) 结尾。结尾是正文的最后部分,主要内容是敦促消费者接受并购买产品。结尾虽然短小,但意义重大,它与标题相呼应,能进一步提高广告效果。

广告文案的正文虽然可分为上述三部分,但有时可将各部分融为一体,有时省略其中某一部分,总之写法灵活多样,不必墨守拘泥。

2. 正文的表现形式

正文的表现形式有如下四种。

(1) 直述式。直述式也称简介式,采用平铺直叙的方式,直截了当、明白准确地说明产品的名称、功能、规格、价目等,不用过多的艺术表现方法。如下面瑞士欧米茄手表广告的正文:

全新欧米茄碟飞手动上链机械表,备有 18K 金或不锈钢型号。瑞士生产,始于 1848 年。对少数人而言,时间不只是分秒的记录,亦是个人成就的佐证。全新欧米茄碟飞手表系列,将传统装饰手表的神韵重新展现,正是显赫成就的象征。碟飞手表于 1967 年首度面世,其优美典雅的造型与精密科学的设计尽显高贵气派,瞬间即成为殿堂级的名表典

范。时至今日，全新碟飞系列更把这份经典魅力一再提升。流行的圆形外壳，同时流露古典美态；金属表圈设计简洁、高雅大方，灯光映照下，绽放耀目光芒。在转动机件上，碟飞更显工艺精湛。机芯仅 2.5 毫米薄，内里镶有 17 颗宝石，配上比黄金罕贵 20 倍的铑金属，价值非凡，经典时计，浑然天成。全新欧米茄碟飞手表系列，价格由八千至二十余万元不等，不仅为您昭示时间，同时见证您的杰出风范。具备纯白金、18K 金镶钻石、18K 金及上乘不锈钢款式，并有相配衬的金属或鳄鱼皮表带以供选择。

(2) 描述式。描述式以生动活泼或细腻感人的描绘、刻画方式，将直接陈述的广告信息写成故事、散文、诗歌、笑话、小品等文学样式，给人以亲切形象、幽默风趣的印象，从而以浓郁的情趣吸引受众，例如下面 DIPLOMA 奶粉广告的正文：

> 亲爱的扣眼：
> 你好，我是纽扣，
> 你记得我们已经有多久没在一起了吗？
> 尽管每天都能见到你的倩影，
> 但肥嘟嘟的肚皮横亘在你我之间，
> 让我们有如牛郎与织女般地不幸。
> 不过在此告诉你一个好消息，
> 主人决定极力促成我们的相聚；
> 相信主人在食用 DIPLOMA 脱脂奶粉后，
> 我们不久就可以天长地久，永不分离。

再如帕拉丁广告的正文：

> 无论喧嚣城市还是狂放山野
> PALADIN 一样从容疾驰
> 抛开身畔追随和羡慕的视野
> 任体内对自由的渴望
> 在驰骋中尽情宣泄
> 一往直前的不羁梦想
> 凝聚成内心澎湃的动力之源
> 开辟前方无限可能
> 纵横天地任由激情洋溢

又如中华汽车电视广告的正文：

> 如果你问我，这世界上最重要的一部车是什么？那绝不是你在路上能看到的。
> 30 年前，我 5 岁，那一夜，我发高烧，村里没有医院。爸爸背着我，走过山，越过水，从村里到医院。爸爸的汗水，湿遍了整个肩膀。我觉得，这世界上最重要的一部车是——爸爸的肩膀。
> 今天，我买了一部车，我第一个想说的是："阿爸，我载你来走走，好吗？"
> 中华汽车，永远向爸爸的肩膀看齐。

(3) 证明式。证明式以证明书的形式来证实商品的功能、特点等，一般会以"权威人士""著名人士"或虚拟的代表性人物对商品特性的评价、鉴赏作为文案的主要内容，从而获得消费者信任，以便敦促消费者购买产品，如家庭用品选用家庭主妇作为证明人，或明星代言产品等。如江苏盐业平面广告的正文：

> 小梅　24 岁　公司文员："现在我可轻松多了，不用化妆不用美容，一样有靓丽的笑容去迎接每一天。试过了你就会知道，奥秘其实就是它。"
> 王阿姨　76 岁　退休："可别小看这盐，天天就吃那么一点儿，用处可大着呢！它不仅有益健康，还能预防高血压和骨质疏松等疾病，现在我和老伴可离不开了呢！"
> Paul　29 岁　自由职业者："太太说了，盐要少吃，但要吃好，尤其是孩子的生长发育、老人的身体健康，都缺不了这盐。'少吃盐、吃好盐'，肯定没错！"

(4) 表格式。表格式或称目录式，是以表格或罗列目录的形式将产品信息加以公布的文案。这种方式虽然不够生动，但条理分明，眉目清楚，使受众更容易了解产品的主要信息。文娱信息、股市行情、期刊内容的预报等常采用这种形式。

3. 正文的写作要求

广告正文的写作要求主要是真实可信、生动有趣。

(1) 真实可信。广告信息重在真实，因此尽管广告正文写作要富有创意，艺术表现方法灵活多样，但切忌夸夸其谈、过于粉饰雕琢，更不能虚言欺骗。

(2) 生动有趣。人们对新鲜的事物总是很感兴趣，因此可以选择一些产品背后不为人熟知的特色、功能或其他事实作为正文内容。对于篇幅较长的正文，则要尽量采用各种艺术表现方法，如情节生动的故事、幽默诙谐的语言等增强正文的生动性。

(三)广告标语

广告标语又称广告口号，是广告商在一定时期内反复使用的简短的、口号式的特定宣传语。它是对广告商品信息的精练概括，或者是对企业形象、产品理念的简洁诠释。在广告文案中，广告标语可以独立设置，也可与标题合并，其作用是便于传播记忆，使受众理解并记住产品或企业的理念。

1. 广告标语的制作方法

广告标语的制作很灵活，方法不一，可采用诸如对偶、比喻、夸张、双关、谐音、顶真等多种修辞手法，也可将口语、诗词、格言等写入标语中。如下述几则标语所示。

- 比喻式：牛奶香浓，丝般感受(德芙巧克力)
- 格言式：科技以人为本(诺基亚)
- 口语式：味道好极了(雀巢咖啡)
- 双关式：虽为毫末技艺，却是顶上功夫(理发店)
- 对仗式：春都进万家，宾朋满天下(春都火腿肠)
- 顶真式：车到山前必有路，有路必有丰田车(丰田汽车)

- 夸张式：请不要与本店出来的女子调情，她也许就是你的祖母(美容院)
- 拟人式：与狼共舞，尽显英雄本色(七匹狼)
- 引用式：何以解忧？唯有杜康(杜康酒)
- 反复式：燕舞，燕舞，一曲歌来一片情(燕舞牌录音机)
- 对比式：臭名远扬，香飘万里(臭豆腐店)

在内容上，标语或强调、突出产品特性，或反映产品、企业的技术水平、地位、理念或前景等。突出产品特性的标语如下所示。

- 尽情享受两全其美(健力士黑啤酒)
- 只溶在口，不溶在手(M&M巧克力)

反映产品、企业的技术水平、地位、理念的标语如下所示。

- 传奇品质，百年张裕(张裕葡萄酒)
- 不同之处，在于世界水平(三菱空调)
- 情系中国结，联通四海心(中国联通)

反映企业前景的标语如下所示。

- 梦想无界　科技无限(科龙冰箱)

2. 广告标语的制作要求

广告标语的制作要求有如下两个方面。

(1) 内涵丰富，简短易记。标语一般应采用肯定表达方式高度概括产品本质，字数不宜太多，大多在 10 字以内。要注意词语间的节奏、韵律，要流畅上口，便于记忆。如雪碧的广告语："晶晶亮，透心凉"。

(2) 相对固定，经久耐用。广告标语一般与品牌紧密联系，相对固定，要长期传播，不能由于产品类型改变而随意改变，应与品牌持久相伴，从而有助于企业形象的树立。如李宁产品的广告语："一切皆有可能"。

3. 广告标语与标题的区别

广告标语与标题有以下不同之处。

(1) 目的不同。标题的目的在于吸引读者，使受众了解产品信息；而标语则旨在建立一种观念，以求深入人心，指导消费者购买产品。

(2) 时效不同。标题不是固定不变的，针对不同产品类型会有不同的标题，用完即废；标语则相对固定，可在相当长的时期内、同一品牌的不同产品的广告宣传中使用。

(3) 位置不同。标题通常放在文案开头；标语则位置灵活，可在结尾，也可独立成段。

(四)广告附文

广告附文是广告文案中的附属文字部分，是对广告信息的进一步补充说明，一般由商标、商品名称、公司名称、公司地址、电话等联系方式以及权威机构认证标识等组成。它

不是广告文案的必要组成部分,应根据广告目标、传播媒介等有所取舍,也可放在正文结尾。

三、广告文案的写作要求

广告文案的写作有如下要求。

(一)简明扼要

广告文案要求尽量简洁明了,即用尽量少的语言清楚传达广告宣传对象的重点信息。

(二)打动人心

广告文案要通过多种表现方法吸引受众注意,引起受众的购买兴趣,激发并鼓动受众最终的购买行为。

(三)通俗易懂

要想尽可能扩大产品的市场占有率,就要让广大消费者广泛了解产品,因此,广告的语言一般应大众化、口语化,这样才能满足更多消费者的需求。当然,对于文化层次较高的特定消费群,也可适当文雅一些,但要避免曲高和寡、晦涩难懂。

案例分析一

> **轻松能量　来自红牛**
>
> 　　还在用这种方法提神?都新世纪了,还在用这一杯苦咖啡来提神?你知道吗?还有更好的方式来帮助你唤起精神:
> 　　全新上市的强化型红牛功能饮料富含氨基酸、维生素等多种营养成分,更添加了 8 倍牛磺酸,能有效激活脑细胞,缓解视觉疲劳,不仅可以提神醒脑,更能加倍呵护你的身体,令你随时拥有敏锐的判断力,提高工作效率。
> 　　迅速抗疲劳　激活脑细胞!

标题:属直接式,点明了产品名称,强调了产品功用。

正文:引言部分以自问自答的方式写出产品优点;主体采用直述方法证明产品。

标语:运用对偶方法。

全篇各部分围绕产品优点展开。

案例分析二

> 世界经典两厢车
> 一汽大众：汽车价值的典范
>
> ### 和我一样，贝尼觉得朋友越多越好
>
> 没错，高尔夫，很生活
> 相信你也一定需要这样一部车，去记载生活中许多值得回味的细节。独具特色的第五门揭背设计，后备空间大有余地，真正符合你，宠物与欢乐，越多越有趣。原来，高尔夫可以很生活，生活可以很高尔夫。
> 杰作天成，一见如故。高尔夫，经典名车。

标语： 同时突出了产品的地位和优点。

标题： 采用正副式标题，以生动的口语化语言吸引受众阅读正文。

正文： 运用亲切感人的散文化语言，突出了产品的优点。结尾呼应标语，有利于进一步敦促消费者购买。

案例分析三

> ### 宾堡新原生黑麦切片面包
>
> 它的须根发达，可以渗入土壤汲取养分，因此拥有顽强的生命力。即使在土壤酸性较大、干燥或寒冷的环境中也能健康生长，这就是黑麦。宾堡原生黑麦面包，还融入芬芳的红豆蓉，丝丝豆香中，美味和健康轻松得到。
> 宾堡，烘焙专家来到您身边！
> 宾堡集团——国际领先的烘焙食品生产企业。
> 我们坚持选用优质、新鲜的原材料，为人们提供高品质的面包及糕点食品，不断满足不同国家、不同饮食结构的需求。
> 选择宾堡，选择健康营养的好生活。
> 宾堡，烘焙幸福的味道！

标题： 属直接式，点明产品名称。

正文： 引言说明产品的主要特点。

标语： 呼告警醒。

主体部分运用直述方式，具体介绍企业情况及产品的特质。

结尾紧扣主题，敦促购买行为。

标语： 再次呼告警醒。

写 作 训 练

一、分析下述材料，回答文后的问题。

(一)广告文案标题分析

> 豪华住宅　崭新典范
> ××市假日新城
> 景色如画堪称天上人间

1. 从类型上看这则标题属于(　　)。
    A. 直接式　　　　B. 间接式　　　　C. 复合式
2. 从表现形式看这则标题属于(　　)。
    A. 新闻式　　　B. 颂扬式　　　C. 祈使式　　　D. 格言式
3. 这则标题运用的修辞方法有_____、_____。

(二)美国××保险公司广告文案分析

当我 28 岁时,我认为今生今世我很可能不会结婚了。我的个子太高,双手及两条腿的不对头常常妨碍了我。衣服穿在我身上,也从来没有像穿到别位女郎身上那样好看。似乎绝不可能有一位护花使者会骑着他的白马来把我带去。

可是终于有一个男人陪伴我了。爱维莱特并不是你在 16 岁时所梦想的那种练达世故的情人,而是一位羞怯并拙笨的人。

他看上了我不自知的优点。我才开始感觉到不虚此生。事实上我俩当时都是如此。很快的,我们互相融洽无间,我们如不在一起就有悄然若失的感觉。所以我们认为这可能就是小说上所写的那类爱情故事,以后我们就结婚了。

我不能相信已经过了这许多岁月,岁月载着爱维和我安静地度过,就像驾着独木舟行驶在平静的河中,你并感觉不到舟之移动。我们从来未曾去过欧洲,我们甚至还没去过加州。我认为我们并不需要去,因为家对我们已经是够大了。

我希望我们能生几个孩子,但是我们未能达成愿望。我很像圣经中的撒拉(Sarah),只是上帝并未赏赐我以奇迹。也许上帝想我有了爱维莱特已经够了。

唉! 爱维在两年前的四月中故去。安静地,含着微笑,就和他生前一样。苹果树的花仍在盛开,大地仍然充满了甜蜜的气息。而我则悄然若失,欲哭无泪。当我弟弟来帮助我料理爱维的后事时,我发觉他是那么体贴关心我,就和他往常的所作所为一样。在银行中并没有给我存有很多钱,但有一张照顾我余生全部生活费用的保险单。就一个女人所诚心相爱的男人过世之后而论,我实在是和别的女人一样地心满意足了。

(资料来源:http://www.tooopen.com/copy/view/40462.html,有删改)

1. 从表现形式看这则广告文案属于(　　)。
    A. 直述式　　　B. 描述式　　　C. 证明式　　　D. 表格式
2. 给本文加写一个复合式标题。

(三)下列广告语中各运用了哪些修辞方法?

1. 一夫当关,万夫莫开。(锁厂广告)
    A._____　　B._____
2. 猛虎一杯山中醉,蛟龙两盏海底服。(酒广告)
    A._____　　B._____　　C._____
3. 大"石"化小,小"石"化了。(药品广告)
    A._____　　B._____

4. 见爱，见爱，人见人爱。(见爱服装广告)

    A._____   B._____

5. 不求锦上添花，只求雪中送炭。(典当行广告)

    A._____   B._____

二、请根据以下背景材料，设计出不同类型的广告标题和标语。

> 某房地产公司欲在城西的玲珑山下、幽溪边构筑多层、小高层及商住两用的住宅群，面积约为110亩。该地块紧挨新大学城，交通较为便利，路对面即为一所省一级重点中学。该公司已为某城建筑多处住宅小区，其环境设计幽雅，设计理念先进。
>
> (资料来源：浙江省2006年10月高等教育自学考试广告文案写作试题)

三、请根据所给的背景资料写一则广告文案，要求标题、广告标语、正文格式完整；正文字数不少于200字。

> 某超市是一大型超市，各种生活日用品、食品、新鲜蔬果等各类商品品种齐全，价格合理。现欲在某一中小型城市开一家中型连锁店。
>
> (资料来源：浙江省2005年10月高等教育自学考试广告文案写作试题)

第十八章 消 息

学习目标

- 了解新闻的概念、特点、种类和作用。
- 熟悉消息的概念、特点和分类。
- 熟练掌握消息的结构和写法。

第一节 新闻与消息概述

一、新闻概述

我们可以从以下五个方面理解新闻。

(一)新闻的概念

新闻一词最早来源于英文"news",由"north"(北)、"east"(东)、"west"(西)、"south"(南)四个单词的首字母拼写而成,意即"来自四面八方的消息"。对于新闻的含义,新闻学者有不同的理解,有人认为新闻产生于人的好奇心理本能,如"新闻是对那些使相当多的人感兴趣的事件、事实和观点的及时报道"(弗里斯),"新闻是最近发生的,能引人兴味的事实"(布莱尔)。这种把新闻单纯归结为人类心理现象的说法,不免偏颇。目前,我国新闻学界普遍公认的对新闻的表述是:

> "新闻要反映新发生的、重要的、有意义的、能引起广泛兴趣的事实,它具有迅速、明了、简短的特点,是一种最有效的宣传形式。"
>
> (资料来源:《中共中央宣传部 1981 年报纸工作座谈会纪要》)

新闻种类多,范围广。广义的新闻是一切新闻文体的统称,包括消息、通讯、新闻专访、新闻评论等众多新闻文体;狭义的新闻则仅指消息。

(二)新闻的特点

根据新闻的概念,综合新闻文体的特征,可以看出新闻具有以下基本特点。

1. 真实性

真实性是新闻内容的根本要求,是新闻的生命。所谓真实,即要求新闻传播的内容要符合客观实际,确有其事,实有其人;不得为了特定的目的,篡改事实,虚构造假。没有

了真实性，新闻也就失去了存在价值。这就要求新闻的发布者、采写者，要做到亲自采访、认真调查，保证获得第一手事实材料。即使不是直接获得的新闻素材也要核实清楚，确保稿件中的人名、地名、数据、引文、背景材料，甚至不起眼的小细节都要准确无误。即便是以分析评论为主的新闻文体也要以事实为本，"用事实说话"，切忌脱离事实地评头论足，随意抬高或者贬低。

2. 新鲜性

真实的事件在我们身边随处可见，但不是每一则事实都具有新闻价值。要想吸引更多受众来关注自己的新闻内容，体现新闻价值，首先就要筛选内容"新"的事件作为新闻素材，例如一些人民群众急于、乐于知道的新人物、新知识、新时尚、新动态，甚至奇闻轶事等。其次，还可在众所周知的事件中开辟新的角度进行挖掘写作。最后，还可追求新的表现手法，例如从报道形式、版面编排、语言风格等角度求新，从而吸引受众的注意力。

3. 重要性

当今社会，大量信息广泛充斥在我们身边的每个角落，然而，作为传播信息的工具，新闻不能是"每事录"，也无法事事、时时求新。尽管受众兴趣和新闻价值的重要性有一定联系，但并不是所有新鲜有趣的事件都具有重要性。"广大群众欲知应知而未知的重要的事实"，主要是指在国内外各领域及人民群众的工作生活中有深远影响和重要意义的事件。因此，新闻取材的第三个标准就是要有重要意义，即要关系国计民生，国内外的重大事件，房价、物价、股票等的起伏动荡，节日期间交通出行等问题，无一例外都能成为新闻报道的对象。

4. 及时性

新闻必须是新近发生的事实，有"时间易碎品"之称。一旦时过境迁，新闻价值就会削弱甚至完全丧失，特别是在知识、信息高速更新的今天，新闻的时效性更要加强。因此，在新闻采写时，有"抢"新闻的说法。这就要求在新闻采访、写作、编辑、发稿、播出等各个环节都要迅速、及时。谁的新闻创造第一、最快，谁的新闻吸引的眼球就最多，新闻的价值也就最大。至于一些陈年旧事、历史往事放在新闻文稿中，则主要用作背景材料，而不作为新闻事件本身，这与新闻的时效性并不矛盾。

(三)新闻的种类

新闻形式多样，内容广泛，根据不同的分类标准可分为不同的种类，常见的分类有以下几种。

1. 按报道内容分

新闻按报道内容的不同可分为以下两类。

(1) 事件性新闻(动态性新闻)。事件性新闻以时间较短、内容单一的突发事件为报道主体，按照事件发展的时间顺序进行报道，包括政权更迭、政策变动、经济危机、自然灾害、重大事故、有较大影响的新成就等。如《山西旱情持续发展　近八成小麦受旱》《我新型战机首次在异国升空训练　创中国空军多项第一》等。

(2) 非事件性新闻(组织性新闻)。非事件性新闻，简而言之是指除事件性新闻以外的所有新闻。一般通过对不同的新闻事实进行分析、综合、归纳、概括、提炼，揭示事件本质或主题。

2. 按传播媒介分

新闻按传播媒介的不同可分为以下几类。

(1) 广播新闻。受众接受广播新闻信息的方式方便自由，只要具备足够的电讯技术即可，不受地域、意识形态等因素的限制。

(2) 报纸新闻。报纸新闻的信息更有深度和广度，地域性特点相对突出，但视觉效果稍差。

(3) 电视新闻。电视新闻同时传播音和像，专业要求较高，有摄像、采访、剪辑、制稿、配音等程序，形象生动。

(4) 网络新闻。网络新闻的时效性超强，传播方式多样，受众享有最大的阅读主动权，但其原创性受限制。

3. 按表达方式分

新闻按表达方式的不同可分为以下两种。

(1) 报道性新闻。报道性新闻以客观叙述为主，辅以少量描写，少用议论评说的表达方式，如消息、通讯、新闻特写、新闻专访、新闻调查、报告文学等。

(2) 评述性新闻。评述性新闻以新闻事件为基础，以评说议论为主要表达方式。最典型的评述性新闻即新闻评论，如评论员文章、特约评论员文章、短评等。

4. 按事件领域分

新闻按事件领域的不同可分为政治新闻、科技新闻、法制新闻、经济新闻、社会新闻、体育新闻、娱乐新闻等。

(四)新闻要素

新闻种类繁多，但不管何种新闻文体的写作都要注重在文稿中体现新闻写作的要素。关于新闻要素，有"五要素"和"六要素"的不同说法。"五要素"包括：事件(what)、时间(when)、地点(where)、人物(who)、起因(why)，即五个"W"。"六要素"则多了"结果"(how)这个要素。尽管随着新闻写作的发展，这些要素不一定在所有新闻中都出现，但如果缺少了其中某一项，往往会使读者无法完全了解所报道的信息，无法全面理解新闻主题，从而影响新闻宣传的效果。

(五)新闻的作用

新闻的作用有以下两方面。

1. 传播信息

新闻最基本的作用就是向受众传播信息。在这一过程中，它不仅传递原始信息，还可以同发布者的立场、观点、分析能力、表达方式相结合，直接发布隐含信息，从而直接影响受众的认知。

2. 舆论导向

新闻通过对现实生活多方面、多角度的反映，能够直接传达、宣传党和国家的有关方针政策，或弘扬先进经验，或反映突出问题，或抨击错误做法，起到宣传鼓动、兴利除弊的作用，从而体现新闻作为重要的舆论引导工具的基本属性。

二、消息概述

我们可以从以下三个方面理解消息。

(一)消息的概念

消息是以客观叙述为主要表达方式，概括、简短、快捷地报道新闻事件的新闻文体。它是各种媒体在传播信息、宣传舆论过程中运用最广泛、使用频率最高的一种新闻报道形式，是新闻文体中最基本的形式，也是新闻文体的骨干。

(二)消息的特点

消息作为新闻文体的一种，和其他新闻文体有诸多共性，但也有不同于其他新闻文体的特点。

1. 叙述客观，篇幅简短

消息主要以报道事实为主，采用客观叙述的表现手法，一般少有作者的直接议论，描写、抒情要少用、慎用，尽量避免运用与传达事实无关的修饰等。相对其他新闻文体来说，消息篇幅较短，一般长则六七百字，短则一句话，大多一事一报，不贪大求全、面面俱到。

2. 迅速及时，讲究时效

较之其他新闻体裁，消息对时效性的要求更为严格。它所报道的是新近发生和不断发展变化的事件，甚至是刚刚发生的事件。越能在报道时机成熟的第一时间发布新闻，就越能先声夺人，特别是在一些重大新闻的发布和传播上，消息往往能取得最好的宣传效果。

3. 结构独特，使用导语

导语是消息独有的结构术语，在一开头就把最重要、最新鲜的事实甚至将事件的结果写出来，以达到引人入胜的目的。这是消息与一般文章的不同之处。另外，消息还常常使用"电头"，主体采用"倒金字塔式结构"，这些都是消息结构形式上的独特之处。

(三) 消息的种类

消息的种类有很多，从不同的角度有不同的分类。从内容长短来看，消息可分为长消息和短消息。

1. 长消息

长消息主要有以下四种。

(1) 动态消息。动态消息是指及时反映各个领域已经发生、正在发生或将要发生的事件的消息，是消息最基本的类型。根据所报道事件的时态，动态消息主要包括：完成时态消息，如《××大会在京闭幕》；进行时态消息，如《××省部分地区发生雪灾 正在进一步核实灾情》；将来时态消息(又称预告性消息)，如《××大型歌舞晚会明天将在国家大剧院举行》。这类消息有如下特点。

第一，报道内容新鲜。动态消息可以反映事物发展过程中的最新动态，报道国内外的突发事件或新成就、新问题。

第二，报道速度极快。要求在第一时间、第一地点、第一现场进行报道。

第三，报道语言简洁。动态消息的报道速度决定了这类消息的写作要简明扼要，篇幅简短，一般三五百字。

写作这类消息，首先要注意突出主题，集中写最重要的事实，把与主题无关的内容舍弃，一般一事一报；其次是在文字上下功夫，做到用精练的文字来表达丰富深刻的内容；最后在时间上争分夺秒，要抢先发表消息，做到以快取胜。

(2) 综合消息。综合消息又称组织起来的消息，是把若干不同时间和地点的新闻事实，经过综合、概括、提炼，统一在一个主题下所作的综合报道，它能反映全局性的新情况，概括新成就，揭露新问题。根据内容范围的不同，综合消息又分横向综合消息和纵向综合消息两类。把不同区域或部门发生的同类事件或问题综合起来进行报道的消息叫作横向综合消息。对一段时间内，某一有意义的事物或某一领域、某条战线的发展情况、变化过程作纵向报道的消息叫作纵向综合消息。综合消息与一事一报的动态消息相比，首先时间性要求不是那样严格。作者要在较长时间内搜集素材，观察生活，对客观情况进行分析，目的是使受众对客观事物有一个完整、深刻的认识，在纷繁复杂的社会现象中，把握事物发展的基本趋势。其次，要求作者有较强的新闻敏感度，善于发现有价值的新闻主题，并具备分析、组织材料的能力。

(3) 经验消息。经验消息又称典型消息，是反映先进人物、先进事迹、先进经验的消息。这类消息通过反映贯彻执行党和国家的路线、方针、政策的某一部门或单位的成功经验，起到"以典型引路"、指导工作开展的作用。一般只交代情况、介绍做法，不必面面

第十八章　消息

俱到，切忌贪大求全，重在让读者看到经验及取得经验的方法。

(4) 述评消息。述评消息又称新闻述评，其特点是"边述边评，夹叙夹议"，既报道新闻事实，又以事实为基础，进行分析、解释和评论，介于消息和新闻评论之间。述评消息可以报道国际国内政治、经济、科技、文教等方面的形势和动态，以帮助受众开阔眼界，提高认识；可以宣传党和国家的各项方针政策，以指明工作的正确方向，帮助人们澄清是非；也可以分析社会上具有代表性、倾向性的新思潮、新现象等。这类消息的写作，首先政策性要强，评论要客观、鲜明；其次，要处理好"述"和"评"的关系，要以叙述为主，议论为辅，紧扣事实进行议论。

以上这些常见消息之间并不是壁垒分明的，可能会出现两者交叉的情况，而且它们并不是消息仅有的形式，随着社会的发展和消息理论、实践的不断进步，消息文体也会不断创新，日益多样化。

2. 短消息

短消息又称简明消息、简讯、快讯，它是对刚刚发生的新闻事件作独立成章、简明扼要的报道的消息样式，是动态消息中篇幅极其短小的一类。短消息长则一二百字，短则一句话，不求新闻要素一应俱全，主要告诉受众现象及结果。根据结构特点的不同，可将短消息划分为以下三种。

(1) 有题有文的短消息。这种短消息标题、正文兼备，一般只有一两个自然段，常以"集合"形式发布。例如：

> **话剧《焦裕禄》亮相国家大剧院**
>
> **本报讯(记者　王琦)**19日晚，"献礼新中国成立70周年·2019新春演出季"开幕式剧目《焦裕禄》在国家大剧院上演。
>
> 话剧讲述了焦裕禄临危受命、隐瞒病情，为治理三害，改变兰考贫困面貌，积劳成疾不幸逝世的感人事迹；呈现了焦裕禄在一名县委书记、一个儿子、一位丈夫、一个父亲各种身份交叠之中朴素、真诚、丰盈的内心世界；生动诠释了亲民爱民、艰苦奋斗、科学求实、迎难而上、无私奉献的焦裕禄精神。
>
> (资料来源：中国青年报，2019年02月20日第03版，有删改)

(2) 有题无文的短消息。这种短消息即通常所说的标题新闻，例如：

> - "治国理政论坛——坚持共享发展"理论研讨会江苏召开
> - 中央经济工作会议在北京举行
>
> (资料来源：http://www.ccyl.org.cn/newscenter/news/中国青年网标题新闻专栏，有删改)

(3) 有文无题的短消息。这种短消息通常只有一两句话，所以称为"一句话新闻"，例如：

- 中共中央、国务院日前发出《关于坚持农业农村优先发展 做好"三农"工作的若干意见》。
- 国家医保局消息，2019年我国将开展新一轮医保目录调整，将更多救命救急好药纳入医保。
- 国家卫健委日前制定方案，明确中小学及托幼机构需要限制销售高糖饮料和零食。

(资料来源：人民日报，2019年2月19日)

第二节 消息写作

一、消息的结构形式

一般来说，一篇完整的消息应包括以下几个部分：标题、导语、主体、结尾、背景材料，其中背景材料属于灵活穿插的内容。

(一)标题

"看报看题，看书看皮"，从大多数读者的阅读习惯看，这句话形象地说明了标题对于一篇文章的重要性。标题是文章的"眼睛"和"窗口"，是文章主题最突出、最简明、最有力的表现。特别对于消息来说，要想使读者从众多新闻媒体传递的信息中发现你的消息，选择阅读你报道的事实，就要求消息本身要"独具慧眼"，即具备一个好的标题。一个成功的标题能吸引读者，并作为读者的阅读向导。从某种意义上来说，收视率、点击率、发行率的竞争，最重要的就是标题的竞争。因此，消息要具备既能传播事实、深化主题，又新颖活泼、能吸引受众的标题。

1. 标题的结构

消息的标题主要包括以下组成部分。

(1) 正题。正题又称主题、母题，一般用来点明消息的主要事实或揭示新闻主题，是消息标题的核心部分。在编排上，正题一般用大号字以及不同于正文的字体加以突出，从而达到吸引受众、引导阅读的目的。

(2) 引题。引题又称肩题、眉题，放在正题之前。一般用来交代背景，说明原因，烘托气氛，提示消息主要事实的内容要点、行为主体、消息来源等。其作用在于引导正题出现，为突出正题服务。

(3) 副题。副题又称次题、子题，放在正题之后。其作用在于进一步补充、阐明正题事实达到的程度，或解释、说明正题概括的基本观点或内涵，从而围绕正题传递更多的消息事实，丰富读者对消息的第一印象。

2. 标题的形式

完整的消息标题包含引题、正题和副题三部分，但在具体写作中，又有不同的组合形式。常见的标题形式有如下几种。

(1) 单层标题。单层标题即只有主题，如：

> 两部委就玉树雪灾启动国家Ⅳ级救灾应急响应
> 沣东新城小产权房与执法人员玩"躲猫猫"

以上两则标题都十分明确地传达了消息事实，使读者在阅读正文之前就已经把握了消息的内容要点。可以看出，消息的单层标题主要是实题，但有时也可以是有叙有议、虚实结合的标题。如：

> 这个温网"杀手"不太冷

(2) 双层标题。双层标题可分为"引正式"和"正副式"两种。

引正式标题由引题和正题组成，如：

> 风和日丽设棋台　业主盼得棋圣来(引题)
> 聂卫平莅临风和日丽围棋公开赛(正题)

> 彩灯映照笑脸　歌声洋溢大厅(引题)
> 中央领导同志和首都小朋友喜庆六一(正题)

以上两则标题由引题渲染活动气氛，突出正题的意义。下面两则标题，前者用引题交代背景，突出消息正题的意义；后者则用引题交代信息来源。

> 积极应对金融危机　促进外贸平稳较快发展(引题)
> 青岛企业叫好加工贸易内销政策(正题)

> 全国扫黄打非办发出通知(引题)
> 坚决取缔色情贺卡生产销售(正题)

总之，引题的表现方法多种多样，既可以叙述、描写，又可以抒情、议论；既可以写实，也可以写虚。但不管引题如何制作，都要和正题相得益彰，为正题服务。

正副式标题由正题和副题组成，如：

> 第×届"文博会"明天在京开幕(正题)
> 10多个国家1300多家企业机构参展，15场论坛峰会同期举行(副题)

> 搭建寓教于乐的平台(正题)
> 哈尔滨市少年儿童活动中心教育活动纪实(副题)

第一个标题，正题清楚传达事实，副题通过介绍参展的企业机构及论坛峰会的数量，进一步说明了"文博会"的规模，有效地补充了新闻事实，突出了主题。第二个标题，正题阐明意义，副题则说明了新闻事件本身。

(3) 三层标题。三层标题中最典型的是引题、正题、副题一应俱全的标题，一般多用

于报道内容较多的消息。三层标题各层的含义不能重复，尤其要注意处理好引题和副题的关系。如：

> 中国电影史翻开崭新一页(引题)
> 上海国际电影节开幕 (正题)
> 33个国家地区的164部影片参展参赛(副题)

> 是汽车　也是快艇(引题)
> 首辆高速水陆两用车亮相(正题)
> 陆地最高时速161公里，水上最高时速48公里，每辆售价约23.5万美元(副题)

3. 标题制作的要求

消息标题的制作有如下要求。

(1) 文题统一，准确鲜明。消息的主要作用是向受众传达新闻事实，因此，消息标题的基本要求，就是用简短的文字，或概括传达消息事实，或揭示事件主题思想。标题要成为消息事件的高度浓缩，切忌模糊、空泛，尽量避免词语重复和滥用缩略语。

(2) 形象生动，引人入胜。标题制作在准确传达事实的基础上，为了醒目生动，使受众看到标题便被吸引，常常要恰当地运用一些修辞方法，如：

比喻式：

> 这厢：三只凤雏鸣朝阳
> 那厢：三匹龙驹降祥瑞
> 万载安福两农妇分别产下三胞胎

对仗式：

> "神舟"冲霄　世界瞩目举国庆
> "使者"出征　华厦飞天梦始圆
> 首位中国访客"出使"太空

对比式：

> 领导接待日不见领导　群众办事厅只有群众
> 山西临汾中级人民法院"领导接待日"原来只是摆设

双关式：

> 国美吞下永乐谁"美"谁"乐"
>
> IBM发布抗"寒"方案

提问式：

> 杜甫的真墓在哪里？专家考证后认为在河南巩县
> 消防箱没水袋 拿来摆看的吗？

第十八章 消息

借用古诗词、俗语：

> 改"说了也白说"为"不说白不说"
> 从"居者有其屋"到"寒士俱欢颜"

(3) 虚实相辅，交叉互补。在标题制作上，单层标题一般为实题，即概括事实，揭示主题。多层标题中，引题较多务"虚"，即烘托气氛、交代背景、委婉表明作者倾向等。副题相对来说多务"实"。总之，要尽量做到各层标题之间虚实搭配，互为补充。

(二)导语

导语是放在消息开头，简明扼要地概括消息中最重要、最新鲜、最精彩、最有趣的事实或揭示消息主题的一句话或一段话。其作用是引起受众的兴趣和注意，为整篇消息奠定叙述基调。导语是一则消息写作成功的关键所在，也是作者充分展现才华的地方。

随着新闻写作的发展，导语的写作方法也越来越多样化，主要有以下几种。

1. 概述式

概述式导语要开门见山，用平铺直叙的方式，直接、简练、提纲挈领地交代消息主要事实。其好处在于使读者一下子能把握住消息的要点，如：

> 21世纪以来第16个指导"三农"工作的中央一号文件19日由新华社受权发布。
>
> (资料来源：2019年中央一号文件发布. 中国青年报，2019年02月20日第1版)

这是最简单、最常见的导语写法。有的概述式导语则在开篇以数据、事例、新成就、新发明、新创造等起笔，衬托主要事实。如：

> 在农村集中连片兴建社区，让农民享受到跟城里人一样便捷、周到的公共服务。眼下，一场意义深远的基层组织结构创新正在诸城市顺利推行。从今年7月在18个社区先期试点，短短两个多月时间，全市已设立65个农村社区，涉及573个村，占全市行政村总数的46%。
>
> (资料来源：跟城里人一样享受政府公共服务 诸城农民迈进3公里社区服务圈. 大众日报，2007年9月15日第1版)

2. 描写式

描写式导语一般是从目击者的角度，对现场场景、自然风光或者消息中有关人物的外貌、行动、细节等进行简单描述，从而引出消息事实。其作用在于打破概述式导语的呆板，使受众宛如身临其境，增强消息的感染力。如：

> 一家老小骑在马背上，带着几只忠诚的牧羊犬，赶着成群的牛羊在草原上过着居无定所的生活。这就是四川藏区牧民长期以来生活的形象写照。而随着四川省投入50亿元的"牧民定居行动计划"的实施，牧民们逐草而居的生活方式有望从根本上改变。
>
> (资料来源：牧民将告别"马背上的生活". 中国财经报，2008年1月24日第3版)

这则导语形象生动地勾勒了牧民"马背上的生活"，紧紧扣住了"居无定所"的本质,既突出了消息主题,又不显得画蛇添足、矫揉造作,一下子增强了对读者的亲和力。运用描写式,要切忌描写过多而喧宾夺主,语言过繁而淹没主题。

3. 设问式

设问式导语即开篇提问,先问后答,自问自答,以悬念的形式调动读者的阅读兴趣,发人深省。如:

> 死人也能参保并领取养老金?记者昨日从广东省社保局获悉,惠及千万广东农民的新农保参保人员中混进了787名已死去的冒领者,他们早在参保之前已经入土为安,却突然"醒来"领起了养老金。
>
> (资料来源:广州日报网络版,2011年7月15日)

使用这种导语时要注意,问题尽量设置在能引起人们关注和思考的、新闻事实的主要矛盾和焦点上,而不是无法突出新闻亮点的一般问题,然后再用事实加以简要回答。

4. 对比式

对比式导语,其特点是将好与坏、是与非、曲与直、美与丑进行一番对比,从而让受众对事件和观点了解得更清楚、明朗。如:

> 路透社伦敦4月9日电 英国查尔斯王子今天终于迎娶了他一生中的挚爱。婚礼在一座简陋的市政厅举行。与他和不幸的戴安娜王妃的那场豪华婚礼形成了鲜明的对比。
>
> (资料来源:张勋宗. 新闻写作实训教程[M]. 成都:西南交通大学出版社,2016.08:89)

5. 引语式

引语式导语起笔就引用新闻人物的言论或有关材料,从而给读者以鲜明生动的印象。如:

> "人无远虑,必有近忧,当厂长,不能盲人骑马,至少要向前看五年,甚至更远。"三五一四工厂厂长范振三这样向记者介绍他的经营思想。
>
> (资料来源:新疆日报,2004年1月30日第1版)

6. 评论式

评论式导语是在消息开头首先对所报道的事实进行简短精当的评价,明确揭示消息事件的实质、影响或意义。评论式导语主要有直接评论和间接评论两种。直接评论即作者直接明确发表看法,进行评论。直接评论式导语一般用于报道国家政治、经济、科技、军事等各个领域的重大新政策、新情况、新成就、新问题等。这类消息的主题和意义往往不能为广大群众所深刻领悟,因此作者有必要站出来"说话"。如:

> 建筑是凝固的历史,历史的巨变常常记录在长存于世的建筑上。作为上海标志建筑的外滩建筑群,正以三年超过百年的巨变,于无声处记录一场伟大的变革。
>
> (资料来源:张勋宗. 新闻写作实训教程[M]. 成都:西南交通大学出版社,2016.08:90)

第十八章 消息

间接评论有两种。一种是让新闻人物或有关机构站出来说话，避免作者直接议论，以增强消息的真实性和可信性。如：

> 11月20日和30日晚上，省话剧院创作演出的大型话剧《立秋》走进北京大学，连演两场。5000名师生观看演出，他们普遍认为这是近年来话剧在北大最成功的演出。
> （资料来源：话剧〈立秋〉走进北大好评如潮. 山西日报，2008年12月2日第1版）

另一种是采用夹叙夹议、以述代评的方法对新闻事实进行简要评论。如：

> 今天上午九点零五分，日本外相重光葵在无条件投降书上签字。日本终于为它在珍珠港的赌注付出了代价，失去了其世界强国地位。
> （资料来源：日本签字投降. 美国《纽约先驱论坛报》，1945年9月2日第1版）

（三）主体

主体是消息的主干，是消息事实的具体展开部分。在导语开宗明义之后，主体要通过一系列的事实材料，对导语进行展开、补充、解释、说明，或丰富导语信息，或回答导语提出的问题，从而深化消息的主题，增强受众的印象。消息主体常见的结构形式有以下几种。

1."倒金字塔"式结构

"倒金字塔"式结构是最常见的消息结构形式之一。其特点是：按照材料重要程度安排先后顺序，即将最能突出主题、人们最关心的事实放在最前面，次重要的放在其后，最次要者放在最后。这样就形成了上面大而重、下面小而轻的倒三角形结构形式。这种形式有利于主要新闻事实的传播，能强化受众对消息主题的认识，节省受众理解主题的时间。其实，这种"倒金字塔"式结构不仅适用于主体部分，从标题到导语再到主体、结尾，整篇消息整体上就是一个"倒金字塔"式结构。因此，无论是标题还是导语的制作，都要求将最醒目、最重要、最新鲜、最有趣的事实概括在其中，主体也不例外。

2. 纵向结构

纵向结构是按照事件发生、发展的先后顺序安排材料的结构形式。其特点是清晰反映事件的发展过程，有利于受众完整了解事件的前因后果。这种形式适用于报道时间线索分明，有完整动态过程的新闻事件，如体育赛事的报道。有的消息内容较为复杂，采用这种以时间为序的结构形式就可避免出现线索混乱、层次不清的情况。

3. 横向结构

横向结构是按照材料之间的逻辑关系安排先后顺序的结构形式。其特点是打破时间顺序的限制，可以围绕主题，自由有序地取舍事实材料。横向结构经常用于综合消息、经验消息的写作。需要注意的是，横向安排材料顺序，并非机械地罗列、排布材料，而是按照事物内部的逻辑关系来安排材料，分清主次、轻重和详略。

在消息写作实践中，"定体则无，大体须有"，主体部分的结构形式也不仅仅是上述三种，在以主题为中心，层次分明、脉络清楚的前提下，我们提倡灵活运用，不必拘泥成法。

(四)结尾

消息作为一种信息载体，主要以传播信息为目的，受众的主要目的也在于获知信息。因此结尾在消息的结构中不占重要地位，在许多时候，事实交代清楚后自然结尾，无须再加一个单独的结尾段落。但这并不是说消息不能有结尾。消息结尾如果使用得恰到好处，可以更好地烘托消息主题，使读者回味无穷。常见的消息结尾有如下几种形式。

1. "首尾呼应，深化主题"式

作为消息的一个组成部分，与导语相呼应是对消息结尾的基本要求。导语概括、揭示的是消息的主要内容或主题，结尾则可以紧扣事实，进一步深化主题。

2. "发弦外音，回味无穷"式

尽管消息以传播事实为己任，但也经常能够使人参悟到发人深省、耐人寻味的道理。因此，有的消息结尾，可以发弦外音，说潜台词，以加深受众印象。这种结尾具有意味深长、余音不绝的表达效果。

以上结尾样式只是一般情况，事实上，消息的结尾并无固定的模式。结尾的安排要切忌因过于雕琢而因小失大，忽略新闻事件本身的价值。

(五)背景材料

从标题到开头、主体，最后结尾，对于一般文章来说已经形成了完整的结构。但消息还有一个结构内容就是背景材料。所谓背景材料，是指消息报道的新闻事实之外，与新闻事实有关的现实环境和历史条件等。它们也是事实，但不属于新闻事实本身，通过引用这些材料，可以帮助受众更好地理解新闻事件的意义，突出新闻价值；有利于传播文化知识，丰富新闻内容；还可以不露痕迹地表达作者的观点、立场。

1. 背景材料的特点

背景材料的基本特点是"不定性"，有如下三个"不定"。

(1) 有无不定。背景材料能帮助受众全面、完整地理解新闻事实，但并不是每则消息都有背景材料，如简讯，一般就很少用背景材料。它不是消息必备的结构内容，用得恰当就有助于表现主题，增强报道的说服力；反之则不如不用。

(2) 位置不定。背景材料使用非常灵活，不像标题、导语、主体和结尾有固定的位置，它不是消息固定的结构部分，而应根据需要，巧妙穿插于全篇，和标题、导语、主体、结尾等融合在一起。

(3) 数量不定。背景材料在消息中作为衬托、解释、说明新闻事实的内容，可用一条或多条。只要有助于新闻主题的表达即可使用。

2. 背景材料的类型

背景材料的类型有以下三种。

(1) 对比性材料。对比性材料常用于对事物进行今昔对比，用历史反衬现实；或进行正反对比，用反面衬托正面；还可以与同类事物对比，突出所报道事物的重要意义，深化消息的主题。

(2) 说明性材料。说明性材料用于对新闻事实产生的政治背景、历史状况、地理环境、物质条件等作介绍、说明，使受众明了消息内容。

(3) 注释性材料。注释性材料主要是对消息中出现的一些不大为受众所理解的内容作解释，如消息中有关人、物、事的性格、特点、性能，专业名词术语，历史典故，风土人情等。

二、消息的写作要求

消息的写作应遵循以下要求。

(一)深入生活，及时捕捉，发现新闻

日常生活多姿多彩，同时也蕴藏着大量的新闻线索，对于摆在眼前的种种情况或现象，有的人不以为然或熟视无睹，而有的人却能从中抓住自己的写作素材。所以要想写好新闻，首先要深入实际，深入生活，留心观察，努力把握社会脉搏的跳动，寻找有新闻价值的事件或人物；同时扩大自己的知识面，认真学习新闻理论，多加实践，培养自己的新闻素养。

(二)把握消息的基本特征，尊重事实，忠于事实

真实性是新闻文体最基本的特征，尊重事实、忠于事实是新闻写作的最高原则。要本着一切从实际出发、实事求是的精神写作新闻，特别是消息，从情节到细节不能有任何虚构的成分在其中，要维护消息事实的纯洁性，保护消息的最高生命。让事实说话，寓理于事、寓情于事是新闻尊重事实、忠于事实的具体表现。

(三)掌握消息的写作规律，结构严谨，语言简明

消息的写作要切实体现出文体特点，从结构到语言，都要符合文体的特定要求。消息的写作不仅要与小说、诗歌、散文以及其他应用文区别开来，还要与其他新闻体裁如通讯、报告文学、新闻调查等相区别，不能想当然，写成"四不像"。消息要短小精悍，力避冗长拖沓，消息的语言要在简洁、平实的基础上追求新鲜、生动、活泼，摒弃陈词滥调、大话、空话、套话。只有这样，消息写作才能展现出旺盛的生命力。

案例分析一

工业旅游将成为北京旅游市场新亮点

北京市相关部门日前联合下发文件《关于印发北京市推进工业旅游发展的指导意见的通知》指出,到 2010 年,北京市将把工业旅游培育成为展示北京工业风采的重要舞台,使其成为推动北京旅游产业发展的重要增长点。

据了解,近年来,工业旅游作为北京旅游市场的一个新亮点正在迅速崛起,北京工业旅游已形成了"都市工业类""现代制造类""工艺美术类""高科技类""工业遗存开发利用类""循环经济类""老字号"等七大工业旅游产品,约 50 多家企业开展了工业旅游活动。例如首钢的特色主体旅游"钢铁是这样炼成的",行程一天,游客一路走下来,可以看到轧钢的整套工艺流程,近距离体会到现代工业技术的魅力。

什么是工业旅游?简单而言就是参观工厂的工业设施和产品生产流程,包括工厂观光旅游和工业遗产旅游。工业旅游诞生于欧美发达国家,已有数十年历史。英国著名的铁桥峡谷工业游常年游客众多,因工业遗产丰富而完整,荣获世界文化遗产之殊荣。而在德国,工业旅游方兴未艾,家长们带领孩子参观现代工厂已形成热潮。

如今,加强工业遗产保护,开发工业旅游资源这一观点已成为各方面的共识。有关专家认为,大力发展北京工业旅游,将使北京市的企业进一步向社会开放,有利于促进工业企业打造品牌形象,这在当前的市场情况下,更具有特殊的意义。

麒迅旅行网技术总监张磊分析说,针对北京市工业旅游的特定搜索一直处于稳中有升的趋势,搜索者既有北京本地用户,也有全国其他地区的旅游者,还包括部分海外客源,这从一个侧面也表明北京市工业旅游正处于方兴未艾的上升期。他认为,北京市工业促进局等六部门联合下发的这份文件,对于北京市工业旅游的推动作用不可限量。

(资料来源:中国财经报,2008 年 12 月 11 日第 2 版,有改动)

这是一篇动态消息。

标题:事实清晰,使人一看便知这是一则一事一报的动态消息,并凸显了北京旅游发展的新趋势、新亮点——工业旅游。

导语:采用间接评论方式,由权威机构文件指出消息主题,以增加新闻价值的可信性和权威性。

主体:第一段用具体事例证实、丰富了导语。第二段则恰到好处地穿插了背景材料,解释了什么是工业旅游,以及工业旅游的历史发展,既有注释性背景材料,又有说明性背景材料。

第十八章 消息

案例分析二

精打细算管好用好政府投资
深圳市效益审计7年节省77亿元

本报深圳5月1日电 记者李丽辉报道：深圳地铁开通运行一年多，日均客运量达到15.8万人次，是预测日均运量的158%；工程建设运作规范透明，实现了市政府"工程建设搞好，干部一个不倒"的目标。参与工程建设的干部职工深有感触地说，这是审计提前介入、全过程监督的结果。

据深圳市审计局初步测算，地铁建设项目投资通过审计把关，使整个工程节约资金3%~4%。对政府投资项目实行效益审计，深圳是全国首创。这一制度实施7年来，深圳审计部门共审计政府投资项目资金800多亿元，通过审计核减工程款77亿元，节省资金近1/10。

深圳地铁作为公共交通建设项目，一期工程总投资115.53亿元，是政府投资的"大手笔"。为了把资金用到实处、用出效益，从1998年地铁建设伊始，审计部门就对建设资金跟踪审计，进行事前、事中、事后全方位监督。深圳市审计局政府投资项目专业审计局在对地铁装饰工程石材防水防污单价进行审计时，审计人员发现供应商的报价为每平方米96.89元，业主审核单价为每平方米82.05元，均大大高于市场实际价格。在广泛调查、询价的基础上，审计人员最后将价格定为每平方米55元。仅此一项，就为政府节约投资541万元。

"政府投资的每一个项目，用的都是广大纳税人的钱，分分厘厘来之不易，一定要精打细算，管好、用好！"这已经成为深圳市几任领导班子的共识。

据介绍，近年来深圳市医院、学校、交通等公共设施建设任务很重，政府投资每年都在100亿元以上，涉及的项目上百个。现在，随着审计监督力度的加大和规章制度的健全，通过审计核减的资金比例大大降低，一般在总投资额的5%以下，政府投资项目建设中的高估冒算现象明显减少。

（资料来源：人民日报，2006年5月2日第1版）

这是一则典型的经验消息。

标题：正副式结构，正题点出主题，副题进一步补充说明。

导语：从具体事例出发，并采用间接评论的方式"参与工程建设的干部职工深有感触地说"引出新闻主题。

主体：采用"倒金字塔"式结构，首先将深圳市效益审计最突出的成就"首创"和最吸引人的亮点放在第一部分；其次再以事实说明如何进行效益审计。

案例分析三

"输血"加"造血"　中小企业"突围"有方

(记者：刘诗平 刘琳) 我国众多的中小企业，目前正在经历一场几十年不遇的严峻挑战：资金缺乏、成本高企、订单减少、利润减少……面对困境，党中央、国务院高度重视，中央相关部委、地方各级政府、金融机构频频出招，加大"输血"支持力度；中小企业自身苦练内功，调结构抓创新，加紧"造血"谋发展，积极"突围"渡难关。

输血——多方力量集结与中小企业"共克时艰"

11月5日，国务院常务会议提出，实行积极的财政政策和适度宽松的货币政策，明确提出加大对中小企业的信贷支持。

此后，又出台了一揽子扶持中小企业的举措，如进一步提高部分产品的出口退税率，研究部署促进轻纺工业健康发展的政策措施……同时，为解决中小企业流动资金短缺问题，央行先后两次下调中小金融机构人民币存款准备金率。

各金融机构纷纷行动，为中小企业"输血"。工行、农行等国有大型银行"抓大不放小"，要求小企业信贷规模专项使用，确保小企业贷款新增不低于去年。民生、中信、招商等全国性股份制银行在其未来业务发展纲要中明确向中小企业金融服务进行战略转型。各地政府也纷纷出台举措，为中小企业信贷担保搭台铺路。

财政对中小企业的支持力度之大更是罕见。数据显示，今年中央财政安排的中小企业专项资金达到35.1亿元，同比增长25%。财政部大幅增加用于支持中小企业信用担保的资金，总额达到18亿元；安排资金19亿元，专项用于支持中小企业科技创新和技术进步；安排资金12亿元，支持中小企业"走出去"，开展国际经济合作。

造血——调结构抓创新 中小企业"危"中寻"机"

面对国际金融危机导致的经济困局，在各级政府、金融机构出手解困救急的同时，一批中小企业通过调整出口结构，加强技术创新，积极防范风险的经营策略，在艰难处境下"危"中寻"机"，不少企业在不利的市场环境中实现了好的发展。与其他纺织企业一样，浙江绍兴县德龙·莎美特纺织公司正承受着国际订单减少、贸易风险增加、利润稀薄的压力，为了应对危机，这家公司积极转型，从过去以"外贸"为主到现在主攻"内贸"。不仅如此，他们还集中精力进行新品开发，加快自主创新，从而实现了产品的较高

这是一篇横向综合消息。

标题： 运用比喻方式，形象地说明了新闻主题，即在我国中小企业面临金融危机的情况下，各方面做出了"突围"的种种努力。

导语： 从新闻背景出发，紧扣"输血""造血""突围"的主题，既简洁概括了新闻的内容要点，又再次强化了读者对新闻主题的印象，为主体的进一步展开作了铺垫。

主体： 采用横式结构，将众多新闻事实按照主题有序组合，包括国务院、央行、各金融机构、财政部、中小企业、银监会等如何应对金融困境。显然，属于横向综合消息。

第十八章 消息

利润,甚至从国外面料厂商手中抢到部分"蛋糕"。

一些中小企业经营者表示,中央促进经济增长的决心非常大,一些措施也非常及时,加之企业长期依托科研开发谋发展,因此有信心渡过难关。

突围——中小企业必在艰难蜕变中"破茧成蝶"

国际经济形势急剧恶化导致世界经济增长放缓,对我国中小企业造成的负面影响还在继续增加。

对此,财政部有关负责人近日表示,中央财政将进一步加大对中小企业的支持力度,下一步将实施促进企业自主创新的财税优惠政策,落实支持中小企业发展的税收优惠政策,支持完善担保体系建设,促进中小企业科技进步和技术创新。

中国人民银行副行长苏宁说,下一步,央行将继续灵活运用货币信贷工具,做好中小企业信贷支持工作。

银监会也表示,将加强准入导向,优先支持设立小企业金融业务的专营机构;尽快建立健全有关小企业金融服务的各种监管政策指引;加强横向合作,进一步完善小企业征信体系和信用担保体系。

机遇与挑战并存,危机与生机同在。每一次危机都是一次优胜劣汰的选择过程。在这一过程中,经历了艰难蜕变的大多数中小企业,必将破茧成蝶,不断发展壮大。

(资料来源:中国财经报,2008年12月2日第1版,有改动)

> 结尾:议论点题,展望前景。
>
> 这篇消息选题针对性强,主题重大,很好地把握了新闻线索。条理清晰,事实充分,以有限的篇幅反映了大问题。

写 作 训 练

一、阅读下面的消息,回答文后的问题。

云南多地警方整治学校周边"牙签弩":具杀伤力可射穿纸板

新华社昆明2017年6月21日讯 近日,一种名为"牙签弩"的玩具出现在一些中小学生手中,因其可射穿纸板、纸盒,具有一定杀伤力,让许多家长颇为担心。为此,云南多地警方着手整治"牙签弩",昆明警方最近就在学校周边商铺中查获了134把这样的"牙签弩"。

"万一有孩子拿到学校玩怎么办?""太吓人了,射到眼睛不就完了!"近日,微信朋友圈、微博上不少家长目睹"牙签弩"的发射过程,对其巨大威力表示担忧,并呼吁禁止销售。"牙签弩"包装中配备的多为牙签,据昆明警方介绍:经检测,从"牙签弩"上射出的木制牙签在短距离内能射穿纸板、纸盒等物体,如射出的是金属针甚至能射穿石膏板等硬物,具有一定杀伤力,对人身安全构成威胁,属于危险物品。

昆明市公安局新闻发言人办公室21日表示,最近昆明警方针对部分中小学校周边商

店、玩具店售卖的"牙签弩"等危险玩具物品展开专项整治行动，截至 6 月 20 日，警方共排查城区 512 所学校周边 1327 家商店、玩具店、文具店，查获"牙签弩"134 把，塑料及木制玩具弓弩 69 把等一批违禁物品，并依法对售卖经营者作出了处理。

类似整治行动也在云南多地展开。公安机关提醒：若发现非法生产、销售"牙签弩"的情况，可拨打"110"或到辖区派出所报警，警方将依法查处。

(资料来源：新华网，http://www.xinhuanet.com/，有改动)

1. 本文属于(　　)消息。
　　A. 动态消息　　　　　B. 综合消息
　　C. 经验消息　　　　　D. 述评消息
2. 从导语样式看，本文采用了＿＿＿式导语。
3. 本文的主体部分主要采用了＿＿＿式结构。

二、围绕下列新闻素材，合理调整思路，从不同角度，用不同的手法设计出不同类型的标题和导语。

何时：2018 年 3 月 20 日。

何地：××市人民公园。

何人：全体职工。

何事：共同筹资购买了一台"挑战者号"时空穿梭机。时空穿梭机又名娱乐仿真模拟器，是仿真科技与多媒体技术结合的产物。三维立体图像、震撼人心的音响效果和高度仿真运动，使人惊心动魄，会产生超越时空的感觉。这台时空穿梭机开始营业以来，收益巨大，使全园职工备受鼓舞。

(资料来源：豆丁网，http://www.docin.com/，有改动)

三、根据新闻特征，结合消息的写作要求，选取当前你认为有新闻价值的经济现象或校园现象写一篇消息(不少于 500 字)。

第十九章　新闻评论

> 学习目标
>
> - 理解新闻评论的概念、特点、作用和种类。
> - 明确新闻评论与消息的区别。
> - 掌握新闻评论的选题和写法。

第一节　新闻评论概述

一、新闻评论的概念

新闻评论是针对新近发生的重要事件和人民群众普遍关心的突出问题，在新闻媒体上发表意见、阐述观点、表明态度的论说性新闻文体。它是新闻机构所发表的言论的总称，具有鲜明的政治倾向性和很强的新闻性，与新闻报道共同构成报纸中的两大主要新闻文体。

二、新闻评论的特点

新闻评论具有以下特点。

(一)相对的时效性

新闻评论作为一种新闻文体，同样具备新闻的显著特征——报道迅速及时。但新闻评论不像消息那样要求"绝对时效"，在第一时间、第一现场进行报道，而要求"相对"迅速及时。但新闻评论的写作，也要尽量缩短它与所针对的新闻事件之间的时间差，相隔时间不能过长，否则就会降低关注度，大大削弱新闻评论的影响力。例如，针对一些重大节日、纪念日等的评论，最好在其前后一周左右时间发表；针对社会热点问题的评论，最好在其还未消失于人们的视野之前发表，否则就会出现老调重弹现象，新闻评论的价值也会随之大打折扣。

(二)鲜明的政论性

如果说时效性是新闻评论、消息等新闻文体的共性，那么新闻评论最显著的特征就是鲜明的政论性。它有着独特鲜明的写作目的，即在论述中体现一定的政治倾向性，在评述政治、经济、思想、伦理等领域的问题时，必须具备政治鉴别能力，善于从政治上辨别事物。在我国，新闻评论必须坚持党性原则，直接反映党和政府的宣传意图，正确地阐明观点和主张。

(三)强烈的针对性

新闻评论的目的在于通过关注那些或关系全局或亟待解决或急需唤起人们注意的问题，以起到解决问题、改变现状、引起人们重视的作用。因此，新闻评论都有其独特的评论对象，或一件事，或一种现象，或一个问题。如果没有针对性，就会空话、套话连篇，无法深入问题内部，抓住问题本质，从而也就无法肩负起引导社会舆论、指导社会实践的责任。因此，写新闻评论，首先要针对具体事实，确立好主题；其次要针对确立的主题，提出解决问题的方法。一些报刊时评通常都是针对性较强的评论，如《混改之后，联通如何发挥中国力量？》(新浪网 http://news.sina.com.cn/pl/2017-10-22/doc-ifymzzpv9028209.shtml，2017-10-22)、《压缩网络诈骗的生存空间》(人民网，http://opinion.people.com.cn/n1/2019/0130/c1003-30597655.html，2019-1-30)，这样的时评，从标题即可看出，选题是针对当时社会热点现象进行深入思考的。

(四)广泛的群众性

新闻评论要帮助人们认清问题本质，引导社会舆论朝着正确的方向发展，并树立良好的社会风尚，因此，新闻评论论述的问题，首先要与人民群众生活息息相关，及时反映人民的愿望要求。其次，评论是给广大人民群众看的，因此，新闻评论的群众性还表现在语言表达方式上要面向大众，尽量使用群众喜闻乐见的语言，在论述上要深入浅出，避免照搬深奥的政治理论。

三、新闻评论的分类

随着时代的发展，新闻评论的形式和内容也在不断发展变化。根据评论对象、论述方法、评论作用等不同标准，划分的类型也多种多样。较为普遍的分类是根据评论形式将其划分为社论、评论员文章、短评、编者按、专栏评论五类。

(一)社论

社论，又称社评，在广播、电视媒体中称为"本台评论"，是代表媒体编辑部对重大问题发表意见的权威性、指导性评论。它是最重要、规格最高的新闻评论，是新闻媒体的政治旗帜。尤其是各级党报，经常借助社论的形式，直接表达同级党委和政府的思想观点和政治立场，对所属党委管辖范围内的重大问题发表指导性的意见，系统阐述党的路线、方针、政策。社论一般不署名。社论的常见类型有如下几种。

1. 政治性社论

政治性社论着重从政治理论角度分析形势，阐明政策，指明任务。如《开放促改革，增添发展新动能》(人民网，http://opinion.people.com.cn/n1/2018/1031/c1003-30372254.html，

2018-10-31)、《集中力量攻坚"三农"硬任务》(新华网，http://www.xinhuanet.com/politics/2019-02/20/c-1210064183.htm，2019-2-20)。

2. 时事性社论

时事性社论主要指针对重要节日、纪念日、国内外重大政治事件及重要外交礼节活动发表的社论。其特点在于将评论对象与现实政治紧密联系，突出其现实意义，如《"五大战区"亮相，军改重头戏开场》(《新浪网》，http://news.sina.com.cn/o/2016-02-02/doc-ifxnzanm3969326.shtml，2016-2-2)。

3. 论战性社论

论战性社论主要指针对敌对势力的言行、各种反面思想言论及违法乱纪、贪污腐败等政治问题和社会现象进行揭露和批判。主要采取反驳的论述方式，批驳谬误，引导正确舆论，如《公交纵火：任何理由都不值得同情》(新浪网，http://news.sina.com.cn/o/2016-01-06/doc-ifxneept3763620.shtml，2016-1-6)将宁夏银川的公交车纵火事件定性为犯罪事件。

(二)评论员文章

评论员文章是重要性和规格仅次于社论的评论形式，也是代表编辑部就重大问题发表的权威性评论。比较而言，其评论内容所涉及的范围要比社论更广泛些，可以是国内外重大的政治、经济、军事、文教等问题，也可以是一般问题。其篇幅小于社论，有署名和不署名两种。常见类型有：本报评论员文章、特约评论员文章、观察家评论等。

(三)短评

短评是新闻评论中比较短小精悍的评论形式。一般配合新闻报道发表，或交代新闻社会背景，或深化主题，或借题发挥，提出新闻事件所蕴含的重要问题。短评一般时效性、针对性较强，"攻其一点，不及其余"，结构简单，角度多样，文字精练，语言活泼。不署名短评一般代表编辑部观点；署名短评则代表个人观点，近年来更多纳入专栏评论中。

(四)编者按

编者按是最简短、最轻便的评论形式，是编者对新闻报道所作的简短说明、补充、批注、评介等。根据按语在新闻文稿中所处的位置，可将其分为以下三种形式。

1. 文前按语

文前按语又称题下按语，广播电视中称为编前话。这是最常用的编者按形式，编排位置最为显著，地位最为重要，常用不同的字体字号来区别于正文。它以编者身份发言，不署名，不拟标题，与所依附的报道相互融合，编者可以直接评价、分析文中的内容和观点。文字简明扼要，与报道衔接自然，便于阅读，易于理解。

2. 文中按语

文中按语是根据具体情况，在新闻报道中插入的简短文字，并用括号标注，附在某句话或某段文字之后，用来解释疑问、褒贬评点。

3. 文后按语

文后按语又称编后、编余、编后小议、编辑后记，在广播电视中称为编后话。它位于新闻文稿之后，可拟标题，也可署名，大多起引申、生发的作用。

(五)专栏评论

专栏评论指在报纸固定版面上特定的专门栏目中刊登的评论。与其他评论相比，专栏评论对象广泛，形式不拘一格。一般均署名，仅代表个人见解。如《南方日报》的"南方观察"、《青岛财经日报》的"财经评论"等栏目中的小言论均属于此类。

四、新闻评论的作用

新闻评论具有如下重要作用。

(一)政治指导作用

新闻评论作为媒体的政治旗帜，要通过具体的社会问题和社会现象，积极宣传党和政府的路线、方针、政策，使人们明确当前的政治经济形势、主要任务，以及完成任务的方法和途径。因此，它肩负着政治指导的责任。

(二)深化认识作用

新闻评论要通过对新闻事件的深入剖析，透彻说理，透过现象揭示本质，使人们能够在看到事件表面的同时，深刻认识到事件的意义、影响。因此，新闻评论能够引导人们深入思考社会现象和社会问题。

(三)教育监督作用

新闻评论可以通过时政、世风、人物等的分析评论、抑扬褒贬，使政治、经济、科技、文教等各方面内容在人民群众的视野中得以公开透明，从而代表广大人民群众的利益对社会、国家起到舆论监督作用，并进一步规范人们的思想行为，起到道德教育作用。

第二节　新闻评论写作

一、新闻评论的选题

选题就是解决写什么的问题，在新闻评论中，具体指选择所要评论的事件或论述的问题。题选好了，也就确定了一篇评论的对象和论述的范围，这样作者才有了提出问题和解决问题的依据。因此，选题关系到评论的价值和质量。尤其对于社论，选题不仅是作者也是编辑部主要领导应思考的问题。

总体来说，评论选题要注意以下几个问题。

(一)选题来源

新闻评论的选题，要求所评论的对象和范围应当是当前具有现实意义的、有着普遍引导作用并能配合新闻宣传整体部署的问题。为此，在选题时首先应当明确选题的根据，拓宽论题的来源。

1. 上级文件精神

上级文件精神包括从中央到地方的路线、方针、政策，各种党政会议中的重要决定、工作部署和主要领导人讲话，以及最新的文件精神。这些都是新闻评论选题来源的第一选择，尤其适合于政论性极其明显的社论。它有助于体现坚定正确的政治方向，引起人们的重视。如《决胜全面建成小康社会 推进乡村全面振兴》这篇评论就是从中共中央、国务院发布的《关于坚持农业农村优先发展做好"三农"工作的若干意见》这一文件中进行选题的。

> **决胜全面建成小康社会 推进乡村全面振兴**
>
> 在中国要强，农业必须强；中国要美，农村必须美；中国要富，农民必须富。
>
> 新春伊始，中共中央、国务院公开发布《关于坚持农业农村优先发展做好"三农"工作的若干意见》。这是新世纪以来，党中央连续发出的第十六个"一号文件"，为我们做好新时代"三农"工作，促进农业全面升级、农村全面进步、农民全面发展提供了重要遵循。
>
> 今年的"一号文件"立足"三农"发展新形势，对标全面建成小康社会"三农"工作必须完成的硬任务，适应国内外复杂形势变化对农村改革发展提出的新要求，突出强调牢牢把握稳中求进工作总基调，落实高质量发展要求，坚持农业农村优先发展总方针，巩固农业农村发展好形势。抓好各项硬任务的落实，对做好今明两年"三农"工作意义重大。
>
> 2018年是全面贯彻党的××大精神的开局之年。在以习近平同志为核心的党中央坚强领导下，农业发展稳中有进，打赢脱贫攻坚战三年行动开局良好，乡村建设迈出新的步伐，农村改革深入推进，农村社会保持和谐稳定。"三农"持续向好形势进一步巩固，为保持经济持续健康发展和社会大局稳定奠定了坚实基础。
>
> 当前，经济下行压力加大，外部环境发生深刻变化，形势越是复杂，做好"三农"工作越具有特殊重要性。就当前看，农业仍是"四化同步"的短腿，农村还是全面建成小康社会的短板。只有稳住"三农"这个基本盘，才能为有效应对各种风险挑战赢得主动，为做好全局工作增添底气。确保顺利完成到2020年农村改革发展目标任务，是党中央对全体人民特别是亿万农民的庄严承诺，直接关系全面建成小康社会的成色和社会主义现代化的

质量，关系我们党在人民群众中的威信。我们必须坚持把解决好"三农"问题作为全党工作重中之重不动摇，抓重点、补短板、强基础，推动乡村全面振兴，加快推进农业农村现代化。

小康不小康，关键看老乡。打赢脱贫攻坚战是全面建成小康社会的底线任务，必须不折不扣完成好。要聚力精准施策，决战决胜脱贫攻坚，主攻深度贫困地区，着力解决突出问题，巩固扩大脱贫攻坚成果。要扎实推进乡村建设，加快补齐农村人居环境和公共服务短板；发展壮大乡村产业，拓宽农民增收渠道；完善乡村治理机制，保持农村社会和谐稳定，不断提高广大农民的获得感、幸福感、安全感。

手中有粮，心中不慌。对于一个有着近14亿人口的大国来说，粮食问题须臾不能放松。随着消费升级，人们的需求已从吃得饱转向吃得好、吃得健康。要达到这一目标，进一步夯实农业基础、保障重要农产品有效供给是前提。农业农村发展，根本依靠深化改革。要围绕"巩固、增强、提升、畅通"把农业供给侧结构性改革往深里做、往细里做，以土地制度改革为牵引推进农村改革，通过改革释放发展活力，为乡村振兴和农业农村现代化增添动力。

办好农村的事情，关键在党。要加强党对"三农"工作的全面领导，把农业农村优先发展落到实处，强化五级书记抓乡村振兴制度保障，培养懂农业、爱农村、爱农民的"三农"工作队伍，充分发挥好农村党支部战斗堡垒作用和农民主体作用。要坚持从实际出发做好"三农"工作，因地制宜、分类施策，循序渐进、量力而行，稳扎稳打、久久为功，注重实效、防止做表面文章。

没有农业农村的现代化，就没有国家的现代化。没有乡村的振兴，就没有中华民族伟大复兴。今年是新中国成立70周年，是全面建成小康社会的关键之年。全面贯彻落实习近平总书记关于做好"三农"工作的重要论述，锐意进取、攻坚克难、扎实工作，我们就能让亿万农民有更多实实在在的获得感、幸福感、安全感，谱写新时代乡村全面振兴的新篇章。

(资料来源：人民日报，2019年02月20日第1版)

2. 实际生活情况

在人们的实际生活中，在社会发生某些变动，出现某些新闻事实时每一个公民往往是自发的评议员，他们的评论往往针对社会中层出不穷的新情况、新矛盾、新人物或是带有普遍倾向性的群众呼声和要求。这是新闻评论选题取之不尽、用之不竭的源泉。如2019年3月3日《广西日报》评论版有这样一篇文章《不吐不快》：

据《新京报》报道，"骗老人！年轻仔一天不好好做工，一天总骗人。" 2月25日，一段题为"民警当街'骂人'"的视频走红网络。视频中的警官，是百色右江公安分局解放派出所所长滕琨。事发时，滕琨正外出办公，碰到一名男子向老年人兜售"六合彩"资料，随即对该男子进行控制。

第十九章　新闻评论

民警当街"骂人"，在网络上看到这样的标题，我们或许会认为是某个民警逞威风、耍霸道。而看了视频后我们才发现，这位警官的所谓"骂人"，实际上是对无良人员的怒斥，以及对老年人的提醒。这两种"警察很生气"，在性质上完全不同。

如果一名警察仗势、仗权、仗力辱骂群众，此为匹夫之勇，属于违纪行为。但是，如果我们就此以为警察必须时时深藏自己的情感、刻刻不露自己的喜怒，则大谬不然。

警察，或者说更多的公职人员，乃至广大党员干部，在一些时候能否当场"发飙"？1998年，有关负责人口中"固若金汤"的江西九江大堤决堤，时任总理朱镕基当场怒斥：人命关天，竟搞出这样的豆腐渣工程，腐败到这种程度怎么得了？这样的真性情、真流露，群众是肯定、赞赏、欢迎的。具体到派出所所长当街"骂人"，此举也是一种担当，非但没有贬损警察形象，反而会使警徽更加锃亮、警姿更为英武。

可现实中，我们看到，越来越多的公职人员已经不敢直接显露自己的真实情感。有的人员面对活生生的办事群众，非要对方出具"健在"的证明，声称这是按规定办。试问，你们多点担当，向上级反映过这类规定十分荒唐吗？有的官员面对追问矿难原因的记者，支支吾吾、语焉不详。试问，你们多点担当，少一点所谓的官场忌讳，及时把真相传递给群众就那么难吗？

诚然，党纪国法对公职人员尤其是党员干部的要求越来越严，人们拍摄视频、发到网络的途径越来越便捷，工作人员稍有不慎讲了"出格"的话语、做出"不当"的表情，都可能成为"网红"，给单位和个人"惹麻烦"。但是，这不是失去真性情的理由。许多人"谨言慎行""不着痕迹"，纯属混淆了庸夫之怒与君子之怒的界限，实乃庸俗的独善其身和明哲保身之策，为此不惜压抑自己的情感、关闭自己的情绪表达通道，久而久之，便习惯于当一天和尚撞一天钟，于单位、社会、国家，出力不多、贡献不足。

一个激昂向上的民族，人们总是充满真性情的。小至做好本职工作服务群众，大至助力富民兴桂事业、为实现中华民族伟大复兴中国梦而努力奋斗，饱含真性情的担当都极为可贵。在攻坚克难之时，高喊一声"看我的"；在翻山过滩之际，怒吼一句"跟我来"；在不正之风之前，痛斥一遍"别磨蹭"……一件件事情或许便会有所不同，涓涓细流就可能汇成磅礴巨流。

3. 重要新闻报道

新闻事件和新闻典型是社会舆论关注的热点，是结合实际引导舆论、发挥教育功能的好教材，也有助于使选题富有新闻性和时代感。如2019年3月9日《燕赵都市报》的一篇评论文章《"先赔付后查实"是治理宰客的好办法》，针对日前黑龙江省旅游宰客的问题进行了分析和评论，文章的开头这样写道：

3月7日，黑龙江代表团媒体开放日上，省长王文涛在回答记者关于黑龙江旅游的提问时说："北国好风光，尽在黑龙江。"而针对"天价宰客"问题，王文涛坦言："确实存在。"他介绍，黑龙江为此成立了诚信基金，游客投诉即赔付，先赔付后查实。（3月8日《北京青年报》）

政府设立诚信基金用于"先赔付"，实际上是给游客上了"保险"，如果游客认为有诚信基金做后盾，当然会放心去旅游消费了。

(二)选题原则

选题来源确定后,要想写作一篇质量较高、意义重大的评论,还要进行认真筛选、仔细考量,并不是任何问题、事件都具有评论价值,都能够起到指导认识、教育监督的作用。为此,选题时要考虑以下原则。

1. 追求时效

新闻评论的显著特征之一就是时效性。因此作者要紧密关注现实问题,力求对其做出最迅速及时的反映。如果时效性差,人们对此失去了新鲜感,就无法引起更多人的关注,因而起不到指导认识的作用。因此,我们看到很多社论在会议闭幕后马上便见报,有些针对新闻事件的评论与事件发生的时间甚至只相差一两天。

2. 推陈出新

新闻评论特别是社论,选题来源的限制性往往会导致"永恒的主题",即会出现每年可写、每年必写的题目。如果不断重复,老调重弹,那么新闻评论就失去了生命力。因此,选题要善于将普遍意义与现实问题结合起来,挖掘新的角度进行论述,这样自然就会产生新的见解和观点。如欢度"六一"国际儿童节的社论,每年都要写,但如果总是"值此……之际,我们迎来了'六一'国际儿童节……",之后论述各地的少年儿童如何度过这个节日,抑或是儿童节的由来及变化发展等,那么就没有任何新意。而《人民日报》2018年6月1日发表的社论《今天该如何给孩子"点赞"》,就紧密结合当前网络社会高度发展的新形势,论述了如何对少年儿童成长给予适当关爱的问题。

> 让孩子健康快乐地成长,是一个常说常新的话题。"六一"国际儿童节来临之际,一条关于孩子的新闻引来不少关注。浙江省教育厅出台规定,全面规范高校、中小学到幼教的各种网络投票活动。从此前,教育部也曾发通知明确,校园网络投票活动"非必要不举办"。为孩子们在微信群、朋友圈拉票的家长们,可以松口气了。
>
> 如今,各种各样的网络投票活动真是不少,而其中很大一部分是关于孩子的。家长为了给自家孩子"拉票""求赞",不惜使出浑身解数。"亲,每天一票,又可以投票了,别点错啊,是 XX 号",这样的求点赞,求投票,让很多人不堪其扰却又无可奈何。原本应该"评孩子"的评选,结果变成了"比家长",看谁人脉广、方法多,甚至出现了技术造假,刷票、买票等情况。如此这般的评选,显然无法客观评价孩子的能力和实力,更无法对孩子形成长久的激励,是一种没有价值的"假评选"。一项调查结果显示,有 68%的受访者表示朋友圈拉票令人反感,其中 12.3%的受访者表示非常反感。变了味儿的网络投票评选活动,成了烦人的微信"公害",更偏离了正确激励孩子的本意。
>
> ……
>
> 正因如此,引导孩子如何正确看待评选,可能比让孩子在评选中胜出更有意义。人是社会性的,孩子的成长其实也是一个"社会化"的过程。并非只有第一名是光荣的,在不断地与他人、与世界的接触中,能够确立自我的位置,最终认知自我并提高自我才是关键。

评选是一种最直观的比较,对于孩子而言,这个过程不仅是形成对自己某方面能力的认识,更是形成对社会和他人的认识、对荣誉与胜负的理解。

"点赞"是一种引导,无论结果如何,对孩子们的努力和勇敢、创意和有爱,我们都应该不吝赞美。成长需要永远把价值导向放在第一位,而最终的目的,是让每个孩子都找到一条适合的发展路径、绽放自己的精彩。

(资料来源:人民日报,2018年6月1日第5版,有删节)

3. 以小见大

任何事物都有多面性,但对于篇幅有限的新闻评论来讲,很难对事件面面俱到地加以分析。因此,为了更好地突出新闻评论的时效性,作者往往可以"大处着眼,小处着手",从小问题中挖掘出大道理,学会"小题大做",或选择一个角度深入挖掘,直至揭示出事物的本质。

二、新闻评论的结构形式

新闻评论有其相对固定的结构形式,一般由标题和正文两大部分构成。

(一)标题

对于任何一篇文章来说,好的标题总能起到画龙点睛、吸引读者的作用,新闻评论也不例外。在标题制作上,与消息重在准确概括、传达新闻事实不同,新闻评论则以事实为依据,重在提出观点和见解;另外,消息标题形式多样,评论则多采用单层标题。但从表现形式来看,消息标题的表现手法,如双关、谐音、设问、套用古诗词、运用口语等均可用于新闻评论标题的制作,如下面几则评论的标题所示。

比喻式:让金融之血给养经济之躯
提问式:中国可以从这次金融危机中学到什么?
　　　　一个城市400条无名街巷说明什么?
命令式:让审计防堵更多行政管理漏洞
　　　　不要给"红色旅游"涂上迷信色彩
反问式:抗洪抢险岂容违规违纪
结论式:科学发展是富民强省全面小康的必由之路
对比式:工作抓上去　干部沉下去
　　　　"涨价"声中看"降价"
口语式:贪官收钱"嗯噢哟"
对偶式:合全球之力,化能源之忧

(二)正文

新闻评论的正文一般由以下几部分构成。

1. 引论

引论是新闻评论正文的开头，它不受新闻要素的约束，没有固定格式，发挥着提出问题或亮出论点的作用。常见的开头有以下几种写法。

(1) 开门见山，提出论点。

新闻评论作为论说文，总要提出论点。因此，很多评论开头就直接表明见解，直奔主题。如《人民日报》(2018年10月31日)的评论《开放促改革，增添发展新动能》中作者开头就提出这样的观点："以开放促改革、促发展，是中国改革开放40年来的重要经验和启示，也是我们面向未来、不断进取新成就的重要方法。"之后，又通过论述深化改革与全面开放的相互关系，以事实来证明论点。

(2) 事实为由，引出论题。

新闻评论是在新闻事件的基础上进行评论，因此，很多文章在开头先将新闻事实的经过或内容要点概括叙述，随后引出论题，为正论部分作铺垫。如《人民日报》(2018年11月12日)的评论文章《构建匹配时代的精神文明》，文章开头以近期高铁"霸座"和公交"互殴"这两起发生在公共场域的不文明行为为事实依据，提出了我们要构建与大国身份匹配的精神文明的观点。

(3) 设置悬念，自问自答。

新闻评论开头也常采用设问式，点明主要论题，以此造成悬念，以便吸引读者。

2. 正论

正论是新闻评论的主体，是分析问题、展开论述的部分。这里，既可用事实论据(包括有代表性的人、事、历史资料、统计数据等)，也可用理论论据(包括得到普遍认可的思想理论、公理、党和国家的文件精神、规范、条例，以及权威性的名人名言等)。另外要想使正论说理清楚，关键在于处理好层次、段落间的关系，以及分论点间的关系。常见的论述结构有以下几种。

(1) 并列分论结构。

并列分论结构是在开头提出论点后，每个层次从不同角度、不同侧面列出分论点，共同证明总论点。

(2) 递进推论结构。

递进推论结构是在开头提出问题后，正论逐层展开，步步深入地证明论点，最后提出解决问题的方法。这种结构各层次间是由表及里、由浅入深、由现象到本质的关系。

3. 结论

结论是新闻评论的结尾，是文章论述的必然结果。它与引论、正论共同构成有机整体，但这并不意味着它是评论中不可或缺的一部分，对于一些言尽意止的评论，不必另加独立的结尾。如需要结尾，常见的有以下几种。

(1) 首尾呼应。结尾与开头呼应，不仅是在文章结构上紧凑一致，更是为了凸显主题，加深读者印象。如2019年3月18日，成都日报发表的评论《在众声喧哗中敢向流言

第十九章 新闻评论

说"不"》的结尾：

> 面对众声喧哗，我们要敢于向流言说"不"。这考验着人们的智慧，更检验着人们的勇气。唯有所有追求真相、坚守真理的人一起勇敢地发出声音，才能使得网络清朗，谣言退散！

这个结尾回应了标题，强调了论点，并与标题构成了很好的呼应。

(2) 归纳结论。文章经过大量分析论证后，在文末得出结论是必然的结果，因此归纳结论式是新闻评论最基本的结尾方式。人民网 2019 年 2 月 25 日发表的《用"教育思维"管好校园手机》一文，针对多数学生因长期使用电子产品而导致用眼过度的现象，通过种种事实，说明要运用"教育思维"来管理学生使用手机的问题，并在最后得出结论：

> 教育之难，难在潜移默化、润物无声。以教育的维度来思考校园中的智能手机问题，需要在局部禁止的基础上，多些关怀的温度和智慧的力量，让未来一代在拥抱未来智能化数字世界的同时，也能拥有明亮的双眼和美好的心灵。

(3) 希望号召。希望号召式结尾常采用慷慨激昂的祈使句，或呼吁，或要求，或号召，或展望。运用这种方式应注意，一定要有感而发，切忌空洞无物，无病呻吟。

三、新闻评论的写作要求

新闻评论的写作应做到以下几点。

(一)论点明确新颖

论点是新闻评论的灵魂，要求作者在选题上一定要做到正确、集中、鲜明，即选题要考虑经济社会形势发展的要求，对经济发展和社会进步具有针对性和指导性。论点要统一，文章各个层次的分论点与总论点要具有隶属关系，从不同角度对总论点给予支撑，而不能和总论点成为并列分论的关系。同时，文章阐发的观点要从不同角度挖掘出新意。这就要求作者要善于观察和思考新闻现象，有较强的新闻敏锐度。

(二)论据真实典型

论据是用来证明论点的。论据是否真实，是否典型，直接关系到整篇评论的基础牢固与否，说理的充分与否。因此，作者选取论据时要注意其新闻性，要有真实性和时效性，要从新闻报道或者社情民意中进行筛选，舍去与主题无关的材料。

(三)论证以理服人

论证是支撑整篇评论的骨架。要想使论点立住脚，论据不空洞无力，关键还要通过事例、道理，通过比喻、对比等方法，对受众"动之以情，晓之以理"，做到以事实为依据抒写情感，以道理为准绳准确分析，切忌写成"有情无理"的文章。

案例分析

杜绝"消费潜规则"

针未尖

近日,中国青年报社社会调查中心联合问卷网,对 2015 名受访者进行的一项调查显示,73.8%的受访者遇到过"消费潜规则"。装修(46.3%)、家居产品(40.2%)和电子产品(35.2%)领域被认为最容易出现"消费潜规则"。面对"消费潜规则",59.6%的受访者觉得维权不容易。67.8%的受访者建议完善立法,打造对消费者友好的法律环境。(11月15日《中国青年报》)

所谓"消费潜规则",就是不成文的、不公开的、法律法规以外的规则。这些规则,大多是商家的"不成文规定",常常称之为"商业惯例"。比如,找搬家公司谈好了价格,等东西搬到楼下,却被临时告知还要按楼层加价;买空调、买电视,事先号称"免费安装",入户后却要额外收取打孔费、挂墙费;出外旅游,虽然广告上"明码标价",可付款时又要加收"老年费""儿童费"……比起明目张胆的"霸王条款",这些"消费潜规则"更加隐蔽,而且更加普遍。上述调查中,有 73.8%的受访者遇到过"消费潜规则",就是有力的证明。

"消费潜规则"何以盛行?以笔者之见,首先是商家唯利是图、诚信缺失所致。为了追求经济利益的最大化,不少商家会绞尽脑汁地"创新"消费规则,这些规则在不断实施的过程中,又被其他商家所借鉴、效仿,久而久之便形成了行业通则,最终强加给所有消费者。另外,一些"霸王条款"陆续被曝光、叫停之后,部分商家为了保住原有的既得利益,遂绞尽脑汁地想办法、钻空子,将原有的"霸王条款"改头换面,以"消费潜规则"的形式悄悄复活,继续损害消费者的合法权益。

当然,"消费潜规则"之所以盛行,也与消费者的态度有关,甚至一定程度上是被消费者"惯"出来的。大部分情况下,遭遇"消费潜规则"往往事发突然,比如,搬家搬到楼下,结果要按楼层加价,很多消费者即使很不情愿,通常也只能被动接受——总不能再搬回去吧?事后,因为不知道如何维权,该向哪个部门反映,且不愿耽误太多的精力和时间,很多消费者只好忍气吞声,权当被"套路"了一回。这种无可奈何的结果,无疑增加了商家的底气,"消费潜规则"遂愈演愈烈,甚至让消费者习以为常、见怪不怪了。

这篇评论选题、构思巧妙,遵循以小见大的选题原则。

标题:直接点明论点。

引论:以新闻的调查数据为依据,引出"消费潜规则"作为评论对象。

本论:采用由现象到原因层层推进的结构形式,阐明了"消费潜规则"问题的现象,从商家的诚信缺失、消费者的态度以及相关法规存在的漏洞这几方面分析了"消费潜规则"盛行的原因。

第十九章 新闻评论

就此分析，相关的法律法规还存在疏漏。比如，碰到"霸王条款"，消费者可以通过法律手段，给予十分有效的抵制，但对"消费潜规则"，却往往不知从何下手。而且，即便对此进行了举报，监管部门也难以准确辨别，最终只能调解了事。所以，正是法规的滞后，加之监管的无力，无形中助长了"消费潜规则"的气焰，使之大行其道。

总之，杜绝"消费潜规则"，单纯寄希望于商家的道德自觉，是远远不行的。当务之急，消费者首先要提高防范意识。比如，消费之前要问个清清楚楚，把所有收费项目都写进合同，防止商家"节外生枝"。一旦发生纠纷，则以合同为准，向监管部门投诉反馈。同时，对于所遭遇的"消费潜规则"，应想方设法公诸于众，提醒其他消费者注意防范。

此外，监管部门和消协组织也要积极作为，对"消费潜规则"典型案例进行曝光，倒逼商家收敛，并经常征集"消费潜规则"案例，主动帮助消费者维权。当然，进一步完善法律法规，通过明令禁止"消费潜规则"，打造对消费者友善的法律环境，并切实加大执法力度，则是消费者最为期待的。

(资料来源：甘肃日报，2018年11月21日第4版)

> 结论：针对"消费潜规则"出现的原因提出相应的解决方案，回应标题，重申论点。归纳论证结果。
>
> 本文文风朴实，娓娓道来，与群众语言保持了内在的一致。

写 作 训 练

一、阅读下面的评论，回答文后的问题。

危机面前更需大局意识

全国两会首场"部长通道"开启，生态环境部部长×××表示，当前污染防治攻坚战挑战还很多。下一步将坚守阵地，巩固成果，不能放宽放松，更不能走回头路。

生态环境是关系党的使命宗旨的重大政治问题，也是关系民生的重大社会问题。去年以来，广西深入贯彻落实×××生态文明思想，坚决担负起生态文明建设的政治责任，坚持把解决突出生态环境问题作为民生优先领域，把抓好中央环保督察"回头看"反馈问题整改工作作为牢固树立"四个意识"、坚决维护党中央权威和集中统一领导的重大检验，全力打好碧水蓝天净土三大保卫战，扎实推进绿色发展，全区生态文明建设取得新进展，生态环境质量持续好转。

设区市空气质量优良天数比率91.6%，提高3.1个百分点；PM2.5浓度下降7.9%；52个地表水监测断面水质优良比率超过96%，无劣Ⅴ类水体；22个近岸海域海水水质优良率(一、二类海水比例)为90.9%；九洲江治理模式成为国务院第×次大督查典型经验做法之一……成效都是干出来的。一年来，全区上下坚决按照×××总书记"广西生态优势金不换"的重要指示要求，以刮骨疗毒、壮士断腕的决心，以抓铁有痕、踏石留印的作风，一手抓环境整治，一手抓生态保护，扎实推进生态环境环保建设，为广西生态文明建设增加了浓墨重彩的一笔。

然而，生态环境治理并非简单的环保工程，而是涵盖更多更广的内容。以南流江流域畜禽养殖污染治理为例，生猪养殖是当地群众的主要收入来源之一，对禁养区养殖场户的清拆，还不能简单的一清了事、一拆了之，必须兼顾生态保护与经济发展、环境治理与民生保障，这也是对地方治理者智慧、勇气和担当的重要考验。为恢复"一湾清水向南流"，当地在做好养殖污染场所搬迁的同时，还对规模养殖场生态化改造、粪污收集资源化利用、河道综合整治、养殖户转行就业等工作下足功夫。可以说，生态环境治理是难啃的硬骨头，既需要集中力量打攻坚战、歼灭战，也需要久久为功打持久战，唯有标本兼治、综合施策、多方发力，才能形成治理合力，收到立竿见影之效。

当前，生态环境在群众生活幸福指数中的地位不断凸显，生态文明建设正处于压力叠加、负重前行的关键期。尽管在全党全社会的共同努力下，打好污染防治攻坚战取得了重大进展，生态环境状况明显好转，但成效并不稳固。我们要清醒认识到，长期以来积累的生态环境问题，不能指望"毕其功于一役"，还有可能"按下葫芦浮起瓢"，老问题解决了、新问题又出现。

因此，生态环境治理要坚守阵地、巩固成果，绝不能搞一阵风、走回头路。必须始终绷紧生态环境保护这根弦，坚决克服松懈麻痹思想，坚持标准更严、要求更高、力度更大，严防环境问题反弹。同时，要建立生态环境治理长效机制，持之以恒，常抓不懈，使八桂大地青山常在、清水长流、空气常新，努力把绿水青山变成金山银山，真正让绿色发展"壮"起来、生态环境"美"起来，让良好生态环境成为人民生活质量的增长点、成为展现美丽形象的发力点，成为新时代广西发展的突出优势和巨大推动力。

(资料来源：广西日报，2019年3月5日第11版，有删改)

1. 本文属于哪种类型的新闻评论？（ ）
   A. 社论   B. 评论员文章
   C. 短评   D. 编者按
2. 本文的引论部分属于( )的写法。
   A. 开门见山，提出论点   B. 事实为由，引出论题
   C. 设置悬念，自问自答   D. 开宗明义，点明主题
3. 本文主要运用了_____和_____两种论据。
4. 本文的本论部分采用了_____式结构。
5. 本文的中心论点是_____。

二、配合以下新闻报道材料写一篇评论，标题自拟，要求论点突出，结构合理，字数在400~500字左右。

贵阳为求职大学生提供免费"筑梦驿站"

本报讯(黄欢　中国青年报·中青在线记者　李润文)2019 年春季新学期开始,南京市"弹性离校"课后延时服务全面升级,全市 118 所小学将在延时托管的基础上,率先试点开展体育课、科技课等课后活动。

据了解,南京 2017 年开始在所有公办、民办小学实行"弹性离校"制度,为小学生免费提供延时照顾服务。以往参加"弹性离校"的学生在校主要是写作业和阅读。服务升级后,学校还将结合学生需要和校方实际,将"弹性离校"逐步增设为延时托管和课后活动。在课后活动设置方面,将试点开设德育、体育、艺术、科技、劳动、健康教育等各类社团、兴趣小组和专题教育课后活动。学生可自主选择其中之一,亦或两者皆可选择。

根据相关要求,选择参与课后活动的学生,每周一般不少于两次,每次不少于 40 分钟。课后活动结束后,有托管需求的学生可申请延时托管,托管服务结束时间为 18:00。

据悉,2019 年,南京市将通过政府财政经费投入与家庭合理分担相结合的方式,保障学校开展课后活动与延时托管所需经费投入。值得注意的是,将继续对参与课后活动和延时托管的家庭经济困难学生全免费。南京市教育局负责人表示,目前,南京市尚未出台课后服务收费政策,各区各校不得对课后活动与延时托管收费。同时,严禁学校对课内时间组织开展的各类社团、兴趣小组活动违规"搭车"收费。

(资料来源:中国青年报,2019 年 3 月 5 日第 5 版)

第二十章 学术论文

学习目标

- 了解学术论文的概念、特征和种类。
- 熟悉学术论文选题的原则和途径。
- 掌握学术论文的结构形式和写作要求。

第一节 学术论文概述

一、学术论文的概念

学术论文又称科学论文、研究论文，简称论文，是用来进行科学研究和描述科研成果的文章。可见，学术论文是探讨学术问题、进行科学研究的一种手段，也是交流学术研究成果并使科研成果产生社会效益与经济效益的一种工具。它与一般议论文一样，都有论点、论据和论证过程；不同之处是一般议论文是对科学领域之外的某些现象或问题提出见解或主张，而学术论文则是专门针对学术领域中的现象或问题进行研究，发表见解和主张。

二、学术论文的特点

学术论文具有如下特点。

(一)创造性

创造性是科学研究的生命，也是学术论文的生命。所谓创造性，就是说学术研究要创造性地提出新问题、解决新问题，以推动科学的发展和社会的进步。其意义在一个"新"字上，即要有新内容、新成果、新突破、新贡献。"新"是衡量一篇学术论文价值的根本标准。但追求创造性并非抛弃前人成果，而是在吸收和强化已有学术成果的基础上的创新。

(二)科学性

科学性是学术研究之本，也是学术论文的基本属性。学术论文没有科学性，就没有存在的价值。学术论文的科学性，表现在论点上，要求论点必须从客观实际出发，提出的论点要有科学依据，不得主观臆造，不得带有个人的好恶偏见；表现在论据上，要求要经过周密的观察、调查、实验，充分占有资料，以最丰富、最确凿、最有力的论据作为议论的依据，包括所应用的公式、定理、数据、图表、符号、历史资料、科学实验的过程和经典言论等，都要准确无误、真实可靠；表现在论证上，要求作者必须经过严密的思考，论证推理要严谨，观点与材料要统一，要富有逻辑性。

(三)理论性

理论性即学术论文的学术性。学术论文不是从现象到现象，就事论事，而是将感性认识上升到理性高度，通过科学的抽象、综合、论证，揭示事物发生发展的规律，完成从个别到一般的飞跃，以指导实践，预见未来，以理服人。如果某项科研，即使解决了某些实际问题，取得了有价值的成果，但没有从理论上进行分析，提炼出个人的见解，这样的文章也不能视为学术论文。

(四)平易性

平易性是指学术论文的语言要平易、朴实、准确、深入浅出。但是为增强学术论文的可读性，还要尽量使语言生动、有趣，不能故作隐晦，过于深奥。

(五)规范性

学术论文受其性质、内容、特点、功用所决定，体式上有一定的固定性和规范性。这些基本格式趋向统一化、标准化。世界各国对学术论文的撰写和编辑大都制定了各种国家标准，我国标准化组织也制定了一系列国家标准。1968 年联合国教科文组织公布了《关于公开发表学术论文和科学文摘的撰写指导》，1987 年我国国家标准局发布了《科学技术报告、学位论文和学术论文的编写格式》《文后参考文献著录规则》《科技学术期刊编排规则》《文摘编写规则》等国家标准。这些规定，对于学术论文的撰写、记录、总结、保存、传播、交流都起到了重要的指导作用。

三、学术论文的种类

按不同标准，可将学术论文分为不同的种类。

(一)按对象层次划分

1. 理论型论文

理论型的学术论文是以系统、丰富的理论知识和充分的例证，深入地对某一领域的学术问题或现象进行全面考察、深入研究，揭示出本质或规律，因而具有很强的学术性和理论性。

2. 应用型论文

应用型的学术论文是针对实际工作中存在的实际问题或现象进行研究探讨，提出解决问题的措施办法或建议的学术性文章。它重在探求工作规律，提出充分的理由说明原因和

根据，促使问题的解决，用以指导具体的工作。

(二)按写作目的划分

1. 交流性论文

交流性论文也称杂志论文，这是各学科领域中的专业技术人员和有实践经验的专业人员撰写的学术论文，目的是在学术期刊或报纸上发表，用以探讨理论，指导实践，交流科研成果。

2. 学业性论文

学业性论文是各级各类高校在校生撰写的，用以完成某种学业的论文，主要包括毕业论文和学位论文两类。另外，学年论文也属此范畴。

(1) 毕业论文。毕业论文是高等学校毕业生运用已经学过的专业理论知识，在教师的指导下，独立完成的作业。这种论文是对学生独立解决问题能力的规范训练。毕业论文要有一定的学术性和理论性，有解决实际问题的价值。

(2) 学位论文。学位论文是学位申请者为了取得某级学位按照有关要求而撰写的论文。学位论文的通过是授予申请者学位的重要依据之一。学位论文分为学士论文、硕士论文和博士论文三种。学士论文就是本科大学生的毕业论文，其内容要有一定的心得，并能反映出一定的科研能力。硕士论文对课题要有新的见解，要反映出独立从事科学研究的能力。博士论文则要求有创造性的科研成果，要反映出作者渊博的理论知识和相当熟练的科研能力。

(三)按学科领域划分

1. 自然科学论文

自然科学论文是对自然科学领域内的各种自然现象如物质形态、结构、性质和运动规律等进行探索研究而撰写的学术论文。如物理学、化学、数学、天文学、自然地理学和生物学等。

2. 社会科学论文

社会科学论文是对社会科学范围内的各种社会现象及其发展规律进行研究而撰写的学术论文。社会科学所涵盖的学科范围很广，包括：政治学、经济学、军事学、法学、教育学、文艺学、史学、语言学、民族学、宗教学、社会学和新闻学等。

(四)按论述方式划分

1. 探索性论文

探索性论文是针对某一学术问题，从正面提出作者的见解主张，提供充分论据展开论证的学术论文。从论证方式上看，这是一种立论性论文。

2. 争鸣性论文

争鸣性论文是针对他人对某一学术问题的见解，提出不同意见的学术论文。这是一种驳论性论文，先破后立，通过批驳他人的错谬进而提出作者的主张。

3. 综述性论文

综述性论文是对某一学术问题的不同见解和主张进行综合评介，并在此基础上提出作者见解的学术论文。常有两类：一类是以汇集文献资料为主，辅以注释，客观而少评述。某些发展较活跃学科的年度综述属于此类。另一类则着重评述。通过回顾和展望，提出合乎逻辑的，具有启迪性的见解和主张。综述性论文撰写要求较高，具有权威性，往往能对所讨论学科的进一步发展起到引导作用。

4. 评论性论文

评论性论文是针对当前学术领域或社会生活中的某些热点问题，从学术的角度进行评论，提出见解。这种学术论文具有较强的时效性，往往在报纸的理论版上刊登，所以具有新闻性。

第二节　学术论文写作

学术论文的写作是一个比较复杂的过程，主要包括选题、搜集材料、分析研究、编列提纲、起草初稿、修改定稿和提交等环节。

一、学术论文课题的选择

(一)选题的意义

选题就是选择并确定学术研究的方向和课题，即解决写什么的问题。所谓课题，就是学术研究或学术论文中论述的学术问题。课题选择的好坏，是关系到论文写作成败的关键。好的课题有利于展开研究，便于学术论文的顺利完成，而且写出的论文又有较高的价值，能产生良好的社会效果。所谓"题好文一半"，就是这个道理。

(二)选题的原则

学术论文的选题既要从客观上考虑社会发展、科学进步的需要，又要考虑作者自身的主观条件。只有把主客观条件有机地统一起来，才能选出一个好课题。课题的选择，要遵循如下两条原则。

1. 有科学价值

对于各学术领域的问题或现象进行探索研究，揭示其本质规律，从理论上给以科学准确的解答，起到统一认识、推动社会发展、科学进步和指导工作顺利开展的作用，这就是

学术论文的科学价值。一般来说，具有科学价值的课题主要有以下几个方面。

(1) 亟待解决的课题。通常，各学科领域大都有一些亟待解决的问题，这往往是关系到国计民生的大问题，是具有科学价值的课题。如 2008 年全球金融危机对我国实体经济造成了强大冲击，贺强的《经济复苏有必要加大拉动内需力度》(2009 年 3 月 16 日 《中国证券报》)一文，通过对美国金融危机对世界金融体系及我国经济实体造成冲击的大量数据资料的分析，阐明了这场世界性的金融海啸给我国经济带来的严重影响，并由此提出了改变传统的投资方式、积极刺激消费需求、努力调整出口、进一步加大投资力度的应对措施。这是关系我国经济发展乃至世界经济发展的大问题，是亟待解决的问题，当然也是具有科学价值的课题。

(2) 新的发现和创造。在科学研究上，每项新的发现、新的创造都会将科学事业向前推进一步，对人类社会做出重大贡献，因而它是最具科学价值的。这是每个科研工作者应努力追求的目标。如我国科学家 1965 年在世界上首次人工合成蛋白质——结晶牛胰岛素，又于 1981 年获得人工合成酵母丙氨酸转移核糖核酸这一重大科研成果，这使生命基础物质的研究前进了一步，对生物学、医学等科学的发展做出了重大的贡献。当然，这种科学上的新发现、新创造不是能轻易取得的，这就要求科研工作者应具有勇于探索、不懈努力的精神。

(3) 空白的填补。科学的发展有其不平衡性，某个时期某些学科受到重视，发展就比较快，而另外一些学科有所忽略，发展就慢，甚至出现空白。从科学发展全局的需要来看，选取这些空白点做课题进行研究，也是非常有科学价值的。比如我们对社会主义经济规律中有关生产、流通、分配等问题的研究比较重视，而对于消费问题的研究则不够。而消费是再生产的好坏和经济运转是否正常的检验器，是国民经济良性循环的承上启下的关键问题。如果能从理论上进行深入探讨研究，取得一定成果，将能为社会经济发展做出很大的贡献。

(4) 通说的纠正。通说就是通行的说法、流行观点，甚至是已有的研究成果。通说中或本来就有不正确的部分，或随着时代的进步、社会的发展变得不适用或完全错误了。纠正这些不正确的东西，使人们得到正确的认识，当然也是贡献，也是具有科学价值的。

(5) 前说的补充。这是对前人研究成果的发展性研究，使前人的研究成果更为丰富和完善。富有创造性的科学研究当然好，但是多数情况下总是在前人研究成果的基础上进一步开拓，不断丰富、补充，使其更为完整并得到进一步的发展。所以，补充前说也是有科学价值的，是选择课题的重要方面。

2. 量力而行

课题的科学价值越大，研究出的成果贡献就越大，这当然很好。但是，选择研究课题，还必须考虑自身的研究能力、研究条件以及写作水平等主观条件，这就是要量力而行。只有量力而行，才能对课题进行顺利的研究，取得预期的效果。为此，应考虑以下几个方面。

(1) 限定范围、大小适中。课题有大有小，有难有易。课题太大、太难，力不能任，就难以完成；课题太小、太容易，轻而易举，就发挥不出作者的水平，也难以获得重大成就。所以，要根据自己的研究能力，选择一个"篮球架子一样的题目"，即课题难易度与研究能力相符，经过作者的努力能够顺利完成。要使课题大小适中，就需要将课题的范围限定在一个适当的范围内或某一个角度上。比如我们要研究金融问题，就可以这样考虑：

金融问题→储蓄问题→个人储蓄问题→个人储蓄心态问题

这样层层限定，课题的范围由大到小，根据自己的主观条件，确定一个适合自己的研究层次。但这还不够，同一个层次还有不同的侧面，同一个问题也有不同的角度。比如同样是"个人储蓄"这一问题，既可研究个人邮政储蓄问题，也可对个人风险投资储蓄问题进行研究等。所以，不但要限定课题的范围，还要选择具体的研究角度。这样就能确定一个具体、明确、便于顺利开展研究的课题。

(2) 发挥业务专长。每个科学领域都有其独自的研究对象和内容，此一领域的研究者很难解决另一领域里的学术问题，正所谓"隔行如隔山"。所以，选题要扬长避短，发挥自己的优势。这就要首先考虑自己的业务专长，以便充分发挥自己的研究优势，攻克难题。另外，同一领域里也有诸多方面的课题，也不是每个人都能解决的，因为"术业有专攻"。所以，根据自己所学习和从事的专业来选择课题，这是非常适宜的。

(3) 浓厚的研究兴趣。选择一个有兴趣的课题非常重要。兴趣是人们解决问题、取得成果的强大动力，它能促使人们积极追求、深入探讨。如果对一个课题有兴趣，就会产生工作的热情，激发自己的研究潜能，就会专心致志，甚至废寝忘食地去研究它。

(4) 足够的材料来源。材料是进行科学研究的物质基础。学术写作，不仅没有材料不行，就是材料不全，也难以研究出成果，更谈不上写好学术论文。不同的课题，对材料的要求不同，比如文献资料、调查材料、实验数据等。另外，每个人所处的环境条件不同，取得材料的可能性和优劣程度也就不同。所以，选择课题时，必须考虑获得材料的条件，如书报刊物的多少，进行调查或实验的经费、场地等。

另外，选择课题还要与写作时间和计划写作论文的篇幅长短有关，还要看能否得到有关同行或专家的指导以及是否具备相应设备等，这些都与课题的大小与难易程度有关，必须加以考虑。

(三) 选题的途径

1. 查阅文献资料

要找到合适研究的课题，首先要对本学科学术研究的历史和现状进行全面系统的了解，弄清楚本学科现阶段的研究到了什么程度，取得了哪些成果，还有哪些问题尚未解决。要明白这些，就得查阅文献资料。在查阅文献的过程中，除了了解历史和现状，还要积极开动脑筋，充分发挥想象与联想的作用，努力思考，不断探索。这样，慢慢就会发现问题，提出问题，找到合适的选题。查阅的文献资料要内容多，范围广。根据需要，除了阅读有关专著、报刊论文外，还要查阅有关书目、索引、专业性辞典、年鉴、手册以及年表、图谱等。除了自己手头的材料，还要善于利用图书馆、书店、报亭以及向他人借阅

材料。

2. 开展实地调查

科学研究最终要解决实际问题,这也是科学研究的目的所在。所以,在实际工作、生活中选择课题,是非常重要的途径。工作和生活中会不断出现新情况、新经验、新问题,我们要通过调查或在实际工作中及时发现,认真了解。还要关注现实社会中出现的热点、难点、焦点等问题,通过调查研究,思索分析,就会选到一个好课题。

二、学术论文材料的搜集

撰写学术论文,在论题确定之后,就要着手搜集材料。

(一)材料的类型

1. 客观性材料

客观性材料也就是研究对象本身具有的情况。它包括两类:一是静态材料,指研究对象已有的科研成果,即文献资料,包括书籍、论文、研究报告、档案、文件等;二是动态材料,指研究对象的现实情况,是一些不断变化的活材料。动态材料也称实证材料。

2. 主观性材料

主观性材料也称发展性材料、再生性材料,是在搜集客观性材料的过程中引发的联想或想象。这些突然产生的想法,是一种写作的灵感,往往会成为学术见解的萌芽。

(二)搜集材料的一般原则

1. 围绕论题,全面搜集材料

所谓全面,是指论题所涉及的方方面面的材料。在搜集材料时,要心中有"数",知道搜集哪方面的材料,搜集多少材料。不同学科、不同题目所需要的材料种类、数量是不同的,但总体来说,都要全面、系统,不能有任何遗漏。不仅要搜集与选题有关的直接材料,还要搜集相关的间接材料;既要有理论材料,又要有事实材料;既要有个别性材料,又要有综合性材料;既要有现实材料,又要有历史材料;既要有正面材料,又要有反面材料。总之,搜集材料要全面系统,不能预定框框,符合自己观点的就要,与自己观点相悖的就舍;不能只注意材料的主导方面而忽略其次要方面,也不能只强调其次要方面而忽略其主导方面,更不能随意剪裁取舍。

2. 材料来源要真实可靠

搜集材料特别要注意其真实性和准确性。材料是观点的基础和依据,材料的真实性和准确性决定了论文的科学性和价值。搜集材料时,首先要关注材料的来源是否真实可靠。对于文献资料,如果没有确切的可以验证的来源,再好的资料也不能搜集。有些文献资料，在汇编过程中会出现许多讹错，如不加辨别地使用，就会以讹传讹。对于实证性材料，搜集方法的科学性、材料的普遍适用性等显得尤为重要。真伪不分是论文材料搜集的大忌。无论是文献资料还是实证性材料，无论是直接引用还是间接引用，材料的来源、出处都要不厌其烦地认真核对，绝不能盲目照抄或道听途说。

3. 抓住重点材料和新材料，适时调整搜集范围

任何一个课题的材料都有主次之分，搜集时要抓住重点。在所有的材料中，研究对象本身的情况是核心材料。核心材料必须全面搜集，仔细研究，如果忽视这些第一手的原始材料，一头扎入他人的论述中去，东抄西摘，就是主次不分，一头雾水。在研究中，新材料的发现有着非常重要的意义，往往能带来认识和研究的突破。另外，在搜集材料的同时，在搜集材料的过程中，随着选题的逐步明确，思路的拓展和深入，搜集材料的范围也会发生变化，所以要及时调整和拓展搜集材料的范围，这样就有可能发现一些遗漏的或未被发现的新材料。

(三)搜集材料的方法

对于客观性材料中的静态材料，获取的途径是查阅文献。动态的材料，即研究对象本身的实际情况，需要通过开展社会调查来获取。

主观性材料的获取要求在搜集客观性材料的过程中，要勤于思考，随时记录下一些临时性的想法和感触。

三、学术论文课题的研究

有了足够的材料，就要分析研究，进行创造性地思考，得出自己创造性的见解和主张，也就是研究成果。有了研究成果才谈得上写文章，所以对材料的分析研究就显得十分重要。课题的分析研究，主要是运用各种思维方法对材料进行思维加工，以求产生科学创见。常用的思维方法有以下两类。

(一)常规性思维方法

对材料的分析研究要掌握科学的思维方法，如归纳、演绎、分析、综合、分类、概括、对比、类比等。在实际运用时要注意每种思维方法的规则和要求，这样才能保证思维的准确、严密，得出科学的论断。这里主要介绍应注意的两点。

1. 先归纳后演绎

归纳是从特殊到一般的逻辑思维方法，就是研究一类事物中许多具体的个别的事物，找出它们的共同点，从而得出一个一般性的结论。演绎是从一般到特殊的逻辑思维方法，就是以一般性的道理、原理为前提，推断和认识具体的个别事物。比如三段论："知识分子都是应该受到尊重的，人民教师是知识分子，所以，人民教师都是应该受到尊重的。"这是演绎推理，由大前提"知识分子都是应该受到尊重的"推出结论"人民教师都是应该

受到尊重的"。结论对不对,关键要看前提对不对,其中主要是这个"都"字。而这个"都"字是用归纳法得出的结论。所以,搞研究要先归纳,后演绎,以保证结论的严密、准确。这就要占有大量具体的材料,个别的材料越丰富,得出的结论就越可靠。相反,如果先有结论,先入为主,然后再去找例证,为己所用,这样的研究成果往往是靠不住的。

2. 先分析后综合

分析是在思维中把一个事物分解为各个属性、部分、方面,对它们分别加以研究的思维方法。综合是把分解开来的各个属性、部分、方面再合在一起从整体上认识事物的思维方法。科学研究,要先通过分析去深入认识事物的每一部分、每一方面、每一细节,掌握其本质、特点,然后再用综合把握事物的整体,这样才能很好地认识事物,把握其本质和规律。

(二)创造性思维方法

科学研究的生命在于创新。要创新,就必须善于运用创造性的思维方法去思考问题。创造性思维最根本的特点是新颖、独特,不落俗套。创造性思维主要有两大类型:一种是发散思维,另一种是收束思维。

发散思维,就是抓住一个问题,或者围绕一个中心,充分发挥丰富的想象和联想,不断地、广泛地扩散出去,对研究对象的各个方面作尽可能全面的搜索,全方位地发现问题。这种解放性的思考方式,可以获得一个问题的多个答案。

收束思维,就是在发散的思考之后,把获得的思想加以集中、收束,进行分析、整理和归纳、概括,最后作出择优性选择,得出一个创造性的结论。

当然,在实际科研过程中,这种发散、收束的创造性思考并不是一次完成的,往往要经过发散——收束——再发散——再收束的多次反复,才能得出满意的结论,完成研究工作。

四、学术论文的执笔行文

学术论文的行文包括编写提纲、起草和确定几个环节,其中结构的安排是核心。学术论文的整体结构包括前置、主体和附录三大部分。

(一)前置部分

论文的前置部分一般包括标题、署名、摘要、关键词及目录五项内容。

1. 标题

标题或称文题,是一篇论文给出的反映论文范围与水平的第一个重要信息。 所以,学术论文的标题一定要用最恰当、最简明的词语反映论文最重要的内容。其基本要求是准确、得体、精练、醒目。题目的外延和内涵要恰如其分,一般不超过20个字。

(1) 标题的类型。根据内容的不同,可将学术论文的标题分为两大类型:一是论题型题目,即标题中概括出文章所要论述的学术问题,如《新会计制度实施中的问题与对策》；二是论点型题目，即标题中概括作者的学术见解或主张，如《应保持利率水平的相对稳定》。

(2) 标题的形式。从形式上看，学术论文的标题可分为单层题和双层题两大类。单层题即单独使用论题型或论点型题目。双层题是正题和副题的结合。根据需要，双层题又有不同的组合形式，常见类型如下。

说明式：正题是一个论点型的题目，概括作者的观点主张，比较虚化；副题对正题作补充说明，通常是一个论题型的题目，如《两害相权取其轻——对通货膨胀成因与治理方法的探讨》。

兼论式：用于具有主从论题的学术论文。标题中，正题概括主论题，副题说明从论题，如《论双层股权结构的公司实践及制度配套——兼论我国的监管应对》。

商榷式：用于争鸣性论文。正题是论题型或论点型题目，副题指出争鸣对象，如《保单贴现制度研究中应明确的几个问题——与张则鸣先生商榷》。

2. 署名

署名包括作者的姓名及其扩展内容，即在论文标题的下方居中写明作者姓名，同时在作者姓名的正下方注明作者所在单位名称、所在省份(或城市)、邮政编码等，并用圆括号括住。署名的作用有三点：一是以示负责；二是表明文权所有；三是便于读者与作者联系及文献检索。署名要写真实姓名。多人合作的，要按参加工作的多少、贡献的大小依次排名。

3. 摘要

摘要又称内容提要或提要，位于署名下方。摘要是论文内容的"高度浓缩"，一般包括如下内容。

(1) 本研究的目的和重要性。
(2) 研究的主要内容，即论文核心内容的概括。
(3) 获得的基本结论和研究成果，即说明论文的独到见解。
(4) 结论或研究结果的意义。

摘要是对论文内容不加注释和评论的概括性陈述，文字必须十分简练，内容高度概括，篇幅一般不超过论文字数的 5%；外文摘要以不超过 350 个单词为宜。论文摘要不要列举例证，不讲研究过程，不用图表，不给化学结构式，也不要作自我评价。

4. 关键词

关键词是为了文献标引，从论文中选取出来，用以标示全文主要内容信息款目的单词或术语。一篇论文可选取 3~8 个词语作为关键词。其选择方法是：由作者在完成论文写作后，统观全文，选出能标示论文主要内容的信息或词汇。可以从论文标题中选择，也可以从论文正文内容中选择。如有英文关键词，中英文关键词要一一对应。

5. 目录

篇幅较长的学术论文，如文中有若干个小标题，为了方便阅读，可列出目录。一般的论文无此项内容。

(二)主体部分

论文的主体部分包括正文、谢辞、注释和参考文献等。

1. 正文

在长期的写作实践中，论文的写作形成了较为固定的结构模式，称为论文结构的"基本型"，通常由绪论、本论和结论构成。

(1) 绪论。绪论又称序论或引言，是论文正文的开头。绪论的主要任务是提出问题，即摆出论题，同时还可做其他相应交代。或简要说明研究的理由和研究课题的目的、意义；或介绍课题研究的背景、前人或他人的研究成果；或说明作者的研究思路和研究方法；或扼要介绍论文的中心观点，等等。绪论的内容不要过于分散、琐碎；措辞要精练，能够吸引读者；字数不宜过多，要视整篇论文的篇幅长短及具体需要来确定，长的可达1000字左右，短的可不到100字，甚至一两句话。如《饮料企业微观营销环境实证分析》一文的绪论如下。

> 微观营销环境是直接制约和影响企业营销活动的力量和因素，因此企业必须对微观营销环境进行分析。分析微观营销环境的目的在于更好地协调企业与这些相关群体的关系，促进企业营销目标的实现。根据波特教授竞争战略理论，在一个行业里，存在着五种竞争作用力来推动产业的发展。本文重点从竞争对手、消费者两个方面来分析饮料企业面临的微观环境。

(2) 本论。本论是论文正文的主体部分。在此，作者要围绕论题展开充分的论证，对所研究的课题和研究成果作详尽的论述；通过逻辑推导和理论分析，充分阐明自己的观点和主张。本论的内容主要包括：研究或实验对象、试验或观测方法和结果、计算方法和编制原理，经过加工整理的图表、理论分析、公式推导及运用、形成的论点或主张等。本论部分要求层次清楚，富有条理；言之有据，以理服人；论证充分，有严密的逻辑性；切忌空洞地罗列材料。在结构上，通常是围绕中心，从多侧面、多角度确立若干分论题或分论点分列小标题构成若干部分。其结构形式主要有如下两大类型。

一是递进式，或称直线推论式。是由总论点统率若干分论点，分论点之间的关系是层层推进、步步深入的。这种结构的优点是符合人们认识事物的规律。

二是并列式，或称并列分论式。是由总论点统率若干分论点，分论点之间是并列关系，从不同的角度或侧面共同支撑总论点。这种结构的优点是纲目分明，条理清晰。

(3) 结论。结论又称结束语，是对全文论证结果的总结性归纳。一般应包括以下几个方面：本文的研究结果及其意义；对前人有关观点的修正、补充、发展、证实或否定；本文研究的不足之处或遗留的问题，以及解决这些问题的关键点和方向。结论部分的写作要求是：措辞严谨，逻辑严密，对不能完全肯定的内容要留有余地。

2. 谢辞

谢辞是对为本次研究和写作提供过指导和帮助的单位或人员表示感谢。致谢的范围一般包括：对论文选题、构思或撰写、修改给予指导或提出重要意见者；对实验或考察过程做出某些贡献者；提供实验资料、仪器及给予其他方便者；论文采用的重要资料、图片的提供者；资助研究的单位或个人等。致谢要言辞恳切，不要虚夸、溢美和单纯客套；用词尽量简洁，不宜占用太多篇幅。谢辞可以单列，但内容不多时，通常可放在结论之中。

3. 注释

学术论文中的注释通常包括两个方面：一是引文的出处，二是对名词术语等特定内容的解释或说明。注释要用标注码，标在所注对象的右上角。加注的方法，按照位置的不同，有如下三种。

(1) 夹注。夹注也称文中注，是随被注释内容在正文中用圆括号注释。通常用于注释少量的内容。

(2) 脚注。脚注也称页脚注，是在页面的底端注释本页需要注释的内容。这种方法便于阅读，使用较为普遍。

(3) 尾注。尾注也称文尾附注，是在论文的末尾集中注释全文需要注释的内容。

4. 参考文献

正文之后通常应列出参考文献。目的有三：其一，反映出论文研究和写作的真实的科学依据；其二，体现严肃的科学态度，分清是自己的观点或成果还是别人的观点或成果；其三，对他人的科学研究劳动成果的尊重，同时也是为了指明引用资料的出处，便于检索。

参考文献的列项有规定的内容和顺序，具体要求是：

(1) 期刊文章：序号、作者、题名[J]、刊名、出版年份、卷号(或期号)，起止页码。如：[11]徐箐. 加入 WTO 与我国外资法的完善[J]. 法学，2001，(1)：67。

(2) 著作：序号、作者，书名[M]，版本(第一版不标注)，出版地：出版社，出版年，起止页码。如：[5]腾家国，外商对华直接投资研究[M]，武汉：武汉大学出版社，2009。

(3) 论文集：序号、主要责任者，文献题名[C]，出版地：出版社，出版年，起止页码(任选)。如：[4]章希孟，经济管理学论文集[C]，哈尔滨：哈尔滨工程大学出版社，2007，10～12。

(4) 报纸文章：序号、主要责任者，文献题名[N]，报纸名，出版日期(版次)。如：[1]伍柏麟，入世后中国经济新格局[N]，解放日报，2009-9-24。

(5) 电子文献：序号、主要责任者，电子文献题名[文献类型标识/载体类型标识]，电子文献的出处或可获得地址，发表或更新日期/引用日期(自选)。如：[3]易宪容，目前中国经济面临的潜在风险，http://PPfi2nance.sina.com.cn，2008-02-18。

(三)附录部分

附录部分是论文主体的补充项目。如果论文中有些内容与正文关系密切，而这些内容又有相对的独立性，列入正文往往会影响正文的连贯性；或因篇幅所限不便写入正文的有重要参考价值的资料、图表、数据等都可作为附录列于文后，并与正文连续编列页码。附录的内容应与正文相呼应，必要时应注明出处。附录适用于大型的研究课题或篇幅较长的论文。

案例分析

新《企业会计准则》实施的三点思考

×××

（××（单位）　××（地）　邮政编码：×××××××）

　　摘　要： 本文试从新旧会计标准体系规范内容、一般要求和具体原则、指导思想的对比以及会计信息诚信风险等方面，提出今后会计工作中值得关注的三个问题。

　　关键词： 会计，执业理念，工作能力，职业道德

　　2006年2月15日，财政部在人民大会堂召开发布会，宣布中国《企业会计准则》体系（以下简称"新《企业会计准则》"）正式建立，并于2007年1月1日起首先在上市公司施行。这标志着我国会计标准在保留中国特色的基础上，实现了与国际会计准则的趋同。实施新《企业会计准则》对我国进一步扩大对外开放，实施"走出去"和"引进来"发展战略将起到积极的推动作用，对会计人员的执业理念、工作能力、职业道德也将产生重大影响。

　　一、新《企业会计准则》催生新的执业理念

　　作为具体会计准则的统领，《企业会计准则——基本准则》（以下简称《基本准则》）明确规定，企业应对其本身发生的交易或者事项进行会计确认、计量和报告。众所周知，自1993年"两则""两制"实施以来，我国企业尤其是国有企业是在"两则""两制"规范下按照确认、计量、记录和报告四个环节进行会计核算的，而且确认、计量的标准通过《企业财务通则》及若干行业财务制度进行规范；记录和报告的标准通过《企业会计准则》及若干行业会计制度进行规范。这期间，即使出台了主要针对上市公司的一些具体会计准则以及2001年起实施《企业会计制度》及相关具体会计准则，也由于实际执行面过窄（只有股份有限公司、外商投资企业、少数国有企业执行），并没有从整体上改变大多数国有企业仍然执行行业财务会计制度的现状。不难看出，现行行业财务会计制度的最大特点是力求对所有行业或企业的经济活动进行严格而详尽的规范。受此影响，一方面导致会计人员对现行行业财务会

本文是一篇主体结构为并列式的学术论文。

文章通过对新旧会计标准体系的规范内容、一般要求和具体原则、指导思想的对比分析以及会计信息诚信风险等方面的论述，提出今后会计工作中值得关注的三个问题，具有很强的学术性和较深刻的理论性。

绪论简要介绍了研究的背景与意义。

制度存在严重的依赖性，在执业理念上重操作而轻原则，凡事必靠制度，属于制度支配下的记录工具；另一方面造成会计人员没有太多的执业判断空间，也相对缺乏高角度、前瞻性的执业意识。即使 2001 年后出台的《企业会计制度》等有关会计制度要求各单位根据自身特点制定内部会计制度或会计核算办法，但大多数会计人员对此并未予以充分关注，对解决本单位特殊的会计问题仍主要停留在查阅财务会计制度及向财政部门咨询的层面上。

新《企业会计准则》的核心内容表现在着重规定会计确认、计量和报告的一般要求和具体原则，对记录的要求不再明确规定。可以说，新《企业会计准则》实施后，必定对会计人员的既定思维模式产生巨大的冲击，会计人员将不得不改变过去的执业习惯。一个最大的变化是：长期以来依赖政府制定会计制度进行会计记录（如会计科目设置、具体会计处理）的现状将发生改变。笔者认为，不同行业、不同企业的情况千差万别，即使新的会计标准体系中仍保留了一些如科目设置等传统规定，也仅仅是时间性过渡和普遍性要求，不可能完全满足所有行业和企业会计工作的需要。可以预见，今后会计过程中记录环节的相关规定将从政府行政法规规章范畴内逐渐淡化，转为通过企业制定的内部会计制度或内部会计核算办法进行规范。因此，能否顺应会计准则的变化，形成以新《企业会计准则》一般要求和具体原则为指导、以内部会计制度或内部会计核算办法为操作规范的执业思路，将成为会计工作者能否胜任本职工作的首要条件。而根据新《企业会计准则》制定适合本行业或本单位特点的内部会计制度或内部会计核算办法亦将成为会计工作中的一项突出任务。

二、新《企业会计准则》挑战会计人员的执业能力

新《企业会计准则》的指导思想是：强调与会计要素相关的经济利益，会计人员需根据企业管理的意图对交易或事项进行会计处理。这一指导思想虽然在现行行业会计制度中有所体现，但并不如新《企业会计准则》表现得全面和突出。以资产的确认为例，现行行业财务会计制度基于会计信息可靠性的考虑，主要根据是持有该资源能否以货币计量进行确认，并未太关注该资产能否预期带来经济利益，加之历史成本计量一般原则的要求，使企业对一些应当资本化的支出没有资本化，对一些不应资本化的支出或不能再为企业带来经济利益的资产没有费用化，在一定程度上违背了决策相关的财务目标。新《企业会计准则》实施后，企业拥有和控制的资源是否确认为资产，核心不在于其能否以货币计量，而在于能否预期为企业带来经济利益，会计人员需采用合理的计量属性对资产进行计量。也就是说，会计工作的难点已不再是记录和报告，而是确认和

> 本论文用并列式结构，围绕中心从新《企业会计准则》催生新的执业理念；新《企业会计准则》挑战会计人员的执业能力；新《企业会计准则》考验会计人员的职业道德三大方面展开论述。分析全面具体，论证实在、有力。

计量，因为这需要会计人员做出正确的职业判断。同样的资产基于不同企业的持有目的，会计人员将做出不一样的处理。事实上，无论是会计要素的确认、计量和报告，还是会计政策、会计估计的采用，强调经济利益和管理目的的指导思想在新《企业会计准则》（目前包括基本准则和38项具体会计准则）中得到了充分体现。

由于新《企业会计准则》实施后会计工作涉及大量的会计估计，并运用了"很可能"这一数学中的概率分析，这使会计工作更显复杂和技术化，对会计人员提出了更高的要求。新《企业会计准则》的一般要求和具体原则是非常科学和严谨的，既规范了会计全过程，又体现出很强的可操作性。然而，准则的可操作性依然是高度概括和宏观的，是"渔"而不是"鱼"。对交易或事项的处理，会计人员必须准确把握准则的一般要求和具体原则并据以做出判断。同时，尽管职业判断从行为看是主观的，但判断的标准是客观的，即必须有充分的证据证明判断是合理的、可靠的。例如，一项销售商品收入是否实现并不决定于会计人员的主观意识，关键在于是否有确凿的证据证明与该交易相关的经济利益很可能流入企业，如商品销售方式、购货方的财务状况、信用等级、发展前景等。这不同于现行行业财务会计制度主要以交易的法律形式决定收入是否实现的职业判断。况且，即使是最完善的会计标准体系，也不可能对企业的所有经济业务做出详尽的规范。在实际工作中，对企业发生的一些特殊交易或事项，若具体准则未作规定，会计人员还得依据《基本准则》的一般要求进行职业判断并作出正确的处理。会计人员若停滞于死记准则的法律条文而不能深刻领会其精神实质，不能结合单位特点制定出一套可行的会计制度或会计核算办法，将很难对经济活动中的交易或事项做出正确的处理。此外，新《企业会计准则》引入了金融工具、资产组、总部资产等新概念，规定了不同的计量属性以供选择、采用，也使会计工作的技术难度增大，要求会计人员具备较之以前更为全面的综合素质。

三、新《企业会计准则》考验会计人员的职业道德

基于财务会计报告目标的规定，新《企业会计准则》要求企业提供的财务会计报告体现八个方面的会计信息质量特征（即会计信息质量要求），并突出了会计信息可靠性、相关性质量特征的重要层次。然而，正如《国际会计准则——编制和呈报财务报表结构》中所表述的，不同会计信息质量特征之间在一定程度上存在着矛盾。我国新《企业会计准则》实施后同样面临着如何保证不同会计信息质量要求之间相互平衡的问题，其中又以可靠性与相关性之间的平衡最为突出。新《企业会计准则》的灵活性如同一把双刃剑，一方面给予企业更多的会计自主权，有利于会计人员根据经济实质做出处理，提供更可靠、相关的会计信息；另一方面难免给企业提

供了更多操纵会计报表的可乘之机，使企业今后提供的财务会计报告面临着较现行行业财务会计制度更大的"诚信"风险，不利于保证会计信息的真实性。在经济活动中，不同财务会计报告使用者如政府与企业、国有企业投资者与经营者、债权人与债务人等的利益目标往往并不一致。作为以追求自身利益最大化为目标的市场竞争主体，当企业的利益目标与其他财务会计报告使用者的利益目标发生冲突时，企业很可能为确保自身利益而进行会计信息舞弊，会计人员则是这种舞弊行为的具体操作者。这种矛盾已从《企业会计制度》及相关准则实施过程中，一些企业利用预计资产减值损失规定提取秘密准备以达到操纵利润的现象中得到证实。

从当前发现的虚假会计信息来看，无论会计人员的舞弊动机是主动的还是被动的，舞弊的方法都比过去简单地采用虚增或虚减收入、少计或多计费用等相比更具有隐蔽性和技巧性。如对企业计提的固定资产减值准备是否合理的问题，实际上会计师事务所在审计过程中即使感觉企业计提的减值准备不合理，但因为无法找出证明其不合理的确凿证据（即无法验证），从而在政策上给企业钻了空子。新《企业会计准则》实施后，涉及不同计量属性的选择采用、投资性房地产与固定资产的转换、自用固定资产与待售固定资产的转换、金融资产分类等。由于会计处理原则和方法不同，在企业计提长期资产减值准备不允许转回的政策约束下，企业会不会重新利用非货币性资产交换、债务重组以及改变资产持有目的、延期或提前确认预计负债等进行舞弊，尤其应当引起关注。这对会计人员能否坚持准则、诚实守信的考验亦更为突出。因此，政府职能部门在进一步加强对会计信息质量的监督检查、加大对会计违法行为处罚力度的基础上，继续加强会计人员职业道德教育，积极倡导和鼓励会计人员增强法律意识和职业道德观念，树立工作责任心和职业荣誉感，显得非常必要和重要。

参考文献

[1]财政部，企业会计准则第8号——资产减值准则，2006年2月。

[2]薛之华，资产减值准备计提的规范与盈余管理的防范[J]，财会研究，2006年第5期。

……

[9]张维迎，博弈论与信息经济学[M]，上海：上海人民出版社，1996年8月。

（资料来源：百度文库，https://wenku.baidu.com/view/6565bfa7590216fc700abb68a98271fe900eafd3.html，有改动）

本文没有独立的结论，但每一部分实际上都包含了结论的内容。这说明论文的写作虽有其"基本型"，但也不能拘泥固定的格式，而应服从内容表达的需要。

文章少有抽象的论辩，而注重以事实说理，语言简明、准确。这也是经济论文的特点之一。

写 作 训 练

一、阅读下面的论文，回答文后的问题。

浅析影响中国经济发展的主要问题及对策

×××

(×××单位　××地　邮政编码：××××××)

摘　要： 近期中国社会经济生活中，无论是商品价格，还是股市价格，抑或楼市价格，均发生不容乐观的变化。这其中，有多种因素在起作用。本文通过对当前中国经济形势的深入分析，对其主要影响因素进行逐一剖析，试图从原因入手提出一些对当今中国经济发展有益的建议。

关键词： 通货膨胀；股价；房价；消费价格指数

一、当前中国经济发展概况

中国经济的发展迅速且平稳，在 2006 年和 2007 年仍然一如既往地保持了较快且平稳的发展速度，宏观经济发展情况良好，加之近几年股票市场和房地产市场的发展态势良好，人们的投资热情越来越高，股价和房价涨幅大增。与此同时，其他商品的价格也在提高，尤其是 2007 年下半年以来，食品类价格更是飞涨，人们的生存压力加大，很多人士撰文评论中国的"通货膨胀"现象，这也是政府、经济学界和社会各层所共同关心和关注的问题。针对上述股市和楼市价格上涨以及通货膨胀等问题，我们将逐一进行分析。

二、当前中国经济发展中的主要问题及其原因分析

(一)股票市场的发展变化及其原因。(略)

(二)房地产市场的发展变化及其原因。(略)

(三)物价上涨情况及其原因。(略)

三、相关建议及措施

笔者认为，此次"通货膨胀"并非是全面的通货膨胀，但是，价格水平增长居前两位的食品类和居住类却正是与百姓生活关系最密切的行业，必需品的需求弹性非常小，若价格持续上涨，中低收入者的生活压力将更加巨大。单从这两类行业的价格增长水平来看，通货膨胀的压力已经非常之大。对于此次"通货膨胀"我们应该采取如下措施。

第一，针对此次"通货膨胀"的起源是粮油肉类价格在短期内的急速增长，政府应该采取一些鼓励农民农作物种植和畜牧养殖的措施。我国农村人口中的大量年轻劳动力涌向城市，为我国的城市化建设做出了不可磨灭的贡献，但却使得农业生产提高缓慢。我国一直是农业大国，而现在农业大国却不能保证本国的粮食供应，这和农村劳动力不足有很大关系。笔者认为，国家应该采取一些措施吸引并留住年轻人才留在农村，同时加大对农村的资金、设备和技术的投入，提高生产效率，为市场提供更多所需的粮食，这才是解决食

品类物价飞涨的根本所在。

第二，如前所述，"通货膨胀"归根究底是一种货币现象，要解决这一现象需要从货币问题出发。政府已经多次提高存款准备金率，另外可以配合使用公开市场业务，发行国家债券，吸纳市场上过多的资金。而且相比于其他两种货币政策，公开市场业务最大的优点是操作灵活方便，对经济的震动小。另外，要控制货币发行量，从而控制经济过热的现象。

第三，此番"通货膨胀"的一个重要推动因素是两大资产价格的暴涨，因此，要舒缓此次通胀压力，必须对两大资产市场进行调控。比如央行可以要求商业银行缩减对房地产和股票市场的信贷，减少流入这两大资产市场的资金量；对耐用消费品信贷消费作出限制，防止房地产投机；提高证券保证金率，遏制股票市场的过度投机。另外，严格监管政府对土地的出让工作，对于以出让土地为手段谋取私利的政府部门，国家要严厉制止。

参考文献

[1]尹伯成，西方经济学简明教程[M]，上海：上海人民出版社，2006。

[2]陆前进，中国货币政策传导机制研究[M]，上海：立信会计出版社，2006。

[3]易宪容，目前中国经济面临的潜在风险，http://PPfi2nance.sina.com.cn，2008-02-18。

[4]李友华，从东亚金融危机看中国房地产市场的发展，http://www.gmd.com.cn。

(资料来源：百度文库，https://wenku.baidu.com/view/bb2f020ba1116c175f0e7cd184254b35effd1a2a.html，有改动)

1. 从论述方式看本文属于_____论文。
2. 本文的标题属于_____型。
3. 本文的摘要交代了_____、_____、_____等内容。
4. 本文的本论部分是按照_____的方式安排结构的。

二、改革开放以来，我国社会经济一直处于不断的变革之中，有许多经济现象值得去研究探讨，如商品价格、股市价格、楼市价格等价格因素对人们社会经济生活的影响。造成价格变化的因素有许多，请就此问题选择自己熟悉的课题，写一篇 1500 字左右简短的学术论文。

提示：可深入分析当前我国经济形势，剖析影响价格变化的主要因素，从原因入手提出一些对我国经济发展有益的建议。

参 考 文 献

1. 杨文丰. 实用经济文书写作[M]. 北京：中国人民大学出版社，2008.
2. 王春. 应用文写作[M]. 北京：清华大学出版社，北京交通大学出版社，2008.
3. 董利民，乐亚山. 应用文写作[M]. 北京：北京大学出版社，2006.
4. 师尼罗. 实用公文写作与处理[M]. 北京：化学工业出版社，2008.
5. 洪坚毅，张玲，赵爱华. 实用文书写作[M]. 北京：清华大学出版社，2008.
6. 郭莉. 经济应用文写作[M]. 北京：清华大学出版社，2008.
7. 孙宝权. 新编应用文写作[M]. 北京：清华大学出版社，北京交通大学出版社，2009.
8. 陈新华，张振华. 财经应用文写作[M]. 北京：化学工业出版社，2008.
9. 张俊，付文杰，蒋意春. 应用文写作[M]. 北京：北京理工大学出版社，2009.
10. 刘金华. 合同书与协议书写作[M]. 北京：中国法制出版社，2002.
11. 关月，张桥丽. 常用合同文书写作[M]. 昆明：云南大学出版社，2005.
12. 张启浩，张鲁婧. 招投标法律法规适用研究与实践——投标文件编制要点与技巧[M]. 北京：电子工业出版社，2018.
13. 法律应用研究中心. 最高人民法院民事诉讼文书样式：制作规范与法律依据[M]. 北京：中国法制出版社，2016.
14. 沈德咏. 民事诉讼文书样式[M]. 北京：人民法院出版社，2016.
15. 刘明华，徐泓，张征. 新闻写作教程[M]. 北京：中国人民大学出版社，2002.
16. 王中义. 新闻写作技法[M]. 合肥：合肥工业大学出版社，2006.
17. 张浩. 新编新闻传媒文书写作格式与范本[M]. 北京：蓝天出版社，2005.
18. 巨浪. 新编新闻写作[M]. 杭州：浙江大学出版社，2005.
19. 丁法章. 新闻评论教程[M]. 上海：复旦大学出版社，2002.
20. 韩光军. 现代广告学[M]. 北京：首都经济贸易大学出版社，2003.
21. 皮传荣. 新闻写作实务[M]. 北京：中国传媒大学出版社，2017.
22. 戴振雯，周正昂. 新闻写作基础实训[M]. 合肥：合肥大学出版社，2017.
23. 王明光，黄先义，顾杨丽. 当代新闻评论写作[M]. 重庆：重庆大学出版社，2015.
24. 张浩. 新编现代应用文书写作大全[M]. 北京：北京工业大学出版社，2016.
25. 耿云巧，马俊霞. 现代应用文写作[M]. 北京：清华大学出版社，2018.
26. 肖晓明，卓玲. 经济应用文写作教程[M]. 北京：中国商业出版社，2018.
27. 罗勇. 新编应用文写作教程[M]. 长春：吉林大学出版社，2018.
28. 刘攀桂. 新编应用文写作[M]. 长沙：湖南大学出版社，2018.
29. 国际广告人网，www.iader.com
30. 张勋宗. 新闻写作实训教程[M]. 北京：北京大学出版社，2016.
31. 刘宏彬. 应用文写作教程[M]. 北京：新华出版社，2016.